中央党史和文献
研究宣传专项引
导资金重点项目

大别山革命历史回忆资料丛编

全民族抗日战争时期卷　上

主编：田青刚

本卷主编：张金林

中原出版传媒集团
中原传媒股份公司

大象出版社
·郑州·

★ 目 录 ★

新四军第五师的抗战历程和豫鄂边区
抗日根据地的创建与发展

◎ 任质斌

一

新四军第五师，是抗日战争时期中国共产党在豫鄂皖湘赣地区创建的一支人民军队。它同新四军的其他部队相比，具有以下特点：

这支部队基本上是抗战时期在豫鄂皖湘赣地区土生土长的，它没有成建制的红军大部队做基础，而是中国共产党派了一些干部到这个地区，通过恢复和建立共产党的组织，发动群众组建起来的一支部队。

这支部队主要是在武汉失守、抗日战争进入相持阶段以后组建起来的，而且主要是在国民党发布了《限制异党活动办法》等反共文件以后诞生的。因而，它刚一成立，就不得不一面同日、伪军作战，一面又需要对付国民党顽固派部队的进攻，进行反摩擦斗争。

这支部队可以活动的地区非常广阔，武汉外围的广大豫鄂皖湘赣沦陷区，都是其纵横驰骋、杀敌立功的战场。但是，这里地处中日正面战场的前沿和敌人的近后方。日本侵略者和国民党政府都有重兵在这个地区及其附近对峙着。在武汉四周的沦陷区里，敌人控制的公路网纵横交错，据点非常密集，我军在这个地区只能建立许多分散的、小块根据地，不可能建立大块的、巩固的根据地。

这支部队在整个抗日战争时期，一直孤悬敌后，和八路军、新四军兄弟部队以及其他根据地缺乏地域上的联系，只能在战略上与兄弟部队相呼应，而不能在战役、战斗上取得兄弟部队的支援和配合，更不能在财力、物力上得到外援。它只能通过无线电通信保持同党中央、华中局和新四军军部的联系，并取得原则性指示。因而它一直在独立作战、独立活动，一切具体问题必须依靠独立自主、自力更生来解决。

上述这些特点，在抗日战争的大部分时间里，都制约着五师的军事行动和豫鄂边抗日根据地的发展与巩固。

新四军第五师在抗日战争中的战斗历程，大致可分为四个阶段。

二

1937年7月至1938年冬，是豫鄂边区抗日游击战争的准备与发动阶段。

全面抗战爆发后，南京、徐州相继失陷，武汉危急。面临着国破家亡的民族灾难，广大民众迫切要求我们党领导他们起来武装抗击敌人。中共中央和毛泽东同志明察时局，及时对长江以北、陇海铁路以南党的工作做出明确指示，要求把广泛发动群众、组织人民武装、开展敌后抗日游击战争、配合正面战场作战当作中心任务；要求动员青年学生、工人、革命知识分子到农村去；要求在农村发展党的组织。但是，由于国民党顽固派坚持只由军队进行片面抗战的主张，不肯实行全民的总动员，并限制共产党组织群众、发展人民武装，由于共产党内的某些地方组织受王明右倾投降主义错误的影响，唯恐"破坏统一战线"，不敢独立自主地去组织和领导游击战争，因而错过了发展游击战争的大好时机，影响了豫鄂边区初期的发展，造成了边区抗日游击战争的先天不足。

幸而，这个地区的另外一些党组织和领导同志，在实际工作中贯彻执行了中共中央和毛泽东同志的正确路线，冲破国民党的限制，不同程度地抵制了王明右倾投降主义错误，从而在豫南、鄂中、鄂东的部分地区，燃起了武装抗日的烽火，为边区抗日根据地和五师部队的创立，打下了最初的基础。

豫南确山县竹沟镇，是我党发动和组织中原地区抗日游击战争的重要战略支点，一度是中共中央中原局驻地。党在这里以新四军八团留守处的名义做了大量的工作：对豫南各地民众进行广泛的抗战动员；建立地方党组织；开办各种训练班，培养了大批干部；开展了统战工作；特别是放手发展了武装，并陆续派赴敌后。在信阳地区，我们党争取和支持国民党信阳县县长李德纯组织抗日武装，协同我党领导的七十七军军士训练团，在信阳四望山地区建立了抗日根据地。

鄂中的共产党通过民主人士李范一等的关系，由陶铸等在应城汤池举办了"农村合作事业人员训练班"和临时学校，先后训练了 500 多名包括部分党员在内的进步青年，为敌后抗日游击战争准备了干部。接着以应城党组织所掌握的 8 条枪为基础，通过进步县长孙耀华，组织起应城抗日游击支队（简称应抗）。

孝感中和乡的共产党员许金彪，团结本地爱国青年，赤手空拳，收集国民党溃军丢弃的武器，组织了湖北省抗日游击大队。

鄂东的共产党组织，在黄冈以红色便衣队和他们收藏的 7 条半枪为基础，积极收集国民党溃军丢下的武器，动员党员、积极分子带头参军，组织了鄂东游击挺进队（以后改为独立游击第五大队）。新四军四支队驻黄安（红安）七里坪留守处的 1 个警卫排，加上黄陂地方党组织的梅店自卫队，组成了新四军第六游击大队。

包括上述武装在内的大小近 30 支抗日游击队及其在信阳、应城、孝感、黄陂、应山等地建立起来的小块基地，成为尔后新四军第五师及豫鄂边区抗日民主根据地的发展基础。

三

1939 年初至 1940 年冬，是豫鄂边区及其主力军发展、统一和奠定其在中原前哨坚持抗战的战略地位的阶段。

这时，敌人已在豫鄂两省的沦陷区遍设据点，并大肆搜罗民族败类，拼凑伪政权，组织伪军实行以战养战；国民党则把数十万正规军退缩到偏僻山区，并利用其在沦陷区和接敌区的社会基础——反动封建势力，组织反动地方武装，指使某些游杂部队在所谓"曲线救国"的口号下，投降日军，充当伪军，以维持其反动统治。敌、伪、顽相互勾结着、矛盾着，把沦陷区变成了人间地狱。

当时，我们党所发动和组织的抗日人民武装还十分弱小而分散，没有形成一支足以打开一个光明局面的力量。为了开创武汉外围的敌后抗战局面，建立敌后抗日民主根据地，急需创建一支共产党直接领导的、能承担这一地区战略任务的人民军队。1939年1月，中共中央和中原局派李先念带领140多人（包括干部60名）的队伍，从河南竹沟出发，向武汉外围敌后挺进。这支部队绕道鄂东，联系了那里党的组织及其领导的武装，于5月初，到达鄂中。同年4月，中原局又派出一支武装护送陈少敏从竹沟南下到鄂中任党委书记。

1939年春末，国民党加紧推行其五中全会制定的"溶共、防共、限共、反共"反动政策，豫鄂边区的政治形势日趋恶化。当年4月，国民党解散了进步力量占优势的豫鄂边区抗敌工作委员会。5月，国民党军队并吞了我党发动和组织起来的1000余人枪的"铁道破坏大队"。6月，国民党制造了平江惨案，派兵包围新四军平江通信处，惨杀新四军参议涂正坤、八路军少校副官罗梓铭等6人。与此同时，蒋介石电令新四军军部和五战区当局，妄言鄂中非新四军防区，必须撤走，否则以"武力解决"。国民党三青团和鄂中专署，还阴谋策动我应城抗日游击队李又唐叛变。

就在这"黑云压城城欲摧"的严重时刻，鄂中区党委在李先念、陈少敏、杨学诚领导下召开了养马畈会议。在会议期间接到中原局书记刘少奇电示：目前鄂中的中心任务是在最短期间创立一支5000人以上的、党直接领导的新四军。只有完成这一任务，才能应付各种事变，确立党在鄂中的地位。会议根据以上指示，作出了将豫南和鄂中武装统一整编为新四军豫鄂独立游击支队的决定，公开打出新四军的旗帜。这一具有无产阶级远见和革命胆略的决定，是豫鄂边区党组织坚定贯彻中共中央六届六中全会决议，冲破国民党束缚，肃清王明右倾投降主义影响，独立自主坚持敌后抗战，结出的第一个胜利硕果，从而使豫鄂边的抗日游击战争进入了一个新阶段。

新四军豫鄂独立游击支队一经建立，就指挥所属4个团队，高举抗日旗帜，深入鄂中、豫南，在汉水和淮河两岸敌后，广泛而勇猛地开展机动灵活的游击战。1939年8月，一团队在花园与安陆之间憨山寺伏击日军，毁敌汽车5辆，毙敌10余名。二团队在大别山北麓罗山县的朱堂店，一举歼灭了日军80余名。9月初，四团队飞越汉水，一度攻克汉阳的蔡甸镇，痛击伪和平救国军九十二师熊光部；10月消灭汉川顽伪混合武装岑鹏部200余人。从而把抗日游击战争的烽火燃烧到武汉近郊。

与此同时，应城抗日游击支队在京山县的公安寨，伏击日军船队，毙伤敌慰问团长（皇室贵族）等20余人；乘夜袭入云梦县城，烧毁敌巢，歼灭伪军20余名。鄂东的第六游击大队，也以少攻多，出奇制胜，将伪中国人民自卫军第八军李汉鹏部一举击溃，生俘旅长等官兵300余名；又联合第五游击大队一部，夜袭伪军二十五师赵光荣部，俘旅长以下官兵200余名。

10月13日，一团队在二团队一部配合下，严惩了前来京山县新街镇"扫荡"的日伪军700余人。我军冒着敌人施放的毒气，英勇抗击，激战竟日，打得敌人弃尸数十具，突围逃窜。

我军初期展开的这些战斗，给日军以沉重打击，使汉奸伪军闻风丧胆，振奋了群众，树立了军威，云（梦）、孝（感）、京（山）、应（城）等根据地连成一片，确立了我军在鄂中敌后的抗战阵地。

1939年9月，国民党蒋介石在日本诱降和英美默许下，加紧推行反共政策。全国第一次反共高潮即将形成，豫鄂地区则呈现出"山雨欲来风满楼"之势。9月1日，国民党顽固派在鄂东制造了夏家山事件，围攻我党领导的抗日武装——独立游击第五大队，杀害我军干部、战士百余人。10月，刘少奇再次到达竹沟，作了应付突然事变的部署。中原局负责人之一朱理治当即率领驻竹沟的机关、部队600余人，转入豫鄂边敌后，只留少数部队在竹沟坚持。11月11日，国民党顽固派果然袭击了留在竹沟的部分后方机关，屠杀我伤病员及抗日军属、革命群众200余人，制造了竹沟惨案。少奇同志具有预见性的部署，保存了党在豫鄂边敌后抗战的力量，对第五师及其根据地以后的发展，有着极为重要的意义。

为了统一对这一地区党和军队的领导，更有利地开展抗日游击战争，1939年11月，豫鄂边区党政军的负责人在四望山召开了会议，根据党中央指示，组织成立新的豫鄂边区党委，并把豫南、鄂中、鄂东3个地区党领导的武装力量9000余人编成6个团队，建立新四军豫鄂挺进纵队。李先念仍任司令员，朱理治任政治委员，刘少卿任参谋长，任质斌任政治部主任，陈少敏任区党委代理书记。这次会议实现了豫鄂边区党组织和武装力量的全面统一领导，建立了新四军在豫鄂地区的主力部队，为坚持、发展豫鄂边抗日游击战争和抗日根据地，奠定了坚实的基础。

中共中央对这支英雄部队做出了这样的评价：挺进纵队的创造，是一个伟大的成绩。这个经验证明，一切敌后地区我党均可建立武装部队，并可存在与发展。其先决条件是地方党要有组织武装的坚定信心。

关于纵队活动的方针，中央指示说：挺进纵队是一个有重要意义的独立战略单位，一时还不能与八路军、新四军取得地域上的联系。因此，必须努力扩大自己，加强根据地和游击队的工作，建立民主政权，分别建立民兵、青年、妇女的救国会。尤其重要的是建立自卫军，还要发展党。军队工作必须发展与整军交替进行。要在武汉等敌占区建立党的秘密堡垒。要加强周围国民党军队的统战工作，使边区各项工作顺利开展起来。

纵队建立伊始，就面临日军和反共顽固派夹击的形势。

1939年12月5日，日军1500余人，附炮4门，在飞机掩护下，闪击我领导机关驻地京山县马家冲，妄图一举毁灭我指挥武汉外围对敌作战的神经中枢。我军激战终日，在毙敌伪70余人后突出重围，安全转移。敌人的阴谋被粉碎了。

国民党鄂东专员程汝怀部配合广西军李品仙部，制造了夏家山事件后，不但继续屠杀共产党员和抗日群众，残酷摧残我地方党组织，而且在我军破击敌罗山、黄陂公路，配合友军作战时，竟不顾民族大义，令其十九纵队截击我军后卫部队。为了自卫和配合兄弟部队击退第一次反共高潮，1940年1月至4月，我豫鄂挺进纵队在大、小悟山还击程汝怀部，歼灭其十九纵队一部，保持了我军在鄂东的抗日阵地。与此同时，我挺进纵队另一部，在李先念亲自指挥下，以机动灵活、跳跃回旋的英勇姿态，于2月中旬飞渡汉水，进击伪军汪步青部，毙伤俘敌营长以下官兵百余。我军初战汉阳侏儒山，直叩武汉西部门户，使武汉敌人胆战心惊，宣布戒严3天。

5月，日军集中大量的兵力进攻鄂西北，6月1日侵占襄樊，15日占领宜昌。为了牵制敌人，配合正面战场作战，扩大鄂中抗日阵地和回旋地区，纵队主力转战平汉路西，进军白兆山和京（山）钟（祥）南部山区，并于7月到10月在白兆山腹地胜利地粉碎了日军对坪坝镇的3次进攻，给敌人以重大杀伤，使敌人重建坪坝据点的阴谋破灭了。

为贯彻中央关于军队发展与整军交替进行的指示，边区充分利用战斗间隙进行整军工作。8月召开了军政干部大会，运用批评与自我批评的武器，集中地反对了干部思想作风上的本位主义、分散主义和军阀残余、游击习气等不良倾向。从而使边区党和军队在实现组织上的统一后，进而从思想上真正达到统一，大大加强了党对军队的绝对领导，为部队和根据地的发展、巩固提供了胜利保证。这次会议在五师的建军史上，具有极为重大的历史意义。

在我军威震慑和政治瓦解下，边区的对敌工作取得重要进展。经过我党长期争取，汉阳伪军两个旅于8月13日反正，参加我军抗日。这支数量较大的伪军反正，震动了武汉敌伪阵营，有力地打击了日军，为其他伪军指出了反正抗日的光明出路。

建立抗日根据地，是在敌后长期坚持和发展抗日游击战争必须解决的首要问题。在部队的帮助下，豫鄂边区根据地的建设也迅速开展起来。在基本区内，开展了民主建政运动，广泛进行民选，改造或重建了乡保政权。9月召开了第一次军政代表大会，按共产党员占三分之一、非党左派分子占三分之一、中间派及其他分子占三分之一的"三三制"原则，成立了全边区最高政权机关——军政联合办事处。民兵与基干队的组织纷纷成立。文教事业亦大力开展。10月召开了边区财经会议。为了有效地开展反对敌伪以"军用票""储币"搜刮我根据地物资的经济斗争，试发了豫鄂边区流通券。秋收之后，还在信阳、应城进行了减租减息的试点工作，实行"有钱出钱，有力出力"的合理负担政策，以减轻农民负担，调动农民抗日的积极性。

至此，我军活动地区已扩大到10多个县的范围，建立了9个县的民主政权；部队也发展到1.5万人，民兵发展到约10万人。从而奠定了我党我军在武汉外围敌后抗战中的领导地位，也使边区根据地更好地发挥出中原前哨的重要战略作用。

四

1940年冬至1943年，国际国内风云变幻。这一时期是边区我党坚持敌后抗战最艰苦的阶段，然而却也是部队与根据地在急风暴雨的考验中巩固与扩大的阶段。

从1940年10月起，国民党蒋介石掀起了第二次反共高潮，并于1941年1月制造了震惊中外的皖南事变。此后，中央军委决定重建新四军军部，豫鄂挺进纵队奉命整编为新四军第五师。此时，新四军第四师由豫皖苏边区转移到皖东北，豫鄂边区的地位更加突出和孤立，敌顽我三角斗争亦更加尖锐化。日军虽然为了逼蒋投降，在边区周围发动了几次对正面战场的战役性进攻，但其主要活动是对边区进行频繁"扫荡"和"清乡"。国民党中的反共顽固派则在此时趁火打劫，连续发动军事"进剿"，其军队多次伸入豫鄂边区，某些顽军甚至与敌伪勾结、合流，联合对我。我军遭到空前严重的敌顽夹击。由于敌伪顽的长期掠夺、破坏，特别是1940年与1941年连续发生严重的旱灾，根据地的财政经济异常困难，我党我军面临着十分严峻的考验。

"疾风知劲草，路遥识马力。"在严峻的考验面前，豫鄂边区的人民和五师的指战员没有悲观，没有气馁，而是充分发扬了艰苦奋斗、不怕牺牲和连续作战的大无畏精神，坚定不移地高举着抗日的旗帜，以机动灵活的战略战术，粉碎了敌伪军的频繁"扫荡"和国民党军队不间断的围攻，马不停蹄地转战于平汉路东西、襄河两岸、大江南北，大力向敌后发展，虽有基本区的缩小，但也有更多新区的开辟。从总体上看，在闯渡难关中，边区的抗日民主根据地扩大了，部队也发展和巩固了。

1941年6月，五师进一步开辟了直逼武汉近郊的汉川、汉阳、孝感、黄陂地区。同年12月至1942年2月，正是日本发动太平洋战争和侵华日军两度向长沙进犯的时期，为了配合国际反法西斯战线和国民党正面战场的作战，五师主力向汉川、汉阳、沔阳敌后作战略展开，发起了历时3个月的侏儒山战役。三打侏儒山，每战皆捷。全歼了湖北伪军中实力最强的"定国军"第一师汪步青部，击溃了第二师李太平部，解放了毗邻武汉的大片国土，给敌占区人民以极大的鼓舞，也对敌人造成了极大的威胁。

1942年5月，日军进攻浙赣线。为牵制日军对国民党正面战场发起的新进攻，我五师又派部队跨越长江天堑，挺进鄂东南敌后，开辟了鄂东南战略包围武汉的敌后战场。我军抗日的积极行动，严重威胁了武汉敌军。12月，日军以第三师团、第四十师团和伪军一部共万余人，携炮80余门，分14路合击"扫荡"我大、小悟山根据地，企图围歼我领导机关和主力部队。我军趁各路敌军尚在运动之际，连夜分数路向平汉路西及黄陂、黄安南部外线地区突围，粉碎了日军的万人大"扫荡"。1943年2月，为配合鄂西正面战场作战，牵制与打击日军，我军又进军襄河南岸，进一步从西线推进对武汉的战略包围，发展河湖港汉地带的抗日游击战争，建立了以洪湖为中心的襄河以南敌后根据地。在此基础上，我军飞渡长江，于11月挺进洞庭湖和桃花山地区，开辟了湘北敌后根据地。

在坚持团结抗战、进行自卫反摩擦的斗争方面，五师首先配合全国粉碎了第二次反共高潮，坚持了鄂中、信（阳）南等基本区，打开了鄂东局面，在大、小悟山建立了边区的指挥阵地，继续发展了襄（河）西、豫南等地区。1941年9月至11月，当广西军第七军三个师及地方顽军大举向皖东新四军第二师地区进攻时，五师东进鄂皖边，从战略上策应了兄弟部队的自卫反顽斗争，发展了鄂皖边地区，并曾一度与战斗在皖西的新四军第七师游击部队取得了联系。1941年1月至3月，国民党鄂东专员程汝怀依附桂系疯狂反共，对我发动"三个月围剿"。我军被迫还击程部，先后进行了浠水、广济、蕲春漕河镇等战斗，取得了鄂东反摩擦的胜利。1942年5月至12月，国民党五战区部队又对我边区发动进攻，先后投入兵力12个正规师、4个保安团、11个游击纵队和5个独立支队，人数达10余万之众。面对国民党军队的进攻和严重的敌顽夹击，我们确定了咬紧牙关、熬过困难、沉着应战、坚决自卫的方针，首先对深入根据地的国民党军队进行反击，师的主力部队十三旅转战四方，配合各军分区部队以运动战歼灭了一些比较孤立的反共顽军。经过8个月的生死搏斗，虽然我白兆山、天汉湖区、襄（河）西等地一度被顽军侵占，但边区我党我军不仅没有被顽军的"清剿"所消灭，反而在战斗中又得到了新的发展。1943年3月，蒋介石发表了反共反人民的《中国之命运》，为他发动第三次反共高潮制造舆论。5月，他亲自下令，国民党第五战区的部队为主力，与豫、鄂、皖3省地方顽军协同"进剿"五师，发动了以鄂东地区为重点的猖狂进攻。我集结主力，对侵入黄陂、黄安南部中心区的蒋嫡系部队三十九军五十一师进行反击，重创该军，将其驱逐。6月底至10月，在日军又对边区进行"扫荡""清乡"时，五战区趁机继续纠集兵力大规模进攻我根据地，妄图"围歼"我军。我五师健儿在根据地人民支援与配合下，以游击战术机智英勇地与顽军作战数十次，粉碎了顽军 4 次极其猖狂的"进剿"，为制止第三次反共高潮做出了应有的贡献。

这一阶段，还加强了部队建设。1941 年击退第二次反共高潮后，师军政委员会于 6 月召开了全师政治工作会议，讨论了巩固部队的政治工作问题。这对巩固部队，加强政治工作建设，提高部队战斗力，起了重大作用。五师专门布置了部队的文化学习，开展扫盲活动，取得较好成效。部队在重视工农干部作用的同时，注意信任和使用知识分子干部。为了适应部队发展和提高素质的需要，五师于 1941 年 10 月间将随营军校扩建为抗日军政大学第十分校，以大力吸收知识青年和培养干部。五师还加强了军事训练和司令部建设、行政管理、后勤建设。1942年 4 月为了适应对敌斗争需要，在全边区建立了 3 个军分区，由地委书记兼军分区政治委员，统一了各地区党政军民工作的领导。师部除以十三旅担负全区战略机动任务外，其他正规旅都基本固定在一定地区作战。还将一小部分主力转化为 5个连队的小团，分布到各军分区，形成由主力军、地方军和民兵组成的人民战争军事体系，以便在敌顽夹击的严重局势下，能独立分散开展游击战争。由于五师与军部的交通联系一直没有打通，毛泽东于 1942 年 7 月 21 日电示华中局，同意将五师改为由中央军委直接指挥。1943 年 1 月，五师召开了军事工作会议，总结了部队诞生以来的军事斗争经验，讨论了新形势下的军事建设问题。会后，采取了一系列措施，进一步加强部队建设，并在秋季开展全师整训运动，抓住战斗间隙进行军事训练和阶级教育，提高了广大干部、战士的政治觉悟和军事素质。

边区在这一阶段全面展开了根据地建设。1941 年 4 月，召开了边区第二次军政代表大会，正式选举产生了边区抗日民主政权的最高行政领导机关——豫鄂边区行政公署。各地结合战争动员，加强改造政权、组织群众、发展地方武装等各项工作。为了支持长期抗战，战胜严重财政经济困难，边区党委于 1942 年 1 月作出关于经济建设的决定。3 月召开了边区首届抗日人民代表大会，公布了《豫鄂边区施政纲领》，进一步调动各阶层人民抗日的积极性，掀起了根据地建设高潮。1943年 1 月，边区党委在大悟山蒋家楼子召开扩大会议，宣布了党中央关于任命李先念兼任区党委书记的决定，进一步增强了战争观念，通过了 1943 年边区军事建设计划。会后，边区党政军民在党的一元化领导下，以"一切服从战争"为最高原则，保证了军事斗争和军事建设计划的顺利实施，使行政工作、群众工作与军事建设更紧密地结合起来，并互相促进。

新四军第五师和豫鄂边区经过这几年的艰苦卓绝斗争，胜利地从东西南北形成了对盘踞武汉之敌的战略包围。截至 1943 年冬，我主力军与地方军由 1940 年底的 1.5 万余人发展到近 4 万人，活动地区由 1941 年初的 10 余县扩大到 51 个县，边区人口由 1942 年的 470 余万人发展到 1020 余万人。

五

1944 年初至 1945 年 8 月日本投降，是边区在胜利与失误交织中取得抗日战争最后胜利的阶段。

1944 年 10 月，中共中央决定将豫鄂边区改称鄂豫皖湘赣边区，同时成立鄂豫皖湘赣军区，五师首长兼任军区首长。

为了加强对边区党政军民的领导，华中局早于 1943 年底派郑位三来边区任华中局代表。在郑位三倡议和边区党委同意下，从 1944 年起执行了"以巩固为中心"的方针，进行了整风、生产和组织群众等工作。这些工作都取得了一定的成绩。特别是在整风运动中，郑位三传达和介绍了延安整风情况，使长期孤悬敌后的边区广大党员干部进一步认清了毛泽东主席的正确路线与王明"左"和右倾错误路线斗争的实质及重大意义，从而大大提高了无产阶级觉悟和马列主义、毛泽东思想水平。同时由于认真贯彻了党中央、毛泽东关于"惩前毖后，治病救人""既要弄清思想，又要团结同志"的方针，所以整风运动的发展一直是健康的。

1944 年春，日本帝国主义在太平洋战场上节节败退。为摆脱困境，它企图将中国大陆变作垂死挣扎的基地，接连发起了河南战役和湘桂战役。四五月间，日军以 15 万兵力进攻河南，国民党 40 万军队一触即溃，37 天内失城 38 座。饱受"水旱蝗汤（指汤恩伯）"之苦的河南人民，渴望共产党的队伍进军敌后，领导抗战。在此情况下，中共中央及时指示五师和华北、华中兄弟部队同时向河南敌后进军，执行发展中原游击战争的战略任务。但由于国民党顽固派不断向我大悟山基本区进攻，牵制了我军的力量；而边区领导对日本很快就会投降的形势估计不足，在指导思想上着重寄希望于华北八路军南下，因而没有及时改变"以巩固为中心"的方针，只派遣了一两千人的部队挺进河南敌后。这支部队在不到 1 年的时间里，解放了豫南、豫中 7 个县的广大沦陷区，开辟了东西宽 140 余里、南北长 200 余里的敌后抗日根据地，武装力量发展到 8000 余人，一度打通了与华北八路军的联系。可惜基本力量为数不多，未能完成同嵩岳解放区、水东解放区打成一片的战略任务，造成日本投降后，五师仍不能从根本上改变长期孤立的状态。致使 1946 年 6 月国民党发动全面内战时，五师部队不得不撤离豫鄂解放区，实行战略转移。

当伟大的抗日民族解放战争胜利跨入到 1945 年时，党中央和毛泽东主席号召全党放手发动群众，壮大人民力量，打败日本侵略者，建立新民主主义的新中国。1 月，奉命从延安南下发展华南抗日根据地的八路军三五九旅，胜利到达边区，带来了党中央和毛泽东主席的又一次指示。至此，边区党委才确定将工作方针改为"以发展为主"，派出鄂东军区的一部兵力，配合三五九旅向江南进军，创立了湘鄂赣根据地。

1945 年 8 月 15 日，日本帝国主义宣布无条件投降，9 月 2 日在投降书上签字。至此，中国人民庄严神圣的抗日民族解放战争胜利结束。

六

抗日战争是我国人民近百年反对帝国主义入侵，唯一取得彻底胜利的一场民族解放战争。它是中华民族树立的又一宏伟丰碑，是炎黄子孙书写的又一光辉诗篇。在抗日民族解放战争的不朽史册中，新四军第五师和豫鄂边区占有其不可缺少的一章。抗战时期，五师部队驰骋中原敌后，开创了纵横千里，跨越鄂、豫、皖、湘、赣 5 省交界辽阔地区的抗日民主根据地，这个根据地东起皖西宿松、太湖和赣北彭泽、瑞昌，西至鄂西宜昌、荆门、当阳、远安，南到湘北幕府山麓和洞庭湖畔，北达豫中伏牛山尾端的舞阳、叶县，拥有 9 万多平方公里面积和 1300 余万人口，建立了 7 个专区，39 个县级政权，实现了四面八方对武汉之敌的战略包围。部队也由零星分散的小游击队发展为 5 万余人的人民武装，同边区 30 万民兵一道，抗击着武汉地区近 15 万日军和 8 万余伪军。据不完全统计，抗战期间，新四军第五 师对敌伪作战 1000 余次，共歼灭敌伪军 4.16 万余人，缴获敌伪军大炮 20 多门，掷弹筒近 40 个，机枪 200 多挺，长短枪 1.15 万余支。我军英勇作战，付出了 1.3 万多人的伤亡代价，用鲜血和生命坚持了中原敌后的抗战。如果没有国民党顽固派的反共摩擦，迫使我军两面作战，我们对日作战的胜利是会更大的。

新四军第五师在豫鄂敌后战场长期浴血奋战，严重威胁着敌人的军事重镇武汉和平汉、粤汉、长江、汉水的水陆交通要道；破坏了敌人阴谋掠夺沦陷区人力、物资进行"以战养战"的经济侵略政策；迫使敌人分散兵力，两面作战，牵制、削弱了日军的有生力量，减轻了正面战场国民党军队的负担，对全国的抗日战争起了重要的战略配合作用。华中日军向鄂豫皖湘赣正面战场发动进攻，五师尾追敌后，从侧面进攻敌军，破坏交通，攻打据点，直接从战役战斗上配合支援了正面战场国民党军队保卫川湘桂门户的作战，建立了不朽功勋，做出了不可磨灭的历史贡献。

新四军第五师的抗战实践，同八路军、新四军兄弟部队的抗战实践一样，有力地证明了一个极其重要的真理，中国人民是伟大的人民，中国共产党是伟大的政党，中国人民同中国共产党结合在一起，就成为任何帝国主义都征服不了的伟大的力量。

1937 年底，国民党在南京防御战中遭受了严重的挫败；1938 年秋天，在日本侵略者沿江西侵和南北夹击下，又放弃了武汉。当时的豫鄂边区，由于国民党军队及其地方政权缺乏抗战的思想准备和组织准备，一度陷入混乱状态。就在这"问苍茫大地，谁主浮沉"的时候，分布在这个地区的共产党的地方组织和共产党员，根据中共中央的指示，揭竿而起，分别在桐柏山、大别山、大洪山上竖起了"到敌人后方发展抗日游击战争"的大旗，并以自己艰苦卓绝、勇敢果断的行动为各界人士树立了对敌斗争的榜样。于是，豫鄂边区广大群众的精神面貌很快地振作起来。大刀、长矛、土枪、土炮都使用出来，"母亲叫儿打东洋，妻子送郎上战场"，一支支抗日的游击部队接连地组织起来，并且及时地投入到同敌伪军的浴血奋战中，有力地打击了敌伪军的侵略气焰。当时的斗争环境是极其艰苦的，国民党的党政组织及其武装力量对于共产党组织起来的这些部队不仅不给予任何接济，而且逐步从限制、防范发展到频繁的武装进攻，加之天不作美，不断发生自然灾害，因而边区军民时常处在缺衣缺食、缺枪缺弹、缺医少药的境遇中。但是，边区人民发挥了最大的耐力，吃大苦耐大劳，忍饥忍饿，节衣缩食，用自己的一切来支援新四军第五师这支子弟兵。五师的各个部队也极力发扬艰苦奋斗、自力更生的精神，尽量通过在战斗中缴获敌人的枪弹物资，在敌伪据点附近设卡收税，以及自己参加生产劳动等来解决各种困难。不管是在军队里或是在地方上，不管是在硝烟弥漫的战场，或是在抗日根据地的建设工作中，共产党员都起着先锋模范作用。"冲锋在前，退却在后""吃苦在先，享乐在后"是每个共产党员的行动准绳。共产党的各级组织及其所属的每个党员真正成了坚持边区抗日游击战争的核心力量。就这样，豫鄂边区的人民在中共中央和豫鄂边区共产党组织的领导下，写成了一部夺取边区抗战胜利的伟大史诗。

要奋斗就会有牺牲。抗日战争的胜利是成千上万的英雄志士流血奋斗换来的。因此，当我们重温新四军第五师和豫鄂边区的抗战历史的时候，我们特别想起了在对敌作战和自卫反击中英勇献身的烈士们，他们为争取抗日战争的胜利做出了最宝贵的贡献。他们永远活在我们心中，他们的业绩永存！

1987 年 4 月定稿

原载中国人民解放军历史资料丛书编审委员会编：《新四军·回忆史料》(2)，解放军出版社，1990 年，第 261～274 页。

回忆抗战初期安徽省工委和鄂豫皖区党委

◎ 张劲夫

1938 年 1 月（春节刚过），我由武汉长江局委派，经信阳到安徽，利用社会关系开展抗日救亡运动。因我在上海地下党工作时，认识一些人。去时长江局刘顺元同志告诉我，安徽地下党组织已被破坏，要我发展组织，打开局面。3 月和 4 月初，又相继派彭康和谭光廷二位同志来六安找到我。在六安小东门六德公园旁租了房子作为机关。彭、谭传达长江局决定，成立中共安徽省工委，彭康任书记，李世农任组织部长（时在舒城），张劲夫任宣传部长，谭光廷任军事部长。成立省工委的时间是 4 月初。这时，彭康同志带来的有曹云露同志、新四军四支队民运队及兵站的同志，还有在舒城一带活动的地下党同志的组织关系。安徽省工委下属：六安中心县委，书记黄岩；寿县中心县委，书记曹云露；舒无特委，李世农兼任书记，黄育贤（桂蓬）任组织部长；太湖中心县委，书记孙毅。5 月，安徽省工委搬到立煌（金寨）桃树岭（兵站所在地）。

6 月，日寇向六安进攻，到了独山、苏家埠，未到麻埠。这时，安徽省工委机关由桃树岭搬到白水河，中央给我们送来两部电台。

7 月，刘顺元、喻屏同志也派来安徽参加省工委。同时参加省工委的同志还有黄岩、郑维孝等同志。这时，刘顺元同志自告奋勇，到舒无特委帮助工作，发展组织，发展革命武装。

抗战初期形势很好。各县动委会的指导员很多是我们地下党的县委书记。一些县长也听我们的话，如无为县长胡竺冰，庐江县长翟宗文（参加过大革命，在国民党内有资望）等。为了开展革命工作，在8月间舒无特委分成两个特委：一个特委管庐江、无为等县，调黄岩同志去负责；一个特委管舒城、桐城等县，由桂蓬同志负责。黄岩同志走后，工作由吴皓同志接任，六安中心县委管六安、霍邱等县。

10月，武汉快失守前，何伟同志以《新华日报》记者身份来皖，参加工委，并传达长江局意见，拟成立鄂豫皖区党委，辖鄂东北、豫东南、皖西等地工作。

年底，郭老（郭述申）来白水河。这时工委已撤销，成立区党委，书记郑位三，组织部长何伟，宣传部长彭康，民运部长张劲夫，军事部长谭希林。此5人组成常委，委员黄岩、程坦、周晓乐（即周新武，豫南）等。成立区党委后，另有刘顺元、方毅、李世农、谭光廷、喻屏等同志去皖东，即淮南铁路以东开展工作，是郭老来传达的，成立皖东省委。区党委民运部下面成立了青年工作委员会，书记陈少景；妇女工作委员会，书记孙以瑾。宣传部下面成立文委，书记朱刃（现湖南大学校长）。广西军内的工作和桂系省政府内地下党的工作，和我直接发生关系。我们向各县派了一些党内同志去任县政府的秘书、科长，动委会的指导员，有立煌县政府秘书刘宏（现在广西），立煌县动委会指导员王伯苑（现在江苏），六安县动委会指导员田兰田，霍邱李华封、刘鸿文等。1940年我们撤退时，广西学生军都撤到解放区去了。

1939年7月，中央指示，国民党顽固派可能向我们发动进攻，要鄂豫皖工作重点转移敌后，区党委机关也转移。7月24日，我和郑位三即到东汤池，彭康、谭希林也是随后去的。何伟同志留下，以新四军办事处主任身份出现。

9月份，在东汤池开了一次党代表大会，选举七大代表，何伟同志也去参加了。会议后，决定鄂东、豫南工作交与李先念同志领导。在立煌一带已公开身份的同志撤退，由何伟同志去部署，并派李丰平同志去金家寨，以立煌市委的名义去秘密领导地下工作。丰平同志主持立煌市委工作是1939年10月至1940年3月，以后是和我们的电台一道撤走的。各地的工作团和地下工作同志人数3000左右，陆续撤到解放区，仅桐城县就有好几百人，大多是知识分子干部，如方琦德同志等。

12月，新四军四支队主力到定远一带。中央通知我们向主力部队靠拢，准备大发展。到藕塘瓦屋薛，同刘顺元同志又会合了。会合后，听到刘少奇同志（当时化名胡服）传达毛主席指示，放手发动群众，发展武装，开辟抗日民主根据地。

1940年1月，成立路西省委（彭康等同志负责，彭任书记）、路东省委（张劲夫、李世农等同志负责，张任书记）。2月（二七政工会议前），我调到新四军五支队政治部担任主任，由方毅同志任路东省委书记。到了3月，国民党顽固派桂系部队和韩德勤部，向路西、路东我军驻地进攻。我军进行了有名的半塔守卫战，取得了自卫还击战的胜利，建立了路西、路东抗日民主根据地。领导指挥这次自卫还击战的有刘少奇、张云逸、邓子恢、郑位三、徐海东等同志。6月，新四军江北指挥部由路西转移到路东。7月，我跟罗炳辉同志等去开辟淮宝根据地，和八路军南下部队黄克诚同志在这里会师。

关于安徽省动员委员会问题：李宗仁假装进步，对安徽地方进步力量，他加以利用，如朱蕴山、常藩侯、沈子修、光明甫、周新民、童汉璋等以及外来的章乃器等。省动员委员会的组织部长是沈子修，宣传部长是光明甫，后勤部长是常藩侯，总务部长是朱蕴山，情报部长是丘国珍（开始丘的工作是对日本，后来对我们了）。省动员委员会主任李宗仁，由秘书章乃器代行，后又由朱蕴山以秘书长身份代行，代理主任委员职务。动委会下面成立青年抗敌协会、妇女抗敌协会、少年抗敌协会、农民抗敌协会、工人抗敌协会，还成立了40多个工作团及十几个委托工作团。

关于党的组织：立煌县委书记徐其昌、周维（区党委组织科长，驻立煌工作）等；六安县委书记田兰田、李金平等；舒城县委书记鲍有逊（刘顺元同志爱人）；霍邱县委书记黄岩（兼）、吴皓、李华封等；霍山县委书记侯文瀚等；寿县县委书记曹云露（兼）、李德观（女）等。

（姚维山、顾旭访问，顾旭整理。已经本人审阅）

原载安徽省新四军历史研究会编：《抗日战争回忆录》，安徽人民出版社，1992年，第1～4页。

战斗在鄂豫皖抗日前线

——忆中共广西学生军支部

◎ 潘韵桐

一

卢沟桥事变后，在中国共产党的推动下，国共两党实现了第二次合作，联合各民主党派，结成广泛的抗日民族统一战线，掀起了全民抗日救国的高潮。李宗仁、白崇禧出于抗战形势和自身利益的需要，参加对日作战。广西军队编为国民革命军第五路军，主力第十一集团军、第二十一集团军开赴抗日前线。同时为了适应广西青年学生抗日救国的强烈要求，组建广西学生军，随军北上抗日。

1937年9月，第五路军总部发出布告，在南宁、柳州、桂林、梧州四个主要城市设立考区，招收在校大、中学生将近300名（当时报名应考的青年学生多达5000余人，录取200名，加上免试的广西大学立法学院社会学系和文学系结业学生30名，南宁高中学生10名，第五路军总部所属国防艺术剧社50多名），组成广西学生军大队，分编为男女两个中队。11月集中在桂林李家村进行军事训练，准备开赴抗日前线，随军行动，宣传抗日救亡，动员组织群众，做战地服务工作。

在广西学生军中有中共地下党员10名。他们原是中共南宁高中支部的郑忠（支部书记）、麦英富、潘韵桐、林显荆，中共广西桂平县城关小学支部的莫如珍、郭柳平，柳州地下党员韦廷安，桂林市地下党员易凤英，南宁市地下党员黎琦新、朱澄霞。1937年春夏广西当局借着所谓"王公度案"，抓捕我地下党员和左派人士，广西党组织遭受严重破坏。党的领导人有的被捕入狱，有的转移隐蔽，广西学生军中的10名党员都与上级党组织失去了联系。莫如珍原是南宁高中党支部的党员，担任过中共南宁市委妇女工作部部长，和南宁高中支部来的党员以及南宁市地下党来的党员，都有过组织关系，同易凤英、韦廷安等在学生运动中也有过联系，就秘密和大家串联。我们交换意见，研究工作，了解学生军成员的政治情况，团结进步同学，建立广泛的联系。

　　一个多月的军事训练很快就结束了。12月14日，省会桂林市，数千青年学生和市民举行欢送学生军出征大会，在鞭炮、锣鼓声中，300余名八桂儿女，昂首高歌，迈着坚定的步伐，踏上抗日征程。

二

　　广西学生军大队经过十多天的长途行军，于12月28日到达武汉，扎营于武昌蛇山公园抱冰堂。

　　随着上海、南京相继失守，国民党政府及所属各部门迁武汉办公，我党在武汉设立八路军办事处（对内是中共中央长江局），许多有名望的抗日救亡运动领袖也纷纷聚集武汉，各种抗日救亡团体和从沦陷区出来的流亡青年亦蜂拥而至。高涨的救国热情激励着我们广西学生军，大家顾不上行军的疲劳，一进入武汉就积极参加各种抗日救亡活动。学生军得到国民政府中央军事委员会副参谋总长白崇禧的秘书、中共地下党员谢和赓的支持与帮助。

　　广西学生军在武汉同各方面人士广泛接触，开阔了眼界，思想更加活跃。大家公开谈论共产党抗日救国的政治主张，评论国民党的国策。桂系当局害怕学生军受共产党的影响，下令对同学们严加管理。大队长蒋元召集同学们训话，故作神秘地说："武汉这地方复杂得很呀！不少青年偷跑到延安去了，你们别上当啊。"桂系当局的控制和监视，引起同学们的反感和不满。我们党员同志分头到同学们中去活动，组织学习抗日救国的理论，宣传要民主、要团结抗日的道理。不少同学常从驻地溜出去，购买进步书刊，走访各抗日救亡团体和进步人士，打听去延安的路线。

郭柳平、蒋志民等同学就是在武汉脱离广西学生军，奔赴延安去的。

桂系当局以广西学生军在武汉大做文章，捞取政治资本。在李宗仁、白崇禧的授意下，由程思远（李宗仁的秘书）同谢和赓出面，邀请各党派及爱国知名人士给广西学生军演讲。中共方面有周恩来、叶剑英、邓颖超、博古、聂鹤亭、张爱萍、王明等，民主党派领袖和知名人士有郭沫若、沈钧儒、邓初民、史良、刘清扬、邹韬奋、李德全、沈兹九等。还有国民党的康泽、贺衷寒。中共领导人的演讲最吸引同学们，尤其是对周恩来关于抗战形势的分析，反应更为强烈。许多同学私下议论：从来没听过这么好的演讲，深入浅出，联系实际，听了令人心悦诚服。听了中共领导人的演讲，同学们对中国共产党的政策有了进一步的了解，国民党的反共谰言便不攻自破了。

广西学生军在武汉活动了一个多月，就要开赴抗日前线了。莫如珍、易凤英、郑忠等同志商量，认为必须在离开武汉之前接上党的组织关系，决定先由莫如珍和易凤英去八路军办事处，向周恩来请示，在广西学生军中建立地下党支部。莫、易二人趁同学们集体外出参观之机，秘密来到八路军办事处。周恩来和邓颖超接待了她俩。周恩来笑着说："你们到家了，这里是很安全的。"邓颖超招呼她俩坐下。莫、易作了自我介绍后，详细汇报了广西学生军中地下党员数量及活动情况，并提出在学生军中建立中共支部的要求。周恩来和邓颖超同志听了很高兴，周恩来连声说："很好嘛，很好嘛！"接着关切地问了广西学生军的生活和学习，又问了广西青年抗日救亡活动的情况。随后他叫来一位同志，商量了片刻。那位同志便领莫如珍到一间房里谈话，最后要莫如珍写一份材料，内容是：（一）莫如珍的学历、家庭情况，入党经过及参加地下党活动情况，对中国社会性质的认识；（二）广西学生军的组织情况；（三）广西学生军的中共党员及基本群众的名单。那位同志告诉莫如珍，他叫石磊，是中共中央长江局组织部的干部。告辞时，周恩来同志又亲切地对她俩说："你们党员可以先组织起来，有事商量，开展活动嘛！"

莫如珍和易凤英怀着十分激动的心情，离开八路军办事处。当时党员处在秘密活动环境中，她俩只能向郑忠等分别传达周恩来的指示。过了几天，莫如珍同郑忠、雷秀芬一道去八路军办事处，把写好的材料交给了石磊同志。

1938年1月下旬，广西学生军整装待发前夕，莫如珍第三次到了八路军办事处。

石磊亲切地说:"你们的材料已转广西地下党,查对属实。你们到安徽后,上级党组织会派人找你接党的组织关系的。"当即商定联系的暗号,莫如珍提出她用"拉狄"化名,对方用"落逸"化名。石磊给了一个通信地址,要莫如珍绝对保守秘密,并要求学生军到安徽后就来信,以便取得联系。后来得知石磊就是曹瑛。广西学生军中的共产党员热切期待找到上级党组织,愿望终于实现了。

三

2月5日,广西学生军从武汉搭上运送军需物资的列车北上,到达河南省信阳后徒步东进,途中留下30多名同学在驻潢川第五战区青年军团里工作,其余同学于3月初到达安徽六安。

没几天,驻六安的第十一集团军总司令部政训处主任韦赘唐突然召集学生军训话。韦是广西众所周知的反共老手和特务头子。他来到我们队伍面前,厉声地威胁说:"你们广西学生军中有共产党,大家要检举。你们当中谁是共产党自己说出来没事,要是查出来,那是要坐牢杀头的!"大队部对同学们严加管理,不准离开驻地,韦赘唐还把易凤英、莫如珍、郑忠、麦英富、甘怀勋等找去训斥了一番。一时间,弄得人心惶惶。这时党员秘密商量对策,决定把进步同学团结起来。遂分头到同学们中去,借品尝六安名茶为名义,和同学们谈理想、谈前途,大造要求抗日救国上前线的舆论。几天过去了,同学们经受住了考验,韦赘唐一无所得。

3月下旬,在同学们的强烈要求下,广西当局终于批准学生军向田家庵抗日前线进发。田家庵(今安徽省淮南市)距离洛河日军据点20余公里,镇上驻守第十一集团军第一三八师,老乡们大部已撤往后方。洛河对岸日寇时常炮击、空袭田家庵,硝烟弥漫。3月29日,我们的队伍在伸手不见五指的黑夜,进入我军洛河前沿阵地,开展宣传慰问活动。同学们用家乡话和广西籍士兵们攀谈,介绍后方全力支援前方的情况,转达家乡父老对前方子弟兵的期望,宣传共产党抗日救亡的政治主张,分析全国抗战形势和抗战必胜的道理,讲述我国军民英勇杀敌的故事,揭露日寇的暴行和东北同胞的悲惨遭遇。这些活动受到官兵们的欢迎。

我们从田家庵前线下来,于4月中旬到了合肥。当时二十一集团军总司令部在这里驻防。总司令廖磊接见我们，传达第五战区司令长官部电示：广西学生军男女学生混合编队，第一中队为第十一集团军总司令部管辖，随总部到鄂东一带活动；第二中队为第二十一集团军总司令部管辖，在大别山区一带活动。大队部随第一中队行动。去向如何选择，我们党员同志进行分析对比，做出了决定，认为第十一集团军总司令李品仙，在桂系将领中一贯顽固反共，他的政训处主任韦赞唐在六安对广西学生军的突然袭击与他有关；第二十一集团军总司令廖磊，在桂系将领中还比较开明，还能容纳青年抗日，因此争取所有党员以及进步同学参加第二中队。为了保证这次行动成功，大家认为采取自由签名，选择去向的办法较好，推选党员朱澄霞（女生中队副队长，和廖磊同乡）向廖磊提出签名选择去向的建议。在第二十一集团军总部政训处洪雪邨（中共地下党员）的协助下，廖磊采纳了这个建议。接着党员同志便分头在同学们中进行紧张的串联活动。签名结果，到第二中队有 82 名（男同学 39 名，女同志 43 名），除党员同志外，大部分是进步同学，有的还是建党对象。

重新编组后的第二中队由钟少熙任队长，朱澄霞任指导员。从此我们摆脱了大队部的控制。二中队成立了工作促进委员会，委员由民主选举产生，党员和进步同学在委员会中占多数。从此，二中队的工作和学习更加活跃起来。

4 月 28 日，二中队离开合肥，随第二十一集团军作战部队向徐州前线进发，辗转于寿县、霍邱、颍上、阜阳、固始、商城等县。这时日军正进攻徐州，徐州外围城镇惨遭敌机轰炸。颍上、阜阳两县县城已成了废墟。目睹这些惨象，同学们抗日救国的决心更坚定了。

四

5 月，二中队由徐州前线折回霍邱县城休整。有一天，一个陌生人来找莫如珍，对上了联络暗号。原来这个陌生人是中共安徽省工委委员谭光廷（又名袁仁安）同志，是省工委派来的。他告诉莫如珍，长江局组织部已把广西学生军第二中队党员的组织关系转到中共安徽省工委张劲夫同志处，并传达了长江局的指示和中共安徽省工委的决定，批准成立中共广西学生军支部。支部干事会（即支委会）

由莫如珍、易凤英、郑忠、朱澄霞组成，莫如珍任书记，易凤英管组织，郑忠管宣传。为了便于向省工委汇报工作，谭光廷指示我们支部以"何智生"为代号进行联系，并可与代号为"何德智"的中共霍邱特别支部进行联系。

中共广西学生军支部成立后，随即讨论制订工作计划，决定发展新党员，宣传党的抗日救国政治主张，组织同学们学习政治理论。党支部通过工作促进委员会实现对全中队工作和学习活动的领导，发挥战斗堡垒作用。

党支部首先吸收建党对象甘怀勋、吴启增、蒋奎、陈振雄、王鸿斌、全惠英等同志入党，紧接着又陆续发展解少江、林宝光、赖月婵、陈镇东、范竞凡、温雪晶、黄琼英、陈守善、梁先伦、赵素娥等同志入党。党组织的迅速发展，使党支部的战斗堡垒作用得到了加强。

这时，钟少熙离队返回广西，由朱澄霞接任队长，指导员由新派来的麦世法（系中共党员）担任。

为了传播前、后方消息，鼓舞人民和部队坚持抗战到底的信心，我们二中队趁纪念抗日战争一周年之机，发起组织广西学生军回桂代表团，很快得到第二十一集团军总司令部的批准。回桂代表团的人选如何产生，党支部研究提出易凤英、莫如珍、韦廷安、甘怀勋、黎琦新、王鸿斌六名党员和陈允可、杨汤两名非党员同学作为候选代表，放到同学们中去酝酿讨论，结果全部通过，并得到第一中队的赞同。这次民主选举代表，对新建立的党支部是一次很好的考验，证明共产党员在同学们中是有威信的。莫如珍启程后，由郑忠接任中共广西学生军支部书记。

回桂代表团出发前，中共安徽省工委给莫如珍写了组织介绍信。路过武汉时，长江局又给她转了组织介绍信。这样，使莫如珍回到桂林时，很快找到当时在桂林的中共广西地下党领导人凌剑平同志，并由他通知广西的桂林、柳州、南宁、梧州等市及各地、县的中共地下党组织，积极主动配合广西学生军回桂代表团开展工作。代表团在广西的活动，对推动当时广西抗日救亡运动起了一定的作用。

10月，武汉吃紧，第二十一集团军总部电催学生军回桂代表团火速返回安徽前线。杨汤病逝于桂林，莫如珍因病住院留广西，易凤英、韦廷安、黎琦新、甘怀勋、王鸿斌、陈允可等六人在武汉失守前回到大别山地区。

五

1939年春，广西学生军第二中队从湖北的英山、罗田集中到安徽立煌学习，重新分配工作。这时，党支部郑忠、易凤英、甘怀勋、韦廷安等同志，以代号"何智生"，同张劲夫同志取得了联系，汇报了工作。张劲夫同志对他们谈了形势，并对支部工作作了指示：第一，学生军中的党员要充分利用同桂系的特殊关系，通过公开的合法身份，掩护地下党组织开展活动；第二，利用广西学生军便于接近桂系上层的条件，同各方面人士广泛接触，了解情况，进行统战工作；第三，团结各地来的青年群众，宣传党的抗日政治主张，发展进步力量。

廖磊为了巩固桂系在安徽的统治，便把广西学生军第二中队作为一支重要的力量来使用，把同学们派到各单位去工作，但仍保留学生军的建制。根据这一情况，党支部及时进行研究，决定把原来的广西学生军工作促进委员会改为理事会。除仍然负责管理工作和学习外，还在立煌设立广西学生军通信处，与分派到各地、各单位工作的同学保持联系，对内作为地下党秘密联络站。

当时，安徽省动委会是国共两党实行党外合作的组织形式，也是国民党桂系同CC系争夺的阵地。广西学生军党支部遵照党的指示，积极主动向有关当局推荐，把党员安排到动委会各部门工作。第一批派到省动委会工作的党员有朱澄霞、易凤英、郑忠、甘怀勋、麦英富、韦廷安、王鸿斌同志以及几个非党员同学，成为秘书、组织、宣传、青年、妇女等部门的骨干。党支部还研究决定，郑忠侧重做桂系上层工作，书记由韦廷安同志担任。不久，中共鄂豫皖区党委决定，郑忠、甘怀勋任区党委青年工作委员会委员，郑忠兼任宣传部长，甘怀勋兼任组织部长；朱澄霞任省动委妇女工作委员会总干事，易凤英、王鸿斌任干事。

经过党支部推荐，理事会酝酿，并报上级党组织同意，派学生军中的李慧到青年抗敌剧团任副团长，朱澄霞、甘怀勋、韦廷安、梁先伦、林宝光、潘若等到安徽省军事政治干部训练班的各中队任指导员。后来朱澄霞任妇女训练班副主任；易凤英、蒋奎、赖月婵任妇女训练班中队副兼分队长或指导员；潘韵桐、解少江、全惠英等，到安徽省军事教育团任中队指导员；吴震雄、陈维廉、熊明清、练珍珠、刘庆云等到第二十一集团军总司令部军官训练班任指导员；黎琦新、解少江到安徽省妇女战地服务团任团长；蒋奎到第三十五工作团任团长；陈云高、区展先后到立煌县动委会任指导员；林显荆任岳西县动委会指导员；胡琼任岳西县工作团团长；吴登增、陈镇东、李庆京到全椒县任科长或区长；郑忠任霍山县政府政务督导员，后又到大别山日报社任编辑。1939年6月，安徽省学生军团成立，广西学生军又派郑忠到团部工作。黎琦新、雷秀芬、王鸿斌、陈守善、赵素娥、王朝铭、何秋祯、陈维廉等到中队任指导员或中队副。留在学生军第二中队部负责童子军（战区流亡出来的少年）训练队工作的有黄琼英、谭亦暄、陈月恒、陆文尉等，在学生军通信处工作的有杨孝基、林宝光、潘韵桐、赖月婵、熊明清、严兆芬、何秀琼、邓壁等。

廖磊智囊团有几个决策人物，省动委会秘书黎民兴（廖的同乡、亲信）是廖磊在省动委会的全权代表，省动委会领导下的几十个工作团的人事安排、经费调拨都要经他批准；安徽省民政厅厅长陈良佐，也是廖磊的同乡、亲信，委派专员、县长、区长都要经他批准；马起云是第二十一集团军的高级参谋兼安徽省学生军团团长，学生军团训练计划的安排都要他点头。这几个人物是我们统战的重要对象。广西学生军党支部研究决定：由郑忠、朱澄霞、易凤英、王鸿斌等同志做他们的工作，利用交往、谈话获悉有用的情报。一次，易凤英从和黎民兴的闲谈中得知，第二十一集团军总司令部向新四军游击区外围部署兵力，企图控制新四军江北指挥部的活动。易凤英把这一情报及时向上级党组织做了汇报。郑忠协助黎民兴处理会务，住在黎民兴隔壁（都是茅草房，中间有门可通），地下党的秘密文件箱就藏在黎民兴床底下。

1939年冬，国民党掀起第一次反共高潮，大别山区阴风四起。党支部根据当时形势的变化，利用广西学生军这块牌子，在各单位公开宣传我党提出的"坚持抗战，反对投降；坚持团结，反对分裂；坚持进步，反对倒退"的口号，大造舆论，打击反共投降气焰。

这时，韦廷安同志调安徽省军事政治干部训练班任中队指导员。广西学生军党支部研究决定，由潘韵桐接任广西学生军党支部书记，同时调林宝光负责广西学生军通信处的工作。

随着大别山区政治形势的恶化，中共鄂豫皖区党委从立煌东移到庐江东汤池。在立煌的各工作团亦陆续撤到皖东和皖东北靠近新四军的游击区。为了坚持大别山区工作，鄂豫皖区党委决定成立中共立煌市委，李丰平任书记，甘怀勋任组织部长，郑忠任宣传部长。中共广西学生军支部的组织关系从鄂豫皖区党委转到立煌市委。甘怀勋同志代表立煌市委具体领导广西学生军党支部的工作。

六

1939年10月，廖磊病故。李品仙接任安徽省主席。他一上任，就极力推行蒋介石的《限制异党活动办法》，下令各工作团返回立煌集中训练，强迫青年集体参加国民党、三青团，并扬言要解散动委会、工作团，加强对共产党活动的监视。针对这种形势，上级党指示中共立煌市委有计划地组织转移，并指示广西学生军党支部，派在各单位工作的同志，应利用公开身份的有利条件，及时提供桂系军队封锁边境的情报，搞通行证件，搞路费，协助地下党组织撤离。

1940年1月，桂系军队对新四军的反共军事摩擦逐渐加剧，同时李品仙也加紧迫害进步青年。广西学生军的活动引起了李品仙的注意，他下令严加监视，并搜查广西学生军通信处。2月，上级党指示广西学生军党支部，组织全体党员，并动员进步群众，撤到新四军根据地。党支部经过反复研究，细致缜密地制订了撤退行动计划，及时通知分散在各地工作的党员同时行动。广西学生军在立煌工作的女同志较多，党支部决定以三八节到前方慰劳军队的名义，在3月8日这天公开出走，一路由甘怀勋率领撤到淮南新四军根据地，一路由郑忠率领撤到淮北新四军根据地。

这时黎琦新、雷秀芬、王鸿斌等同志带领的安徽省学生军团部分学员组成的话剧团，正在无为县进行宣传活动，不料，桂系军队突然在无为县实行戒严，县动委会被查封，中共无为县委有一箱文件放在动委会里也未及取出。遵照县委指示，黎琦新、王鸿斌、雷秀芬同陈维廉、何秋祯等去动委会，以慰劳军队演出取道具箱为理由，瞒过了哨兵，从已上了封条的房子里取出文件箱，把县委文件全部安全转移了出来。接着他们又得知县委还有几十位地下党员未能撤走，就在万分危急的情况下，冒着生命危险到无为县政府，从保管县政府印鉴的广西学生军同学王祥恒那里取出大印，盖了几十张空白的通行证交给无为县委。县委组织部长曾子坚是位女同志，她穿上军装，腰挎左轮手枪，大摇大摆地通过岗哨，安全地撤到新四军江北游击纵队司令部。

蒋奎率领的第三十五工作团，正在桂系李本一专员公署所在地的全椒县古河镇活动。她同样以三八节到外地演出慰问军队的名义，带领全体团员经过一夜急行军，安全撤到和县、含山地区新四军部队的驻地，接上了党的组织关系。接着，她和勤务员又连夜赶回古河镇，执行中共全椒县委交给她的任务，了解李本一即将召开的县长、参谋长、县武装大队长参加的军事会议。第二天，当李本一探知第三十五工作团向和（县）含（山）新四军驻地方向前进时，向装病躺在床上的蒋奎要人，并说："给你派一个营去追！"蒋奎从容地回答："我不相信她们会走，万一真的走了，我怎么能追回来？她们想走，肯定是早有准备的，肯跟我回来吗？算我失职啦。我回立煌请求总司令部处分！"由于李本一当时没有掌握蒋奎的政治情况，只得气急败坏地走了。蒋奎完成任务后，根据党的指示，借口回立煌"请罪"，便带着勤务员脱离虎口，安全回到新四军驻地，同第三十五工作团的同志会合。

解少江率领妇女战地服务团，正在皖北涡阳活动。她和团员们机智地摆脱地方巡逻队的监视，冒着生命危险，冲破国民党的层层封锁，趁黑夜偷渡涡阳河，安全撤到新四军六支队根据地新兴集。

至此，分散在各地的中共广西学生军支部的35名党员和进步同学共45人（男同志19名，女同志26名）均在三八节前后安全撤到新四军淮南、淮北根据地。同志们撤退到根据地后，受到根据地党政军领导和同志们的热烈欢迎，分别走上新的工作岗位，非党员进步同学也先后加入中国共产党。中共广西学生军支部胜利地完成了党交给他们的历史任务。

这时，李品仙正忙于贯彻国民党的反共军事摩擦计划，扬言要"肃清淮河流域及陇海铁路东段以南地区的新四军"。当李品仙获悉广西学生军第二中队大部分同学投奔新四军的消息后，大发雷霆，立即下令通缉。我们也来个针锋相对，撤到抗日根据地的40位广西学生军同志，联名发出《为制止皖东反共摩擦致李宗仁、白崇禧》的通电，通过延安新华社电台向全国广播，揭露和控诉桂系反共顽固势力在大别山区对抗日友军进行武装摩擦等罪行。

七

1941年夏，新四军四师部队和当地锄奸部门以所谓"托派问题"，对原中共广西学生军支部的一些党员和进步群众进行关押审查。中共广西学生军支部被诬为"托派组织"，被审查的党员，有的被开除党籍。1943年9月，中共中央华中局和新四军军部召开的第一次锄奸工作会，认为此案没有可靠根据，即停止了审查。受审查的同志先后分配了工作，但没有平反。曾在新四军四师工作的韦廷安同志于1943年春竟被错误处决。1943年至1945年，淮南、淮北区党委和新四军有关部队举办整风训练队，又经过重新审查，确认此案有错误，原是党员的都恢复了党的组织生活。全国解放后，在历次政治运动中，尤其是在"文化大革命"中，不少同志又因所谓"托派问题"遭受打击迫害。

1978年，党的十一届三中全会重新确立了马克思主义的正确路线，有关党组织根据实事求是、有错必纠的原则，对原广西学生军党支部的一些同志分别作了平反结论。1981年12月19日，中国人民解放军第二十一军党委对韦廷安作出了平反昭雪的决定，恢复党籍、恢复名誉，追认为革命烈士。1984年10月19日，中共中央组织部、中国人民解放军总政治部联合作出《关于为1941年新四军四师等部队和淮北、淮南根据地所谓托派案件平反的决定》（以下简称《决定》）。《决定》指出："广西学生军中共支部从1938年5月成立至1940年3月撤退到淮南、淮北根据地期间，在安徽省工委、鄂豫皖区党委、立煌市委直接领导下，在动员组织群众，坚持敌后抗战，宣传我党抗日民族统一战线和抗日政治主张，掩护地下党领导机关等方面，做了有益的工作。广西学生军中的中共党员和进步群众到新四军和淮南、淮北根据地工作以后，对抗日武装斗争和根据地建设做出了积极的贡献。过去把广西学生军中共支部诬为'托派组织'，对几十名同志以'托派问题'进行审查是没有根据的，所谓托派案件完全是一个冤假错案。为了消除这一历史的影响，现决定为广西学生军中共支部和这一案件中所有被错误审查处理、被错误处决的同志，一律予以彻底平反，恢复名誉，由有关地区和单位党组织按中央有关规定，认真清理档案材料，做好善后工作。"

今天，我们这些幸存者正在安度晚年。我们深切怀念韦廷安同志和面对敌人屠刀宁死不屈壮烈牺牲的黎琦新、陈镇东、赵素娥、麦世法等同志；深切怀念积劳成疾不幸逝世的朱澄霞、易凤英、陈守善、李慧、杨汤、刘剑华、温雪晶等同志；深切怀念在"文化大革命"中被残酷迫害致死的范竞凡、甘怀勋、解少江、潘若、吴震雄等同志。愿他们的英名永存，愿他们对革命、对党忠心耿耿的精神永远鼓舞他们的儿女和后来的人。

原载中共六安地委党史工作委员会编：《皖西革命回忆录：抗日战争时期》，安徽人民出版社，1989 年，第 90～105 页。

舒无地委及其沿革

◎ 周新武

　　中共舒无地委成立于 1939 年 2 月，隶属鄂豫皖区党委领导。1939 年下半年，我从豫东南的潢川中心县委调到皖中工作，9 月 19 日到达庐江东汤池鄂豫皖区党委机关。区党委任命我为舒无地委副书记兼宣传部长。时，舒无地委书记黄岩同志兼新四军江北游击纵队政委，住在无为开城桥镇附近纵队司令部，副书记赵忠国同志将要去延安，谢飞同志任组织部长，宣传部长缺，赵君哲同志任宣传部副部长，冯纪新同志任青年部长（也称青委书记），赵湘荃同志任妇女部长（也称妇委书记），孙仲德、黄育贤（后用名桂蓬）等同志为委员。舒无地委下辖舒城、无为、庐江、桐城、巢县、和县、含山七县。1939 年 10 月初，我开始处理地委工作。我到职不久，即去舒城县委了解工作，当时严佑民同志任舒城县委书记，林轩同志任县委组织部长。在舒城工作一段时间后，我回到东汤池附近的地委机关，谢飞同志随何伟同志已去皖东津浦路西地区。当时郑位三同志还在区党委机关，他要我兼地委组织部长，宣传部长改由赵君哲同志担任。1939 年 11 月，区党委的领导同志先后随新四军江北指挥部机关东进到皖东津浦路西地区（"东进"是新四军的发展方向），鄂豫皖区党委结束工作。1939 年 12 月 10 日，舒无地委机关离开东汤池向东转移，12 月 11 日到达无为西北乡开城桥镇以北的徐家新屋一带。1940 年初成立皖中地区的军政委员会，何伟同志任书记，黄岩同志任副书记，孙仲德、桂蓬、我等为委员，在江北游击纵队任职的同志集中力量做部队工作，准备自卫战争。

这时地委书记由我继任，组织部长由冯纪新同志担任。那时赵忠国同志决定去延安，尚未动身，他作为地委委员之一，有时间也帮助做组织部的工作。1942年4月，舒无地委撤销。

原载中共舒城县委党史办公室编：《舒城县革命史资料（抗日战争时期）》，内部资料，舒城印刷厂，1985年，第42～43页。

中共英岳太立霍边区委员会始末

◎ 钟子恕

1943 年冬，中国人民的抗日战争，已经进入了敌我力量相持的阶段。根据鄂皖边区党委和新四军五师"关于扩大抗日民主根据地"的指示，皖鄂边区地委和第四军分区决定：派我和鲁教瑞同志带领一支 50 余人的部队，进驻英岳太立霍边区中心地的岳西鹞落坪和英山的桃花冲交界处，组织建立中共英岳太立霍五县边区工作委员会，上级指定我任书记，鲁教瑞任副书记；在军事上成立了五县边区抗日指挥部，我兼任政委，鲁教瑞兼任指挥长，属皖鄂边地委和第四军分区领导。在当时的特定环境下，我们两个人全面负责党政军工作。

临行时，地委和军分区首长张体学同志交给我们的任务是：沿大别山主峰一线开辟工作，广泛建立地方工作点，同老苏区人民和地下党取得联系，宣传党和抗日民族统一战线政策，宣传抗日战争形势，教育和发动人民组织抗日武装，全力支持抗日军民打败日本侵略者，同时还针对蒋介石发动的第一、二、三次反共高潮，教育人民认清蒋介石假抗日、真反共的丑恶面目，揭露其反共罪行。地委还给我二人另一项任务：打通新四军第五师皖鄂部队同新四军七师皖中部队的联系，使大别山区抗日民主根据地连成一片。这两项任务的完成，对巩固和发展我大别山抗日民主根据地，加速打败日本侵略者，都有极其重大的战略意义。

英岳太立霍边区工作委员会在日本侵略军和国民党桂系顽军的夹击下，虽然只存在半年多的时间，但在宣传、组织、武装斗争，揭露国民党反动分子面目，制止国民党在大别山区掀起的第三次反共高潮，做了一些应做的工作。它的建立和发展只不过是历史上的一支小小的插曲，但就是这无数支小小的插曲，谱成了中国人民抗击日本侵略者并取得最后胜利的乐章。

工委建立前的皖鄂边敌我形势

抗日战争期间，湖北省的浠水、罗田、英山、蕲春、黄梅、广济，安徽省的岳西、太湖、宿松等县的西南部，是我新四军第五师鄂皖边部队开创的敌后抗日根据地，而安徽省的桐城、岳西（东北部）、潜山、怀宁、望江等县是我新四军七师开创的敌后抗日根据地。这两块抗日根据地都处在大别山腹部，战略地位十分重要。为了使这两块敌后根据地连成一片，使新四军两支兄弟部队胜利会师，驰骋大别山区，两师部队从1942年以来，多次派出武装部队，以打通两师之间联系，但都被驻守在这里国民党桂系的3个军3个师的兵力所阻挠，未能实现这一战略计划。因此，鄂皖边区地委和军分区深入大别山腹部且是敌人重兵把守的要地开辟工作，无论从军事上还是政治上都有极其重大的意义，是一项极其光荣而又极其艰巨的任务。我和鲁教瑞及全体战士深感此行责任重大，必须要满怀信心，完成上级交给的任务。在行前的动员会上，大家一致认为，在敌、伪、顽包围中心开展工作，必须像孙悟空钻进铁扇公主肚子里那样，充分利用这里是老苏区，人民觉悟高的优越条件，采取灵活多变的游击战术，从"铁扇公主的肚子里"开花，才能站稳脚跟，不被敌人挤出去，使外线的我军更好地打击敌人。

我们这支精干的连队，进入鹞落坪，正值国民党掀起第三次反共高潮被我制止后不久，村庄隘口还有盘查哨哨棚，墙上、崖上刷写的"一个主义、一个政党、一个领袖""军事集中、力量集中"等独裁性的标语还历历在目。一些反动分子诬蔑中国共产党及其领导下的抗日民主根据地是"变相的军阀和新式的封建"，并表示要彻底改变这种"封建军阀和武力割据"的状况，凡此种种，不一而足。

最令人痛心的是，国民党反动派在红军撤离苏区北上抗日以后，违反停战协定精神，血腥镇压苏区人民，幸存的老百姓也因生活所逼逃难他乡。在此情况下，国民党反动派还要他们出什么人头税、保甲税、壮丁税等数不清的名曰"抗日捐"

实为反共税的杂税。与此同时，国民党还在地方政权中发展特务组织，成立乡保队、野猪队，重点对付我们小部队和零星人员，并在群众中实行五户连坐：一家通匪，各家犯法；一人抗日，全家遭殃。还宣传什么知"匪"不报，与"匪"同罪，窝"匪"、济"匪"者杀。因此在这里听不到一句抗日的话，看不到一幅抗日的标语，人人精神不振，意志消沉。

我们的工作方法和成绩

尽管敌人如此残酷，但这里的人民不愧是苏区人民。当他们真正了解到我们是为抗日而来的原来红军战士后，主动地同我们接近，向我们倾诉爱国抗日的热忱，向我们揭露国民党假抗日、真反共的罪行，表示欢迎我们在这里建立抗日民主根据地，支援我们抗日。在群众的掩护下，我们着手开展工作。

第一，恢复了地方党的组织。我们进入五县边区后，立即采取大分散、小集中的办法，分途至各村联系，了解党员情况，未叛变自首的立即恢复党组织关系。这样我们在2个月内，就在鹞落坪、桃花冲、西坪、西界岭等处，恢复了地方党的组织。在岳西的西坪，我们重建了党的支部，一个姓程的同志担任了支部书记。这个支部战斗力强，能完成任务。为鼓励其工作，我们给程书记发了生活补助费。另外在桃花冲、鹞落坪、西界岭、英山等处，重建党小组。暂时不能建立支部或小组的地方，我们还与许多党员建立了单线联系，他们为了保证工委的安全和生活日用品供应做了大量工作。

第二，扩充新兵。在抗日的旗帜下，我们这支小小的队伍，还动员了四五百名青年参军，走上抗日前线。并在从立煌到英山的400余里的大山区里，建立了四个交通站，使山里山外的消息非常灵通。

第三，搞好统战关系。那时我们的政策是：只要愿意抗日的我们就不分阶级阶层，团结他们起来抗日，反对抗日反对共产党的，我们就给予打击。同时我们通过国民党内部的上层分子及地主富农中的关系，做日伪顽军中的统战工作，使伪顽军中的300余人在英蕲边向我们投诚。对那些顽固不化，专搞摩擦的反共分子，也不轻饶。1944年春，将国民党英山县一个乡公所打开，缴了几支步枪。通过惩办顽固派，教育了一大批中间动摇分子，使他们认识到，只有走抗日之路，才是光明大道。

第四，加强税收。十年内战时期，我们靠打土豪维持生活。抗日战争时期，我们按抗日民族统一战线政策，不打土豪，不分田地，实行照章纳税，纳税后付给税票，抵付当年税收，任何单位见到税票后，不得重征税。其税率则是根据我们所需，规定起征点，做到有钱出钱，有力出力。

1944年春，经鄂皖地委决定，英岳太立霍边工作委员会和指挥部暂时撤销；我仍回蕲太英浠边任书记，鲁教瑞调鄂皖边地委，另行分配工作。至于打通新四军第五师与第七师联系这一任务，则因敌军重重，未能很好完成，回首往事，至今仍为憾事。

（储淡如　整理）

1985年6月15日

原载中共岳西县美丽乡委员会、岳西县美丽乡人民政府编：《红色鹞落坪——岳西县美丽乡党史资料选编》，内部资料，岳西县印刷厂，1989年，第109～113页。

蕲太英浠边抗日战争时期的革命斗争

◎ 钟子恕

一、概况

蕲太英浠边是湖北蕲春、英山、浠水和安徽太湖四县交界处的简称，位于鄂皖边大别山主峰鹞落坪南面，包括桐山、将军山、仙人台、三角山四座大山周围约 400 余里的地方。人口约 25 万。四山东南走向，东西长，南北窄，像一条弯弯曲曲的长龙，蜿蜒 150 里。桐山居东，像龙头伸向东方，位于蕲春、太湖之间；桐山西北紧接将军山，在蕲春、太湖、英山三县交界处；仙人台居中，地处蕲春、英山、浠水三县边；最西是龙尾三角山，在蕲春、浠水边。四山主峰都在海拔 1000 到 1200 米之间，山山相连，山脉纵横；大山深处，陡壁悬崖，形势险要；古树参天，药材遍地，珍禽异兽甚多；仙人台绿茶久享盛名，农林牧药茶出产丰富。勤劳善良的劳动人民，世世代代开发这个古老的山区，长期承受着历代统治阶级的剥削和压迫，终年辛苦，过着不得温饱的痛苦生活。

中国共产党诞生后，蕲太英浠边人民才真正有了希望。大革命期间，共产党领导农民打土豪，分财产，当家作主。大革命失败后，农民响应党的号召，不断举行起义，打击国民党的反动气焰。1930 年 5 月，中共党员何寿堂、詹文卿等领导了蕲春詹家山"五月起义"，成立了 200 多人武装的八大队。詹家山是近代民主革命家、农民运动领袖詹大悲的故乡，这儿群众基础好。在红一军、红十五军的支援下，八大队很快发展到1200人，改名为地方红军独立第五团。他们在浠蕲太边收缴团防武装，打土豪，捉劣绅，把没收的财产分给贫苦农民。1931年8月，相当于县一级的大同区苏维埃正式成立，它是一个建立了党政军群机构的完整的苏区，是真正代表人民利益的政权。1932年10月，红四方面军主力转移后，蕲太英浠边的革命处于低潮，但又经常受到红二十八军政委高敬亭的关怀。他曾多次来到这里，还一度派红军营长鲁教瑞担任蕲春桐山冲区委书记和便衣队指导员，带队伍在这一带活动。从1934年到1937年8月，红二十八军先后秘密派回和留在蕲太英浠边的本地同志共20多人，如詹绪辉、田双贵、田月光、黄必德、查信忠、朱学良、范少军、刘俊卿（女）、万象奎、方庆珊、查茂仁、查茂皇、陈开先、吴绪朋、汪少玉、李春发、罗春元等，这些大都是有群众威望和斗争经验的党员，各在本地区积极宣传群众，发展党员，扩大便衣队，为蕲太英浠边抗日民主根据地的建立准备了条件。

二、抗日民主根据地的建立和发展

由于日本帝国主义的侵略，第二次国共合作的抗战局面形成了。我党以国家、民族存亡为重，主张全面抗战，捐弃前嫌，和衷共济。国民党则主张片面抗战，消极抗日，积极反共，在蕲太英浠边派驻重兵，专门监视和破坏我党的抗日活动。

1939年9月1日，国民党蒋介石公开破坏国共合作的抗日局面，指使驻鄂东的国民党第五路军一七二师师长陈树芬率两个团，加上鄂东地方武装王啸风、程汝怀所属部队，以及桂系二十一集团军一部分，共6000余人，包围我党领导的黄冈夏家山、芦山坳、鹅公包等地的国民革命军陆军第二十一集团军第五大队，并发动突然袭击，我五大队大队长张体学率领指战员和地方工作人员，英勇奋战，突围东进。

1940年春，张体学率领部队，并带有一批县、区级干部，东进到浠蕲边的三角山。三角山区域，方圆上百里，山深、林密、洞多，十年内战时期，就有红军便衣队活动在这里。国民党顽固派为了监视和破坏我党的抗日活动，在三角山上的三角寺，驻有国民党蕲春县自卫队两个中队 300 余人，对我建立抗日民主根据地的威胁很大。张体学立即决定，暗中包围三角寺，出其不意，发起突然袭击。打得敌人措手不及，消灭了自卫队，拔除了这个据点。俘获的国民党官兵，凡自愿留在我部当兵的，我们都留下；不愿留下的，发给路费，释放回家。

三角山战斗的胜利，震动了国民党顽固派，大长了蕲太英浠边人民的革命志气，影响很大，给这块抗日民主根据地的建立，创造了极为有利的条件。

为了坚持抗日，张体学决定：把东进带来的黄维栋、黄再兴、黄明清、王表、周省耕、欧阳杰、方盛才、林同、熊森、熊作师等 20 多名县、区级干部留下来，还抽调一些战士，安放在蕲太英浠边；把部队多余的枪支子弹交给地方，建立抗日根据地。他们立即同本地地下党同志一起，成立了区委会和武装便衣队。到 1940年底将近一年的时间内，整个蕲太英浠边，先后成立了桐山、田桥、四安寨、仙人冲、大王山、三角山、荆竹山、李家垱等 10 多个区委会；建立了 10 多个和区委会相应的武装便衣队，当时区委书记都兼任便衣队指导员；在仙人冲、车门冲、龙井河、桐山冲、荆竹山、李家垱等地，建立了农村支部。还在蕲春詹家山和王家街一带，建立了抗日十人团的组织，红军烈士詹文卿的儿子詹裕民，当了抗日十人团团长。他们的活动范围有 300 多里，主要的工作任务是：建立地方党组织；积极扩大抗日武装；建立、发展和巩固抗日民主根据地；发展抗日民族统一战线；依靠本地同志广泛联系群众、宣传群众、组织群众，从而掀起了蕲太英浠边抗日救国的热潮。

在建立区一级党组织和武装便衣队的基础上，建立县一级党组织的机构——工作委员会。这时蕲太英浠边设有 3 个县一级互不相属的独立的工作委员会。

1940 年 8 月，在蕲春县桐山冲成立蕲太英边工作委员会，黄维栋任书记，鲁教瑞、黄再兴、詹绪辉为委员。活动范围：桐山冲、朱家冲、田桥、查尔山、四安寨、仙人冲、车门冲、黄赵畈等地。

1940 年冬，在三角山成立浠蕲边工作委员会，王表任书记，李必东、周省耕为工委委员，黄明清、欧阳杰为区委书记。活动范围为三角山、荆竹山、李家垱、黄溪冲、冷水井等地。

1940 年底，在太湖蕲春交界处成立蕲宿太边工作委员会，张裕先任书记，熊作师任副书记。活动范围在九潭冲、孙家冲、刘全冲、曹家冲、铁林寨、大王山一带。区级干部刘治平、詹耀东、詹润民等主要在这一带活动。

这3个边区抗日根据地的地方组织，积极收缴散存在民间的枪支子弹，扩大便衣队，革命形势迅速向前发展。对此，国民党惊恐万分，他们立即进行争夺，强化对蕲太英浠边的统治，在各县普遍撤销联保处，成立权力较大的乡公所，建立乡自卫队，修筑碉堡，安电话，实行地方联防。他们还在蕲太英浠边门口安钉子，在蕲春汪家坝、狮子口、两河口、操家畈、何家铺、檀林河，英山瓦寺前、阜壳树、大畈河，浠水鸡鸣河，太湖玉珠畈、野鸡河、弥陀寺、陈半街等地，建立乡公所，修筑碉堡，成立有多到40人的乡自卫队，专门监视和破坏我地方工作，剥削和压迫人民。

为了适应斗争新形势的需要，和国民党顽固派展开保卫抗日民主根据地的斗争，1941年6月，鄂皖边地委负责同志刘西尧、张体学指示，成立中共蕲太英浠边县委会，根据地形条件，将桐山、将军山、仙人台、三角山四山及其周围地区，划归蕲太英浠边县委管辖，调蕲广边县委书记陶子玉担任书记。陶子玉赴职，途经三角山地区，被国民党顽固派包围牺牲。又调蕲广边统战部长钟子恕任县委书记，由蕲太英浠边县委委员、武装部长鲁教瑞带队迎接，突破敌人沿途封锁，才进入县委会所在地蕲春桐山冲。县委委员黄再兴任统战部长，周省耕任组织部副部长，詹绪辉任民运部长。县委活动的主要根据地，是在桐山、将军山、仙人台、三角山四大山中，属蕲春县的桐山冲、朱家冲、田桥、龙井河、查尔山、乌沙畈、青草坪、詹家山、仙人冲、大枰冲、车门冲、黄泥畈、赵家畈、三角山、荆竹山、何万章、鲇鱼地，属浠水县的李家垱等地。县委活动的游击区域就很大了，根据地的东南面，有蕲春县的刘全冲、曹家冲、大王山、两河口、六溪冲、汪家坝、狮子口、圆襟冲、牛皮寨、会龙池、邹家垱、郝家垱、永安寨、皮家冲、蔡家冲；西面有浠水县的黄溪冲、冷水井、百丈冲、杨树坳、牛头冲、羊角尖；北面有英山县的苦竹坳、瓦寺前、松杉铺、四安寨、大畈河、百丈河、七里崖、刘家山；正东有太湖的玉珠畈、野鸡河、马嘶铺、杨家老屋、沙河、弥陀寺、界岭、铁林寨等地。周围400多里的这些地方，都有便衣队的游击活动。县委活动的中心是蕲春县的桐山冲。

抗战期间，蕲太英浠边曾先后成立过10多个大小区，区有区委书记兼便衣队指导员，不设区长，但设有区一级的乡长。蕲太英浠边县委会成立后有9个区。

桐山冲区：在蕲太边。管辖范围：桐山、将军山、北门楼、白沙坡、雷家冲、张岩、月形铺、养马冲、葫芦石、黄竹山、十房塆、楼下塆、西冲、寨家山、金家坪、中和堂、毛栗树、太湖杨家老屋一带。区委书记黄必德、张祁，委员朱学良、陈开先等。黄必德兼任桐山乡乡长。

朱家冲区：在蕲春。管辖范围：朱家冲、大岗、石牛山、操家畈等地。区委书记朱子忠。

刘曹区：在蕲太边。管辖范围：刘全冲、曹家冲、铁林寨、大王山、细竹河、陈旺、陈英、界岭等。区委书记刘治平、田广。

田桥区：在蕲太英边。管辖范围：青草坪、中路沟、钵尔山、詹家山、田桥、白岩、查尔山、龙井河、乌沙畈、牛头冲，太湖玉珠畈等地，英山刘家山、七里崖、百丈河、大畈河等。区委书记何寿彬，副书记查信忠等，委员陈汉杰、查茂皇、查茂仁、查方明等。陈汉杰任田桥乡乡长。

四安寨区：在英蕲边，主要在英山。管辖范围：松杉铺、打虎场、白洋沟、黄石洞、四安寨、黄泥塘、枫树塆、花屋沟、苦竹坳、二祖爷庙等。区委书记方盛才，委员方庆珊、罗春元。

仙人台区：在蕲英浠边，主要在蕲春。管辖范围：仙人冲、仙人台、大榉冲、大榉尖、车门冲、龙须冲、黄泥畈、赵家畈等。区委书记林同，委员田双贵、徐吉安。田双贵、朱刚任仙人台乡乡长。

汪家坝区：在蕲浠边，主要在蕲春。管辖范围：柳树坪、老鼠过梁、彭家山、邓家河、汪家坝、何万章、鲇鱼地、烂石壳、杨树坳、牛头冲等。区委书记熊森，委员袁雨清。

三角山区：在蕲浠边，主要在蕲春。管辖范围：以荆竹山为中心，周围有会龙池、三角寺、牛皮寨、老龙洞、圆襟冲、狮子口、邹家垱、郝家垱等。区委书记黄明清，委员陈焕初任三角山乡乡长。

李家垱区：在浠蕲边，主要在浠水。管辖范围：李家垱、白云庵、棋盘石、紫云庵、黄溪冲、冷水井、百丈冲、羊角尖、西坳等。区委书记欧阳杰，委员李逢春、夏寿仁。

各区都有 10 来人到 30 来人的便衣队，不等。

各区下面都建立了基层党组织——支部。有的党支部建立在县、区委会成立之前。例如，1939年春，由红军时代派来和留下的党员干部詹绪辉、田双贵，发展党员田月光等，成立车门冲党支部，田月光任书记。这是蕲太英浠边第一个党支部。

区委会和县委会一样，都是党政军三位一体的组织。由于当时敌强我弱，环境极其恶劣，脱离生产的县、区级党政军人员，必须统一工作，统一行动，离开了武装掩护就不能生存。因此，县、区委书记必须兼任部队政委和指导员，还要做财务和民事方面的工作。

为了完善蕲太英浠边的政权组织，更好地开展工作，鄂皖边地委决定，于1941年冬，在田桥成立蕲太英浠边军民联合办事处。参加成立大会的有县、区、乡的代表，农民代表和士绅代表，共100多人。会上，蕲太英浠边县委讲明了军民联合办事处是抗日民主的"三三制"的县政权机构。它的总任务是：贯彻执行中共中央和毛主席关于抗日民族统一战线的方针政策，建立、扩大和巩固抗日民主根据地，加强党的建设，依靠群众，宣传教育群众，组织群众，武装群众，发展抗日游击队伍，打击顽固势力，反对国民党妥协投降，坚持抗日救国，团结一切愿意和我党我军合作抗日的国民党政府和军队、地方开明士绅，反对苛捐杂税，反对夺佃，实行"二五"减租减息，减轻农民的负担等。会上推举黄再兴任军民联合办事处处长，詹绪辉任副处长。

在县委会领导下，有一支上百人的武装部队，设立了武装部队指挥部。还有10余人的手枪队，队长朱学良，带领队员搞侦察，捉特务，惩罚恶霸，提款送信等。县委会、办事处、指挥部，在武装部队的掩护下，经常在一起，到处流动，只是负责人分开活动，每个负责人都要把党政军工作统一管起来。

1942年春，新四军第五师师长李先念，指挥我军消灭了反共反人民的鄂东保二旅头子王丹候驻在广济县的主力第三团之后，来到蕲春圆襟冲，召开鄂皖边地、县级干部会议，布置坚持抗日，反对投降，扩大武装力量，建设根据地，坚持抗日民族统一战线等工作。他还决定成立蕲太英浠边独立第四团，任命李汉清为团长，钟子恕为政委。全团共400来人，设3个营，每营1个连，连下设有排班。团部有百来人，跟县委会、办事处一起行动，其余分散到各区打游击。

我们的部队是党领导的。在县、区部队中，由县委和区委直接领导，都建立有基层党支部。区委书记既是便衣队指导员，又是支部书记，县武装部队通常有连排，连指导员就是支部书记。我们发展党员，是经过支部培养，本人申请、填写志愿书，经受各项任务考验后，由介绍人介绍培养经过，经支部讨论通过，吸收优秀分子为候补党员，候补期一般为半年。我们要求党员在部队中遇事要起模范带头作用，严守党的秘密，永不叛党。当时根据地里没有青年团组织。

我党经常以"三大纪律八项注意"教育干部和战士。除开会外，我军每天出发和住宿前，都要集合讲一次，检查是否做到：说话和气，爱护老百姓，上门板，捆稻草，打扫住房，不拿群众一针一线，借东西要还，损坏东西要赔，不调戏妇女等。做得好的表扬，不好的批评甚至处分。个别带枪逃跑或投敌叛变的，捉住后给予惩处，直至枪毙。

我党经常讲明：我们是人民的子弟兵，要爱国爱人民。为了抗日，为了解放人民，为了反对压迫和剥削，我们才来当兵的，这是我们教育的中心。

我们的部队没有工资，每人每月只有五毛钱零用，都是粗菜淡饭大布衣。热天无蚊帐，用稻草烟把熏蚊；冬天有时无棉被，睡在稻草里，生活极其艰苦。自愿来参军的人，都是根据地和游击区内贫苦农民的子弟，他们知道我军的战斗任务和艰苦生活，具有不怕苦不怕死的决心，思想基础好。因而我们的官兵互相关心，没有打骂，像亲兄弟一样亲。

我军的素质是优良的，有很高的政治觉悟，和根据地人民鱼水相连在一起，为保护人民利益、捍卫民族独立而战斗。当时我军虽然人数少，装备差，但在任何困难条件下，都是一支不可战胜的人民军队。

蕲太英浠边在进行党的建设、武装建设和政权建设的同时，还办起了军医院和被服厂。

1940年4月，新四军第五师鄂皖边部队熊桐柏团长腰负重伤，张体学决定把他留在蕲太英浠边仙人冲，留下红军时的老医官袁立山负责治疗，还留下两名看护员、1名看护长和20多名伤病员，办起了一所秘密的县医院。仙人冲是仙人台下一个深峪，长约15里，有10个村庄，33户，170人，都是贫苦农民。山冲弯弯曲曲，地形十分险要，人在冲中，只见悬崖陡壁，古树参天，野兽成群。冲顶陡险，顶峰仙人台只能攀缘而上。冲中石洞很多，隐蔽在深山老林中，是伤病员疗养的理想地方。这年夏天，仙人冲成立了党支部，主要任务就是照料伤病员。敌人来了，他们把重伤病员背进分散的石洞，给重伤病员喂饭喂水，接屎接尿，还有站岗放哨等事。全冲有12人参加便衣队，中青年人都参加抬送重伤病员等工作，妇女多半给伤病员做护理、做衣鞋，连老小都分配有任务。全冲人人干革命，待伤病员如亲人。

当时蕲太英浠边的伤病员很多，仙人冲有时多达上百人。桐山和将军山上的伤病员，经常有二三百人，一个大队（相当于一个营）的人数，派桐山冲区委委员陈开先专门负责。他照顾伤病员十分周到，个个喜欢他，亲切地称他为"大队长"。他日夜辛劳，积劳成疾，于1944年病逝，人们一直在怀念他。荆竹山老龙洞也成立了秘密医务所，伤病员由当地工作人员姜景青负责照料。他忠于职责，取得了好成绩。此外，在乌沙畈、棋盘石等地和各区分配的伤病员，都由各地和各区负责一切。派有医生，或者由看护长、看护员负责医护。

全县的伤病员，有时多到500人左右，医疗都归袁立山医官负责。他医术很高明，还会武术；是中西医、内外科的全能医生，对伤病员非常爱护。熊团长的重伤，两个来月就给诊好出院了。他看到这里伤病员很多，仍然留下治疗。人手不够，他在仙人冲普陀庵办了两期医护学习班，亲自为他们上课。学员由各区选送和从部队抽调，每期20多人，他们既学医又学武术，共培养出50来名初级医护人员。他们仍然回到各区和部队去执行任务。一些重伤病员，总是由袁立山亲自治疗，他经常到桐山、将军山出诊，指导各地各区的医疗人员，提高业务水平。他对待伤病员就像对待亲人一样，大家无不深受感动。当时医疗设备很简陋，药物又缺乏，往往用盐水洗伤口，能上一两次苏尔伏明药纱布就是很好的。环境好时，医务人员和轻伤病员可以住在老百姓家里，照料、治疗都方便些。敌人来了，就得进洞，生活、医疗就困难了，还要提防遭到敌人的袭击。在这样极端困难的条件下，他和各区医务人员一道，克服一个又一个困难，尽了自己最大的革命职责。他从1940年4月到1946年11月被捕牺牲这六七年时间内，在他领导下的蕲太英浠边县医院，诊好了伤病员约2000人次，为革命做出了重大的贡献。他没有任何报酬，连喝酒的钱都没有，每逢张体学政委来了，他总要去看看，要点药，顺带要两三块银圆喝酒。这个瘦长个儿的人民英雄，连他是哪里人都记不清楚。他的死，重于泰山，凡是知道他的人，没有一个不怀念他的。

蕲太英浠边全县党政军人员约600人。经常有伤病员300多人，需要被服供应，还要上缴鄂皖边十四旅分配的被服任务。1941年12月，在荆竹山燕子寨办起一个地下小型被服厂，由县委组织部副部长周省耕、该区区委书记黄明清直接领导，由地方同志萧有道、彭一门、陈相成具体负责，买了两部缝纫机，请了3个裁缝，一共有8个人。其中有两名女同志。活多就临时组织当地妇女加工。他们进行紧张而又艰苦的工作，经常搬动缝纫机，多半隐蔽在燕子寨、马家垄的群众家中。通过税收来的、向地主派来的和买来的大布，多半是白色，没有染料，他们就用木梓树叶、稻草灰、锅底灰放在湿布上，经过反复捶搓染成灰色。做的被子都是夹的，可以套上棉絮；衣服有单的、棉的。仅1年多点时间，做成被子和衣服各有千余件，都捆好存放在山洞里，按计划供应给抗日党政军人员。

此外，在仙人冲、桐山冲也办起了小型被服厂。

三、抗日民主根据地的各项政策

为了实现党中央制定的抗日民主根据地的总任务，蕲太英浠边县委在抗日战争时期，实施了一系列政策。

1. 实行民主改革

遵照党中央的指示，抗日民主根据地建立了"三三制"的政权机构。这个政权机构——军民联合办事处，是以共同抗日为其政治基础的，在共产党领导下由三方面的代表组成。共产党代表黄再兴，任办事处处长；国民党代表詹启英，系革命烈士詹大悲的侄儿，任国民党田桥乡乡长；农民代表查信忠，老红军，是我田桥区委副书记。我们建立起和国民党政权性质完全不同的人民政权。

为了减轻劳动人民的负担，办事处宣布：对中农以下的农户免税，没有任何负担；对红军、新四军、地方部队和工作人员的家属、烈属，进行优待和免税；废除国民党的苛捐杂税、抽丁拉夫；实行"二五"减租减息，废除课鸡课酒，不许夺佃逼债，实行耕者有其田。这些改革，深受贫苦农民的欢迎，他们衷心拥护共产党领导抗日，这就是抗日民主根据地赖以生存的主要条件。

2. 对地主、富农的政策

党中央规定：在根据地内，停止没收地主、富农的一切资财，凡拥护和支持抗日的，都要采取团结他们的原则，实行对地主、富农又团结又斗争的政策。我们不断地对地富及士绅进行抗日民族统一战线的工作，分化地主阶级，利用地主阶级中无权少势的小地主和肉头地主，以及认真行医、教书、做生意而不参与反动活动的小地主为抗战出力。如桐山冲肉头地主陈次平，收租千余石，不会说，又不会写，胆小怕事，没有活动能力，在地主阶级中没有地位。对这样的地主，只要按规定交纳抗日经费和爱国粮，减租减息就行了。又如，小地主陈寿华，认真教书，不参加国民党，不搞任何反对共产党的活动，安分守法，我们就暗地给他看文件，讲抗战形势，提高他的认识。他为我们做过起草统战信件、抄写文告等宣传工作。又如，小地主陈亚平等，看到我们是根据地的领导力量，给我们筹款筹粮，讨好我们，又从中讨点便宜。我们尽量利用地主的特点进行分化瓦解工作。

地主阶级中的开明人士，我们争取和团结他们合作抗日。所谓开明，就是在国民党县、区、乡政府中有一定影响的人，他们在乡里不横行霸道，又不满国民党的贪污腐化、苛捐杂税等。如曹家冲陈东儒，桐山冲陈庭干、朱孝华，朱家冲朱少怀等小地主。他们在不同程度上给我们做了一些事情，如筹款、筹粮和打听敌人的情况等。1946年冬，朱少怀给朱家冲反动保长举报了，被国民党捉到蕲春县政府坐牢，他始终不讲地方的情况，死在牢里。

根据地里的地富分子，不敢公开反对我们，暗中反对和破坏以及残害人民的事也有，但一经察觉或经别人告发，就要受到严格审查，根据情节轻重，处以具保释放、暂时扣押和罚款。例如，蕲春赵家畈恶霸地主胡士明，欺压人民，1941年被我捉住罚银洋500元。罪行特别严重的，由于我们没有条件设立牢房，不能叛徒刑，就处以死刑。例如，蕲春田桥查尔山恶霸地主查春仿，罪行累累，屡教不改，民愤极大，就判处死刑。对于不法地主劣绅、地痞流氓夺佃逼债，强占民妇，霸占房基、水塘和山林，迫使农民无法生活下去的，一经农民口头或书面告状，我县党政军负责人员或区、乡负责人员，就以军民联合办事处名义受理，发出传票，定期两方过堂审讯，如证明被告所犯罪过属实，则根据农民的合理要求，当堂下判决书，不许违抗,坚决执行。否则,加重罚款罚物。处理这类案件的原则是:不许地主劣绅、地痞流氓在我根据地内欺压百姓。他们害怕我党政策的威力,因而很少有不执行判决的。

与此同时,根据地内还有大量的民事诉讼案件,例如,农民和农民之间的纠纷,夫妻、父母子女、兄弟等家庭之间的纠纷等。处理这些纠纷,我们都要查明情况,进行调解、批评和教育,提出解决问题的意见,在双方同意下,下判决书,各执一纸,回去照办,不得有变。县委书记、办事处正副处长、县指挥长,各区委书记、乡长,都有权受理和处理案件。由于我们对案件处理公正,因而赢得了根据地人民的信任和赞扬。这种做法,一直坚持到抗战胜利。

3. 对国民党军政人员的政策

国共两党合作的抗日时期,我们在开展对日寇广泛的游击战争过程中,遵循我党军事上独立自主的原则。在保持和扩大抗日民主根据地斗争中,遵循我党"坚持抗战,反对投降;坚持团结,反对分裂;坚持进步,反对倒退"的原则。在对待顽固派的进攻时,执行我党"人不犯我,我不犯人;人若犯我,我必犯人"的坚决自卫原则。我们实行"又团结,又斗争,从斗争中求团结"的政策,对国民党地方军政人员进行广泛的统战工作。

(1) 对汪子洋、陈廉的统战工作

蕲春县习惯分为上乡和下乡,上乡有两大实力派,一派是以国民党蕲春县副参议长汪子洋为首的汪派,另一派是以国民党蕲春县张塝第四区区长陈廉为首的陈派。两派明争暗斗,争权夺利,各不相让。汪子洋是蕲春县政界的重要头目,家在张塝六溪冲,他的一派,都在我蕲太英浠边根据地的游击区内,是一些地主士绅,害怕我们。我们给他写信,讲明抗战形势和我们的方针政策,要他本着抗日爱国的思想,支持和帮助我们抗战;并指明抗战必胜的前途,不要做亲者痛仇者快的事,不可"同室操戈,相煎何急";最后要求他同我们保持秘密关系并传送情报。汪子洋收到信后,为了保存他在蕲春及其上乡的势力,多次派汪仁怀来我处进行谈判和送钱,表示友好。

陈廉的一派在张塝以上,他家在李家山龙须冲,都是我蕲太英浠边根据地的经常活动区。县武装经常住在陈廉家。他兄弟四人家在一起,全是地主。他们受

到我们的"三大纪律八项注意"和抗战宣传教育的影响很大。我们利用他三哥陈畏三给他送信和传话多次。陈廉当时有三四百人的武装，为了扩大自己的势力，打击汪子洋，他一方面加入国民党广西军（桂系），取得广西军一三八师师长李本一的支持；另一方面，又想借我们的力量来保持自己的实力和家产。他在得到了保证以后，秘密接受我们的统战条件。1942年春，陈廉同我新四军第五师鄂皖边十四旅政委张体学在蕲春县桐山冲订立了互不侵犯条约。后来，陈廉多次秘密同我们在陈旺（地名）陈照怀地主家接头，给我们送情报、买枪支子弹。他从中也得到了一些好处。有次，他帮我们用150元银洋买到一支不锈钢的白色小左轮。

（2）对国民党乡以下基层人员的统战工作

我们统战工作目的很明确，只要国民党地方军政人员不反对我们，支持我们抗日，给我们出钱送情报，我们就和他互不侵犯。国民党蕲春县何家铺、檀林河两个乡公所，地处我根据地的大门口，各修有1个碉堡，各有20来人的武装。我们分别把这两个乡的乡长找来开会，谈问题，如果敌人来围攻和过路，就要给我们送信。我们白天、夜晚行军路过碉堡附近时，他们只可朝天打几枪，不得阻挡。他们派夫征税，都要经我县区许可。1940年，我们和他们订了条约，维持有来有往的关系。

我们还同蕲春县自卫队有个姓管的中队长开过这样的谈判会，保持了互不侵犯的关系。

我们召开过多次的保甲长会议，给他们上政治课。要他们做与抗日救国有益的好事，不做残害人民的坏事；有敌情要送信；派夫征税，都要报经我地方组织许可。他们不敢为非作歹，给我们做了一些筹款筹粮的工作。

我们还利用根据地内地富、士绅、姓族等各阶层人士同在外面的亲友、地富、士绅和国民党军政人员的关系，为我们发出大量的统战信件和宣传品，要他们送钱送情报。他们收到信后，有的回信不写真名，有的派人找我们谈判送钱。在国民党占据的城镇工商业界，我们也派人下税款条子，搞了不少钱。其中最开明的工商业者要算英山陈石山。他在英山县城内开了一个陈杏林春大药店，我们每年派人送个信去，要钱要药要布等，他都派人送到蕲春田桥或桐山冲来。我们对地富、工商业者的派款和流动税所的税收，是根据地抗战经费的主要来源。

总之，我们认真贯彻党中央一系列的统战政策，对根据地内各阶层人士进行广泛的统战工作，使他们不敢残害人民，又为我们提供情报和抗战经费，减轻了人民的负担，从而收到了化敌为友的良好效果。特别是对汪子洋、陈廉的统战工作，我们从中获得了不少情报、经费和枪支子弹，更加孤立了国民党顽固派。

四、"围剿"与反"围剿"的斗争

蕲太英浠边形势险要，地方宽广，是新四军第五师和第七师为实现连成一片以利于斗争的战略要地。这里经历了北伐战争和十年内战的洗礼，群众基础好，是我党建立根据地理想的地方。国民党顽固派深知这一问题的严重性，更加强了对蕲太英浠边地区的争夺。他们消极抗日，积极反共，把战斗力较强的国民党桂系广西军长期调到鄂皖边驻防"剿共"。

蕲太英浠边根据地自创建之日起，就遭到国民党顽固派的围攻。广西军一三八师四一二团经常驻扎在蕲太英浠边，长年包围我根据地的有国民党鄂东、皖西游击保安部队和蕲、太、英、浠四县的自卫队，共约3000人。在整个抗日战争期间，我县区单位在一个村庄住上三五天的事是极少的。平常，根据地周围三五十里之内，就有六七个敌人的据点。一遇到敌人"驻剿""围剿"时，十里八里之内，就有五六个敌人的据点。最困难的时候，一二里之内，甚至一个山头，就有四五处敌人分头把守。因此，我们绝大多数时间是一天换一次住房，多半是晚上行动，白天隐蔽起来，派出侦察人员，还要派人站岗放哨。我根据地无时无刻不处于敌人"围剿"之中。我县区武装的中心任务，就是进行保卫根据地的反"围剿"斗争。

和敌人的愿望相反，蕲太英浠边根据地是在反"围剿"的斗争中巩固和扩大的。到1942年春，全县拥有400人的武装，到处活动。国民党顽固派大为震恐，对我根据地进行规模更大的"驻剿"和"围剿"。

1942年冬，鄂东反共头子程汝怀、王啸风之流，经过一番秘密策划和准备，除长年包围我根据地的国民党部队外，还从浠、蕲、英三县各纠集一个中队共300多人，蕲春以胡庶生为团长，浠水以沈幼均为团长，英山以程大鹏为团长，在蕲春黄泥畈成立"浠蕲英三县联防剿共指挥部"。他们配合广西军一三八师四一二团

1个正规营400多人，共修筑了9个碉堡，长期"驻剿"在这里。黄泥畈地处我根据地的中心地带，敌人企图在这里扼住我连接东西南北各区根据地的交通要道，进行分割包围，各个击破。四一二团团长周雄，亲自带两个正规营，"驻剿"在我根据地的中心——桐山冲门口的陈德元。还抽调十六纵队、十七纵队和鄂东保八团来参加"围剿"。皖西游击保安部队和太湖、岳西两县自卫队，也从我根据地东北面配合"围剿"。敌人在蕲太英浠边"驻剿"和"围剿"的兵力共约5000人，共修筑了40座碉堡，气势汹汹，妄图一举消灭我军和我蕲太英浠边抗日民主根据地。

敌人对我根据地人民施行的手段是极其残酷毒辣的。他们搞"五家连坐"法，即一家通共，五家受株连。他们实行并村，把高山上的农户并到山下路边的垱中，将锅碗食物全部搬光，企图使我部队工作人员和伤病员断炊。他们烧毁我地方干部的住房，进行威逼。他们经常清乡搜山，用望远镜发现山上冒烟就包围，到处捉人，捉到后要具保罚款罚物才释放；还到处打人，抢牛、猪、鸡、羊，强奸妇女，杀人放火等，无所不用其极。周雄更为残酷，对被捉去的我党政军民人员中坚贞不屈、大义凛然者，杀死后还要剖腹取出心肝下酒。敌人的凶残，使我党政军民人员受到严重的摧残，基本群众、红军时的地方党员和当地干部，有的倾家荡产，外出逃难；有的家破人亡，妻离子散；有的死在牢里。但是，敌人无法迫使我根据地的党员和基本群众离开共产党。他们负责照料的伤病人员，一个也没有交给敌人；保存的枪支子弹，毫无损失。他们同党组织和革命部队的鱼水关系更加密切了。例如，蕲春汪家坝烂石壳共产党员老红军万香奎，1942年敌人把他捉到汪家坝杀害了，还烧了他的房子；蕲春桐山冲金家坪朱运来，敌人把他打昏过去，又泼冷水活过来；我三角山乡长陈焕初，1942年敌人把他家的房子烧光了；等等。这些人知道我根据地的情况很多，一句也不告诉敌人，枪毙、打死、烧房子也不说。当时，我们天天和基本群众在一起，同生死，共患难，基本群众还把我们部队从小路带到周雄驻地后面黄竹山最险要和隐蔽的地方，袭击周雄，使他不得安宁。

在国民党顽固派"驻剿"和"围剿"的同时，1942年11月，我五师鄂皖边十四旅政委张体学命令我县区武装配合该旅主力部队四二团团长康洪山带领的1个营，牵制敌人，镇压反革命，拔掉破坏抗日的钉子，突破敌人的包围封锁，到外线打破击战，开展反"围剿"的斗争。我县区武装立即分成六路对蕲太英浠边

4县的反动武装及其反动设施进行神奇式的袭击和破坏。我们的战术是：全县区武装分片分头在一个时间内出动，寻找敌人的薄弱环节，围攻和袭击国民党乡政权的碉堡，破坏电线，到处贴标语，散发传单，在敌人"驻剿"部队周围，到处打枪，抓哨兵，捉零星敌人。我们有时一连活动两三天，有时整夜不睡，活动范围每队将近百里。敌人到处报告被围，形成错觉，十分慌乱，电话又不通，彼此联系中断了，我们带有电话机，搭上线，冒充敌人报告被围，求援求救，使敌人感到风声鹤唳，草木皆兵，坐立不安。我们采用这种破击战的战术，作用很大，特别是在蕲春的操家畈、汪家坝、狮子口、两河口、檀林河，浠水的鸡鸣河，太湖的玉珠畈，英山的大畈河、皂壳树等地拔钉子的战斗，都取得了胜利。这些胜利，兹举例简要介绍如下：

1941年夏，蕲春操家畈乡长操继武，在我县中心区朱家冲门口修筑了两个碉堡，40来个自卫队员，既不接受我统一抗日的主张，又破坏我地方工作，对我来往部队打枪袭击，捉我零星人员，抽丁拉夫，残酷压迫和剥削人民。1942年冬反"围剿"斗争开始后，我县区武装立即行动，配合张体学率领的鄂皖边主力部队，突然袭击，包围操家畈，用火烧开碉堡，缴获敌人全部武装，枪毙操继武，俘虏的士兵全部放了。我们拔除这个钉子后，操家畈再没有修碉堡了。

蕲春赵家畈恶霸地主胡士明，参加了国民党中统特务组织，和狮子口中统特务缪治平配合，从1940年到1941年间，对我仙人台和三角山地区的地方组织进行破坏，大肆迫害我基本群众，严重摧残我革命军人家属。1941年，我们捉住胡士明，经地方士绅具保释放，罚光洋500元。后来他恶性不改，变本加厉，1942年，他亲自带领国民党汪家坝自卫队，把我地下党员老红军万香奎捉去杀害了。同年，他因破坏抗日、反共反人民有"功"，当上了国民党汪家坝乡乡长。他在柳树坪附近山边修了一个碉堡，几乎天天捉人吊打罚款，无恶不作。当胡士明在碉堡里结婚的那天晚上，我十四旅四二团一个营，在我县区武装紧密配合下，包围了碉堡。他强迫30多个士兵不投降，负隅顽抗。天快亮了，正遇上秋冬季节的东南风，能吹到碉堡底层的门口。我们从地壕中运干柴堆在碉堡门口，喊话："投降缴枪不杀！不投降就放火烧碉堡！"士兵要投降，胡士明坚决不许。火烧起来了，碉堡底层起火，三层上挤满了人，大部分先把枪丢下来再往下跳，有的跌死了，有的跌残了，有的被烧死、打死了。我们打扫战场时，就是找不到胡士明。几天后，胡士明的家属在碉堡的灰堆里，找到了他手上戴的一只金戒指。

蕲春狮子口乡有20多名自卫队员住在碉堡里，当官的都秘密地住在狮子口街上。这个碉堡的主要任务是阻碍我军政人员活动，关押革命群众，看守敌人粮仓。它是安在我根据地外围的一个钉子。当时，我们袭击了英山瓦寺前的敌人后，来到蕲春何万章，天已经亮了。饭后，一面休息，一面派出手枪队到狮子口侦察，了解到除碉堡内20多名自卫队员外无其他敌军。当即由钟子恕带领30来人的部队，沿着通往狮子口的河堤，悄悄地进入了碉堡的壕沟。这时，碉堡里的自卫队员正在赌钱，一片争吵声，连哨都没有放。我们很快搬来柴草，封住了碉堡的门，高喊："缴枪投降不杀!"这个突如其来的喊声，使20多名士兵惊慌失措。一声"放火!"令下，浓烟直冲碉堡，自卫队员一枪未发，在碉堡顶层把枪丢下，随即全部跳下来，个个被火烧、烟熏，跌伤，不能走动。这时，由黄明清带领10多人到狮子口街上，包围特务缪治平和国民党乡长的秘密住处。他们都化装跑了。我们收拾枪支子弹，把俘虏的自卫队员放回去养伤，告诫他们不要再去做坏事。我们迅即动员街上和附近群众前来开仓分米。天下起小雨。这时，两路哨兵来报告，南边和西边都发现敌人。我们准备上山。两面来的敌人朝我们打枪，雨中带雾看不清人。敌人越打越近，步枪、机枪子弹如雨点飞来。我们朝西打一排枪，朝南打一排枪，趁雨雾弥漫时撤走，到通往荆竹山去的山岗上休息。我们看到两边敌人互相冲杀，都在喊话："缴枪不杀!"打到跟前一看，都佩戴着国民党的帽徽，互相惊奇地问道："你们是哪个部队?""我是浠水县自卫队"，"我是蕲春县自卫队"，"我是保八团"，这才醒悟道："我们上了共产党的当，自己人打起来了。"这次，敌人双方共死伤十来人。据给我们挑送枪支的群众讲，这些敌人，是特务缪治平向四处打电话求救的援兵。

1943年，由黄明清带领30多人到太湖、英山两县边界进行破击战。他们袭击了太湖玉珠畈、英山大畈河两个乡公所，破坏电线后，转到英山县皂壳树，这里住了英山县自卫队30多人，有的睡觉，有的赌钱，枪挂在墙上，哨也没有放。黄明清等摸进去把枪缴了，喊声"不要动!"把他们集中在一个房里训话，然后从中选了几个身体好的挑着捆好的枪支，其余的人都关在房里。到了根据地边界，把挑枪的人都放回去了。

1940 年，国民党蕲春檀林河乡公所修了一个碉堡，有 14 支枪 20 来个自卫队员，乡长陈胜东住在街上。陈胜东家在我根据地中心桐山冲。碉堡和乡公所就在我中心区的大门口。他是我 1940 年到 1943 年的统战对象，常来常往，凡有敌情，他都给我送信；派夫征税，都经我县区许可；我县区军政人员天天从碉堡附近经过，均不得有任何阻难。这些都是互相订了条约的。1943 年 10 月，敌人"进剿"桐山冲，他违约不给我送信，我们决定干掉他。晚上，派排长郑华安带一个班到太湖界岭，监视弥陀寺的敌人，副排长王抗敌带一个班到蕲春两河口附近监视敌人，朱桐区便衣队长朱学良带一个班守住制高点黄竹山，县总队政委钟子恕带连长王右启、指导员何铺臣、班长田锡成共 20 来人，把碉堡包围起来，捉了哨兵，打了几枪，丢了两个手榴弹，冲进碉堡缴了枪。自卫队员一枪未发，束手就擒。我们训话后把他们都放了。过几天，陈胜东托陈亚平来认错，再不违犯条约。我们约定陈胜东面谈，他写了保证，才准他当乡长，并退还 6 条坏枪。

我们大打破击战，迫使敌人四一二团和浠、蕲、英 3 县联防"剿共"指挥部只"围剿""驻剿"半年就被粉碎了。但是，敌人长年的包围和不时的"进剿"，仍然存在，表明反"围剿"斗争是我县区武装经常性的中心任务。没有党的领导，没有抗日武装，就没有蕲太英浠边抗日民主根据地。"枪杆子里面出政权"，这就是中国革命的特点。

在反"围剿""驻剿"的紧张时期，1943 年春，鄂皖边地委为了加强蕲太英浠边县委的领导，调王全国任县委书记，兼任独立第四团政委，钟子恕改任副书记兼副政委。反"围剿""驻剿"胜利后，1943 年夏秋之间，调走王全国，仍由钟子恕任县委书记兼政委。

蕲太英浠边反"围剿""驻剿"斗争的胜利，意义是重大的。它继续不断地向鄂皖边部队提供了大量给养，收容了大批伤病员，1943 年冬，它还输送两个连到鄂皖边十四旅等。蕲太英浠边成为我军名副其实的后方。这时，蕲太英浠边独立第四团改编为蕲太英浠边总队部，华加文任总队长，钟子恕任政委。总队共有 200 来人。

五、开辟新的抗日民主根据地

1. 成立英立岳霍太边工作委员会

在蕲太英浠边抗日民主根据地日益巩固的基础上，为了打通新四军第五师和皖西第七师的联系，在老苏区中开辟抗日民主根据地，1943 年冬，鄂皖边地委决定：在以英山县桃花冲和岳西县鹞落坪为中心的大别山主峰一带开展工作，成立英山、立煌（现为金寨）、岳西、霍山、太湖五县边界工作委员会，钟子恕任工委书记，鲁教瑞任副书记；成立英立岳霍太边指挥部，鲁教瑞任指挥长，钟子恕任政委，带领有两挺机枪、四五十人的一个小连，活动在英山县桃花冲一带的肖家寨、詹家河、草盘地、闵家畈、英山尖、篓子石、东界岭、中界岭、西界岭等地，其次是岳西县鹞落坪一带和立煌、霍山、太湖部分地区。广泛联系过去参加过苏区运动的基本群众，宣传抗战必胜、反对压迫剥削和争取解放。经过 4 个来月的工作，使我苏区基本群众明白：是共产党、毛主席在领导全国人民抗战，反对国民党的反共反人民的消极抗战。我们建立了 30 多个不发生横的关系的秘密据点，增加了几名战士，还了解到五县边界的敌情，为进一步开辟大别山主峰的群众工作，建立根据地打下了基础。但由于长期以来，没有我主力部队到此活动，边界各县又无战斗影响，原来老苏区群众，受到敌人杀光、烧光、抢光的摧残，加上反动统治又很严：经常有自卫队清乡；成立的地方乡保野猪队，手持土枪、大刀，到处作恶；发展出的地方特务组织，家家户户受到监视。苏区基本群众顾虑很大。当时在这里来回活动的只有我们四五十人，而且是非常隐蔽的。我们每次住过的地方，群众都要向乡保报告情况。否则，一家不报，五家受害。因此，我们每晚到一个独湾住宿时，总要把各家的人清点，不许出门，直到我们走了，才许他们去乡保报告。这样，我们在英立岳霍太边的开辟工作虽然取得了一些成绩，但进一步发展却有一时难以克服的困难。经鄂皖边地委批准，1944 年春，我们撤出了英立岳霍太边，回到蕲太英浠边。钟子恕离开蕲太英浠边县委时，由副书记黄再兴主持工作，钟子恕回后，仍任该县县委书记，鲁教瑞由鄂皖边地委调走了。

2. 成立蕲浠英罗边县委会

为了扩大抗日民主地区，使我广大游击区的人民摆脱国民党的压迫与剥削，共同享受抗战胜利的果实，建立爱国民主的人民政府，1945年6月，鄂皖边地委决定：以蕲春县北部山地为根据地，向英罗边大别山脉第二主峰天堂寨一带开辟工作，成立蕲春、浠水、英山、罗田四县边县委会，吴光治任县委书记，钟子恕任副书记，何海清任武装部长，黄再兴任统战部长，县委委员有华加文、詹绪辉、黄明清。成立蕲浠英罗指挥部，指挥长何海清，政委吴光治，副政委钟子恕。吴光治、钟子恕等带领40来人的小股武装，有时他们在一起活动，有时分开，主要在英罗边一带，即英山县的鸡鸣河、西界岭、后花园和罗田县的观音山、鸭子畈、僧塔寺等地。还在浠水县的骆驼坳、斗篷山、李家垱、羊角尖和蕲春县的三角山、荆竹山、圆襟冲等大山中进行游击活动。我们每到一处，就宣传群众，讲明我们的政策主张，表明我们是抗日爱国爱民的部队，提出打败日寇之后，反对压迫和剥削，减轻人民的负担，实行民主和平，耕者有其田，建立爱国民主政府，还政于民，给人民以民主、和平、自由、幸福等。群众听了，极为高兴，和我们建立关系。我们到处建立据点，联系群众，了解敌情，成立地方便衣队，对地方恶霸地主和反动分子，对国民党乡保人员进行宣传教育，责令减轻人民的负担，打击屡教不改的顽固分子，大长了人民的志气。

这年8月14日，日寇投降了，我们还在蕲浠英罗边做了一段宣传教育群众和建立据点的工作。在先后4个月的时间里，我们的工作取得了显著的成绩。10月，我们突然接到鄂皖边地委的命令，撤回到蕲太英浠边集中学习，传达指示，准备开往湖北礼山县（今大悟县）宣化店集中。

（骆啸声　整理）

原载中共黄冈地委党史资料征编委员会办公室编：《鄂东革命史资料》（第二辑），内部资料，黄冈地委机关印刷厂，1984年，第87～114页。

回忆1939年英山的政治形势

◎ 严　钝

一

1938年10月，日本鬼子侵入英山，烧了一些房子，也杀了一些人。不几天，被国民党广西军区寿年部赶走。当时英山一片凄凉，人民恐慌万状。区寿年部在英山驻了一个师以及一个文工团，还有广西学生军。

当我们在12月5日到达英山时，有的老百姓跑反尚未回来。城里商店也未全部开门。同杨必声一起由商城来英山的人，除我之外，还有魏新民（魏文伯）、陈葆华（黄埔一期学生、党员）、魏棣华、任达（原江西方志敏部下的连长）和其他从商城来英山的工作人员共100多人。其中不少是地下党员。杨必声在商城也是任县长，曾准备举行武装暴动，因条件尚未成熟未举行，突然被调到英山。当时杨必声手里保存有广西军4万元钞票，在商城只用少数，大部分都带到英山做地下活动经费。

我们到英山那天，英山地下党王枫便去看我们。因为他前一天得到消息，知道我们要去，表示欢迎。到第三天王枫带郑重到我们那里去联系，郑重还带有大别山地区地下党的介绍信。就这样我们便与英山的地下党接上了关系。同王枫一道去见我们的还有郑道瑛及另外两个人，现记不起他们的姓名。

我们到英山的第三天，杨必声刚接了县政府的大印，即去立煌汇报英山情况。他要我们订出一个工作计划，限 3 天完成。当时我们为了避免日机轰炸，是住在县城西门外的施家墙。郑重、王枫、郑道瑛和另外几个人，住在距我们 3 里路外的老百姓家里。他们连夜研究各区、乡、学校的干部配备，并通知所有干部立即来到县城附近住下。他们所讨论的干部名单，都是由英山地下党决定的，我们外地人不熟悉无权过问。我们按杨必声的指示，拟出需要组织的各种团体，如农抗、青抗、妇抗、儿童团以及担架队、运输队、通信联络等方面的计划安排。

12 月 10 日夜 9 时，杨必声由立煌赶回来了。要我们立即通知郑重、王枫于 11 日晨 6 时召集区、乡学校各级干部集合施家墙开会。还有地方士绅也参加。按时一个也不缺席地来了。特别是士绅傅厚卿（70 多岁）来得最早，杨必声特别加以表扬。开会不到一个小时，杨必声把地下党决定的干部名单当场宣布，强调抗日时期要雷厉风行，限他们回去 3 天内，把所有抗日团体组织起来。这个任务都按时完成了。

3 天后，我们立即办了各种训练班，杨必声任班主任，具体由郑重、王枫分别负责。还有几个地方的干事。第一期到了五六十人。训练时间，有的是一星期，有的是一个月不等。从表面上看是一般的训练班，实际是地下党员的整训。同时也发展了一批党员。我是教育科长，公开的属于有关教育行政方面的问题，都由我出面。在当时，这个训练班，对于推动抗日起了极大的作用。

当我们离开商城时，魏新民留在商城为杨必声办理移交手续。到 1939 年 1 月，办完移交后，即由大别山区地下党派来英山任动委会指导员（地下党县委书记）。魏新民到英山后，所有各种抗日训练工作都由动委会负责。我是政府的科长，便不去管训练的事。从 1939 年 1 月到 6 月，英山除各种干部外，还有一批青年学生队伍，数字是很可观的。特别是发展的地下党员，数字相当大（具体数我不知道），大都是通过训练班吸收的。

1939 年春节后，老历正月十五日，杨必声号召城关附近十多里内的各种抗日组织在北汤河山凹里临时建立的会台举行一次大会，进行检阅。由于有地下党的保证，都按时整整齐齐地到了。特别是地方群众抗日武装队伍，非常整齐。这天恰是国民党安徽省政府主席廖磊来视察，他也参加了这次大会。同时这天又是旧历元宵节，天气晴朗，许多妇女、小孩都赶来看热闹，路上来来往往的人成千上万。

廖磊看到这种情景很感兴趣，认为杨必声有办法。后来称英山是模范县，杨必声是大别山区的模范县长。从此英山有了名。

春节后的正月下旬，接着又来一个全县规模的"坚壁清野"大演习。这是对各种抗日组织的大检阅。国民党驻军区寿年也派他的各级军官以及学生军参加。由于有地下党的保证，这次工作做得特别出色，各方面的反映都很好。区寿年也大力宣扬杨必声的功绩。

当时特别强调办抗日学校。特派徐太素主持编一套抗日教科书，并召集了附近几个县刻家谱的刻字匠刻印。原来英山的学校只有 10 多个，我们打破了过去的传统，号召英山 14 个乡每乡办一所中心学校；全县 255 保要多办些小学，所有私塾归学校统一领导。有条件的学校，还办多种抗日识字班。并把全县有五六年级程度的青少年召集起来，办了一个抗日模范学校，由我兼任校长。就这样全都动起来了。尤其是当时广西学生军有 30 多个女青年，大都会唱抗日歌曲，她们统统接受我们的领导。我们把她们分到全县各校去教唱歌曲，对大造抗日气氛，起了很大的作用。特别是学校有党员的地方，带了头，起作用更大。

这年从 3 月起到 6 月止，杨必声几乎整个时间都在区乡里与群众在一起。在乡里每开一次大会，到会的群众至少在 5000 人以上，多至上万人，而且都是按一定的抗日组织系统参加的。这对各方面的影响都很好。在这里附带说说杨必声个人的俭朴，他从来不在机关里吃饭，通常在饭店买饭吃。各区乡留他吃饭，他都先打招呼：只要一汤一菜，不吃肉。他艰苦朴素的作风，倍受人们称赞。

这年 6 月份以后，国民党反动派实行"限制异党活动"的政策，各种特务又猖獗起来。同时，由于我们地下党发展太快，有的纪律性较差，暴露了身份，便无法活动下去。像郑重、王枫和一般负责干部便有计划地进行撤退。当时由于我是县政府的科长，魏新民特地向我们打招呼：不要把政府搞红了，要灰色一点。所以我除与陈葆华、魏新民、郑重、王枫个别党员联系之外，未与一般党员联系。

我记得的英山干部有刘映黎（即刘秀山，当时他是一个乡长，党员是后来发展的）、汪牧晋（城区区长、武昌高师毕业学生）、汪棣园（教育科员、模范学校主任，后任英山中学副校长）、陈作新（干训班干事、党员）、沈兴贤、沈兴耀（石夹乡中心学校校长，据说是党员）、金烈先、金翼先（任金潭乡中心学校校长）、吴其超（延安抗大学生、党员，已死）、沈敬之（城区中心小学校长，后任教育科员）、朱霞（女，党员，外地人，是魏新民介绍我与之建立联系的，当时是英山中学教员）、徐惠珍（女，模范学校教员），地方绅士中有傅厚卿、段巨卿（大地主），以上是我能回忆起来的。国民党反动派特务胡子英（英山县国民党党部书记长），还有几个国民党复兴社的 CC 派，过去郑重同我讲过，现在我一个也想不起来了。当时，我们学校学生中有王震球（党员，已死）、郑道环、王舞存（女）、余占英、段××、沈××，这些学生给我的印象都是较深的，现在都不知下落。

杨必声是 8 月调离英山的。他主要是杀了英山地方上的一些坏分子。大多数杀得对，也有个别可杀可不杀的。但杨必声离开英山时，有成千上万的人集体送他，确实热闹。杨必声走后，我被地方绅士推荐仍在县政府任教育科长。但由于我是站在杨必声一边，不到 1 个月时间，便被国民党反动派押送出英山。

二

………　………

根据反复回忆，现在综合补充以下几点：

一、延安精神在英山得到发扬。当时英山地下党有几个负责同志是从延安抗大来的。我知道的有郑重、吴其超等人。当时，我们办的抗日训练班，墙上公开贴上"团结、紧张、严肃、活泼"几个大字，还有毛主席提出的"坚定不移的政治方向，艰苦朴素的生活作风"，当时不但公开宣传，而且雷厉风行地贯彻执行。比如在动委会领导之下的郑重、王枫等同志，他们日夜苦干，没有薪金、报酬，每月只 3 元的伙食，几角钱零用；县长杨必声，每月也只要 3 元，同一般勤杂人员吃一样的伙食；全县各级干部都是艰苦奋斗，形成了一种风气。但大家团结很紧，工作也做得十分出色。

二、当时英山所有一切活动，都是由英山地下党统一领导的。我在英山负责教育科长的职务。当时得到地下党的同意，公开提出的口号是"政教合一"。具体做法，则是强调区乡政府与学校相互协作。在政府进行的各种抗日组织活动中，有这样的事例：政府派学校儿童站岗放哨送信等，学校则积极支持，服从政府调动；

政府开群众大会时，学校儿童格外整齐进入会场，组织啦啦队，唱抗日歌曲比赛，这对于活跃会场，起了积极作用。反过来，学校有困难，如经济、家长阻碍等，政府则帮助解决。一句话，彼此之间协作得较好。

三、儿童团发挥的作用。当时英山抗日儿童团是整个抗日组织中的一个组成部分。在全县各区乡几乎都可以听到抗日儿童团的抗日歌声，并且在各方面都起到了它应有的作用。我举两个事例：一个是1939年端午节的前几天，西河孔家坊传来一个令人鼓舞的消息，说抗日儿童团查到了一个日本鬼子，由儿童团员送到乡公所，乡公所转送到县政府，大家都说这个儿童团应该受奖励。后来听说是一个广西军里逃跑的伙夫，别人因听不懂他的话，把他当作日本鬼子对待。还有一次，我们地下党由立煌派来一个工作人员，因路条不清，也被儿童团送到乡公所去了。总之，他们对每一个可疑的人都不放过，受到各级政府的表扬。另一个是当时英山有一个抗战通信网，相互交流联系抗日情况。所有区乡保都建立有通信站。大多数的通信站都是由儿童团负责，并订有交接班制度。每天2次，到时儿童团员便到站里等着。

四、妇女翻了身。在英山的抗日组织中有妇抗组织。（一）过去英山有的妇女颈上戴有一个银项圈，还有的头上戴着银首饰。当妇女组织起来之后，有不少妇女，自动甩掉了头颈上那些封建的枷锁。（二）一次，某乡妇女去开会要经过一条河，有几个小脚妇女没有办法过，广西学生军一个女青年赤着脚把她们一个个地背过河，那几个小脚妇女很受感动，痛斥封建社会对妇女压迫的罪恶。（三）当时在抗日训练班中有妇抗训练班，推动妇女抗日。大约6月中旬东河有个40多岁的小脚女人，自己背行李来到我们县政府，要求吸收她参加妇训班。（四）当我们离开英山之前，据不完全的材料统计，各区乡有8万多名妇女参加过各种识字班、妇女班受过教育。她们对抗战起了一定的作用。

五、"沙漠中的鲜花，深山中的华屋"，这是当时从立煌来英山视察的人员对英山抗日学校的赞扬，并在国民党《安徽日报》上公开发表了这个消息。当时英山学校发展很快，条件差，因陋就简。如我们组织的抗日模范学校，找了几间破屋做校舍，用土砖、木板架起来当课桌；没有凳子，学生用土砖、木板架起来坐；睡的是地铺。各级学校没有课本教材，自己动手、动脑编印。当时宣传工作很活跃，一般少年儿童不但学会了当时所有的抗日歌曲，而且大多会讲一般抗日的道理。有不少抗日儿童团积极做抗日宣传工作。有的青少年背着小黑板到室外，甚至到田间去宣传抗日，并教不识字的农民识字。这一切都使来英山视察的人深受感动，抗日学校得到一致的赞扬。

原载中共英山县委党史资料征集编研委员会办公室编：《英山革命史资料》（第四辑），内部资料，英山县印刷厂，1988 年，第 15～21 页。

回忆英山在抗日高潮中青年党员的作用

◎ 沈杰人

　　1938 年初春至 1939 年的秋季，是湖北英山的抗日烽火燃烧得最旺盛、战争动员达到最高潮时期。当时英山革命青年，在国家民族生死存亡关头，挺身而出，要求抗日救国，在共产党领导下，在抗日民族统一战线的号召下，踊跃投身抗战，积极参加革命活动。他们发动与组织人民群众，掀起了全民总动员的抗日高潮。在短时间里，把这个闭关自守、经济文化较落后的英山，变成了大别山区的"抗日模范县"。这一突变的取得，是有斗争的。它有准备阶段，有旺盛时期，有被反动势力打入低潮的起伏过程。当时我是参加者之一，对这段过程作一回忆（难免片面），希望有一定的历史价值。

一、青年群情激奋，要求抗战救亡

1. 学生自发起来抗战，得不到政府支持

　　当七七事变日军全面发动侵华战争开始，中共中央就进一步大声疾呼"停止内战，一致抗日"，提出建立"抗日民族统一战线"，"实行全民抗战"。这一些正确主张在英山首先被青年学生接受，他们奔走呼号，行动起来，参加抗日救亡。1937 年底，英山县城中心小学全体师生自动组织宣传队，宣传抗日，募集铜、铁支援抗战。在日寇轰炸武汉后，在武昌的安徽旅鄂中学提前放假，英山在该校读

书的一批青年学生，在返乡途中商议，组成"旅鄂中学返英学生抗日救亡农村工作团"，当时参加的有余湛、汪逢杰、徐太素、陈端、陈时健、李光宇、胡崇贞、胡崇贤等三四十人，他们自背道具、行囊，到全县城乡宣传演出，激励群众抗日。当武汉即将沦陷之际，各地学校停闭，在外地的教师和学生都先后回到英山。他们对国家大事议论纷纷，群情激奋，要求抗日救亡，保家卫国。可是，当时的国民党英山县政府却醉生梦死，还趁机发国难横财。县长傅盐梅大肆压榨人民，贪污毫洋 30 余万元（银币）。他和大小老婆都抽大烟，又与地方污吏、恶霸、土匪相勾结，狼狈为奸，走私漏税，贩卖鸦片，作恶多端，对人民的抗日呼声，对青年学生的抗日救亡活动，不予支持，迫使"旅鄂中学返英学生抗日救亡农村工作团"于 1938 年 1 月不得不解散。

2. 开办中学补习班，有了抗日言论自由

1938 年初，从武汉返英山的安徽旅鄂中学进步教师沈子康（又名沈晋兴），目睹这些学生要抗日无路，想入学无门，就主动出来，借用石头咀毛草畈的沈家大祠堂，举办"旅鄂中学"补习班（与第十小学各占用一半房屋）。当时进这个补习班的青年学生有沈兴贤（后改名沈立中）、余湛、沈兴耀（后改名沈博）、沈华兴（后改名沈杰人）、沈兴炳（后改名沈森）、陈作新（后改名陈力新）、余鹤亭（后改名余曙）、余承坤（后改名吴飞）、熊超以及傅浩、叶惠初、肖光宇、陈抱渔等，共 100 余人，分 3 个班上课。这个补习班，既可补习中学课程，又可自动组织学习和讨论抗日主张，讨论"抗日民族统一战线"纲领。一些进步书籍，例如王明当时在中共长江局所写的《论青年修养》小册子，可以互相传阅。就连《共产党宣言》及《党章》油印小册子，也能秘密借阅。这是因为我地下党在进步青年中传播革命思想，扩大党的影响。因而这批青年思想极为活跃，自由谈论抗战，议论国家大事，不仅爱国家、爱民族，抗战救亡的情绪振奋，而且他们把国民党和共产党对抗日态度、抗战主张作了明确对比，对共产党加深了认识。不少人政治觉悟有了进一步提高，主动靠近共产党，要求马上找到党，加入共产党，从而革命的火焰在英山西河又燃烧起来。

3. 有了共产党的明确指示，抗战要求付诸行动

不久，沈子康病逝，补习班停办，这批青年常聚集讨论抗日形势，讨论如何

参加抗战和革命的前途问题。他们中间有的要去陕北延安参加"抗日军政大学""陕北大学"的学习；有的要投笔从戎，参加抗日武装上前线；有的要下农村，去发动、组织民众起来抗日。但他们都有一个共同愿望，希望马上接受共产党的领导。

这种找党、要入党、取得党领导的迫切要求，一方面是为了抗日，挽救国家民族危亡的需要，认识到只有共产党才能救中国；一方面，英山过去是老苏区、老革命根据地之一。我们这些青年，在少年时代，就受到土地革命的熏陶，对共产党、红军有深刻的印象，不少人的家人和少年时代，也参加过基层苏维埃、红儿童团的活动，也曾遭受过国民党、白匪帮的残酷迫害。我家就是惨遭国民党、白匪帮迫害的一个。在1930年至1934年，我在少年时代，曾参加红儿童团，我父亲曾在村苏维埃分过土地，被国民党捉去关过大牢，家中房屋两次被白军烧毁；我外祖父家大多参加了红军、赤卫队，全家老幼八口惨遭一次杀害，只有四舅尚成明参加红军主力，后随红军长征，才免遭罹难。这阶级仇民族恨，是永远烙印在心中，不会磨灭的。尽管当时红二十五军撤出大别山，但红二十八军在高敬亭同志领导下，坚持大别山游击战争。我们尚在少年时代，虽然又转入学校读书，但在我们家乡，在大山中，常听到枪炮声，也不断听到红军和国民党军队作战的消息。红军、共产党对我们的影响是深刻的，因而我们这些青年参加社会活动后，要急于找到党，要参加党、跟党走是很自然的。

1938年5月，湖北临时省委派王枫同志来英山，以合作社指导员的公开身份，恢复党的组织，开展活动。他到石头咀找到了沈立中，同我们都联系上了，根据我们的请求，很快解决了我们的党籍问题。他又对我们有了要求，同意只要余湛、程贞茂同志能解决路费，可以马上去延安的安排，劝我们这些人就在本地、本县参加抗战活动，要我们立即主动地配合外来的宣传力量，开展抗日宣传，做唤起民众的工作。

当年初夏，上面派来英山的抗日团体有第五战区、广西学生军、二十一集团军政工队、安徽省动委会青年工作团等。到我们西河的是广西学生军二中队。当他们一到石头咀，住河西田家畈时，我们地下党员就积极主动与他们联系、接触，洽谈二区的抗战宣传与发动群众工作。这个学生军是李宗仁带出广西北上抗日的，曾在武汉整训过，听过周恩来、董必武、邓颖超等我党中央和长江局负责同志的报告。他们中进步势力占优势，在二中队100多名青年中，有不少秘密共产党员。据了解，有甘怀勋（王凌）、吴启增、麦英富、谢东来、易凤英（易林）、林渊儒、蔡月蝉（罗布）、赖月婵（王彦）、梁先伦、熊兆祥等。但他们与我们只能个别发生党的关系。经常联系的，只有王凌、吴启增、麦英富。根据二区乡保情况，商定把学生军和地方青年党员混合编组，有利于对乡、保、学校联系，又便于引路。沈杰人、沈博当时分在石夹乡，沈立中、沈森分在张武乡，陈力新可能分在金潭乡（记不准）。他们深入乡村学校，用演讲、教唱歌、演剧等形式，开展抗日宣传活动，一时西河人民抗战情绪高涨，抗日歌声嘹亮，民心大振。

4. 带头参加组织地方抗日武装

我党在发动全民抗战，建立抗日民族统一战线的战略方针下，具体有"抗日救亡，匹夫有责""有人出人，有钱出钱，有枪出枪"等口号，我们积极开展活动，组织地方抗日武装，保家卫国。抗战是要联合各阶层共同抗日的全民运动，要组织地方武装，就必须团结联合各阶层，特别是把中、上层开明人士请出来，带头组织地方武装，发挥他们的抗日作用。为此，我们就利用地方势力、宗族关系，说服动员，借出枪支，请有名望的开明士绅程铁梅（北大学生），他曾在外地做过知县。林岩同志在英山时就隐藏在他家里。程领头当中队长（名誉），动员说服石镇有影响的人物沈兴兰（第十完小校长），出来担任第一中队副（名誉）。地下党推荐沈立中以青年带头人、抗战积极分子名义，为中队副。由于利用地方知名人士站出来带头，加上青年共产党员带头报名参加武装，很快七八十余人枪就集中起来了，于农历五月端午节，正式成立了"英山西河抗日自卫队"，在石镇对河陈家冲训练。当时地下党员有沈博、沈杰人、林岩、沈名金（后自动脱党）等，在中队部和分队里掌握情况，做发展党员工作。1938年秋，日军进攻到金家铺时，这个自卫队担任了警戒、侦察、锄奸、掩护群众撤退、维持社会秩序的任务。是年底，该队集中到县，改编为县自卫总队常备一中队。

二、党有领导地掀起全县抗日高潮

1. 举办战时讲习班，训练青年党员

1938年9月，地下党个别通知我们，到英山县城集中，我和沈博同志同行，

赶到北汤河附近的凉亭坳小庄子上，沈立中、陈力新已先到达，在这儿也第一次遇到郑道瑛、查楚云夫妻俩和郑道琳同志，接着沈森、余曙也赶到了。很明显，这儿是西河地下党员暂时集中的地方。王枫同志向我们介绍了由鄂东特委派来英山任工委书记的郑重同志，他和我们每个人分别谈了话，了解我们每个人的情况，讲了抗战形势和党的任务，特别强调英山县要发动与组织全民抗战。要求我们共产党员在抗日救亡中，要起先锋、模范作用，站在群众前头；要带头参加抗日武装，掌握武装；要团结教育青年先进分子，吸收党员，壮大党的力量；党需要大批抗战干部，要办训练班，培训党的骨干，青年党员首先要参加学习，提高觉悟水平，好担负艰巨的工作任务。

不久，我们就从北汤河搬移到县城边的北门坳（城内因怕敌进攻和空袭），此时，东河、南河的同志都到了，集中有七八十人，大多数是青年党员，也有部分青年积极分子（后在学习中先后入了党）。10月初，"英山战时讲习班"第一期开学了，由郑重、王枫主持并讲课，公开讲抗日救亡课程，也秘密上党课，有时郑道瑛、汪牧晋也来讲讲。为统战关系，也请国民党常备队总队副姚××来讲过话。当时这个讲习班，也是中共英山县工委活动中心，各地、各区委负责人姜克东、傅忠、傅新棠、郑道瑛等，常来此碰头、开会谈问题；也是干部调配中转站，如从延安来的吴其超、郑庆生，从商城、金寨外地调来的徐建楼、徐仲华等，都是到此报到，再安排出去工作。我们几个人在讲习班第一期结业后，并没有马上派出去，仍留在讲习班筹办第二期，到12月份，杨必声县长来上任，我们就被派去做武装工作。

2. 派党员去掌握政府和武装的领导权

1938年12月，廖磊派二十一集团军总部上校参谋杨必声（个别联系的中共秘密党员）到英山当县长。他从河南商城带来一批干部，改组了县政府和区、乡政府领导，派绝大部分共产党员和少数进步人士去担任县政府秘书、科长、区长、督导员，也有少数乡长是党员。国民党原县长，贪污腐败、贪生怕死分子，经批准送去大后方。革除了那些腐败怕死逃跑的科长、主任科员，逮捕法办了大贪污犯、压榨人民的财政科长郝若恩。

同时改组了县常备队，成立了县自卫总队。杨必声兼任总队长，傅忠为总队副，郑重为政治主任，国民党派来的总队副，根据他的要求，让他也去了后方。派傅忠、林岩、吴其超等去当三个常备中队的中队长和指导员。还派沈杰人、沈博、李士进（后名李进）等党员去担任分队政治协理员，掌握武装领导权。有一件事我记忆犹新。当时派去的青年党员都用少尉以上军衔，我因无钱做军官服，当时是王枫同志借给我10块银洋做衣服，后来没有来得及还他，当我们撤回新四军，在安徽无为见面后，他开玩笑地说："当官了，借钱做衣服，现在就不还了吗?!"引起两人大笑。

我到二中队报到不几天，又把我调到商协自卫队担任政治协理员。这个商协自卫队的队长金少山是个兵痞，帮会头子出身，当兵的大多是兵痞、流氓，又单独驻在离县城7里路的梅家岩。做好这个自卫队的改造工作任务是艰巨的，经请示县委又征得商会会长同意后，改编到县总队里去了，我也调出了这个自卫队。当时我调去商协自卫队，也有另一个任务，就是兼顾改造县城老商会，成立商民抗日协会。1939年1月，在东门外老飞机场边的一个庄上，召开商民会议，正式成立商抗会，选胡楚才为会长。当时杨必声县长、陈葆华秘书、严钝科长也到会讲了话，以资嘉勉。

3. 全面发动与组织各种抗日团体

1938年，中共鄂豫皖边区党委派魏新民（魏文伯）来英山，成立中共英山县委（后为中心县委），魏文伯任县委书记。1939年2月初，为了取得合法身份作掩护，英山县迅速建成了"英山县抗日民众动员委员会"，由县长杨必声兼主任，魏文伯担任动委会指导员。也邀请了郭若夫、徐太素、叶万鹤等进步的上层人士，参加县动委会，担任各部（股）长。当时强调非常时期，一切工作都要服从抗战，需要雷厉风行，限定时间要把各区、乡抗战动委会建立起来；工、农、兵、学、商、青、妇、儿，各阶层群众也都要组织到各抗日群众组织中来。

为在短期内完成此大发动、大组织群众的紧迫任务，由县政府下令，由县动委会出面，把上面派来的和外面来英山的抗日团体——广西学生军、二十一集团军政工队、皖省青抗服务团以及英山参加抗战工作的进步青年（很多地下党员）统一联合组成"安徽省抗战总动委会英山工作团"。以全县3个区14个乡，分成3个大队，14个工作组，深入城乡开展工作。我被分在三区雷程乡工作组，组长是广西学生军林渊儒（共产党员），还有广西学生军的郑中、严兆芬，地方青年还有杜光朗、程抱如（后逃跑脱党）等。当时雷程乡长，是青年党员段茂伟担任（就学黄州乡村师范），同我们工作组合作得很好，不论是组织抗日群众团体、农民抗日后备军，还是开办抗日学校和识字班，清查户口，整顿保、甲等等，在短时间内都完成得很好。

这近300人的工作团、队，深入农村，配合区、乡干部，用多种多样的形式，大宣传、大组织。在一个月时间，把区、乡抗战动委会建立起来，成立了动员小组。农村95%以上的农民都被组织到"农民抗日协会"中来，区、乡、保都成立了农抗协会分会，甲为农抗小组。妇女抗日协会，区、乡、保都开会成立，以妇女识字班为妇抗活动中心。青抗协会，是以城镇和学校青年为主体，吸收社会青年参加。儿童协会也是以小学、私塾为主，吸收农村儿童参加。与此同时，县里的各抗日协会都相继开会，成立县级群众抗日组织。青抗会选出杜礼宗为主任；妇抗协会选出李静一为主任；农抗会由县召开代表大会，选出汤曰富为主任；还有商抗会、文抗会、儿抗会都成立选出负责人。英山此时把各阶层群众抗日积极性都调动起来了，人心振奋，群情激昂，抗战情绪空前高涨。英山沸腾了。这由"大演习""大检阅"两个实例就可以证明了。

4. 空前壮举的全县"坚壁清野"大演习

1939年农历正月间，要是过去老习惯，正是新春佳节，大闹花灯，而英山这时却在移风易俗，大搞战备。这战备是一个牵动千家万户和全县23万人民的空前壮举。为了防备日寇进攻时人民生命财产遭受损失，为了在敌人占领时不给敌人一粒粮、一口水，我们举行了全县规模空前的"坚壁清野"大演习。县长的一声令下，24小时内，将命令送到了全县每个村庄角落，老少皆知：在阳历3月13号的一夜之间，不论男女老幼，携带衣物粮食、家禽家畜，统一集中到指定安全地点，实行全面"坚壁清野"。

我是在三区的雷程乡亲自参加这一演习的。工作组协同乡长段茂伟统一指挥，这个乡有10个保，近两万人口，群众以保甲为单位组织转移。在深更半夜里，男女老幼，肩挑背驮粮食、衣物，手牵牛、羊、禽、畜，默默地、有秩序地转移到程家畈大冲里，没有亮光，没有声响。尽管有的人来回要走40余里路程，忍受通夜不眠的疲劳，但人们毫无怨言。区、乡也组织人到山村家院实地检查，确实无一人一畜留下，十室十空。

当时广西军的区寿年部一七六师，派各级军官和学生军，分工到各地全面检查。该师谭副师长，带了二三十骑兵，从东河一路检查下来，沿途街道、村庄都静静的，见不到人、畜影子，无一处有炊烟。由于地下党的保证、英山人民的觉悟，这次"坚壁清野"工作做得很出色，受到各方面的赞扬，《大别山日报》也有报道，区寿年当杨必声的面夸奖说："这是一次空前的壮举。"

5. 学生军、教导队集训，扩大战动力量

"坚壁清野"大演习后，广西学生军和上面派来英山的抗日工作团，都调到外县去开辟工作，英山的抗战动员和战备工作，由本县自己承担。鉴于"民运"工作人员大量减少，战时动员力量不足，县委解决这一问题的措施是，从本县青年中选择人才，充实力量，决定再开办训练班，培训民运队伍。

在区、乡推荐的基础上，全县招考了200多名青年学生和社会青年，同时把原民运组、队的地下党员也调来集训，起骨干保证作用。把这些人分成两个集训队，一名谓"英山抗日救亡学生军"，计有130多人，在城南白石坳陈家老屋开学，编成1个中队，3个分队，中队行政和党支部工作由吴其超、沈博担任，分队政治协理员由郑庆生、徐建楼、沈博担任，我和陈力新等参加党支部分工到3个分队，配合协理员做思想工作和发展新党员；一名谓"英山军事教导队"，培训军事骨干人才，也有100余人，中队长傅忠（共产党员），3个分队长均是共产党员，有李进、李干、刘剑等，在长冲邓氏祠堂开学。这两个训练班均由郑重领导，掌握训练。上课是由杨必声、魏文伯、郑重、王枫、陈葆华、严钝等轮流担任。教导队毕业后分到各乡、保训练自卫队后备军，也有分到区训练保、甲长。学生军结业后，大多数进行新的民运工作，分到区、乡，继续组织、巩固群众抗日组织；组织农民自卫后备队伍，扩展学校教育与抗日识字班、整顿保甲、发展合作经济等。在学生军中也抽出部分人，成立"安徽省委托十五工作团"（后改英山直属工作团）。我当时是分到鸡方乡担任民运工作组长兼乡动委会指导员。

6. 全县性"后备军"和群众团体大检阅

民运工作组第二次深入下去，除了继续发展巩固抗日群众组织，又一个突击任务是，全农村都建立"抗日自卫后备军"，执行站岗、瞭望、盘查、放哨、递送情报和担架运输等战时任务。凡年在16至45岁的青壮年都要报名造册，编入队伍。

"自卫后备军"组建后，确实起了很好的战备作用。

1939年春，杨必声县长为了检验"自卫后备军"组织和群团情况，确定在县城北汤河做一次大检阅演练，当时在县城周围十余里，到会群众近万人，后备军身背土枪、大刀、长矛，按班、排、连、营编队，步伐整齐入场，群团以农、青、儿排队进场入座，秩序井然，开会前互相拉歌，歌声此起彼落，会场非常活跃，当大会开始武装检阅和群团抗日宣誓时，会场又严肃认真。恰好，当时国民党安徽省政府主席廖磊到英山视察，也参加了大会，见人民如此热情、踊跃的情景，大感兴趣，对英山、对杨必声大有好感。此后，县政府正式决定，全县3个区14个乡以乡为单位开群众大会，进行农民自卫武装（后备军）大检阅，并进行抗日团体抗战总动员宣誓，合称"大检阅"。当每乡开会检阅时，杨必声县长必到会，并有会必讲话，使全县人民群众都见到了父母官。他脚穿草鞋，身背雨伞，衣着朴素，平易近人，有马不骑，和大家一样在烈日下赶路，在短短两个多月里，跑遍了全县各乡、保，群众称他为"杨青天"。

我是在一区鸡方乡主持大会，并担任后备军检阅总指挥，当时到会共有6000余人。后备军有2000多人，他们都脚穿草鞋，头戴斗笠，肩背土枪、大刀、长矛，每人挂着"鸡方乡自卫后备军"红布条。当杨县长进场阅兵开始，一声立正口令，全体动作划一，队伍整齐地行注目礼，真有当年苏区赤卫队之风。接着群众举手宣誓，声音洪亮，动作齐整。从检阅、宣誓、讲话到游艺节目，起码有五六个小时，会场设在方家祠堂对面的竹林里，6月的太阳照射，天气是很热的，但会场秩序很好，没有人早退，坚持到底。这说明英山有组织的人民是有觉悟的，用事实驳斥了外国人说"中国人是一盘散沙"的诬蔑。

三、英山是当之无愧的抗日模范县

1938年至1939年，英山的抗日救亡运动，搞得轰轰烈烈，热浪滚滚，被五战区和安徽省政府传令嘉奖为"抗日模范县"，当时在大别山区是赫赫有名的，不仅有其名，且确有其实。

由于当时英山中共县委正确贯彻执行了我党提出的"抗日民族统一战线"的

政策，抓住了动员民众、组织民众、武装民众抗日的重要方针，充分调动了抗日救亡工作人员的积极性，充分发挥了青年共产党员的先锋模范作用，因而在短期内工作成绩显著，具体表现在：

在政府行政工作方面，清查了户口，整顿了保甲，训练了保、甲长，制定了战时施政纲领和用人标准，付诸实施。在廉政工作方面，经费实行统筹统支，废除苛捐杂税，禁止非法摊派，肃清贪污舞弊，一经查出，严厉惩处，当时枪毙的贪污犯有县府财政科长，两个联保主任，四个保长，人心振奋。工作人员一律实行低薪制，县长杨必声带头减薪，从每月200元光洋，减为每月10元，郑重、王枫等所有人员每月只拿伙食费，推行廉政之风，发扬了和人民同甘共苦、艰苦奋斗的延安作风。在军事战备工作方面，整顿了常备队，建立和训练了后备军，设立了盘查、情报、传递、防空各种军事哨网，并实行全县"坚壁清野"大演习，这是战时军事上非常行动之一。据抓获汉奸供称，"英山盘查得很紧，不易通过，必须绕道"。在经济建设工作方面，鼓励私人投资办生产企业，吸收游资，推广合作社事业，农村实行减租减息，建立了生产互助组，保障农工商发展，增加战时生产，做到自给自足。教育工作方面，教育发展出人意料地快，建立抗战教育，推行识字教育，战前英山学校（包括私塾）不到百所，入校学生不过万人，且抗战开始全部停闭，战争动员后，将战前旧有学校全部恢复，且较战前发展三倍以上。过去保里很少有小学，现每保设有初级小学，乡设有中心小学，教高小课程。过去全县无一中学，现县级设有中学，抗日模范学校全县入学学生人数近3万人，一律实行战时学制，用战时教材。乡、保都开设有成人识字班、妇女识字班，参加识字的男、女成人为数很多。在锄奸清匪工作方面，开展了群众性的锄奸运动，发动人民群众检举揭发汉奸、敌探、惯匪、罪大恶极的恶霸。对罪行证据确凿的、民愤极大的，逮捕起来，进行教育训导，大部分是促其改恶从善，对少数人民深恶痛绝、罪大恶极的为首分子，报经批准，予以枪毙，先后枪毙了叶灿如、余友渔、郝若愚等40余人，通缉了潜逃的胡子英，大快人心，社会秩序安定。民众动员工作方面，由于民运工作做得深入普遍，各阶层人民参加到各抗日群众组织中来，为抗战出力。群众武装已具规模，在地方上形成对敌人的巨大威慑力。全县性的后备武装大检阅，就是万众一心，抗战到底，显示出决心和力量，如此等等。英山抗战动员工作，在大别山区是突出的，起到了带头模范作用，带动了 30 多个督察区、县、市的战动工作。国民党第五战区总部和我党，通报嘉奖英山为"抗日模范县"，是名副其实的，当之无愧的。

四、要坚持抗战，就要坚持斗争

英山抗战动员工作越是轰轰烈烈，斗争就愈激烈，战动工作越深入、越有成绩，就越会遭到投降分子和反动势力的反对、仇恨和破坏。一年多的战动工作，就是在抗战和反对抗战、进步力量与反动势力之间异常激烈的斗争中向前发展的。

1. 和反动头子胡子英的尖锐斗争

胡子英是国民党英山县党部书记长。其人文化不高，乃一恶棍、地痞流氓之徒，靠敲诈贪污之钱财，勾结县长姨太太，通过伪造、伪荐，买来一个县党部书记长。当我们抗战动员工作开始，为执行抗日民族统一政策，为国共两党合作抗战的关系，主动去团结他，对他表示尊重，每月薪金由辅助大洋 80 元，增加 200 元以上，并请其指导抗战工作，凡有会必请他出席，聘请他为县动委会常委兼宣传部长。为健全保甲人选，开办保、甲长训练班，又聘请他为讲"三民主义"的专职教官。哪知胡子英其人，狼心不死，另有祸胎，他秘密与在大连的汉奸××私通订约，与当时安庆维持会长暗里勾结，以大批款项，收买流氓地痞，私下组织保皇党，伪称义勇军，图谋响应日寇，搞乱我军和后方。在我更换腐败、贪生怕死不抗战的官员时，他极端不满。我打击惩办汉奸、土匪、大贪污犯，触动了他的狐群狗党，他极端仇恨，竟然以下乡视察党务为名，暗则组织奸徒，破坏国防，破坏地方上各种抗日救亡工作。广大群众和工作人员，不断检举密告其罪行，密促县府尽早拿办。但我仍以国家民族利益为重，多次规劝，促其幡然悔悟；而他恶性不改，且不法活动更变本加厉。我西贺乡许家河盘查哨长被枪杀案件，惨死男性 8 人，重伤 1 人，财物被劫掠一空。我全力破案，抓获了要犯，据要犯一致供称，此案乃胡子英一手策划指使，胡声称，为使全县盘查瘫痪，杜绝后患，特给他们两支短枪，将该盘查人员杀绝灭口。当法庭传唤胡子英到案对质，胡则潜匿抗庭。经上峰批准，缉拿胡子英到案，胡竟畏罪潜逃。经搜查其住宅，查出私藏枪支弹药，并有证件一卷，其汉奸罪状事实，暴露在光天化日之下。我县政府将胡子英叛党（国民党）卖国情形，详调呈报，经总部和安徽省府批准悬赏1000大洋，缉拿归案。可是，胡氏肆无忌惮，倒行逆施，借敌资助之经费广为收买汉奸、流氓地痞化装活动，往来鄂东各县，勾结同党同伙，无中生有、颠倒黑白地造谣中伤，诬蔑杨必声县长。并用鄙劣手段寄匿名信给县府和县长本人，进行威胁恐吓，以达到破坏抗战目的。他不择手段地向总部投诉，除申辩所谓自己无罪外，还用恶人先告状手法，诬陷杨必声为共产党，称他与杨是国共两党的仇怨，等等。我县府综合呈报胡的大量犯罪事实，证据确凿，抵赖不掉，诡辩不了。上峰对胡氏罪行深信不疑，乃下逮捕法办通缉令。这是国法、正义的伸张，是对英山反动头子胡子英斗争的胜利。

2. 时局逆转，用转移分散策略以防变

1939年夏，国民党限制异党活动，特务活动日益猖獗。加上我们在抗日民族统一战线环境下开展工作经验不足，在执行个别政策上有点过火，有些同志暴露了身份，外界也有议论。英山中心县委为防止时局突变，避免造成不应有的损失，采取转移分散或隐蔽的方法，保存力量，有的同志派出去开辟新区工作，有的分到外县担任职务，有的派到工作团隐蔽等。如林岩被分配到岳西担任地下县委书记，吴其超同志派去太湖（不幸被捕牺牲）。郑重同志去黄梅，在五大队暴动失败后在战斗中光荣牺牲。魏文伯、王枫等也先后隐蔽，在九十月间撤出英山。

6月下旬，全县性大检阅刚结束，中心县委通知我到县城有事面谈。当我从乡下赶到县里，在城南门河边见到郑重同志，边走路边谈话，告诉我时局有些逆转，党要转移分散些同志到新区工作，要我用青年学生名义（当年18岁），去鄂东督察专员公署程汝怀那里，报考鄂东战地工作团，将来就转移到那里工作。当时我们共有4人（过去不认识，记不得名姓），由县动委会介绍去报考。我们赶到黄冈县境内黄土岭（专署所在地）考试。在等待发榜时，偶然遇到英山流亡反动分子余慧畴，就住在祠堂楼上，因我是沈子康、沈兴兰亲戚，他认识我。他说："余甲东、胡子英等都住在这里。当他知道我是来报考战地政工队时，就无顾忌地大放厥词说："魏新民是共产党头子，杨必声也是共产党，他们打着抗日旗号，实际干的与当年红军闹土地革命一样，搞赤化英山。现上峰已掌握了情况，已撤去了（实际是调离）杨必声的县长，派潘世模去当县长。马上由一七五师刘参谋长（番号和姓可能有误），率一团人（实际一个营）送潘县长去上任。我们也随潘县长回英山，要和他们算账。"我听此情况后，感到情况紧急，不能等考榜公布，借口祖母病逝，连夜赶回奔丧。当我第二天赶回英山城将此情报向魏文伯同志汇报后，中心县委采取了紧急措施，一些同志提早作了转移隐蔽。我也不能再回鄂东，暂安排委托十五工作团工作。

3. 欢送杨县长离任，是对反动势力的示威

不出所料，杨必声同志的调令很快就到英山，要他回二十一集团军总部，又委派他去安徽省军政干部训练班当军事科长。当时地下县委，通过各方面群众组织，特别是鼓励中上层开明士绅，发动和组织了一次杨县长离任时的欢送大会，各界参加近万人。场面隆重热烈，彩旗和条幅遮日，锣鼓鞭炮齐鸣，各界代表都致欢送辞，大颂杨县长政绩，"是为人民办事，为民请命的好县长"，"英山在短时间内突飞猛进大变样，是杨县长的功劳"，"人民对杨县长感恩戴德，永世不忘"。杨县长在致答辞和临别赠言中，忠恳动人，台上台下都流出了惋惜的眼泪。尽管杨必声同志一再坚决辞谢，可是，万民坚持再送一程，队伍从县城排到落令河，沿途"欢送杨青天""杨县长劳苦功高""英山人民永世不忘杨县长功德""抗战必胜"等口号声震荡山谷，情景感人。这是人民对我党领导抗日工作的肯定，是人民对我党的政策、对我们干部的拥护和爱戴。这也是一次对英山反动势力显示人民力量的大示威。这种欢送场面，与潘世模来英山上任时，人民沉默冷漠对待，形成了明显对照，也显示出了人心向背。

4. 和潘世模的一场面对面的说理斗争

潘世模到任后，我们一些较红的公开的领导干部，都先后撤走，各种抗日群众组织基本上停止了活动，战动工作已趋向低潮。县动委会只剩下郭若夫等几个民主人士驻会。县青抗会还有一些青年活动，沈立中、杜礼宗、陈作新尚未离开。我们委托十五工作团，还在搞些宣传演出，做群众抗战识字班的工作，这成为反动势力所注意的目标，进行迫害的重点。

工作团原驻北汤河，很快被通知搬进城内住。很明显是便于他们对我们的监视和打击，但我们也有充分的思想准备。外来共产党员、工作团长兼党支部书记徐建楼已撤离，由本地非党员副团长陈时健代理团长，党支书由支部组委徐仲华代理，江后是陈时健（徐仲华讲徐建楼走后是江天锡任团长兼党支部书记，仲华为支部委

员）。我是参加支委的，工作团员基本上都是英山本地人。在北汤河最后一次开的支委会和党的小组会上，认真分析了时局逆转的严重形势，研究了会后斗争策略，强调要利用战动公开合法的形式开展工作，要特别提高警惕，严守党的秘密，千万不能暴露自己是共产党员身份，预防不测。我们住到城内后，周围经常有特务、胡子英部出没。这是敌人在监视、窥测时机，要向我们开刀的征兆。

一次潘世模要开军民联欢会，慰问送他来上任的参谋长和部队，要我们工作团为大会演出节目。当时，我们演出了一个名为《复仇》的节目，内容是一个日本指挥官和中国汉奸二毛子，带领一批日军，在中国农村到处奸、抢、烧、杀，惨无人道，中国人民忍无可忍，群起"复仇"反抗。演日本指挥官需要手枪为道具，是借用刘参谋长的左轮子，汉奸二毛子的道具，是借潘世模县长的礼帽和手杖。不料，他们就借这次演出对我们下手了，第二天把我们召集到天主堂县动委会内训话，刘、潘气势汹汹地诬陷谩骂，说我们青年思想不纯，受了"左"的影响和毒害。他们诬蔑我们是借演出为名指桑骂槐，污辱他参谋长为日本指挥官，潘世模是汉奸二毛子，用这强加的大帽子，图谋整治我们。我们当然完全拒绝他们的无端指责，先从正面充分说明剧情，这剧本是抗战开始就常用的，我们团也演出过多次，绝对没有指桑骂槐、挖苦讽刺的含义与动机。当时陈时健代团长由于思想准备不足，显得有些紧张，头上冒汗，我和徐仲华都起来参加辩论，充分说理，驳斥其无端指责，并反问这样凭空制造事端，哪个还敢抗战，哪个还敢演出，宣传抗日救亡？抗日团体有没有宣传抗日救亡的自由？潘见此情况，态度稍有缓和，假惺惺地说是"为青年人好，不致走上邪路，望会后把团体搞好"。他们已向我们团体开刀下毒手了。经汇报请示地下县委后，我们相机作好转移撤退准备。

5. 用合法名义，公开转移出英山

为了保存力量，不致遭受迫害，经地下县委与立煌（金寨）联系批准，我们用安徽省委托十五工作团名义到立煌汇报和集训，青抗会与其他同志用汇报工作和去报考军政干训班等合法名义，在1939年9月集体公开地撤出英山。到金寨后，除陈时健、金××去大后方国民党区外，所有同志由安徽省动委会总干事（党内省委组织部长）张劲夫同志、省青抗会总干事郭铭出面，把我们分别分配、安排到安徽各工作团和军政干部训练班工作和学习。

五、当年英山的共产党员，已是党的宝贵财富

1939年底，国民党第二十一集团军总司令兼安徽省政府主席廖磊病死，李品仙来接任。

此人更反共，安徽局势也进一步恶化，而且国民党发动的全面反共高潮正在紧张激烈形成。我党为避免不应有的损失，除了公开共产党代表身份敌人还不敢迫害的，和原没有暴露身份、隐蔽较好、能继续坚持下去的同志，其他同志都奉命撤回到新四军和八路军地区。安徽原在总动委会、省政府、各地工作团和有关单位工作的共产党、进步青年，都撤到新四军江北指挥部和在皖东的四支队、在皖中的江北游击纵队等。

原从英山撤到安徽金寨的青年党员再想派遣回英山工作，就更加困难了，同样也奉党组织决定，随从各工作单位同志一道撤回新四军。英山青年除在金寨工作学习的外，多数在安徽直属第二工作团，所以撤出后，基本上在江北游击纵队，在无为地区又先后会面了，大家庆幸同志同乡志同道合，在党直接领导下，放手干革命。当时除杜礼宗、叶志君（女）、程抱如、余慧英等极少数意志动摇，开小差逃跑回家外，绝大多数革命意志坚定。开始都安排在教导队、党训班青年大队，经过短暂集训学习后，都分到部队做政工干部或政工队工作。有的分配随部队去开辟地区，建立政权，做地方党、政、群工作，在党的领导培养下，经过整个抗日战争、解放战争，又经过全国解放，建设社会主义祖国，艰苦奋斗几十年，不怕流血牺牲，转战祖国东、南、西、北，为人民做出了卓越的贡献。有的为革命在青春时代就献出了宝贵生命。最早牺牲的是郑道琳和姚凯元。姚是火炉尖人，1940年在安徽津浦路东来安开辟地方工作时，因地主武装暴乱遇难，年仅19岁。郑道琳即郑道瑛兄弟，撤回新四军后，担任江北游击纵队连队指导员。1940年春，在安徽和县、含山一带作战，一次反摩擦战斗中，英勇牺牲。樊应淮，在津浦路东联防司令部独二团任军需，为部队筹集给养时遇敌，光荣牺牲。沈森，原名沈兴炳，英山西河石头咀人。解放战争开始，他担任华东野战军二纵队任×团营教导员。1946年在保卫淮阴战役中，率领一个营部队，阻击国民党蒋介石王牌部队七十四师，

战斗打得英勇壮烈，他和全营官兵一起壮烈牺牲，时年二十三四岁。为革命牺牲的还有段茂伟等同志。早年英勇献身的烈士们，他们可歌可泣的事迹，永垂不朽。

但是，他们中的绝大多数，都在抗日战争、解放战争的枪林弹雨中，在漫长的硝烟弥漫的斗争中活下来了。他们有的长期战斗在最前线的战场上，有的坚持在敌后斗争艰苦的环境中，有的战斗在敌人的心脏里。经过几十年奋斗磨炼，锻炼成党的骨干力量和各条战线上的中坚分子，都成了中、高层领导干部，这是值得庆幸的。他们中有傅奎清是中共中央委员、南京大军区政治委员，中将军衔；余湛长期从事外交工作，担任中华人民共和国驻外大使，外交部副部长，全国政协常务委员；李进（原名李士进，已故）曾任海军北海舰队基地副司令，中央军委总后勤部副参谋长；袁捷任河北军区副司令员，北京军区副司令员；熊超曾任沈阳军区炮兵部队副政委；余曙曾任驻新疆×导弹部队副政委；李干曾任福建军区后勤部副部长；卫去非（原名胡鉴）曾任东北×军参谋长（已故）；傅梦如（傅维耦）曾任南京军区后勤×部副政委；沈杰人曾任地委书记，中共安徽省委农村工作部副部长；陈超（原名陈英）曾任江苏省文化局局长，中共江苏省委宣传部副部长；沈博曾任呼和浩特、柳州铁路局长，昆明铁路局党委书记；刘秀山（原名刘映黎，已故）曾任治淮委员会政治部主任，安徽省文联副主席；沈立中（已故）曾任芜湖市市委副书记，蚌埠市人大常委会副主任；张格（已故）曾任华东政法学院党委副书记；章佐（章承来）曾任安徽省人民银行副行长、物价局长；闻杰（已故）曾任安徽省化工厅副厅长；王榕（女）曾任全国总工会工资部副部长、国家人事局副局长、国家劳动人事部副部长级顾问；岳雷（女）曾在安徽省农民银行任处长；吴飞（已故）曾在安徽总工会工作；还有在福建林学院和黑龙江省工办工作的同志，已记不清他们的名字，有的或改名为不知道的同志等。他们为党工作几十年，成为中、高级干部，虽然大多数已离休，退到二三线，但他们都是党的宝贵财富。

1989 年于合肥

原载中共英山县委党史资料征集编研委员会办公室编：《英山革命史资料》（第五辑），内部资料，湖北省英山县印刷厂，1989 年，第 37～57 页。

舒桐潜游击根据地的建立和发展

◎ 杨 震

全民族抗日战争爆发后，在中国共产党的倡导和推动下，国共两党实现了第二次合作，共同抗日，全国掀起了汹涌澎湃的抗日运动。共产党领导的八路军、新四军开赴抗日最前线，开辟敌后游击根据地，进行抗日游击斗争。大别山原为我红军根据地，舒、桐、潜等县是它的外围。这里山高林密，岗峦起伏，可以横扼安合路上的两个被日寇占领的重要城市——合肥、安庆，可随时打击日寇，并有广泛的回旋余地。

舒桐潜游击根据地地处这三县交界地区，可称三角地带。这里有山有水，土地肥沃，物产丰富，向以出产桐油、茶、漆、麻、木材、粮食等著称，人民生活可以自给自足，而且处于三县边区，形成三不管地区。所以，这里是建立游击根据地的理想地区。

1941年2月，新四军派部队挺进大别山，开展敌后游击战争，在党的领导下，发动和依靠了广大人民群众，建立了皖西舒、桐、潜、岳、六、霍诸县边区的游击根据地。舒桐潜边区根据地就是其中的一部分。

一、舒桐潜党组织的建立和发展

早在内战时期，这里就有了党的组织。舒城的杨启文、王子先（王麻子）、田继德等同志都是1930年的老党员。全民族抗战爆发后，新四军四支队东进抗日。

1938 年春，四支队司令部就设在舒城西南山区的东、西港冲，并在那里建立和发展了党组织。因此，舒城西南山区在 1938 年就有很多人加入了共产党。如东、西港冲和徐家湾的花之如、徐怀，安菜山的沈谋正等十多人就是，还有其他地区远道来投奔的也很多。

1940 年秋，程鹏同志来到舒城安菜山，发展十多名党员，建立了一个党小组，沈谋正为组长。后来渐次发展了小百丈岩党支部，彭柏春为书记；安菜山党支部，沈谋正为书记；江家山党支部（负责人记不清了）；广兴店党支部，负责人程照荣。总计这一地区有党员近 30 人。当时的党内骨干有彭正传、程眉川、程木堂、沈谋宏、程照荣、彭文轩、彭申甫等。我党组织的建立、发展和影响，反动的舒城县政府极为注意。1941 年 3 月，舒城自卫队曾把程木堂的小女儿程秀章捕到舒城城关关押 5 天，后被保出。不久，县长黄示亲自带领自卫队和保安四团在西南山"驻剿"。1942 年 5 月，敌人在安菜山、广兴店新建碉堡和据点 4 个，搜捕我地下党员和革命群众，并在广兴店杀害了我党员汪增光、李洪兴、胡明堂 3 名同志。接着，程眉川、程木堂屈膝投降叛变。自此，西南山区形势紧张起来，一片白色恐怖笼罩着大地。

以后，上级党派陈高华和陈光华两位同志到舒城，深入到庐镇关一带活动。尽管敌人实行残酷的"清剿"，但是由于我们坚定地依靠党和根据地的人民群众，不但未被消灭，反而愈战愈强，游击队不断地壮大，党组织不断发展，在舒城相继建立了夹树湾、西黄土关、双河（大驼岭）、小涧冲等党的组织。

特别需要指出的是：自从 1941 年 2 月，新四军挺进团到达山区后，舒桐潜地区的党组织就更加发展壮大。当时桐城西乡分山里和山外，山外建有桐西中心区委，书记为宋海珊同志；桐西花果园、小河沿和潜山后冲一带，建有桐潜中心区委，书记为蔡启堂同志；桐城西乡的蒋铁乡、舒城安菜山、潜山水贵一带为舒桐潜中心区委，书记是程鹏同志。这三个区都属桐庐无县委直接领导。县委书记为鲁生同志。这时，程鹏所领导的舒桐潜中心区委经鲁生同志批准改为舒桐潜工委，书记为程鹏同志。

在此之前，即 1940 年的 10 月，桐东党组织派何杰之同志来加强舒桐潜工作。舒桐潜中心区委改工委后，何杰之任舒桐潜工委委员兼独立营政委。挺进团到那里后，三大队副教导员郑启才同志兼任舒桐潜工委书记，程鹏同志为副书记，何杰之为委员。此时花果园、小河沿和潜山后冲由蔡启堂同志领导的桐潜中心区委也划归舒桐潜工委统一领导。与此同时，桐城西乡（山外）的中心区委改为桐西工委，书记仍由宋海珊同志担任。由郑启才同志领导的舒桐潜工委，一直坚持在舒城安菜山地区斗争。1941 年 5 月，舒城县长黄示带领保安四团三营进驻庐镇关、洪庙、小街"清剿"。由于叛徒告密，顽军连夜赴安菜山"清剿"，包围了郑启才同志活动的周家冲，由于敌众我寡，战斗中，郑启才同志不幸牺牲。以后舒桐潜工委书记由副书记程鹏同志接任。1942 年秋，程鹏同志调无为学习，工委无人领导，工作间断一个时期。后来，上级派王进臣同志到舒桐潜检查工作，决定陈光华同志为舒桐潜中心区委书记，从而舒桐潜工委又恢复了原中心区委。

1943 年 1 月，我第二次回到舒桐潜地区，临时又组织了舒桐潜工作委员会，由我和叶思德（1945 年春叛变后被镇压）、张信邦 3 人组成。

同年 4 月，桐怀潜中心县委书记黄瑛同志来到舒城轿子岩（天平岭），根据皖江区党委决定，又正式恢复了舒桐潜工作委员会，书记由黄瑛同志兼任，副书记由桐西大队历任大队长梁斌、洪海波、钟大湖、张振兼任。工委委员有县委组织部长王进臣、县委群工部长陈怀民和我等共 5 人。当年下半年，王进臣、陈怀民两同志回桐南，舒桐潜工委委员增补余成玉、张信邦两同志，其他未变。根据斗争需要，桐怀潜中心县委决定：在舒桐潜工委领导下设立 3 个行动委员会。一是以张信邦为书记的行动委员会，活动于桐城张家楼到潜山水贵一带；二是以余成玉为书记的行动委员会，活动于桐城大塘、毛家排一带；三是以我为书记的行动委员会，没有固定地点，采取游击方式进行活动。

舒桐潜工委从 1943 年春恢复后，书记一直由黄瑛同志兼任。日本投降后，1945 年 8 月 20 日，桐怀潜中心县委分两路转移：一路由黄瑛同志率领部队和县委机关转移到沿江的无为；一路由张伟群和我一道回舒桐潜地区。黄瑛同志决定由张伟群同志继任舒桐潜工委书记，我为副书记。从此，黄瑛同志就不兼任舒桐潜工委书记了。待到七师北撤，桂林栖、钟大湖两同志来大别山区，10 月下旬正式成立皖西工委，舒桐潜工委就随之取消了。

二、舒桐潜游击根据地的武装情况

1941 年 2 月，挺进团到山区后，原来过江的三营新兵连改为团部特务连，后又改为三大队七中队（又叫七连）。连长杨立元带一个排在舒城洪庙、小街活动；副连长吴国荣带两个班在西黄土关、两田包活动。我们八连跟舒桐潜工委书记郑启才同志也在这一带活动。这时，杨启文同志开始在舒城搞游击队，到1943 年，杨所领导的游击队扩大到 30 余人，步枪 10 多支。这个游击队一直在舒城西南山区发动群众，扩大武装，打击土顽和特务，建立地下党组织。1941 年四五月间，我们八连在庐镇关那里发展了以黄应华为首的游击队，20 余人，几条枪。后来，黄应华叛变，我们便以庐镇关为中心，向舒城与桐城交界的老关岭、桐城的杨家头、舒城的河棚方向发展。到了1943 年，储德纯所领导的游击队也有了发展，并开展了小涧冲和舒岳边界地区的斗争。

1943 年 1 月，我和张有道同志第二次进大别山，带有五十八团三营七连武装，张是连长，我为指导员，活动在舒、桐、潜、岳一带，以舒桐潜为中心向舒六、舒霍、舒岳开辟新区。后来，舒桐潜主力部队原五十八团三营七连改编为桐西大队三中队，我任队长（即连长），张国平为指导员。数月后，张调走，汪立庭任连长，我任指导员，朱传道任副指导员。下半年，汪调二中队任队长，原一中队指导员余成玉同志调来任副指导员，朱传道也调走，我任指导员兼连长。我们这个中队属桐西大队建制，归桐西大队和桐怀潜中心县委双重领导，一直在舒、桐、潜、岳、六、霍等县活动，直到 1945 年 8 月日本投降为止。

在此期间，大的战斗在舒城平田打过 3 次，缴获敌人枪支 30 余支；在晓天打过 2 次，缴枪数支；在庐镇关打过 1 次；在山七打过 1 次；南港打过 2 次，一次歼灭土顽 1 个排，缴获机枪 1 挺，步枪 20 余支。另外，我们还同舒城县自卫队土顽共打了 20 多次仗。

1985 年 7 月 30 日

原载中共舒城县委党史办公室编：《舒城县革命史资料（抗日战争时期）》，内部资料，舒城印刷厂，1985 年，第 138 ～ 143 页。

难忘的回忆

◎ 程启文

一

1938 年 5 月间，我们新四军四支队七里坪留守处 100 多人的队伍，奉命追赶已经东进到舒城的主力部队。刚刚进到霍山县城，就见到国民党的败军——中央军和四川军大批地涌到这里，分多路逃命。此时的霍山城已被日寇的飞机轰炸过，留下的是满目疮痍、一片凄惨悲凉的废墟。前线战况如何，谁也讲不清楚。后来，从逃难的群众那里听到，这批向西狂逃的"国军"，根本没有同日本鬼子照面，就从舒城退下来向大别山里撤退，而此时的日本鬼子还在合肥呢。

当我们队伍前进到毛家坝小镇时，仍然是蜂拥杂沓的"国军"撤退大军，而我们 100 多人的新四军却迎着他们迈着坚定的步伐向东挺进。这时，一位国军少校营长从我们队伍的前边迎面走来，跟我们打招呼道："唉，新四军弟兄们，辛苦了，我们都在往后撤，你们这么点人枪还在向前跑，不是白搭吗？"我们的同志回答说："不，我们虽然人少，但身后有千百万人民，不把日本强盗赶出中国去，不收复丧于敌手的大好河山，我们有何脸面生还？逃跑只有当亡国奴，那还算什么共产党，还算什么新四军？"这位营长连连点头称赞说："了不起，你们有毛泽东领导，有旺盛的士气，有人民的支持，中国有救！可是，瞧，很惭愧……"他用鄙夷的眼光瞥了一眼正在向西奔涌的国军溃兵，继续说道："自从开向皖东以来，战区混乱不堪，有两个月没有发薪水，连吃饭也得不到保证，士气低落，人心惶惶，又何谈抗日？他妈的，一个劲地向后撤、撤！"他情绪激动，很不满地骂了起来。

我们继续前进，很快就到达了舒城县西南重镇——中梅河。镇上可谓繁华，街上挤满了赶集的人群，人来人往，熙熙攘攘，很是热闹。商店照常开张亮铺，吆喝连天，铁匠铺打铁的"叮咚叮咚"声与人们的喧哗声交织在一起，气氛显得更加热烈。大街上，我们身穿灰军衣的新四军四支队一些来赶集买菜的同志，手提肩挑，和赶集的群众像家人一样公平买卖，有说有笑。我被这与一路所见到的混乱局面截然不同的两个世界迷住了。忽然，一位同志一把拉住了我，欣喜地说：

"司令部就在这中梅河南面的东、西港冲，高敬亭司令员有病正在西港冲休息，所有战斗部队都到合肥、无为、庐江前线抗日去了，你们赶快去吧！"

呵，终于到了。我立即将部队安排到新开岭小村庄住下，便急忙到西港冲去看望高敬亭司令员。高司令员一见到我，就紧紧地握住我的手说："你终于赶来了。我身体欠佳，未能随部队赴前方，暂时休息治疗一段时间，随即就去前线。"我向他汇报了七里坪留守处奉周恩来同志撤销的详细经过情况，并把我从七里坪带来的、由国民党负责供给四支队的薪金6000元交给了他。

高敬亭司令员很高兴，接着向我介绍了前方的一些情况，说：

"国民党军队在合肥及附近各县驻有十多万军队，而真正在合肥前线抵抗的却很少，不敢同日寇正面作战，前方尚未打响，后面就惊慌逃跑。我们刚进到舒城县境时，蒋介石就下令要我们全部迅速开到合肥前线，接替国军的'防线'。蒋介石是想借日本鬼子之手来把我们搞掉。但我们有自己的主张，这就是按中央的指示，在敌后用游击战术来抗击日寇，决不能马上同日寇打正规战。"

最后他对我说："你来得好，休息一天到前线去，找戴季英主任，我写信给戴主任，请他分配你的工作，你就不要回湖北去了。"

二

当时，舒城凡有新四军四支队驻扎的地方，群众生活安宁，生产安心，除此之外，就是一片兵荒马乱。群众说：有新四军我们就有靠山和希望了。

　　舒城县早在内战时期就是红军活动过的地方，有较深的革命影响。群众对红军十分信赖和敬重，当他们得知四支队就是原来红二十八军高敬亭的部队改编的共产党的队伍后，待我们就像亲人似的，有的在我们东进的途中就赶来迎接我们。当我们一住下来，他们就忙里忙外，帮助安顿部队。他们还向我们提供情况，配合我们开展宣传工作，说毛坦厂东北边有一恶霸山寨主在这一带称王称霸，欺压百姓，残害人民，要人们安心投入抗日运动，先得把这个恶霸镇压掉，才能去掉人们的后顾之忧。高敬亭司令员得知后，立即命令手枪团前去拔除了这个山寨，镇压了寨主，为民除了一害。这也是四支队给舒城人民送的一份"厚礼"。

　　进驻新开岭不久，我到当时在庐江县以南的一个乡镇上的四支队政治部那里，向政治部主任戴季英汇报工作时，戴主任还专门告诉了我一件新鲜事儿——在我新四军四支队主力进到舒城县境时，舒城就有我党的地下工作领导同志专门前来迎接，内中有一位英姿飒爽、端庄俊美的姑娘，是个游击大队长，她带领的队伍有300多人。她是以抗日自卫队为名组织了这支队伍，战士多是贫雇农民，枪支也多是当地开明绅士们捐出来的保家用的武器。因舒城尚未沦陷，她只以自卫队名义暂时组编起来。四支队一开到舒城，她立即向戴主任汇报了她组织队伍的经过，她还恳请戴主任派得力干部协助她领导这支土生土长的舒城地方武装。戴主任欣然同意了，旋即派政治部民运科长方忠立同志到她的游击队做指导工作。这是我党在皖中最早组织起来的地方武装。

　　日寇侵犯舒城后，舒城地方党领导的游击队在她的带领下有力地配合了我们抗击日寇，参加了很多战斗。如在安合公路上袭击日寇、破坏公路、切断敌人交通线、给我们做向导等。

三

　　5月16日，新四军四支队在巢县蒋家河口伏击下乡侵扰之敌，毙伤敌30多人，击沉敌汽艇一艘。这是我四支队东进抗日的第一仗，首战告捷，军民欢腾。6月，支队各团除留下必要的部队在无为、庐江、巢县、合肥等广大敌后地区活动外，其余全部撤回，在舒城、桐城以北和舒六、舒桐公路上进行游击战争，以切断舒六、舒桐公路，伏击日寇运输队，阻止敌人西进，取得了数十次战斗的胜利，大大振奋了舒、六、桐地区的人民，鼓舞了各阶层群众的抗日斗志。

这时，驻扎在东、西港冲及周围村庄的各部队，几乎每天都组织人员出去，宣传蒋家河口和在安合公路上战斗的胜利，并结合宣传我党我军的抗日主张，特别向他们说明我新四军誓与敌人血战到底的决心，鼓励他们搞好生产，动员他们起来抗战。晚上还派少数同志到群众家里教唱抗日歌曲，如《工农兵学商，一齐来救亡》《大刀向鬼子们的头上砍去》《种子下地会发芽》等，用歌声唤醒人民，教育人民。另外还贴标语口号、开会演说等，来向群众作广泛的宣传。

四支队战地服务团更是全力以赴，大力开展宣传鼓动工作。战地服务团是四支队在3月初出征东进前几天于湖北黄安县七里坪组建起来的，成员皆为知识青年，大都是平津各战区的流亡学生和湖南、湖北、安徽、河南、山东等地来的青年学生。他们原来都在中共湖北省委于四支队驻地七里坪创办的青年训练班学习。为了做好部队的文化教育和群众宣传工作，四支队政治部主任戴季英与高敬亭司令员研究决定，动员他们参加新四军四支队。结果，一经发动，参加训练班学习的200多名青年学生个个都报名参加了四支队。这是四支队首次吸收知识分子入伍，也是最多的一次。根据他们有文化、有知识的特点，将他们组织在一起成立了战地服务团。不久，该团随部队东进抗日到达舒城。他们一到舒城，立即深入各地，利用开会、演说、贴标语口号、教唱抗日救亡歌曲等多种形式进行抗日宣传，发动组织群众，动员青年参军参战，并与当地一些抗日团体相互配合，做群众工作。

在我新四军不断胜利的影响和广大指战员广泛发动下，舒城人民掀起了轰轰烈烈的要求参加新四军的热潮。其中有学生有教师，有工人有农民，有男的有女的。仅1938年5月间，就有数批青年学生、教师、工人报名参加了战地服务团。如中学校长钟读斌带着他的亲弟弟钟读思和10多名学生、教师胡孟晋带着他的学生张式、女工孙富云带着她14岁的弟弟孙富贵，还有李光荃、杨斌荣等10多名女青年，都前来参加了战地服务团。怎么会有这么多的青年女学生、女工、童养媳要求参加新四军呢？这可能是受舒城党的女负责人鲍有荪同志的影响。这些同志在抗日战争和解放战争中，表现英勇，有的还献出了自己的宝贵生命。

有一位小战士名叫孙发章，他参加新四军时只有 13 岁，是个放牛娃，为了要当新四军，他跑了许多连队。各个连队的领导都热情地接待了他，但都担心他小，走路跟不上趟、扛不动枪，吃不了苦，都劝他回家去。可是，当我们向前方开进时，他却一人跟在部队的后面，肩上扛着两条新汉阳造步枪，身上缠着两条子弹袋，都装满了子弹，气呼呼地对我们说："你们说我太小不能当新四军，现在我带来了两条枪，这下该收我了吧?!"我们都被他的行为感动了，首长终于收下了他。1942年，在江苏红岗战斗中，他一人打死 3 个日本鬼子，缴获一支廿响快慢机驳壳枪。1944 年的江苏六合程驾桥伏击战，我们全歼鬼子 40 多人。孙发章在这次战斗中英勇顽强，冲在队伍的最前面，在与敌人肉搏中，由于年小力弱光荣牺牲，这时，他刚刚 20 岁。他的鲜血，染红了六合的土地。

在抗日战争的战斗岁月里，舒城人民在党的领导下，英勇不屈，可歌可泣，为中国革命的胜利做出了不朽的贡献。在此纪念抗日战争胜利四十周年之际，要对中共舒城县委、县政府和全县人民说，你们出征的子弟，个个是好样的。他们的鲜血洒遍了皖东、江苏和祖国其他土地，他们所建立的功勋将永垂不朽！

（李卫生　整理）

原载中共舒城县委党史办公室编：《舒城县革命史资料（抗日战争时期）》，内部资料，舒城印刷厂，1985 年版，第 60 ～ 66 页。

我们是共产党领导的队伍

◎ 辜宗庆

1938 年 3 月，我四支队离开七里坪来到舒城一带开展敌后抗日斗争。当时全支队只有 3000 来人，装备也很差，但仍不顾疲劳迅速向庐江、无为、潜山、太湖等县活动，积极开辟抗日游击区。6 月，部队回到舒城的东、西港冲休整训练，同时进行扩兵，壮大部队。

我们司令部交通队五、六班住在小魏家村魏忠奎家的堂屋里。魏忠奎四十七八岁，他有 3 个儿子，两个刚结婚不久，还都没有孩子。

为了扩军，各部队都组织了宣传队，向群众宣传抗日道理，宣传国共合作的统一战线。

司政后机关也都各组织了宣传队，我们司令部党支部宣传委员是六班长殷绍月。他是个比较活跃的人，上过几个月的私塾，常拿着个小铁桶，用白灰写标语。

开始群众对我们是敬而远之的，不愿接近我们。就说魏忠奎吧，虽然对我们很客气，但是话不多，老像是在观察我们似的。他问我说："你们是国军？"我说："现在叫国军，过去不是。""过去你们是干什么的？""我们是红军！""红军?!"魏忠奎惊了一下，又喃喃地说："红军，我知道，过去来过我们这儿。"我就把我们过去在大别山打游击、打土豪、分田地的事讲给他听。我说："我们是新四军，是共产党领导的队伍。"

当时正是农忙季节，为了搞好军民关系，部队的干部战士都去帮助乡亲们收麦、栽秧，一回到驻地就扫院子、挑水，做一些群众工作，军民关系越来越好。

我们交通队和魏家的关系也更好了。在帮他家收麦时，我们还唱起了红军时代的民歌："五月是丹阳，穷人昼夜忙。鸡叫头遍就要起床，割麦又栽秧，真是两头忙……"这朴素的歌声，就是心声，沟通了新四军和群众的关系。以后魏忠奎常带我们到外村采购东西，他总是悄悄地对卖主讲："这是新四军，是共产党领导的队伍，买卖公平。"

宣传组的同志还编了一些简单的又有号召力的节目到群众中演唱，号召青壮年参军打日本、救国家、救民族。其中有一首歌唱道：

> 七月初七，日本鬼子大演习，
>
> 用飞机大炮来袭击。
>
> 占了我晋察冀，
>
> 又来占我山东山西。
>
> 同胞们，联合起，
>
> 有钱出钱，有力出力。
>
> 有枪拿起上前线，
>
> 组织起来打游击，
>
> 把日本强盗赶出中国去。

在广泛的动员和新四军坚决抗日的事实教育下，人民认清了这支共产党领导的部队是人民的子弟兵。舒城一带的青壮年纷纷报名参军，仅10天的时间，就来了七八百人，组织了一个新兵营，余启龙同志任营长。新兵营和我们的驻地仅一河之隔，新兵的操练声不时传到我们的耳边。

我们的房东魏忠奎把自己的二儿子和三儿子都送去参了军。当年的历史就是那样写着，多少父母把儿子、多少妻子把丈夫送上了血与火的战场，为了中华民族的生存，为了赶走闯入家园的豺狼。

在参军的人当中还有一些女青年。如支队卫生部长兼医院院长阮汉清同志的爱人许庭同志就是那时参加革命工作的。她是桐城人。1940年11月我在战斗中负了伤，是阮汉清和许庭同志给我做的手术。许庭同志现在上海二医大工作。

新兵入伍后在新兵营训练一个多月后就补充到部队去。就这样一批接一批，不到半年部队各团发展到近 2000 人，不到一年四支队就发展到 15000 多人。

毛泽东同志说："战争的伟力之最深厚的根源存在于民众之中。"抗日战争是全民族的抗战，动员了全国的老百姓，使敌人陷于人民战争的汪洋大海之中。中国共产党领导的人民抗日战争是中国革命史上的壮丽诗篇。抗日战争的最后胜利，是人民战争的胜利，是人民的胜利，历史将永远也不会忘记那些为胜利而奉献了一切的人们。

（杨福新　整理）

1985 年 7 月 17 日

原载中共舒城县委党史办公室编：《舒城县革命史资料（抗日战争时期）》，内部资料，舒城印刷厂，1985 年版，第 86 ～ 88 页。

东进战歌

◎ 汪少川

　　1938 年春，由红二十八军和鄂豫皖边区红军游击队改编的新四军第四支队，根据党中央的决定，奉新四军军部之命，从鄂豫边区东进抗日。其第七、八、九团先期到达安徽省舒城、庐江、无为、巢湖一带，我们手枪团随后方机关进驻舒城县西南山区东、西港冲地区。全体指导员不顾长途行军的疲劳和劣势装备，立即投入发动群众、武装群众、积极开展游击战争的工作中，谱写了一曲曲抗日救国的凯歌。这里记叙的仅是自己亲身经历的几个片段。

董老来到四支队

　　位于大别山东麓的舒城西南山区，5 月时节，杜鹃染红了山坡沟壑，兰花送来阵阵清香。当我们手枪团和后方机关挺进到这块土地的时候，繁花似锦的弯曲山路上便响起了嘹亮的抗战歌声。

　　就在这个时候，中共中央长江局董必武同志偕同军委总参谋部聂鹤亭、边章伍等同志来到舒城，视察四支队。听到这一消息，高敬亭司令员派副官牵着马前往中梅河迎接董老一行。董老一到设在乌沙的司令部，就和高敬亭同志个别交谈。第二天，董老在支队军政委员会上传达了党中央关于开除张国焘党籍的决定，介绍了张国焘叛党的经过，分析了全国的抗战形势，指示四支队积极做好迎击日军的准备。

听到董老来到四支队的喜讯，我和詹化雨团长怀着激动的心情前往他的住处看望，受到董老的热情接待。望着他慈祥的面容，我脱口而出："董老，我们手枪团全体指导员盼望您给我们作报告。"董老笑着说："好啊，敬亭同志昨晚给我说了。同志们坚持大别山3年游击战争，红旗不倒，这就是很大胜利。我明天上午去看看大家，高司令陪我一道去，传达党的指示，讲讲形势。"董老说着，还不时地捋捋胡须。

次日上午，手枪团的300多名干部战士，整整齐齐地坐在屋子里等候董老的到来。我和詹化雨同志正准备去接，只见董老和高司令等已经向我们团部走来。当走在前面的董老出现在会场大门口的时候，我一声号令，全体指战员"唰"地起立，热烈鼓掌欢迎。董老快步进入会场，不断地招手，招呼大家坐下。我把坐在前面的各分队负责同志——向董老作了介绍。接着，董老作报告，从日本帝国主义侵略中国讲起，谈到我们党促进和平解决西安事变，分析全国抗战形势，阐明我们党目前所面临的任务，并谆谆告诫我们，要发扬坚持3年游击战争的革命传统，抗战到底，把日本强盗赶出中国去。他那亲切和蔼的长者风度，循循善诱的教导，深邃明澈的分析，使我们浑身增添了无穷的力量。

棋盘岭伏击战

1938年9月的一天，高敬亭司令员派人通知我和詹化雨团长去支队司令部开会。他首先向我们谈到，四支队遵照上级的指示，在安（庆）桐（城）、舒（城）合（肥）公路两侧不断出击，有力地钳制了敌人西犯武汉的行动。接着，对我和詹化雨说："你们手枪团早有参战要求，现决定由汪少川政委率二、三分队配合顾仕多同志的七团三营，插到安桐一线，捕捉战机狠狠打击敌人，扩大影响，以便我军更好地发动民众进行抗日武装斗争。"

受领任务后，经过充分准备，我即率部从东港冲出发，进到桐城县陶冲驿地区，与顾副团长带领的七团三营会合，具体研究和部署了作战方案。

经过侦察，查明安桐线敌兵力部署情况：桐城县城内驻有日寇步兵200余人、骑兵20余人及炮兵一部；杨西桥守敌40余人附炮一门；新安渡有敌60余人附炮一门。并获悉安桐公路每天有敌人汽车数辆至数十辆通过。由于敌人不断遭到我新四军四支队的袭击，近期日军从桐城派出两辆装甲车及一个中队昼夜巡查于桐城到新安渡公路线上。

9月16日晚，我部从挂车河出发，个个精神抖擞，摩拳擦掌，恨不得一下子到达战斗阵地。次日天幕还没有拉开，我部已进入了新安渡至桐城公路段棋盘岭伏击区，按预定方案立即摆开阵势：北路由我团三分队与七团三营九连埋伏在杨西桥方向，南路由我团二分队与七团三营八连配置在新安渡方向，南北两路均构筑了警戒阵地和预备阵地，先头还派出便衣侦察和瞭望、信号人员。

天渐渐亮了，灰蒙蒙的山谷开始出现曙光，一缕缕炊烟从山谷冉冉飘上天空，变为流动的浮云。

多么美好的景色啊，祖国大好河山，岂能让日寇任意践踏？我暗暗地下决心，要打好这一仗，叫敌人有来无回！

路上的行人渐渐多起来，为了防止走漏风声，我警戒人员遂将行人集中，实行封锁。经政工人员的解释，行人的脸上都露出又惊又喜的表情。

10点多钟，大家正等得焦急，突然侦察人员来报：敌人由新安渡出动骑兵60余人，其后跟汽车百余辆，由南向北而来，其先头距我伏击点约30里；同时，又发现桐城方向距我10里处之杨西桥附近有敌两辆装甲汽车由北向南驶来。南北两路同时有敌情，先打哪一面？怎么打？我们立即进行了研究：新安渡方向来敌兵力较大，但距我较远，且敌在此段屡次挨打，估计不敢贸然急进；杨西桥方向来敌距我较远，且兵力较少，故决定先消灭这股敌人，务必速战速决。同时，坚决阻击新安渡方向敌大队人马，以保障消灭杨西桥方向的来敌。

战士们接到战斗命令后，瞪圆了眼睛，手里攥着拧了盖的手榴弹，决心炸他个人仰车翻。

一会儿，北路的敌人果然先露头。两辆装甲汽车哼叽叫着开来，11时整，进入我伏击圈。这时，只听"叭"的一声枪响，我指挥部发出了战斗信号。敌人听到枪响，驶在前面的装甲汽车"嘎"地停在北端隘路口上，可是已经迟了，一排手榴弹凌空而降，在敌人两辆装甲汽车周围炸开，当即炸死10多个敌人。敌人尾车来不及刹车，与前车相撞自毁。

敌人根本没有预料到我们这一手，没有炸死的从车上跳下，哇啦哇啦，狂呼怪叫，奔入路边一凹地，企图抵抗。我伏击部队趁敌人混乱之际，又连掷数十枚手榴弹，炸得敌人血肉横飞。残敌仍畏缩在凹地里，用步枪、轻机枪疯狂地向我射击。双方相持半个小时，我考虑久战对我不利，当即带领一部兵力从右侧迂回敌后。敌腹背受攻，交战仅 10 多分钟，即向洪家山方向交替撤退。我军乘势追击，直扑堤岸，歼敌大部，残敌逃进杨西桥据点。

与此同时，南边传来隐约的爆炸声和枪声，由新安渡方向前来支援之敌骑兵、步兵 300 多名，企图包抄我阻击部队。我军则由警戒阵地退至预备阵地，依托工事，以猛烈火力杀伤进攻之敌，掩护北路我追击部队撤回西侧地区。

整个战斗共进行 70 分钟，我军以牺牲 4 人、伤 6 人的代价，换来了毙敌官兵 84 名、战马 4 匹，毁敌装甲汽车 2 辆，缴枪 15 支及一大批军用物资的重大战果。

新四军四支队淮南抗日游击纵队

新四军四支队进驻舒城以后，我们手枪团根据支队军政委员会的指示，立即深入周围的山乡集镇，发动群众，组织抗日游击队。

舒城县西南地区是革命老根据地，群众基础好。我们深入到陈子河、东港冲、程河道、中梅河、晓天等地，在地方党组织的配合下，召开各种座谈会，向群众宣布我们是共产党的队伍，是来这里打日本鬼子的。群众听说我们新四军四支队就是红二十八军的队伍，奔走相告：红军回来了，红军回来了！有时，许多群众把我们围拢起来，问这问那，我们就即席发表抗日救国的演说，宣传党的抗日民族统一战线政策，号召有枪的出枪，有钱的出钱，有力的出力，凡是愿意抗日的，一律欢迎。我们的演讲，深深地打动了他们的心。

我们协助地方党组织建立起农抗会、青抗会、妇抗会，还建立起游击队、巡逻队。他们有的操起川军杨森部队撤退时遗弃的枪支弹药，武装自己；一时没有武器的，就自制大刀长矛。

在西冲港华家湾，有个叫华俊程的士绅，虽然年龄只有 30 岁开外，可他能识字看书，知道国内一些大事，在这一带颇有威望。手枪团随司令部从乌沙移到西港冲时，他主动邀请我们住在他的家里。当决定手枪团团部设在他家的时候，他们一家人又是腾住处，又是打扫房间。开始，我还认为他出身士绅，只是慑于新四军的威望和抗战形势才请我们住在他家里。有一次我和他谈心，心想同他好好谈谈抗日救国的道理。谁知我刚打开话匣，他便激动地说："抗日保家，人人有责，我可不可以参加你们的队伍？"这一出乎意外的提问，使我感到很惊讶。"你还有老婆孩子，一家人靠你一人生活，你就不要出来了。"我这一说，他大概真的生气了，脸涨得通红，说："不，与其坐家待亡，不如起而抗战，我们要拿起枪杆子出去打鬼子。"我被他的话感动了，紧紧握住他的手不放。

更可贵的是，他以后果然不食言，毅然甩掉长衫，翻山越岭，走村串户，到处宣传抗日，动员青年参加新四军，常常忙到深夜才回来。在他的带动下，东、西港冲一带有五六十人报名参加新四军。不仅有青年，而且还有结过婚的中年人。以后，他又协助我们做抗日宣传工作，陆续又有100多名青年要求参军。

经过一个多月的工作，舒城和周围地区报名参加新四军的达400多人。这时，我向高敬亭同志汇报了发动群众、组织武装工作的情况，得到他的赞扬。高敬亭对国民党政府卡我们脖子，不给经费，不发装备，限制兵员编制的做法甚感焦虑和不满，眉头紧紧皱了起来，但却安慰我说："不要紧，蒋介石不是说了嘛，地不分南北，人不分老幼，人人有守土抗战之责，有钱出钱，有枪出枪，有力出力。我们就利用他说的话，去动员国民党各级政府及地方上的豪富捐献，总是可以解决一些问题的。"高司令又说，要尽快把要求参军的人组织起来，番号可称为国民革命军新编第四军第四支队淮南抗日游击纵队。

听了高司令的话，我心头豁亮了，立即发动群众，开始组建淮南抗日游击纵队。1938年11月正式成立，共4个连，每连百余人，纵队长梁从学，我任政委，移驻程河道训练。

眼见冬天来了，阵阵冷风，吹秃了树，吹秃了山，可我们400多名新战士的冬季服装问题得不到解决。有的新战士看到老战士有钢枪，心里非常羡慕，问我们什么时候可以发给枪。可是，这么多人的衣服、枪支到哪里能一下子弄到呢？我们几位负责同志都焦急万分。这时，高司令过去说的话又启示了我们，想法让国民党各级政府及地方上的豪富捐献。

于是，我就手持一张名片，以公开合法的身份到中梅河、晓天等地，上到国民党县政府，下到联保主任、地方富户，动员他们募捐。我们一面向他们宣传，说蒋委员长提出要"有钱出钱，有枪出枪，有力出力，有人出人"，守土抗战，人人有责，如果不付诸实际行动，就是违反蒋委员长的训令；一面拿出日本鬼子残杀我国人民的照片给他看，揭露日寇侵略罪行，以启发他们同仇敌忾的良知。经过这样宣传动员，从各地很快募集了一批经费和物资，解决了纵队的日常费用和冬季服装问题。但是枪支弹药仍较困难，高司令让支队后勤部从库存的枪支中解决了一部分，不足的要我们上前线从日本鬼子手中夺取。

第二年3月，纵队扩大到600多人，不仅着装整齐，而且大多已配备了武器。接着，奉高司令的命令，我纵队开赴淮南铁路一带，开展抗日游击战争。

在我纵队活动的寿县境内有个周家圩子，主事姓周，自称少帅，拥有不少武器。据说他的祖先在明代时曾守卫过台湾。我们决定向他开展抗日宣传，动员他出来抗战。于是，我们把部队开到周家圩子附近，由我进圩子拜见少帅。周少帅倒很客气，又是让座又是敬茶。寒暄过后，我先说了一番"守土抗战，人人有责，没有国哪有家"的抗日道理，接着联系他的家世，鼓励他抗日，说道："少帅的先祖曾驻守台湾，实在可敬。今日国难当头，少帅当该继承先祖爱国精神，支援抗日军队。"他先是一个劲儿地点头称是，接着激动起来，说："日本人来了，我们圩子也守不住，当汉奸卖国贼是没有出路的。"他执意留我们部队在他家住了一个礼拜，管吃管喝，部队临走时他还拿出2挺轻机枪、30多支步枪、上万发子弹和一些手榴弹给我们。

我们在寿县活动期间，还同爱国进步人士郑抱真领导的原安徽抗日自卫军第一路军第二支队取得联系。在地方党组织的支持下，两支部队进行合编，仍为新四军四支队淮南抗日游击纵队，共1400多人。四支队任命郑抱真为纵队长，梁从学任副纵队长，我仍为政委。部队经过一个多月的军政训练，驰骋淮南，打击日伪。后来，淮南抗日游击纵队根据新四军江北指挥部的命令，编为新四军第四支队第十四团，另将原纵队第一大队编为四支队司令部特务营，在创建抗日根据地中屡建战功。

原载中共六安地委党史工作委员会编：《皖西革命回忆录：抗日战争时期》，安徽人民出版社，1989年，第132～139页。

军民鱼水　情同手足

——新四军四支队在舒城点滴

◎ 吕家政等 [1]

1938 年三四月间，新四军四支队东进抗日，进驻舒城。司令部设于西港冲钝斧庵，政治部设东港冲韦家大屋，参谋处设在东港冲小四湾。同时，还在东、西港冲设有后勤部、修械所、总医院、分医院、被服厂、司号连、学兵连等。1939 年 5 月，主力部队陆续东进皖中皖东，于西港冲设立了留守处，另留有交通队 100 多人。1940 年初，留守处撤走。四支队在舒期间，军民关系极为融洽，留下了很多军爱民、民拥军的美谈。

一、高敬亭和我结"兄弟"

高敬亭司令员于 1938 年 5 月中旬进驻西港冲，司令部设于钝斧庵，我（吕家政）家离这儿仅百米之隔。他来时，夫人史玉清已有孕在身，便常向我家借木盆用。他很规矩，每次都是晚借早还，从不拖搁。次数多了，我母亲很受感动，眼看夫人快要临产了，这样借借还还的多麻烦，就主动把木盆和一些用具送给了史夫人。一天，高司令员特地来我家表示感谢，可是门也没有进就又回司令部了。之后，他告诉夫人史玉清说："今天我去妈妈家看看，又怕麻烦了他们，就没有再进去了。"

———————————

[1] 根据群众吕家政、余方善、汪道元、田中义、韦久仓、刘先成的回忆综合整理而成。

从此之后，他就认我的母亲为亲娘。

当年7月，夫人史玉清生了一女，取小名保国，学名高凤英（现在省一〇五医院工作）。分娩和坐月子期间，由我母亲服侍她，我母亲总是早去晚归，将史夫人服侍得周周到到。日子久了，高司令和我的关系也越来越密切。一天，他对我说："你和僧祥龙是同龄（僧时任中共西港冲区委书记），我和你们也是同龄，我们三人就结为兄弟吧！"我当时不知说什么才好，一个大名鼎鼎的司令员，能和我这山沟里的庄稼汉做兄弟？然而望着他那诚恳、明亮而又期待的目光，一股暖流涌上了我的心头……

11月，我母亲生日，高司令员也赶来祝贺。他送来了寿礼，还特地撰写了一副寿对（内容已记不清了），上面盖有四支队司令部的印和他自己的名章。他告诉我说："这副对子你不能把它搞掉，什么军队看了，都不会侵扰你的。"可惜，高司令员被错误地杀害后，国民党县党部派兵来到西港冲一带，挖黄土三尺，放干塘水，剖开竹竿，清查高司令员的遗物，就这样寿对亦被查出烧毁了。

近年来，我只能与他的夫人史玉清同志来往了。她在合肥牙病防治所工作，给我来过数封信。还告诉我她的大女儿（高凤英）生孩子了。

现在，我的身边保留着一把小锤，那是当年新四军四支队造枪用的，我就将它作为缅怀新四军四支队司令员、与我结为兄弟的高敬亭同志的纪念。

二、军纪严明　秋毫无犯

四支队驻在东、西港冲期间，纪律严明，不拿群众一针一线，不侵扰群众，爱护群众的财产，借群众的东西，一律按时归还，如有损坏照价赔偿。某战士借了群众佘红发家的一副大门，作为开铺睡觉之用，不慎将榫头弄坏，他们就按新门价格给了赔款。各团驻扎期间，要经常地出去打鬼子，但不论什么时候走，班、排、连长总要检查战士所借群众的东西，如碗、筷、板凳、门板等是否送还或损坏，地下是否打扫干净，然后才离开，奔赴抗日战场。

对于破坏纪律的战士，都将予以严厉的惩罚，轻则关禁闭，重则处死。特别是在男女关系的问题上，处理最为严肃。如发现有与妇女有不正当的关系，即将其严惩，并贴出布告，以示罪状。一次，西港地主华直耀的小老婆张奶奶在房内洗澡，有个战士在窗子上偷看，支队发现后，就对他执行了纪律。

三、拥政爱民　帮助生产

在东、西港冲，四支队的广大干部战士发扬了过去红军的优良传统，关心群众生活，帮助群众生产，解除群众的疾苦，军民关系如水乳交融。他们不论住在谁家，挑水、担柴、扫地、磨磨样样干。四支队有3个班进驻群众田中义家后，一家人的吃水全给他们包了。每年农忙季节，干部战士们就下地下田帮群众割麦、栽秧、薅草、割稻。四支队买卖公平，态度和蔼，从不敲诈群众，坑害群众。总医院和分医院，不但医治四支队的伤病员，还接纳当地群众。给群众看病，都是免费的，从来不收药费和手术费，尽管当时药品紧缺。方圆几十里的群众，若是有病的，都赶到这里，而且都得到了及时的医治。当时有个群众害肿瘤，病情严重，送进医院后，医务人员想方设法精心治疗，终于治好了他的病。这个群众感激地跑回家去，赶来了一头大肥猪，送到四支队，表示感谢。战士们还是想方设法把猪送还了他。

由于四支队军纪严明，秋毫无犯，关心爱护群众，深得群众的信赖。他们纷纷报名，要求参加新四军，上前方打鬼子。一开始，四支队在东、西港冲就吸收了一个连的新兵，1938年秋节，军民召开了庆贺大会，当时又有150余人自愿报名参加了新四军。

（李卫生　整理）

原载中共舒城县委党史办公室编：《舒城县革命史资料（抗日战争时期）》，内部资料，舒城印刷厂，1985年，第89～92页。

"女县委"成立前后

◎ 鲍有荪

初上舒城

卢沟桥事变以后，日本帝国主义侵占天津，接着又大举进攻上海，使我中断了在上海新华艺专的学业，又失去了与党组织的联系，只得回到了家乡合肥。这时我像失去爹娘的孤儿，整天心情不安。当得知南京设有八路军办事处，我就扒上运煤的火车，赶到了淮南。得知八路军办事处已迁往武汉，我只得又折了回来。此刻，全国掀起轰轰烈烈的抗日救亡运动，我怎能坐等呢？焦急中心头一亮：舒城的山区是老根据地，外山区是老游击区，那里一定有党的组织；那里有我的同学，可以找到落脚之地。于是我决定立即到舒城找党。我赶紧写了一封信寄给舒城女同学韩同华，向她说明了自己的处境与意向。韩同华马上回了信，表示欢迎。就这样，我于1937年8月初来到了舒城。

韩同华介绍我到舒城第二高小（即桃溪二高）任教。我准备一边教书，一边想办法找党。在那里我教学生们唱《松花江上》《大刀进行曲》《义勇军进行曲》等抗日救亡歌曲，教他们画抗日宣传画，在全校大会上宣讲抗日形势，控诉日寇罪行。学生们都很机灵、可爱，歌一学就会，画也画得相当好，我感到莫大安慰。可是一想到自己的处境，就心乱如麻。我常漫步在桃溪河畔，望着滚滚东去的河水，叹道：

"党啊，你在哪里？"

10月，我接受了舒城县民教馆的邀请，到该馆工作。这时全省各地纷纷成立抗敌后援会，我和吴云邨、高治民等以民教馆的名义成立舒城县抗敌后援会。有了这样一个抗日进步组织，我们的工作就比较方便了，宣传的范围也由城关扩大到农村。同时也感到自己身上的担子很重，许多事情拿不准，所以我急切地希望能尽快找到党。

终于，我打听到在八路军总司令部工作的金飞霞同志的老家在舒城南乡山区东沙埂。如能找到他的家人，兴许就能找到坚持下来的同志。于是，我就以县民教馆抗敌后援会宣传抗日的名义去东沙埂。与我同去的，除监视我们的国民党县党部书记张南山和内战时叛变的李德保外，还有吴云邨、高治民等好几个人。东沙埂距离城关30多里，中间还要涉水过一条河。来到河边，水深莫测，我鼓起勇气，好不容易涉水过了河。张南山见状，摇摇头，就转身走了。其他人也随着回城去了。

甩开了这些人，我就像出笼的小鸟，感到浑身轻快，一路快步向东沙埂走去。两边山峦起伏，青松盖坡。踏上这块光荣的土地，倍感亲切。

我擦了擦脸上的汗水，一步一问找到了依山傍水的金飞霞同志的老家。屋里一位50开外的老人探出身来，惊疑地打量着我，问道："你找谁？"

"大伯，我是来找金飞霞的。"

"他不在家。"说着转身就走，忽儿又回过头，冲我问道："你是谁？"

当时我想，在这样一个革命家庭的长者面前，还有什么好隐瞒的呢，于是干脆地答道："我叫鲍有荪，县抗敌后援会的，是共产党，到这里来是打游击的。"

这位老人听说我是共产党，脸上这才露出一丝欣喜的表情，把我领到了家中。我向金飞霞同志的父母、爱人和妹妹，说明了我的身份以及来此目的后，他们才消除了疑虑，向我介绍了过去当地闹革命的红火情景，以及党组织遭破坏的情况，等等。他们还告诉我当地只有一个人没有"自首"，名字叫陈先朝，40多岁，是个木匠；还有一个绰号叫于胡子的，原来是我们摸瓜队的，可以依靠。

在飞霞同志全家的帮助下，我在东沙埂住了下来，并很快掌握了这一带的基本情况。一天晚上，我让金大伯把陈先朝、于胡子等十几位进步分子找来，我以自己的见闻，控诉了日本强盗在中国的罪恶，启发大家组织起来，保卫国土和家乡。

油灯如豆，光线微弱，但却照亮了围坐在案桌前每个人的心。

大家听了我的动员，一致表示团结起来，组织武装，抗日保家。并根据我的提议，推选陈先朝、于胡子负责联络工作。

东沙埂一带的群众本来就像一堆干柴，一有火星即会燃起熊熊烈火。在我们积极活动下，不到一个月，就发展了60多人，组织起东沙埂抗日突击队。

抗日突击队虽然拉起来了，可是一没党的领导，二没枪支弹药。一天，金大伯提醒我说："小鲍，你要建立武装，国民党说变就变，到那时不是你要摸他的'瓜'（脑袋）了，而是他们要摸你们的'瓜'了。"于胡子也向我建议："鲍同志，光宣传没有武装不行呀！"我心里也十分焦急。

一次，我打听到西沙埂联保约有20来条枪，联保主任韩延龄是韩同华家门弟弟，就打起了主意。我便通过韩同华，经常到西沙埂找韩延龄谈抗日形势和救国道理。结果，韩延龄表示愿意和我们联合，从此我们掌握了西沙埂联保的武器。以后我又派人参加了由盛子瑾任队长、有枪无人的别动队。在别动队转向反动时，我派去的队员便都携枪归来，我们的队伍更加壮大了。

接上关系

怎样带好我们这支队伍？上级党到底在哪里？一连好多天我头脑里一直跳动着这样的问题。我更加感到脱离了党的领导犹如盲人行在无际的沙漠中。

一天，我听说傅承铭由监狱释放出来回到舒城，我便去找她问问情况。傅大姐是舒城城关人，内战时期的老党员，青年时出走家庭，投奔革命。1933年在上海从事革命活动时被捕，投进苏州监狱。全民族抗战爆发，国共合作，释放政治犯，她才获释出狱。我们自小就认识，这次相见，分外高兴，谈了很久很久。最后，我将组织东沙埂抗日突击队的情况以及寻找党组织的想法告诉了她。此时，也正因与党组织失去联系而发愁的傅大姐，不停地在屋里来回踱步，忽然回转身问我："小鲍，你有毅力和决心吗？"

"有！"

"走，到武汉去，到八路军办事处找党去！"

我高兴地脱口而出："为了找党，我愿意随你到天涯！"

我回到东沙埂，把工作安排一下，11月底，我和傅承铭踏上向西的公路，迎着寒风，向武汉方向行进。

我和傅大姐行囊空虚。虽说我在民教馆月薪80元，除留少数作为生活费外，其余全部用于宣传活动方面。傅大姐刚出狱，囊中可想而知。我们就以难民的身份，打算靠救济步行到武汉。

快到六安县境毛坦厂时，我们穿的单衣已经被汗水湿透。傅大姐坐了几年牢，身体本来就不行，这时脚又打起了血泡，行走十分困难，但她还是咬牙坚持着。我当时才20岁，比她好。但是腿也像灌了铅似的沉重，酸溜溜地疼。我搀着她一瘸一拐向前挪着。走了一段，傅大姐说："小鲍，大姐实在走不动了！歇歇吧。"我们来到路沿上一个破草棚里，可是，一歇下来汗透了的衬衣像冰一样凉，冻得牙齿直打战。

没过多久，公路上驶过来一辆卡车，我飞也似的跑到路中央，张开双臂。汽车嘎的刹住，司机探出头来，问我是干什么的。我假说自己是逃难的，要到武汉去，身上没有钱，又冷又饿又累，实在走不动了，请他带我们一段路。傅大姐也随声附和。司机望了望我们的狼狈相，听我们说是到武汉的，便招呼我们上了车，答应可以把我们带到湖北广济。

真是天无绝人之路啊！

汽车在白雪皑皑的山中穿行颠簸。

车上，冷风飕飕，我们冻得缩成了一团，脸也僵了，手也麻了，腿痛得不知放哪儿是好。肚子也凑起了热闹，叽里咕噜叫个不停。路过一城镇，我们乘司机休息的时机，跑到难民收容所里狼吞虎咽地喝了两碗稀饭，还领到了发放的背心。

汽车继续向前行进，我用身子尽量为傅大姐挡住风，她也用虚弱的身子暖着我，若有所思地说：

"小鲍，路还远着呢，我俩这样下去是很难到达武汉的，必须想办法弄点钱。"

"是啊，到哪里弄钱呢？老天爷要是降给我们就好了。"

"别说傻话了。太湖专员杨月笙是舒城人，我们认识，到太湖后，我想找他借一点钱用。"

"什么，找反动的杨月笙借钱？"我睁大了眼睛瞅住她。

她笑了，说："不管反动不反动，只要能利用，不妨试他一试。"

这时我无话可说了。

到了太湖，我俩央求师傅停一会车。我们心思重重地找到杨月笙的家。也巧，杨月笙不在家，家里只有他的女儿和母亲。他的女儿杨春是我同学，他的母亲同我母亲也认识，听说我们逃难而来，杨春急忙拿出 20 元钱交给了我们。

从杨家出来后，我们继续跟着车子到了广济。汽车要开往别处，我们告别了司机，又开始步行。这时虽然感到身体十分疲乏，但到武汉只有 200 多公里，心情就轻松多了。我们跋山涉水，日夜兼程，终于到达武汉。

然而，偌大的武汉，八路军办事处在哪里？我俩就像两只迷途的小鸟不分东西南北，乱撞一通。

留下身体虚弱的傅大姐，我一个人去寻找办事处。我走在大街上，左顾右盼，还是没有找到。正当我沮丧地往回走的时候，忽然，一个军人迎面走来。一见到他佩戴八路军臂章，我像遇到了救星一样，不管三七二十一，上前一把抓住对方臂膀，急促地问道："同志，八路军办事处在哪里？"这位军人被我的行动弄得莫名其妙，他睁着大眼睛，仔细地看着我，警惕地问："你是干什么的？""我是找八路军办事处的。"这人大概有 20 多岁，看我穿着个难民背心，风尘仆仆的样子，不像坏人，便口气缓和地说："跟我来。"他一直把我领到一个边上站着两个警卫、没有挂牌的大门口，说："喏，这就是。"

他走了，我的心"咚咚"跳得像鼓槌敲似的，是激动？是辛酸？我无法用语言来表达此时此刻的心情。

当我把这一喜讯告诉傅大姐时，她霍地从地上爬起来，一把将我紧紧抱住，连连捶我的臂膀，泪水从眼眶里涌了出来，结结巴巴地说："好，小——鲍，好——好——好啦！"

在武汉八路军办事处，中共中央长江局负责人董必武同志接待了我们，他和蔼地招呼我们坐下，亲自给我和傅大姐倒水，然后操着浓重的湖北口音问我们：

"你们从哪儿来，你是东北伢吧？辛苦了。"

"不是，是从大别山的舒城来的。"傅大姐答道。

"啊，难怪！你们是淮上健儿呵！"董老笑道。

我和傅大姐向董老详细汇报了身份、经历和工作，接着我交上了出发前以东沙埂突击队的名义写好的报告，要求成立舒城党组织，领导当地人民组织抗日武装。

董老详细地看着我呈上的报告，一边看一边点头，然后以商量的口吻说：

"你们留在武汉好不好？"

"不好。"我答道。

"怎么不好，保卫大武汉不好吗？"董老笑着说。

"我们要到舒城搞武装，打游击。如果没有武装，日本人一来还不跑了？"我说。

"哈——哈——"董老非常高兴，他笑着又说：

"好，我同意你们的要求。你们回去后，首先建立特支，发展党组织，再建立县委。同时，要组织工农武装，搞好统战工作，有事和桂蓬同志多联系。"

董老还给我们发了回去的路费，并要我们在武汉多待几天。

当时，华北某地游击队的领导者刘青阳在武汉很多地方作关于开展抗日游击战争的报告，很动人，吸引了许多听众，我曾多次听她的演讲，被她的报告深深地打动了。我还专门跑到女青年会去打听她的住址，登门拜访了她，向她请教领导进行游击战争的经验。她热情地接待了我，介绍说："在华北开展游击战争，一靠群众，二靠挖地道。"当问明我是要在大别山打游击时，她爽朗地说："那条件就更好了！"这时，我更坚定了回舒城抗日的信心。

烈火熊熊

1938 年 1 月下旬，时值隆冬，朔风凛冽，雪花飞舞，山岭、沟壑、村庄、田塍，全部覆盖着晶莹白雪，大地成了一个粉妆玉砌的世界。我和傅大姐匆匆从武汉返回，虽然天寒地冻，但是我们的心里都像揣了一团火。

回到舒城，我们就到东沙埂，立即召集积极分子参加会议，传达董必武同志对舒城工作的指示。接收六十几名积极分子为中共党员，宣布成立东沙埂党支部，任命陈先朝为书记，于胡子为副书记。这是抗战时期舒城的第一个党支部。接着，成立了中共舒城特别支部，领导全县工作，我任书记，傅大姐和来到舒城的上海文化界内地服务团团员、共产党员李默予二人为委员。特支成立后，遵照董老关于发展党组织、组织武装、开展统战、从事抗日救亡活动的指示，先后建立了秦家桥、五旭里、小河口、晓天、山七里河等6个支部，并在工作团中发展党员，建立支部，发动全县人民开展抗日救亡工作。在此基础上，又建立了东沙埂、秦家桥、晓天和中梅河4个区委。此后，随着新四军第四支队东进抗日进驻舒城，党的组织又有了发展。8月，中共舒城县委成立，我任书记，随四支队来到舒城的徐平（女）和林轩（女）分别担任组织部长和宣传部长（5月，傅大姐已去了陕北）。因为县委几个主要负责人都是女同志，所以群众爱把县委称作"女县委"。

由于舒城党组织的恢复和新四军第四支队挺进皖中，舒城大地上燃起了抗日救亡的熊熊烈火。

1938年5月，日军飞机轰炸舒城县城，局势十分紧张。正在人心惶惶之际，在舒城县指导工作的原皖中工委书记李世农告诉我："日寇就要来了，你们的中心工作是尽快组织游击队，准备抗击鬼子！"6月初，日寇向皖西进攻，国民党川军杨森第二十军一部，退守舒城南港、七里河一带，另有工兵营在鹿起山构筑工事。

当时我们看着川军配备的捷克式、中正式步枪，花筒手提机枪，二把盒子、三把盒子等武器，心里都直痒痒。

不久，日寇进攻舒城，川军工兵营在南港鹿起山孤军阻击，最后战败后撤，顾不了带走武器辎重。我们组织群众帮助运送枪支弹药，便将其丢弃的20多挑枪支弹药全部挑回。同时，率领东沙埂游击队员上鹿起山，捡取了工兵营丢下的70多支枪和一些子弹。当晚，我们宣布正式成立"东沙埂抗日游击大队"，大家推选我为大队长。我们贴出布告，号召"有人出人，有钱出钱，有力出力，有枪出枪"，表示"有枪有人欢迎，无枪来人也欢迎"。并召开东沙埂一带地主士绅大会，向他们宣传抗日救国的道理。通过宣传动员，一些深明大义的士绅不仅杀猪宰羊慰问我们，而且买来几十匹灰布做成衣服送给我们。各地群众更是积极捐献，报名参加游击队。经审查，吸收队员200多名，东沙埂抗日游击大队很快发展到300多人。

东沙埂抗日游击大队的成员大部分为土地革命战争时期皖西北独立游击师的老战士，所以战斗力比较强。我们采取奇袭、摸岗哨等机动灵活的游击战术，多次袭扰打击驻守南港和在安合路上运输的鬼子。

6月13日，我们游击大队在南港活捉了日军的一个通信连长，名叫洪龙保章。鬼子丢了通信连长，包围了东沙埂，激战两昼夜，但没能消灭我们，气得"嗷嗷"地怪叫，在撤退时竟把东沙埂大街房屋烧得精光。

一天，我们侦察员报告，有5个鬼子在南港沙河里洗澡，1个鬼子站岗，枪都挂在岸上的房子里。我们迅速赶到沙河，几个战士轻轻地绕过去，悄悄地摸到鬼子哨兵的背后，一下把他紧紧抱住，反绑起来，其余战士动作敏捷地收缴了屋子里的枪。正在沙河里洗澡的4个鬼子一见情况不妙，连忙朝水里钻。我们的队员像猛虎一样扑了过去，先把他们按在水里，让他们喝饱了水后，像提落汤鸡一样地提上岸来。这一仗漂亮极了，不费一枪一弹就活捉了5个鬼子。

在抗击日寇的战斗中，我们先后捉到10个鬼子，其中8个送到了新四军第四支队司令部。这些日本军人被转送到延安，经过教育后，全都参加了抗日反帝大同盟。

东沙埂抗日游击大队除主动抗击日寇之外，还多次配合新四军第四支队第七团、八团在舒桐山区和安合公路上打击日寇。我们埋地雷、毁桥梁、砍电杆、割电线，破坏鬼子交通和通信，阻滞日寇向南进攻。我们还广泛开展缉私，打击贩卖鸦片和日货等活动，所查收的日货等物资全部送交四支队后勤部，帮助四支队解决军需供给问题。

1938年9月，舒城这支抗日游击大队参加了新四军，编入第四支队第二游击纵队，奔赴皖东抗日前线打击日寇。留下的一个班，不久又扩大为一个排，再一次成立"东沙埂抗日游击大队"，由金德鹏任大队长，继续坚持舒城的抗日斗争。

（李卫生　整理）

原载中共六安地委党史工作委员会编：《皖西革命回忆录：抗日战争时期》，安徽人民出版社，1989年，第148～158页。

峥嵘岁月稠

◎ 鲍有荪

"风萧萧兮易水寒，壮士一去兮不复还……"

1937 年 8 月初，我唱着这慷慨悲壮、义无反顾的诗句，从合肥来到了舒城。当时，正是日寇大举进攻、中华民族遭受涂炭、全国抗日运动蓬勃掀起的时刻。抗战初期的舒城，也同全国一样，抗日运动如同燎原烈火、钱塘江大潮。其间，在舒城的风雨历程，激荡我的肺腑，震撼我的心胸，至今犹历历在目，浮现眼前。那是不平常的岁月……

一、初到舒城

卢沟桥事变的枪声，中断了我在上海新华艺专的学业，使我与党组织失去了联系，被迫羁留家乡合肥。然而，日寇的枪声更催促我要尽快地找到党。当南京成立八路军办事处的消息一传来，我就匆匆地扒上了去淮南的煤车，准备去南京。可是消息又说南京被炸，铁路不通，八路军办事处已迁往武汉，我不得已又折了回来。此时，全国抗日呼声一浪高过一浪，我该怎么办呢？这时，我想到舒城是大别山老游击区，那里一定有党的组织，同学也多，可以找到落脚的地方，便决意到舒城去找党，在那里进行抗日斗争。决心下定后，我写了一封信给舒城女同学韩同华，向她说明了我的去意。韩同华马上回了信，表示欢迎。于是，我打起 7 斤重的背包，冒着炎炎烈日，唱着壮烈的诗句，来到了舒城。

抗战爆发后的舒城，由于内战时党组织遭到严重破坏，且国民党主张片面抗战路线，抗日的浪潮还没有波及这个大别山东麓的县城。这里是一切如常，一片沉寂。

韩同华介绍我到桃溪二高教书，借这个职业掩护，待立足后再想办法。

8月的桃溪，炎天热地，暑气逼人，到处是一片寂寞，唯有桃溪河水浊浪，滚滚奔流东去。我伫立河边，思绪紊乱，想了很多……舒城的党组织还存在吗？怎样才能找到组织？一个多月来，日寇长驱直入，国土沦丧，山河破碎，多少同胞呻吟于日寇铁蹄之下，惨死于倭寇魔掌之中。豺狼入室，疯狂至极！舒城岂是世外桃源，可安然自适久长？不，我不能就此等待，保持沉默，形势迫使我要迅速行动起来。在没有找到党组织之前，我决定，首先将学生组织起来进行抗日救亡宣传，发动群众。

在桃溪二高，我任五年级的级任，教语文和全校的美术、音乐。在教学中，我把有关抗日救亡的内容材料编成教材，在课堂讲授，教学生们唱《松花江上》《大刀进行曲》《义勇军进行曲》等抗日救亡歌曲，教他们画抗日漫画、宣传画，并举办全校四、五年级的抗日画展，在全校大会上宣讲抗日形势，控诉日寇罪行，号召大家组织起来，参加抗日斗争。学生们很积极，个个都很机灵、聪明、可爱，歌一学就会，画也画得相当好，很有独创性和想象力。他们宣传抗日的劲头可大了，处处可听见他们的抗日歌声，看到他们的抗日漫画。

二高校长吴云邨，是个老党员，内战时因党组织遭破坏，在恶劣的环境下，家庭逼迫他办理了"自首"手续，但是没有出卖组织同志，表现很进步。他当时是上海《天下日报》的主编。我的一切活动他不予干涉，反而给予方便和支持。因而，全校性的抗日宣传活动得以开展，并沸腾开来，逐渐掀起了桃溪的抗日热潮。

10月，我同时接到了县民教馆、舒城县中的邀请，分别要我去搞宣传和教书。一个给月薪80元，一个给100元。这个我根本不考虑，反正我每月除领16元吃饭，其余皆交回，义务劳动！我答应了县民教馆的邀请，因为民教馆工作比县中易活动、意义大，可以展开抗日工作。

到了民教馆，我到馆长韦伯英那里报到，向他提出了如何进行抗日宣传的一些要求，提出要买一些画笔、颜料、纸张等宣传用品的建议。韦伯英均一一同意。以后，我同样用画画、教唱歌、出墙报等方法在城关进行宣传。

不久，吴云郸也到民教馆来了。这时全省各县纷纷成立抗敌后援会，我和吴云郸、高治民等以民教馆出面在一起成立舒城县抗敌后援会。负责人主要是吴云郸和我、高治民等。这是一个抗日进步组织，它使我们的工作更加得心应手，我们宣传的范围也由城关到农村逐渐扩大。这时，就更迫切要求和党组织取得联系。

我暗地打听到舒城南乡山区东沙埂过去不仅是老根据地，而且还是在八路军总司令部工作的金飞霞同志的家乡。我揣想那儿一定有群众基础，有坚持下来的同志，到那里又可以深入农村，接近群众，便于发动和组织。主意打定，就以县民教馆抗敌后援会的名义去了东沙埂。

金秋十月，天高气爽，日朗风清。出了县城空气倍觉清新，泥土气息甚浓。与我同去东沙埂的还有吴云郸、高治民、朱雀桥以及名义是陪同实则是监视我们的国民党县党部书记张南山和内战时的叛徒李德保等。天近中午，我们到了南港小学，吃罢午饭，一打听，东沙埂还有 5 里路，很不好走，中间儿还得涉水过河。张南山便不想去了，我心想你们不去倒更好，真是巴望不得！他们见我执意的样子，无奈跟在我身后，向前挨着。

来到大河边，只见河水静静地流淌，河宽约 20 米。张南山伸了伸舌头，说："河水这么大，不晓得是深是浅，危险，危险！回去吧。"我白了他一眼，说："我先过，你们之后过，淹不死，你们就来。"

"天有点凉了，看你穿的单衣草鞋，这样下去，非闹病不可。"李德保貌似热情地帮腔道。

他们还没啰唆完，我已经下到河里了。蹚到对岸，回身对他们喊："来呀，淹不死！"

张南山等摇摇头，挖苦道："苦水子。"转身走了。吴云郸等也没过河，随他们一起回城了。

没有了监视，我像没有了束缚的小鸟，可以自由飞翔了。一路上我径直朝东沙埂飞去。

东沙埂位于南港西南部约 5 里处，山峦起伏，岗岭纵横，翠竹耸天，青松盖坡。

踏上这块光荣的土地，望着那山上在田间劳作的群众，一种异样的感情涌上心头。

我捋了捋披在额头的头发，擦了擦脸上的汗水，在山旁的一个小村打听到了金飞霞同志的家。

沿着崎岖的羊肠路，穿过一片竹林，我来到了依山傍水的金飞霞同志的家门前。屋里一个50开外的老人正在忙乎什么，见我来到门前，探出身来，惊疑地仔细打量着我，问道："你找谁？"

"大伯，我是来找金飞霞的。"我说。

"他不在家。"他说。转身想走，忽儿回来，冲我问道："你是谁？"

当时我想在这样一个革命家庭的长者面前还有什么好隐瞒的呢？我干脆地答道："我叫鲍有荪，县抗敌后援会的，是共产党，到这儿是来打游击的，请您老不要对外人说。"

这是个矍铄、干练、机警的老人。听说我是共产党，惊疑的脸上露出一丝欣喜的表情。他放下手中的活计，把我领到家中，像待亲人一样接待我。这工夫打里屋走出一位老妇人、一个中年妇女和一个姑娘，原来是飞霞同志的母亲、媳妇和妹妹。我向他们说明了我的身份、经历、来此目的后，他们才都消除了疑虑，待我非常热情，向我介绍了当地过去闹革命的红火情景，党组织遭破坏的情况，等等。他们还告诉我当地只有一个人没"自首"，名字叫陈先朝，40多岁，是个木匠；还有一个于胡子（名字很少叫，忘了），虽然被迫集体"自首"，但心没变，没干坏事，原来是我们摸瓜队的，可以依靠。另外，缸窑一带的一些木匠、篾匠、烧窑工人是主要的建党对象。

在飞霞同志全家的帮助下，我很快弄清和掌握了东沙埂一带的基本情况。一天晚上，我让金大伯把陈先朝、于胡子等进步分子找来。油灯如豆，光线微弱，但却照亮了围坐在案桌前每个人的心。我说："同志们，日本鬼子已经打到了我们国家，侵占了我们大片国土，在我们中国进行疯狂的掠夺。屠杀人民，奸污妇女，尸横如山，血流成河，多少亲人家破人亡，妻离子散，多少同胞背井离乡，无家可归。这血海深仇、国耻家辱岂能不报？我们一定要赶走日本强盗。但是，要赶走鬼子，就得在共产党领导下，拿起刀枪，依靠我们大家共同奋战。现在我们虽然与党失去了联系，但必须自己发展组织起来，把一些隐蔽下来的党员和基本群众联系到一起，拧在一块。如果我们不立即组织起来，日本鬼子一来，倾巢之下哪有完卵？我们不都做了亡国奴了吗？那中国还有何指望？"

大伙纷纷议论，个个义愤填膺，摩拳擦掌，跃跃欲试，嚷道："鲍同志，你就组织当头吧，我们绝不会当孬种！"

金大伯霍地站起，将桌子一拍。"好，从今后我们就听鲍同志的。"他指了指，接着又继续说，"鲍同志，你就放心大胆地领导大伙儿干吧，我们跟着你。这儿的人是不会怕死的！"

多好的群众，多么英勇的人民！我紧紧地攥起了拳头，凝视着这一张张愤激的面孔和充满期望的目光，说：

"我决心和你们一起干，不怕死。我有信心。谢谢同志们的信任。我们都是中国的主人，我们都是失去党的孤儿，团结起来。我初到这里人地生疏，各方面工作都得依靠同志们。"

根据我的提议，大家一致同意陈先朝同志负责东沙埂一带发展联络工作和于胡子同志协助陈先朝同志工作的建议。会议规定，主要发展对象以隐蔽的党员、进步群众、手工业者、缸窑一带的烧窑工人和贫雇农民为主，"自首"分子待查，暂不吸收，叛徒坚决不要。

东沙埂一带的群众本来就像一堆干柴，一有火星即会燃起熊熊烈火。在我们积极活动下，不到一个月，就发展了60多名党员。因为当时还未同上级党接上关系，这些人组织起来后，就称"东沙埂抗日突击队"，没有正式命名。

二、西征武汉

东沙埂抗日突击队组织起来了。怎样带好这支队伍？上级党到底在哪儿？连日来在我头脑里一直萦绕着这样的问题。我更加感到脱离了党的领导宛如盲人行在无际沙漠和茫茫黑夜。金大伯好像看透了我的心思，对我说："小鲍同志，突击队成立了，要是能找到党就好了。""是呵……可是，党在——哪儿呢？……"

一天，我去找傅大姐。傅大姐叫傅承铭，舒城城关人，老家在春秋山，是内战时期的老党员，青年时出走家庭，投奔革命。1929年在安庆被捕，经我父亲营救获得释放，后到上海做工，进行地下活动。1933年在上海欢迎巴比塞的大会上散发传单再次被捕，被投进苏州监狱。全民族抗战爆发，国共合作后，释放政治犯获得出狱。1937年9月回到家乡舒城。我们自小就认识。此时，她也正因与党组织失去联系而发愁。我们相见分外高兴，谈得很多也很久。最后，我将组织东沙埂抗日突击队的情况告诉了她，我深沉地说："看来，舒城党组织确实遭到了严重的破坏，这一段时间我一直在探听，都没有消息。如果同上级党接不上关系，舒城工作进一步开展有困难。……形势燃眉，斗争在即，现实告诉我们，必须立刻找到党，不容再缓了！"我的胸口像憋着什么急剧地起伏着。

傅大姐没吭声，在屋里来回地踱着，陷入了沉思。我也默默无语地坐在那儿，一动不动。

她猛然回转身，对我说道："小鲍，你有毅力和决心吗？"

"有！"我不假思索地回答说。同时，我被她这一问弄得有点莫名其妙。

"走，到武汉去，到八路军办事处找党去！"她沉稳从容地说。

我高兴地说："早就该去了！你我皆无家，我为了找党，愿意随你到天涯。"

路漫漫，天寒冻。11月底，徒步空囊、单衣草鞋的我们，踏上了远征武汉的旅途。

天空蒙，云低垂。寒风呼啸，刮得树枝哗啦啦地抖动；坚冰如镜，封盖了广袤的田野山庄。倒悬的冰凌亮晶晶，好像一把把寒光闪闪的利剑，直刺呜咽、沉睡、酣眠的大地。我们沿着向西的公路，迎着扑面的寒风向霍山方向行进。

与我们同道的还有高艺林和陈炯，她们同道的目的，只是要傅大姐介绍到延安去，陈炯的男朋友也在武汉，和我们仅仅是同道结伴。

我和傅大姐身上分文没有。虽说我在民教馆每月月薪80，但我除了用16元跟在桃溪一样维持生活，其余全部交公了。那时哪里知道储钱？！傅大姐刚出狱，囊中可想而知。我们以难民的身份，一路乞讨步行到武汉。

快到毛坦厂时，我们穿的单衣已经被汗水湿透，冷冰冰的。傅大姐脚也打起了血泡泡，加上坐了几年牢，身体本来就不行，她走不动了，但还是咬牙坚持着。我比她好，当时才20岁，年轻还不在乎，搀着她一瘸一拐向前挪着，活像溃兵。说实在的，我的腿也像灌了铅似的沉重，酸溜溜地疼。到了毛坦厂，傅大姐说："小鲍，大姐实在走不动了！歇歇吧。"我们来到路沿上一个破草棚里，可是，一歇下来觉得更冷了，汗湿的衬衣顿时结了冰，全身像凉水浇一般、穿着冰衣水裤一样，冻得牙齿直打战。

没多会儿，公路上驶过来一辆卡车。我飞也似的跑到路中央，张开双臂强行搭车。汽车嘎的一声刹住了，司机探出头来，没要态度，问我们是干什么的。"我们是逃难的，要到武汉去，身上没有钱，又冷又饿又累，实在走不动了，请带我们一截吧。"我央求说。傅大姐、高艺林一见，连忙随声附和。司机很好，把我们几个从上到下扫视了一遍，看我们是一副磨难相，就招呼我们上了车。

天无绝人之路，真是过河遇上摆渡人——巧！我们可高兴了。

汽车一直把我们带到了湖北广济。司机态度挺和气，有时吃饭也招呼我和傅大姐一块吃，听说我叫鲍有荪，还开玩笑似的半真半假地说："是'鲍罗廷'吧！""武汉共产党搞得很凶呢。"他神秘地继续说。听他的口音一定是湖北人，我猜出八九此人不是共产党也是受过共产党影响的人，因为他对共产党很熟悉，也好像知道我们底细似的，只是彼此心照不宣罢了。

汽车在白雪皑皑的山中穿行颠簸。

车上，冷风扑面，割耳刺心，眼睛难以睁开。我们瑟缩着、战栗着，像筛糠似的缩成了一团，脸也僵了，手也麻了，一双脚似乎不是我们的，痛得不知放哪儿是好。肚子也凑起了热闹，叽里咕噜饿得直叫，闹个不停。路过霍山，我才和傅大姐到难民收容所里狼吞虎咽地喝了两碗稀饭填饱了肚子，还领到了发放的背心，是新棉花的。有了它毕竟暖和多了，那股高兴劲没法说。我穿上之后，浑身是劲。

汽车继续向太湖方向行进。

在车上，我用身子尽量给傅大姐挡住风，她还很虚弱。傅大姐是很有斗争经验和办法的，她一边搂了搂我，一边若有所思地说：

"小鲍，看来这车要往别处开了，不会再和我们一起同道。路还远着呢，我俩这样下去是很难到达武汉的，必须想办法弄点钱。"

"是啊，到哪里弄钱呢？老天爷要是降给我们一点就好了。"我说。

"别说傻话了。太湖专员杨月笙是舒城人，我们认识，到太湖后，我想找他借一点钱用。"

"什么，找那家伙借钱？"一听她要找反动的杨月笙借钱，我睁大了眼睛瞅着她。

"嘿嘿嘿……"她笑了，说："不管反动不反动，若是能利用，对我们有帮助，何苦拒而远之，自己树敌呢？何况我们处境糟糕，不妨试它一试。"

"那……"我无话可说了。

汽车在太湖停下，司机办他的事情去了。我跟着傅大姐忧心忡忡地来到了杨月笙的家。也巧，杨月笙不在家，家里只有他的女儿和母亲。他的女儿杨春是我同学，他的母亲也认识我母亲，听说我们逃难而来，杨春拿出 20 元钱接济了我们。

从杨家出来后，我们心里踏实多了。继续跟着车子经过宿松、黄梅、九江，到广济，汽车才往别处开去。无奈，谢过司机，我们又开始了步行。虽然经过艰辛备尝的 10 多天的忍饥耐寒、跋山涉水、日夜兼程，尝够了人间酸苦，但心里是甜的，终于来到了我们心中的城市——武汉。

然而，偌大的武汉，八路军办事处在哪里？茫然无知。这当儿，我和傅大姐像两只迷途的小鸟坠入烟雾缥缈的空中一样，不知西东，盲目乱撞。

"得先弄点吃的再说！"傅大姐说。

钱快花完了，我们也只能拣最便宜的——烧饼吃了。来到一个卖烧饼的饭馆，买了 5 个，我吃了 3 个，傅大姐吃了两个，可是这哪能填饱饥肠辘辘早已空了的肚子！我对老板说："师傅啊，能不能给点菜汤喝？我们实在饿得慌！"那人爽快地朝放在边上的桶里舀了几瓢什么往锅里糊弄地热了热，盛起来递给我们。实在饿极的我稀里糊涂地一股脑儿喝了一大碗，觉得拉嗓子，也没顾得上看。傅大姐没喝两口，"哇"的一声，连刚吃下去的两个烧饼也吐了出来。我们早就饿软了，眼冒金星，哪里注意那人到底给我们喝的是什么？！一看，原来汤里面烟头儿、苍蝇儿、鱼刺儿、骨头儿乌七八糟的什么脏东西都有，再朝桶里一看，看不清到底是什么，灰蒙蒙、黄茸茸地，长了一层厚厚的霉，赤橙黄绿青蓝紫各样颜色俱全，什么残羹剩饭都有。

"他给我们吃的是什么呀！"傅大姐捶着胸、弓着背，两眼紧盯着瘦得像猴儿的老板，愤怒地说。

我那时年轻，身体比较好，打了几个酸嗝，硬压着，终于没使肚里的东西漾出来。

还好，老板没收我们的钱！

经过这一番折腾，傅大姐就更不行了，坐在街上直喘气。我急得团团转，也不知从哪里弄了点盐开水给大姐喝了，她才提了点精神，苍白的脸有些气色了，然后凄然一笑，对我诙谐地说："小鲍啊，你以后可得写小说把这些都记下来呀。"她要我去找八路军办事处。

战乱时的武汉气氛紧张。走在大街上的我东张西望，左顾右盼，被来往穿梭的人搅得眼花缭乱，流浪了半天仍是空手而归。正当我沮丧地往回走的时候，忽然，一个军人迎面走来。一见他臂章上有个"八"字，就像遇到了救星一样不管三七二十一，上前一把抓住他的臂膀，急促地问道："同志，八路军办事处在哪里？"可能是被我一个大姑娘在街上猛然地抓住，或者是问八路军办事处的缘故吧，所以，他睁着挺大挺大的眼睛，从我的身上绕了绕，问："你是干什么的？""我是找八路军办事处的，党的关系断了，来接关系的。"这人大概有 20 多岁，也可能是看我穿着难民背心、风尘仆仆、含辛茹苦的样子，也可能相信了我的话，说："跟我来。"他把我领到一个边上站着两个警卫、没有挂牌的大门口，说："喏，这就是。"

他走了。我的心"咚咚咚"像鼓槌敲似的，跳得厉害，好像要跳到了嗓门眼儿，憋得我喘不过气来。是激动？是辛酸？是悲感？是胜利的欢喜？我无法用语言来表达此时此刻的心情。

当我把这一喜讯告诉傅大姐的时候，她"唰"地从地上站起来，一把将我紧紧抱住，连连捶着我的臂膀，泪水从眼眶里涌了出来，滴落到我的肩上，结结巴巴地说："好，小鲍……小……鲍，好……好……好啦！"

在武汉八路军办事处，党中央长江局负责人董必武同志接待了我们。他和蔼地招呼我们坐下，给我和傅大姐各倒一杯水，然后俯身在我们对面坐下，微笑着操着浓重的湖北口音问我们：

"你们从哪儿来？你是东北伢吧？辛苦了！"

"不是，是从大别山的舒城来的。"

"啊，难怪，你们是淮上健儿呵！"董老笑道。

我交上以东沙埂党组织名义写好的报告。报告要求：第一，成立舒城党的组织；第二，在舒城组织武装，进行抗日游击战争；第三，要求民主选举县、区长，建立舒城抗日根据地。另外，要求新四军赶快到大别山来等。

董老详细地看着，一边看一边赞许、点头。

董老大概50多岁，面容慈祥，身体很好。他看罢之后，平和地说：

"你们留在武汉好不好？"

"不好！"我答道。

"怎么不好，保卫大武汉不好吗？"董老笑着说。

"我要到舒城搞武装，打游击，如果没有武装，日本人一来还不跑了？"我说。

"哈……哈……"董老非常高兴。他笑着又说：

"好，我同意你们的要求。新四军四支队很快就要到舒城。你们回去后，首先建立特支，后再建立县委、工委。同时，要组织工农武装，搞好统战工作，有事和桂蓬同志多联系。"

董老还给我们发了回去的路费，并要我们跟他们的车子回去。

在武汉，我找到陈诚部队里做党的地下工作的张端，要他给我查一查我的表兄范家巽回来了没有。范家巽是我小时在家订婚的，共产党员，1934年5月去苏联留学，在经过满洲里的时候曾给我寄过一封信和东西，以后就杳无音信了。张端告诉我，他已被敌人活埋了。听到这一噩耗，我的心情很沉痛。张端看到我悲痛的样子，要我留在武汉做工作，但被我婉言谢绝了，我说我要回舒城打游击！

当时，华北游击战争的领导者刘青阳在武汉很多地方作关于开展抗日游击战争的报告，很动人，吸引了许多听众。我曾多次听她的演讲，被她的报告深深地打动了，还专门跑到女青年会去打听她的住址，登门拜访了她，向她请教领导进行游击战争的经验。她热情地接待了我，介绍说："在华北开展游击战争，一靠群众，二靠挖地道。"当她问明我是要在大别山开展游击战争时，爽朗地充满希望地说："那条件就更好了！"当时我想，她是小脚女人都能将华北平原的抗日游击战争发动起来，我们还不行吗？这更坚定了我要回舒城抗日的信心和决心！

三、烈火熊熊

1938年1月底，时入隆冬，朔风凛冽，铜钱大的雪片一个劲地朝地下砸着。山岭、沟壑、村庄、田塍……全都掩映在晶晶白雪之中。大自然成了一个粉妆玉砌的世界！我和傅大姐在这一派冰天雪地中从武汉返回，虽然天寒地冻，但是我们的心里却像揣了一团火在熊熊燃烧，简直要将这冰雪世界融化。

我们感到肩上所负的重担！

回到舒城，我们就到东沙埂，立即召开积极分子会议，传达董必武同志对舒城工作的指示，宣布以前发展的六十几名党员为正式党员，宣布成立东沙埂党支部，任命陈先朝为书记，于胡子为副书记。这是抗战时期舒城的第一个党支部，在新四军四支队没有进驻舒城之前，它是全县的抗日中心。紧接着，成立中共舒城特别支部，领导全县工作。我任书记，傅大姐和来到舒城的上海文化界内地服务团团员、共产党员李默予二人为委员。舒城特支成立后，遵照董老关于发展党组织、组织武装和开展统战以及抗日救亡活动的指示，以崭新的姿态、昂扬的斗志和牺牲的精神，领导全县人民投身到了轰轰烈烈的抗日运动之中。

在特支成立的同时，我们深入到安合公路以西的广大山乡进行抗日宣传，发展党员，扩大党的组织，先后建立了6个支部，秦家桥支部，书记袁国柱；五旭里支部，书记任福明（女）；小河口支部，书记姓王；以及晓天支部、山七里河支部等。并在青年工作团中发展党员，建立支部，县民生纺织厂里的女工也大都被吸收入了党，如杨彬等。

舒城党组织恢复之后，老区群众要求入党非常迫切，其形如燎原烈火，冲天而起，面广范围大；其势如暴风骤雨，巨澜顿起，涛涌浪急。安合路边，杭埠河畔，龙舒塔下，晓天山乡，都有党员和党的组织。至9月，全县就已发展党员500多人，建立了4个区委：东沙埂区委，书记陈先朝；秦家桥区委，书记袁国柱；晓天区委，书记石雪书；中梅河区委，书记陈觉环。

由于舒城党发展迅速猛烈，1938年3月，皖中工委委员桂蓬来到舒城。鉴于舒城党组织发展状况，根据上级指示，将舒城特支改为中共舒城工作委员会。书记由桂蓬兼任（桂住无为），我任副书记，傅大姐和李默予为委员。4月初，又成立舒桐中心县委。陈定一任书记，我任副书记，杨秀生任宣传部长。下辖舒城、桐城二县。陈等仍住桐城。同月，中共皖中工委改为中共舒城中心县委。书记桂蓬（一直住无为），委员有陈定一、我、方琦德、李默予。下辖舒城、无为、巢县、庐江、桐城 5 县。8 月，中共舒城县委成立。我任书记，随四支队来到舒城的徐平（女）和林轩（女）分别担任组织部长和宣传部长。5 月，傅大姐已去了陕北。从此，舒城党组织发展雏形已定，以后就是巩固时期了。

舒城党组织的恢复，立即成为全县抗日救亡运动的领导核心。各地的党组织做了大量的抗日宣传和组织工作，使舒城燃起了抗日救亡的通天烈火。

1. 威震敌胆的东沙埂抗日游击大队

建立武装，壮大人民力量，是我党在抗战时期统一战线中坚持独立自主原则的一个重要方面。我是怀着"舒城是大别山的老游击区，到舒城可以打游击"的信念来到舒城的。

1937 年 10 月，我从县民教馆到东沙埂的时候，着重是找党、发展武装，组织了"东沙埂抗日突击队"，可是还算不上什么游击队，因为一没党的领导，二没枪支。飞霞同志的父亲也提醒我："小鲍，你要建立武装，国民党说变就变，到那时不是你摸他们的'瓜'（脑袋）了，而是他们要摸你们的'瓜'了。"于胡子也向我建议："鲍同志，这样光宣传不行，没有武装不行呀！"我也深刻地认识到，日本鬼子枪炮的火药味愈来愈近了，再这样下去怎能和武装到牙齿的日本鬼子战斗呢？"可是从哪里搞枪呢？"我说。他们献策说："我们这里的群众大部分有闹革命时候的鸟枪、红缨枪、土枪、土炮，就是缺少真家伙——钢枪！要是新四军能来，发给我们一些就好了！""新四军谁知道来不来？"我说，"还得自己想法子！"

一次，我随韩同华到她的本家弟弟韩延龄家去，知道了韩延龄当时任西沙埂联保主任，联保有一些武装，约 20 来条枪，就打起了主意。以后便经常到西沙埂去找韩延龄谈抗日、谈形势、谈道理，引导他。他也渐渐地觉醒了，明确了抗日前途。就这样，西沙埂联保的武装被我们掌握了。

1937 年 10 月底，国民党的别动队从"八一三"上海战场退下来到舒城，队长是盛子瑾（当时在六安），做政治工作的是何行健。他们是戴笠"忠义救国军"的别动队，我们当时不知道。他们到舒城后，吴云邨和上海文化界内地服务团团长柳乃夫接待了他们。这个别动队有枪无人，是到舒城来招兵的。他们申言："谁搞到一个中队就任中队长，谁搞到一个大队就任大队长。"柳乃夫与何行健认识，知道这个部队的底细，因而找到我，说："小鲍，你能不能搞武装？""能！"我肯定地答道。他又说："舒城来了一支武装，有枪无人，你能招人吗？若能招是可以当队长的。"

我当时正为搞不到枪而一筹莫展，他这么说，倒正对我心眼儿，于是我爽快地答允了这件事。

柳乃夫把我带到别动队的队部。一进里屋，嘿，满墙上挂的都是一色崭新的手枪，真耀眼啊。屋里却空空无人，只有何行健坐在长桌前，靠着太师椅，相貌凶狠，颧骨老高，显得奸诈而狡黠。见到我来，异常热情地接待了我，寒暄之后，就入正题说道：

"你若能拉队伍，别动队就永不离开舒城，除了队长由你们任，政治工作也由你们做！喏，请柳团长乃夫先生做政治部主任，你看怎样？"口气极力保持磋商，一副笑容可掬的样子。

不管怎样，我是想搞到枪，别的以后再说，我当场接受下来。

回到东沙埂，我跟傅大姐说了这件事，商量了对策和搞枪的计划，决定派遣了一些突击队员参加这支队伍，他们都是神枪手。

队伍住在干岔河。看到组织起来的队伍，何行健的狐狸尾巴露出来了。一天，他以请我到干岔河队部吃饭为名义，要我留在队部里，当政治部副主任，还要我继续招兵，扩大别动队，用心昭然若揭。我严肃地答道——

"行，但要订一个成文的契约。第一，部队不能离开舒城，坚持抗战到底，保卫祖国，保卫家乡，取名为'舒城县抗日游击队'；第二，政治部工作由我们来做，政治内容也要由我们定；第三，我们的人可随时退出别动队。同意了这三条，我才能跟你们干。"

何一听，顿时大怒，太阳穴的青筋儿"突突"地往上跳，脸色铁青，猛地将手中的杯子往桌上一掷，怒冲冲地吼道：

"部队是菜园门想进就进、想出就出吗？"

"那么不能进我们就不进！"我针锋相对地回道。

何察觉自己走火了，怕露出破绽误了大事，立即稳了稳神，转怒为笑，回避了话题，说："不、不，不谈这个，还是请吃饭吧。"转身又向屋里喝道，"伙夫，上菜！"他出门小解去了。

趁这机会，我离开了这酷似"鸿门宴"的酒席。刚跨出大门，迎面碰到了柳乃夫。我低声告诉他，说："老柳，情况不对，这里不能待了，赶快出去，走！不然头要掉的。"柳给我弄得丈二和尚摸不着头脑，但也即刻悟出了话意，他不相信，连连摇头说："哈哈……不会，不会。""那就走着瞧吧！何行健的葫芦里卖的是什么药你还不清楚?!"我说。

我出门后，对带来的突击队员说："你们要小心，不能在这里待了，得想办法把枪带着赶快回去！"以后，我们的人大都携枪回来了。没多久，这支别动队开到了皖南，柳乃夫就是在这个特务部队里被害死的。

1938年1月底，我们从武汉八路军办事处回来后，特别是董老指示要"发展工人、贫雇农，组织武装"，以及听了刘青阳同志的事迹报告，更迫使我要扩建抗日武装，虽然日本鬼子还没有打来。这次行动失败也是我们去武汉找党的一个重要因素。我们深深感到统一战线的复杂性，没有党领导不行。

1938年5月，阴历四月豌豆开花时节，日军飞机轰炸县城，舒城局势已经紧张，人心惶惶，鸡犬不安，大有日寇陷城之势。原皖中工委书记李世农此时也在舒城指导工作。他告诉我："鬼子就要来了，你们的中心工作是尽快组织武装，组织游击队准备抗击鬼子!"6月初，日寇向皖西进攻，国民党川军二十军杨森部队溃兵如蚁，似决堤洪水，纷纷向大别山里撤退。一部分退守舒城南港、马家棚口（七里河）一带，另有工兵营在鹿起山构筑工事。我们和东沙埂党支部在一起共同研究扩建武装夺武器计划：发动群众支援川军，上前线给他们送茶送饭，帮助他们运弹药、抬伤兵。但根据以往他们不战而退的政策，如果他们不抵抗鬼子逃跑的话，就设法搞他们的枪。

当时对于川军的精良装备我们是非常眼红的，每当见到他们一色的捷克式、汉阳兵工厂造的中正式、花筒手提、二把盒子、三把盒子等家伙，心里就直痒痒，像猫挠一样。

果然，当日寇向舒城进攻的时候，川军纷纷逃跑，只有工兵营在南港鹿起山孤军阻击，最后惨败。川军逃跑的时候，我们组织20多个民夫帮其运枪支弹药。川军一直往西奔，有的身上的枪也不要了。在混乱间，民夫们瞅准时机将这20多挑枪支弹药全部挑回。同时，我们率领东沙埂突击队员上鹿起山，捡取了工兵营丢下的 70 多支枪和很多子弹，当晚，宣布正式成立"东沙埂抗日游击大队"。我被大家推选为大队长。随即大队贴出布告，号召"有人出人，有钱出钱，有力出力，有枪出枪""保卫祖国，保卫家乡，保卫秋收"，表示"有枪有人欢迎，无枪来人也欢迎"，规定"谁人出一支枪就给谁一块钱"等等，进行广泛宣传、动员，还召开东沙埂一带地主士绅大会，要他们在中华民族生死存亡之秋，深明大义，肩起匹夫之责，担起救亡重任，无私捐献，支援游击大队。由于道理讲得深，工作做得细，胜利激动了人心，这些地主表现进步积极，不仅杀猪宰羊地慰问我们，而且还买来几十匹灰布做成军服，使我们马上成为一支崭新的军队。各地群众更是积极捐献，报名参加。仅几天内，我们共收到枪支 700 多把，子弹若干箱，钱 400 多元。报名要求参加游击大队的人太多，经审查，吸收合格队员 200 多名。至此，舒城县党组织领导下的第一支抗日武装——东沙埂抗日游击大队，终于在抗日的烽火里诞生了。

东沙埂抗日游击大队是一支有战斗素质的队伍，它的成员大部分为原皖西北独立游击师的老战士和青年工人、贫农，大部分是神枪手，战斗力很强。它刚刚诞生，就投入了血与火的抗日战场，采取奇袭、摸岗哨、袭击少数单独出来活动的鬼子等机智灵活的游击战术，多次袭扰打击驻守南港和在安合路上运输的鬼子，使入侵的日寇闻风丧胆。

6 月 10 日，日寇占领南港。第三天，我们就活捉了他们一个通信连长，名叫洪龙保章。这个鬼子每次行动都是 3 个骑兵作前卫，3 个骑兵作后卫，他自己居中间。我们经过详细侦察，掌握了他的活动规律，在松墩将他活捉。这个家伙参加过九一八事变、淞沪战役，信奉武士道，双手沾满了中国人民的鲜血，被俘后不老实，多次反抗，还趁中午游击队员休息的时候夺我们的枪，后来游击队员用弹棉花的弓弦把他捆绑得结结实实，可是，当游击队员一转身，他又将弓弦"咔嚓"全部挣断，没办法，也来不及请示，队员小朱和小金把他押到东沙埂沙滩上用刀杀死。

鬼子丢了通信连长，对我进行了疯狂的报复。半月之后，他们想消灭我们，包围了东沙埂，但是，经两昼夜激战，我们转移到了大山里。鬼子没有消灭我们，气得"嗷嗷"地怪叫，在撤退时一把火把东沙埂大街上的房屋烧得精光，兽性爆发地抱起机枪对着大山盲目扫射，可就是不敢进山，一到东衙就夹着尾巴蹿回去了。

一天，我们侦察到 5 个鬼子在南港沙河里洗澡，1 个鬼子站岗，枪都挂在岸上的房子里。侦察到这一情况后，我们便迅速出击，赶到沙河，掩藏在河边的庄稼地里，将他们包围起来。几个战士轻轻地绕过去，悄悄地摸到鬼子哨兵的背后，一把把他紧紧抱住，堵住嘴巴，其他战士敏捷地收缴了屋子里的枪。正在沙河里洗澡挺神气的 4 个鬼子一见情况不妙，连忙朝水里钻。我们的队员像饿虎一样扑了过去，先把他们按在水里，让他们喝饱了水后，像提落汤鸡似的提上岸来。这一仗漂亮极了，不费一枪一弹就活捉了 5 个鬼子，缴了 10 多支枪。

在抗击日寇战斗中，我们先后捉到 10 个鬼子，其中杀死 1 个，枪毙 1 个，其余 8 个全部送到了西港冲新四军四支队司令部，后来全部送到延安八路军总政治部，经过教育都参加抗日反帝大同盟了。驻守南港的鬼子也是杯弓蛇影，心惊胆战，不敢远离南港，少数人更不敢走远，一看见山就喊或惊叫道"马虎"（指游击队），不久，他们就撤出了南港。

东沙埂抗日游击大队除主动抗击日寇之外，还多次配合新四军四支队七团、八团在舒桐山区和安合公路上打鬼子，埋地雷、毁桥梁、砍电杆、割电线，破坏鬼子交通和通信，阻滞日寇向南进攻。我们把军埠梁山桥拆毁了，把大小关、沟二口、军埠、黄泥坎子、沈家塘埂、南港一带的公路挖成沟渠状，还配合了四支队七团"夜袭南港"、八团"大小关伏击战"等战斗，取得了很大的胜利。还开展了广泛的缉私、没收鸦片土、打汉奸、打击贩卖日货的商人等活动，所查收的日货及物资皆全部送交四支队后勤部，尤其是没收来的鸦片土对四支队的帮助更大。混乱时期，合肥、桃溪、千人桥、南港一带贩鸦片土的很多，鸦片土的价格很高，一两就值 3 元多钱，而这个时候价格更高。鸦片土一般有十饼，一饼有 10 斤的，也有 20 斤的，其价值就可想而知了。小贩们将鸦片土放在稻箩的底下，上面盖上一层大米，以欺骗别人，蒙混过关，到处贩卖。但游击大队还是把他们查了出来。一般每天都能截获很多挑子。所截的鸦片土送到四支队后，由四支队派人把它运到武汉、扬州等地换取大量的药品等军需，对四支队解决军需供给问题起了很大的作用。

1938 年 9 月，这支英勇善战的抗日队伍编入了新四军的江北游击纵队，奔赴抗日最前线——皖中和皖东地区，仅留下一个班，不久又扩大为一个排，再一次成立"东沙埂游击大队"，由金德鹏任队长，继续坚持舒城的抗日斗争。后来，队长金德鹏被四支队政治部错误地杀害了。

2. 活跃在山乡集镇的青年工作团

1937年10月至1938年初，先后有外地十几个青年抗日工作团经过舒城或留在舒城，进行抗日宣传和动员活动。其中，在舒城活动时间较长的有：上海文化界内地服务团，团长柳乃夫，主要成员有曹奎、徐波等；上海留日学生救亡工作团，团长李竹平，副团长郝子，主要成员有石雪书、石竹、侯枫、董启翔等；上海青年服务团，团长杜展潮，主要成员有华兆江等；江都文化工作团，团长卞井，副团长莫璞；安庆学生工作团，团长刘丹，副团长方琦德；另外，还有北平救亡工作团等。上述团体共100多人，都是知识青年，其中一部分为失去党组织关系的共产党员，大都血气方刚，思想进步，热情高涨，而且很有才能。他们是一支很有生气的抗日救亡宣传鼓动队伍，来到舒城后像一束束火把，一柄柄号角，更加燃起了舒城的抗日烈火，唤醒了沉睡迷蒙的群众。

他们来到舒城，就住在县民教馆，为了使他们成为我党领导下的抗日宣传大军，我在工作上支持他们，生活上关心他们，政治上并肩战斗，发展了石雪书、石竹、徐波、华兆江等进步青年入党，对失掉党组织关系的李竹平等同志也一样信任。各个工作团都紧紧地团结在党的周围。

国民党二十一集团军进驻舒城后，企图将这些工作团统一起来，好限制活动，以达到不受我党影响、为他们所用的目的，于1938年3月成立"舒城县工作团"，派总政治部政训处少尉王尔宜来当团长。但是由于各个工作团团员对党的热爱和坚决反对，所以要求开会民主选举团长。会上，大家无记名投票，我被选为县工作团团长，王尔宜被选为副团长。

各个工作团在党的领导下，做了大量的宣传动员和组织工作，他们纷纷下乡，跋山涉水，深入到晓天、中梅河、九井、沙河观、干岔河等地区，书写抗日标语、教唱抗日救亡歌曲（如《松花江上》《流亡进行曲》等）、演出抗日戏剧（如《放下你的鞭子》《三江好》等）、召开集会、发表演说、编写墙报、传播抗战消息等等。通过大量的宣传组织工作，全县人民动员起来了，一般群众都参加了青抗、农抗、商抗、妇抗、工抗等抗日组织，出现了路路有标语，抗日救亡歌曲响四方，"出钱""出力""出人"支援抗战，要求抗战热火朝天的动人景象。这些，至今仍时时浮现在我的眼前。

3. 配合新四军，支援新四军

1937 年底，我主要在县民教馆和东沙埂、山七里河、小河口、九井、沙河观、晓天、春秋山、秦家桥各地跑，在民教馆了解各抗日工作团；在乡下发展党员、组织武装。1938 年 3 月 28 日，新四军四支队东进到达舒城，支队机关驻扎在东、西港冲。部队一住下来，民运组的杨寒、唐觉民、方仲立 3 位同志就来到县民教馆找到我，同我接上关系，联系军队和地方党开展抗日救亡等工作。四支队的到来，我很高兴，对舒城全县人民在精神上也是一个极大的鼓舞。我们地方党以极大的精力对四支队给予了配合和支持，主要表现在：配合四支队进行抗日宣传和动员，发动群众募捐、筹粮、筹款、筹物，动员青年参加新四军，向四支队输送了大批的新战士，等等。

那时，我几乎每天一次地跑一趟东、西港冲，向政治部主任戴季英汇报地方武装发展情况，都是夜里去的。东沙埂离东港冲有七八十里路，要翻山越岭，过河涉水。

有一次，情况较紧，必须立即去四支队。我在东沙埂吃过晚饭，天已黄昏细雨。金飞霞同志的父亲金大伯知道我要一人上路很是担心，叮咛了又叮咛，给我找来了一根竹竿，叫我带上手电筒，告诉我说："山里豺狼多，夜雨会出动，遇到豺狼不要慌，用电灯一照，就会吓跑的，狼怕光。"

天收起了山那边最后一道淡淡的微光，扯下了黑色的夜幕，大地像笼罩在黑锅里面，伸手不见五指，静谧得叫人窒息！黑黢黢山岭的怪形，松林呜咽的风声，旷野时而响起野猫凄惨的呻吟，草丛窸窸窣窣的声响，真叫人毛发倒竖，脊梁直渗冷汗。我走在蜿蜒的山路上，只觉身后老是有脚步响，像是有人跟着我似的，但总也瞧不见，最后意识到这是幻觉而已。我壮了壮胆，向前摸索着，当穿过一片竹林时，忽然，一个黑乎乎的东西蹲在前面，拦住了道儿，形似狗样。我倒退了几步，立即将手电照过去。嘿，果然不错，正遇着了大豺狼。我牢记金大伯的话，手电一直照着它不移。这家伙两个笋耳直愣愣地向上支着，张着的嘴巴拖着抖动的长舌，两只碧蓝的眼睛正滴溜溜盯着我。"狭路相逢勇者胜"，我想，下意识地攥紧了手中的竹竿，而狼却起身一溜烟向竹林深处窜去，这可能是手电筒光束的效果。这时，我才发现电筒和竹竿柄被我渗出的手汗润湿了。

还有一次，从东港冲往回赶，也是黑咕隆咚的夜晚，当踏上枫香树的小路，一脚踢到了一个横躺在路上的人，一丝声音也没有，我推了推他不回声，一摸脚手冰凉，再摸摸他的脸，只觉黏糊糊的粘手。原来是一个死人！我的心咕咚咕咚扑扑地直跳，稍镇定片刻，鼓足勇气，从他的身上跨了过去，继续赶路。后来听说他是被人抢了东西后遭到暗算的。

在那抗日运动掀起而又混乱的时刻，不知怎的，也不觉得害怕，不觉得疲劳，不知道什么叫休息。

通过和高敬亭、戴季英经常不断地联系，新四军和地方党相互之间进行了有力的配合，推动了舒城抗日运动的发展。以后，舒城县委机关的大多数时间也就驻在东港冲的政治部。

4. 争取县长陶若存，巩固统一战线

巩固舒城的抗日民族统一战线，实践董老"要搞好统战"的指示，我们还极力做了争取县长陶若存的工作。

陶若存自小出走家庭，在广西参加国民党，为广西十九路军陈铭枢的部下，参加过"闽变"，是一位进步人士，有抗战热情，在地方上有一定影响，他就是舒城本地人。为了争取他为我们所用，党派遣秘密党员、上海留日学生救亡工作团团长李竹平等去动委会专门做他的统战工作。他当时是县动委会的主任委员，实际上不过挂个名而已。在我党抗战方针、路线的感召以及在李竹平等人的积极活动下，陶若存表现还算比较进步，尤其是他推荐李竹平任县动委会指导员，使得动委会的领导权直接地由我们掌握了。群众说："县政府是国民党的，动委会是共产党的！"这就可看出个概貌。

陶在抗日宣传这一点上和我党是一致的，但是他不让我们发展武装，甚至污蔑东沙埂游击大队为土匪，派县自卫团去缴我们的枪。因而我们曾逃到东、西衖大山里面。

在做好上层统战的同时，我们还争取了基层部分乡、保长，通过他们，利用合法形式掌握了一些乡保的武装，在西沙埂、小河口、秦家桥、沟二口、山七里河、沙河观、九井、干岔河、西汤池等地普遍建立起农抗会抗日自卫队（后改叫巡逻队）。

1938 年 10 月底，上级党组织决定让我离开舒城，和刘顺元、李世农、谭光廷、

喻屏等同志一起去开辟皖东，担负新的工作。从此，我就与可爱的战斗的舒城分别了。

岁月飞逝，物换星移。40多年过去了，"弹指一挥间"，中国人民不仅取得了抗日民族战争的伟大胜利，解放了全中国，而且建设了社会主义的新中国，今天又正在为实现四个现代化而努力奋斗。回首过去，风雨飘摇、沧桑巨变，令人激动不已，感慨万千。我怀念舒城的山山水水、父老乡亲，怀念那英雄的人民，在今天这个崭新的时代，想必他们正挥汗如雨、大干"四化"吧！

（李卫生　整理）

原载中共舒城县委党史办公室编：《舒城县革命史资料（抗日战争时期）》，内部资料，舒城印刷厂，1985年，第1～26页。

对抗战初期舒城抗日运动的几点回忆

◎ 盛 辉

全民族抗日战争爆发后，1938年，为了挽救民族危亡，我在舒城参加了抗日救亡运动。在进步势力的影响下，不久，即加入了中国共产党。舒城县抗敌动员委员会成立后，我任县委托工作团一团团员、省直属三十六工作团团员和县动委会巡视员，从事救亡活动和党的地下工作。1940年春，随中共舒城县委撤退至淮南抗日根据地。离开舒城遥距40多年，现根据记忆所及，将抗战初期舒城县抗日运动的情况作一回忆。岁月不居，时过境迁，错误在所难免，请同志们指正。

一、抗战初期舒城的政治形势

舒城处于合肥、安庆之间，接近南北两大交通干线（津浦线和长江），战略地位颇为重要。抗战开始之时，国民党川军杨森，桂系白崇禧、李宗仁等曾一度云集于此。上海、南京失守后，沿江人民向大后方（如武汉、重庆、洛阳、西安、延安）逃亡，一般均要经过这里。1938年3月，台儿庄会战失利后，川、桂军大部溃退，徐州、合肥相继沦陷，舒城战云密布，官、商、富户外逃，国民党在舒城的基层政权基本上垮台。

1937年底，桂系李宗仁、白崇禧的五路军第二十一集团军途经舒城，该部宣传科长陶若存留任国民党舒城县长。陶是舒城龙河口陶家畈人，自幼出走广西，这次是随广西军进军前线而回到舒城的。他是一位进步人士，具有民族感，愿同共产党合作抗日。

抗战初期的舒城，抗日形势是很好的，进步势力很强大，我们通过县动委会领导着全县的抗日运动。老百姓都说："县政府是国民党的，动委会是共产党的。"然而，国民党顽固派是腐败透顶的，地方上，以县常备大队（又称自卫队）大队长彭楚樵，军法官李德保，教育界韦伯寅、韦仲寅，县政府民政科长查学勤（晓天三元观人），城关区长杜少放（乌沙人），晓天区长朱××（陶若存妻兄）等为代表，极为反动。在日寇压境之时，还不敢露骨地公开地进行反共活动。但是，到了舒城全境无日寇，逃亡地主、豪绅纷纷返乡，国民党顽固派在全国掀起第一次反共高潮的1939年下半年时，就蠢蠢欲动，开始了公开的破坏统战、反对共产党的活动。对于国民党反动派的反动逆流，中共舒城县委予以了有力的回击。为反对摩擦，保存革命力量，县委于1940年5月撤离舒城，奔赴皖中抗日根据地。舒城县抗日救亡运动遂转为低潮。

二、我党组织状况及抗日活动

第二次国内革命战争时期，舒城是鄂豫皖苏区的组成部分。红军长征后，国民党对我苏区人民进行了残酷的镇压，大搞群众性的"自首"，建立什么"感化院"，实行所谓"改良政策"。因而，党组织大部分遭到了破坏。

1937年底，鲍有荪同志来到舒城。她在流亡学生（如李竹平、石雪书、郝子、董启翔、曾子坚、徐波、华兆江等）、地方进步青年和农民、妇女中发展党员，恢复和发展了舒城的党组织。我就是在这时加入共产党的。

党组织建立恢复后，便在广大农村积极发展党员，壮大党的组织，党的机构很快建立健全，党的支部、区委纷纷建立。当时党的工作主要由县委书记鲍有荪同志负责。下面在动委会和工作团中的建党工作由徐平同志负责，地方党组织的建设由林轩同志负责。1938年底，我在乔木河党训班受训后，即调到县委做组织工作。记得当时各地区党组织的负责人是：东沙埂为陈先朝，秦家桥为袁国柱，干汊河为吴匡伯，沙河观为陶国强，东、西港冲为僧祥龙，曹家河为王贵生，毛竹园是一个姓陈的小学校长（我曾在这个小学任教员作掩护）。

党组织的主要活动，是组织农民、妇女等抗敌协会，组织巡逻队，宣传发动群众起来抗日。

在舒城，坚持抗战，团结争取县长陶若存是一个关键。陶知道，若要依靠那些地主豪绅、县疲弱的常备队和腐败的乡政人员，是不可能的。因此，在我党积极争取下，在抗日这一点上，他愿意跟我党合作，并做了一些有益于抗日的事情。

1938年6月，日寇占领舒城后，国民党基层政权基本瘫痪了。七八月间，县政府经济极端困难，工作人员、军队薪金发不出，逼得县长陶若存只好采取临时补救办法，发行"临时流通券"，代替货币流通。但是却遭到梅河镇上大商户的罢市抗议。县动委会的徐平同志（女，县委组织部长，也是动委会负责人之一）及时组织农抗会、镇上居民千余人上街游行，高呼"打倒汉奸卖国贼""坚持抗战到底"的口号，对几家大商户进行搜查，将其所存有的糖、纸等日货，当即予以没收销毁，吓得奸商们个个胆战心惊，大灭了他们的威风，支持了县政府的救急措施，使陶摆脱了困窘，维护了统一战线，稳定了抗日局势。

我们也注意帮助改造国民党的旧军队，并建立政治工作制度，提高士兵的政治觉悟，团结他们大多数共同抗日。1938年八九月间，我派共产党员胡泽润、吴云周和进步青年数十人，去县常备队做思想政治工作，改造了常备队。

三、抗日工作团的一些情况

抗战初期，外地有很多的抗日工作团来到舒城。他们绝大部分是由进步青年学生组成的。后来，这些工作团演变为：省动委会直属二十二工作团和三十六工作团，县动委会委托工作团一团、二团，大众剧团，妇女服务团等。他们在舒城进行了广泛的抗日宣传活动，发动群众，组织群众，张贴抗日标语，教唱救亡歌曲，在大部分地区，尤其是在县政府所在地的梅河镇，普遍地建立起农抗会、青抗会、妇抗会、商抗会、儿童团、巡逻大队等抗日群众组织。一时间，抗日歌声响四方，抗日标语路路见，山乡城镇迅速掀起了"出人""出力""出钱"的抗日救亡运动高潮。

四、新四军四支队在舒城的剿匪活动

日寇入侵舒城时，国民党军队一触即溃，闻风而逃，县政府仓皇迁往中梅河，地主豪绅纷纷逃亡，绝大部分群众亦"跑反"躲难于西南山区。是时，土匪四起，匪患横生。土匪各霸一方，鱼肉百姓，侵扰乡邻，白天敲诈勒索，夜晚打家劫舍，强拉民女，无恶不作。当时，东南乡（千人桥、百神庙等地）一带的土匪以赵奇为首，有人枪数百；西北乡（秦家桥、张母桥等地）一带的土匪以吴少夫为首，有人枪百余；西乡（长冲、范家店）一带的土匪以罗大刚为首，有人枪300余。

距梅河镇40余里的范家店地区长冲天龙庵土匪，于1938年7月集中300余人枪，企图攻打梅河镇，严重威胁着国民党县政府的安全，而常备队对此却束手无策。县长陶若存焦虑异常，只得求援于驻在东、西港冲的新四军四支队。四支队司令高敬亭得悉后，即令手枪团一部星夜前往围剿匪巢天龙庵，予以奇袭，全歼该股匪。从此稳定了西乡社会秩序，促进了抗日运动的发展。对此，县长陶若存深表钦佩和感激。

五、与国民党顽固派的斗争

1938年春，国民党舒城县教育局局长韦仲寅到处散布"亡国论"，是真正的汉奸。可是国民党顽固派却玩弄贼喊捉贼的伎俩，诬陷工作团成员和无辜市民为汉奸。一天，国民党侦缉队在桃溪遇到一个中年男子带着一个十二三岁的小孩在要饭，小孩身上带着个小圆镜子。侦缉队搜到之后，就说这镜子是汉奸联络的暗号，把他们俩带到了城关，严刑逼供后，带着他俩到大街上指控进行抗日活动的工作团团员是汉奸，企图搞垮工作团。后来，虽经陶若存县长亲自审问，认为说他们是汉奸是没有根据的，但是不久，那个要饭的中年男人还是被侦缉队枪毙了。我们把那个小孩带到梅河抚养起来，经过教育，小孩把口供全部推翻了，揭穿了这伙反动分子的险恶用心。

县党部专员、特务头子饶伯英更是积极发展特务组织，监视我党活动和各进步组织。我们在梅山办的《舒城战报》的排版员×××，就是国民党员、地方保长，被派来监视共产党员胡泽润和报社进步分子的。同时，他们还指使一些叛徒（如曹家河韩胡子等人）来监视和破坏我党的活动。

国民党舒城县党部为了巩固他们的反动统治，与我们展开了争夺青年的斗争。1938年3月，动委会在城区举办"舒城县政治、军事动员干部训练班"，录用知识青年200余名，以政治教育为主，宣讲日本侵华史，宣讲抗日道理，兼学军事。这个训练班未结束就转入省乡政人员补习班。是年5月，因战事紧迫，学员提前结业回舒城。1939年1月，动委会又于梅河镇（当时县政府所在地）举办乡、保人员训练班，约300人。这两批训练班，我党都派遣了一些党员和进步青年参加进去，通过这一合法手续取得了城关区（区长杨刚）、晓天区（区长郝子）、东沙埂乡（乡长钟正，后叛变）、永安乡（乡长朱先炳，后脱党）、西沙埂乡（副乡长李传芳，女）、平峰乡（乡长潘永琪，女）、曹家河乡（副乡长靳明，女）、范家店乡（乡长陈觉环）、梅河镇（副镇长汪子珍，女）等区乡镇的领导权。这批党员执政后，对宣传、发动、组织群众参加抗日救亡运动和改造旧政权，都做出了积极的贡献，而且掩护了党的秘密工作。但是，就在乡保长人员训练班结业时，县党部强迫所有参加受训的学员集体参加国民党。对于这一事件，县委做出决定，同意受训的党员履行集体参加国民党的手续，以达到掌握国民党基层政权的目的。

为了抵制国民党抽壮丁和争夺青年，我们由中共舒无地委通过新四军江北游击纵队要了一批"抗日军人家属证"，如果保长要人，我们就以"抗日军人家属证"为据，来对抗国民党的抓丁拉夫。新四军四支队进驻舒城东、西港冲后，各地党组织立即提出"吃菜要吃白菜心，参军要参新四军"的口号，发动群众，动员青年参加新四军。在我们广泛深入的宣传动员下，大批青年要求参加新四军，扩大了四支队的力量，有效地抵制了国民党的抽丁拉夫。

1940年3月，国民党安徽省政府主席李品仙上台后，下令取消动委会，解散各抗日团体。我们失去了掩护工作的合法身份，许多同志需要撤退转移。舒城是大别山向巢无地区撤退的通道，这一阶段，我们掩护了一大批党员和进步青年撤退到淮南抗日根据地。不久，国民党派重兵封锁了通向巢无抗日民主根据地的一切交通要道。鉴此情势，县委决定，建立游击队，进行武装突围。

这时，国民党特务的活动越来越猖獗，不仅极力排挤我党人员和进步青年，甚至列黑名单，下通缉令。我们进行了针锋相对的斗争，动员号召党员同志和进步青年上队，集中了七八十人，3月底由袁国柱、袁国定在秦家桥打响了第一枪，端掉了秦家桥乡公所，缴获了一部分枪支。接着，沙河观的陶国强、姚成山等人也携枪上队。我事先也从县动委会梅山战报社里把原工作团的8支步枪偷运到县委，加上1939年11月四支队留守处发给党员干部的一部分枪支和各地巡逻队原有的枪支，一共集中了40余支枪，110余人，拉上了山打游击。后来，江北游击纵队桂俊亭大队长和余路指导员带领的一个排（三四十人）又同我们合并一起，共一百四五十人。舒无地委指示我们就地活动，打着"舒城县抗日民主自卫队"的旗号，在东衖、西衖、西汤池、东沙埂一带开展游击战。这期间，我们先后打掉了西沙埂和缸窑两个乡公所。5月间，我们冲出顽军的封锁，越过合安路，胜利到达了巢无抗日民主根据地，开始了新的战斗。

（李卫生　整理）

　　原载中共舒城县委党史办公室编：《舒城县革命史资料（抗日战争时期）》，内部资料，舒城印刷厂，1985年，第35～41页。

舒城县委的武装撤退

◎ 徐建楼

一、县委在中梅河

1939 年 7 月 5 日，鄂豫皖区党委派我和曾熙生同志到舒城担任县委工作。曾任组织部长，我任宣传部长。在我们去之前，前任县委早就调离了。11 月，曾熙生同志调离舒城。我任县委书记，贾世珍接任组织部长。

我初到舒城时，新四军四支队留守处还在西港冲，我在那里住了一段时间，找各个区委了解了情况。以后由于工作需要，我就住到梅河镇。当时中梅河是国民党县政府和动委会的所在地，是一县的抗战中心。

我到梅河的第一次会议是在梅山上开的。梅山与梅河镇隔水相望，清澈的流水潺潺而过，有一条狭长的板桥连接两岸。由胡泽润主办的《舒城战报》的社址就设在梅山上。这次会议，有党的活动分子 20 多人参加，由胡泽润为我作介绍，我谈了一下当时的抗战形势、国共两党摩擦的情况和党的工作任务，一方面要大家注意隐蔽，另一方面又要善于利用各自的公开岗位开展合法斗争和争取群众的工作。这次会议从晚上直开到深夜，近的回到梅河镇去，远的就在梅山上席地而睡。

那个时候，由于统战形势已开始恶化，有不少外来干部已陆续撤走。如王树人、曾子坚、沈絮、吴锋等。留下的还有胡泽润（动委会指导员）、郝子（县政府秘书，党的关系是单线的）、徐波（动委会妇女组长、县委妇委）、吴江（青委）、舒展、钱钧（大众剧团团长）等为数不多的几个人。在公开岗位的绝大多数同志是本地干部，各区区委书记也大都换了当地干部。如秦家桥区委书记袁国柱，沙河观区委书记陶国强，毛竹园区委书记陈觉环等。在形势逆转后，有些邻近县的外来干部在那里待不住了，转来舒城，就留在舒城又工作了一个时期。如巫成亮、吴勉之、叶平等人。

我到梅河镇后，最初在梅山上住了几天，以后经胡泽润安排，住到县政府斜对面一个过门楼上，公开名义是战报编辑。能上楼和我联系的只有盛修身（盛辉）、徐波两人。盛名义上是动委会的干事，实际上是县委组织部干事，还担任县委的交通联络工作。在这样的掩护下，我在这里居然住了有两个多月时间。

在这期间，我们能够及时获得一些国民党的情报，它们大多是由郝子从国民党县政府函电中抄录下来的机密电讯。这当中有国民党《限制异党活动办法》的密件、国民党特务饶伯英的秘密活动情报和被掌握的我党党员名单等，由此我们得以及时地采取防范措施和对策。

二、训练党员应变

当时，我们利用四支队留守处还未撤走的有利条件，在东港冲办了两三期党训班，以提高党员素质。教育内容有党的基本知识，怎样做一个共产党员，在抗日民族统一战线不断变化的新形势下，如何与敌顽斗争，保存和发展党的力量等。11月初，又在那里召开了党员干部会，舒无地委副书记周新武同志参加了会议，并做了形势报告。他要求党员在国民党反共日趋激烈的情况下，做好一切准备，坚决服从党的利益，必要时做出牺牲，不使党的事业遭到损失。会议还研究了掩护已暴露身份的干部撤退和家属转移等问题。在这一段时间内，为了适应形势的需要，还整顿了党的组织，洗刷了一些投机、动摇分子，停止了一些不起作用的支部和党员的活动，纯洁和巩固了党的组织。同时，针对国民党大肆抽壮丁，我们动员了不少青年农民参军参战，陆续把他们输送到新四军里去。

三、有计划地撤退

　　1939 年 12 月后，统战形势日趋恶化，国民党正式发动了第一次反共高潮。此时李品仙接任安徽省政府主席，更加反动，公开下令解散动委会、工作团，反共灭共的政策趋于公开化。国民党特务在舒城的活动也更加猖獗，他们到处设置情报网，刺探我方情报，对我党员干部严加监视，甚至公开逮捕我党员和干部。面对国民党的反共逆流，这时我们除了有计划地分批撤走一大批党员干部，还把在各种公开岗位上的同志分别安置到农村山区小学当教员，以求得到合法职业的掩护。当时转到各地教书的有叶平（毛竹园）、吴勉之（山七里河）、盛修身（毛竹园）、靳奇（枫香树）、芮世华（巴洋河）、王进（西汤池）。同时，在梅河附近的沃子湾开办了一个平民织布厂，由汪子珍当厂长，我作账房先生，掩护县委机关。

　　从 1939 年底至 1940 年 3 月，县委即以主要精力组织和掩护省、县动委会、工作团干部向无为方向撤退。在中梅河我们派专人接待从金家寨省动委会撤下来的干部。春节期间，是最紧张的阶段，经过舒城撤退的干部达到了高峰。他们都持有合法通行证。这些通行证，有的是通过梅河副镇长汪子珍搞到的盖有梅河镇公所印章的空白介绍信，有的是县政府秘书郝子从县政府弄到的空白信笺。在这段时间内，安全撤退的干部有许曙、杨哲伦、蒋黛燕、胡泽润、巫成亮、舒展、周开元、潘永琪、钱钧等，还有大批工作团、妇女服务团的进步团员，如沙际芬（何敏）、徐敏、钱锋、尹先余、单世忠、张莹荣、李光珠、彭墨林等数十人。

四、平民织布厂的最后坚持

　　1940 年 3 月下旬，国民党反动派在皖东打起了摩擦仗，在大别山和皖中地区大张旗鼓地掀起反共灭共的黑浪，舒城东去皖东根据地的交通路线被全部封锁，国民党顽军和特务在所有路口都设立卡哨，对过往行人严加盘查，持有通行证的人，也不准通过，国民党特务已公开搜捕共产党员和进步人士。这时西沙埂乡长韩延龄（共产党员）被捕，副乡长李传芳（施陵）被通缉，补充团被围歼和华兆江牺牲的消息接踵而来，我们舒城的党组织面临着被扑灭的极其险恶的境地。由于前一时期受王明右倾机会主义的"一切通过统一战线，一切服从统一战线"的错误影响，我们已经失去了发展武装的良好时机。这时，为了保存我们最后的一部分力量，只有毅然决然地上山打游击，来坚持我们的战斗阵地。

当时，我在梅河附近的沃子湾、在国民党心脏作最后的坚持，贾世珍则在农村进行频繁的活动。我们一方面在几个基础较好的地区筹集枪支、弹药，准备武装；另一方面派遣交通员到各地通知党员、干部，要他们隐蔽起来，约好联络地点，安心等候县委的通知。这时，情况虽然十分紧急，但大家并没有惊慌失措，丧失信心。他们互相转告："县委还在，没有离开，总是有办法的。我们一定要坚持下去。"

4月初的一天，国民党舒城县长陈常，突然来到平民织布厂，到处巡视了一遍，然后问汪子珍："这里有位账房先生，哪里去了？"汪答："出去收账了，不在家。"陈临走还带走了一匹布。晚上我回来后，汪即把这一情况告诉了我。听到这一情况，我估计他们可能要来搜捕，就立即转移了。随后，汪子珍也迅速离开了织布厂。不久，顽军即派军警包围了织布厂，联络员小王等翻墙头才脱了险。

五、游击队的特殊使命——保存干部

4月5日，这天是清明节，天气晴朗。袁国柱等首先打响了第一枪，在秦家桥端掉乡公所，缴获了几支枪，以后和陶国强、姚成山等带领的一部分武装会合。这时恰逢江北游击纵队的一支行动小队，也因归路受阻而找到县委。他们的装备较好，都是卡宾枪和快慢机，子弹比较充足。经共同协商，将所有武装集中起来（共40余人枪），正式建立"舒城抗日游击队"，由桂俊亭任队长，袁国定任队副，贾世珍、余路任指导员，我负总的责任。

我们武装起来后，首先的任务是尽快地把各地的干部和一些"红"了的党员撤到游击队里来。这支队伍一开始从春秋山、马家山拉向乌沙、东港冲、西港冲，以接出各地干部。在一个多月的时间里，我们每天派出交通员，有时也派出熟悉道路的干部，或东或西，或山区或平原，历尽了千辛万苦、艰难曲折，寻找、接应党员和干部。

在接出的干部中，芮世华、叶平、任福明来得较早。汪子珍、王进（静）、盛修身是一道来的，先是王进（静）找到汪子珍的工作地点——汪家祠堂，听说那里出了事，又到汪的家里，恰巧交通员去接，他们才一道出来，哪知中途走失，还遇上了民团，脱身后才又集合在一起，来到了游击队。

有一天，有一个头戴斗笠、衣着破烂的小放牛娃来到游击队。大家仔细一看，才认出是李传芳化装的，那时她才17岁。

靳奇来得比较晚，快到4月底了。我们曾派袁国柱到西汤池他教书的地方去找他，没有找到。此时，他来到游击队已十分疲惫。大家问他何故，他说："碰到特务追捕，好不容易才摆脱掉，匆匆忙忙，先找到小麦岭一个联络点，后又到镜子石找地下党员，碰巧遇到余本生，他才带我到游击队驻地，哪知晚上你们转移了，所以直到现在才找到了。"

当时我们决心是很大的。有的同志，我们派交通员几次去找他，虽然晓以利害，说明如不出来，必将遭到反动派的毒手，但他还是不肯走，认为自己能够坚持，可以巧妙应付，决不向反动派屈膝投降，还发誓做出保证。这时我只好提出最后警告，写条子告诉他："如果再不上队，就要停止你的党籍"，这才促使他下了决心出来。但也有一再劝导就是坚决不肯离开的，最后只有落入反动派的魔掌。

那时候，党组织对每个同志，都是那么深切的关怀和爱护，关心他们的政治生命和革命前途，只要有一丝可能，就决不轻易地丢掉一个同志。

我们的交通员，也都是那么机智、灵活和勇敢，出生入死地四处联系、寻找和带领干部上山。他们都能很好地完成任务。

还有我们各地的联络站、联络员，对传递情报、联络和接送干部，都起到了很大的作用。5月初，游击队已发展壮大到140多人，开始转入崇山峻岭，从东、西港冲经东、西沙埂到东、西衖大山中，昼伏夜行，神出鬼没，使反动派找不到我们的踪迹。当地老百姓听说我们是新四军，是过去的红军游击队，都热情地接待我们，为我们严守秘密，封锁消息，主动为我们放哨，外出侦察，还为我们筹粮做饭。

六、游击队的战术

我们的战术是：遇弱就打，遇强就避。对乡公所主动打击，与常备队相对峙，和五路军避而不打。

一天晚上，明月高照。我们进行了夜袭西沙埂乡公所的战斗。当我游击队接近乡公所近处时，只见一个荷枪的乡警无精打采地在站岗。我们的同志摸到他的背后，低声喝道："不准动！"吓得他直哆嗦，乖乖地缴了枪。我们趁机进入屋内，收缴了乡警的全部枪支和文件。后来我们又打掉了东衖乡公所和叶家畈地主圩子，缴获了20余支枪，夺得了一些给养，补充了自己。于是群众争相传告说："大部队又回来了，有一万多人！"吓得县自卫总队不敢进山。

在战斗的间隙，我们还抓紧思想教育，讲述抗战的发展形势、革命的前途和美好的共产主义前景。虽然生活很艰苦，环境很险恶，但大家都充满了信心，决心坚持到底。然而，也有个别的农民队员，因为想家、生活不习惯，私自离开了队伍。在这期间，我们还进行了发展党员的工作，二十二工作团团员钱铭、林麟、钟世勤、胡大中等，他们在险恶的环境中，找到了舒城党的组织，参加了游击队，经过一段时间的考察，通过靳奇等人的介绍，我们在汪家桥驻地为他们举行了庄严的入党宣誓仪式，吸收他们加入了党组织。

七、突出重围

舒城的东南部，山峦层叠，起伏绵延，道路迂回曲折，树木竹林稠密，过去是红军游击队的根据地，群众基础很好。我们虽然人少枪缺，队伍的成员大都是当地农民和小知识分子，战斗力薄弱，但是在群众的掩护和支持下，我们还是在东、西衖大山中与敌人周旋，活动了将近两个月的时间。

5月下旬，国民党五路军派一个团的兵力来舒城进行"清剿"，我游击队被包围在鹿起山大庙里。顽军数倍于我，形势极其严峻。为了击退顽军，我们随即把队伍拉上山顶，居高临下。同时采取虚张声势的办法，在山头上竖起红旗，砍下大毛竹伪装成大炮，吹响冲锋号，端起一挺轻机枪向山上山下横扫。顽军不知我们有多少人马，吓得后退 10 多里，中了我们的"空城计"。

当夜（5月30日），我们便借夜色掩护，冲出包围圈，一路急行军，越过安合路，离开舒城山区，转入庐江县境，在东汤池附近又越过了封锁线，行到合肥东郊天已大亮。正当我们向巢湖方向行进时，突然与一股顽军遭遇，我们无心恋战，只要摆脱顽军就是胜利。顽军从后面紧追不放，枪声不断，有些女同志跑不快，尤其是叶大姐，一双解放脚，奔跑很困难，我便拉着她跑，没多会儿我们终于甩掉了顽军，到达巢湖西岸，得到了与江北游击纵队有联系的水上好汉王友江的接应和帮助，乘船顺利地渡过了巢湖。不久就在小黄山找到纵队，到达皖中抗日根据地。后游击队的武装人员编入部队，干部大部由我带领去津浦路西根据地，又走上了新的工作岗位。

原载中共舒城县委党史办公室编：《舒城县革命史资料（抗日战争时期）》，内部资料，舒城印刷厂，1985 年，第 93 ～ 100 页。

他们从宝塔山归来

◎ 涂仲庸

1937 年底，我们在皖西北坚持斗争的同志，正当渴望投入抗日救国的行列而又苦于缺少领导干部时，在延安学习的中共皖西北特委委员曹云露、张如屏根据中共中央的指示，提前回到了寿县。

在规定的秘密接头处，曹、张二人会见了中共河南省委书记朱理治，接受任务后，便急忙赶回家乡安徽寿县。

恢复发展组织　　淮上点起星星火
建立统一战线　　初拉武装待燎原

1938 年 1 月的一天，在杨家庙"张同泰"杂货铺里，云露、如屏主持召开了首次会议。根据中央的决定，宣布成立中共安徽工作委员会，曹云露任书记，张如屏任组织部长兼统战部长，宋天觉任宣传部长。我也参加了这次会议，云露同志向我们讲述了延安、抗大朝气蓬勃的学习生活，我们都听得着了迷。

根据党中央关于恢复党组织关系的指示精神，工委首先在寿县恢复了董积贤、曹云鹤等人的党籍，解散了一些"自首"分子组织的所谓党组织，还恢复了从霍邱前来接关系的吴皓、李华封的党籍。这时期，云露同志还到霍邱恢复了王才远、汪洋、张涛、戴铸九等人的党籍，成立了霍邱特别支部，并发展了罗平、汪胜文、孙以瑾等人入党。

在恢复发展党组织的同时，工委积极组建抗日武装。云露等同志走访了一些老同志和亲朋好友，动员大家团结一致打日寇，有钱出钱，有枪出枪，有人出人。通过一段时间活动，杨家庙等地的抗日积极分子闻风而至。吕子让同志是上奠寺做买卖的,他收集了部分民间枪支,组织了30多人来找工委。赵筹同志是隐贤集人，他把家里的几十条枪拿出来，要求参加打击日寇。小甸集的曹少修、董吉贤和李山庙的张有政等也纷纷带着自己的人和枪，要求快快组织抗日队伍。

家乡的抗日气氛很浓，不少上层人物也给带动起来，投入了抗日队伍。如地方民团团长张焕亭，他听到我们党关于建立抗日民主统一战线的宣传之后，有心将他的几十条枪交出来，但又顾虑共产党记仇，不容他，思想很矛盾。党组织掌握了他的心理状态，云露找到了张焕亭，一针见血地说："只要你真心抗日，我们共产党人既往不咎。"他的顾虑解开了，便率部队投靠过来。我们人也多了，枪也多了，成立抗日武装的条件已经成熟。于是，工委就在杨家庙召开群众大会，正式成立了皖北抗日游击支队，由张焕亭担任大队长，张如屏担任大队副。

皖北抗日游击支队的成立，极大地鼓舞了群众抗日的激情，但却遭到国民党寿县当局的非议和限制，寿县县长常持青对这支抗日武装不予承认，不给番号，不供给养。同时还在内部刊物上通报："巨匪张如屏、曹云露最近由延安窜回寿县杨家庙一带活动，望各军警严密注视。"

为了避免与国民党摩擦，我们决定把队伍开到抗日前线，用实际行动来表明我们共产党领导的队伍是坚决抗击日本侵略者的。

这时凤阳已经沦陷，县长戴九峰带一个常备队驻在寿县，不敢回去。但是，他也觉得自己是凤阳县长，长驻寿县不光彩，因此在爱国人士李雨邨的介绍下，我们与戴九峰达成了协议：我们皖北抗日游击支队改名为"凤阳抗日游击队"，开赴凤阳前线抗日，保他当县长；他负责部队的吃饭问题。

秣马厉兵　待机歼日寇
初试锋芒　血战凤阳城

凤阳县城位于津浦路西侧，是蚌埠的前沿哨卡，日寇占领蚌埠同时侵占了凤阳。

1938 年 3 月下旬的一天，春寒料峭，我们这支抗日队伍向凤阳进发了。途中，我们遇到很多难民，扶老携幼，哭的哭，喊的喊，这情景，实在惨不忍睹。

我们队伍开进凤阳县境内，在离日军占领的县城约三四十里的宋家湾、张家湾等 3 个村庄住了下来。但这里已是十室九空，到处是鸡、猪、牛骨头。群众开始对我们不了解，吓得到处躲藏。我们向他们做宣传，他们又亲眼看见我们纪律严明，这才相信是自己人，便陆续回来了。

我们决定在此进行训练。整训中，大家不怕吃苦，克服了许多困难。每天只有四分钱菜金，晚上也休息不好。没有被子我们就和衣而睡，群众叫这为"捆猪睡"。

在此地训练了月余时间，我们与当地群众建立了密切关系，也熟悉了周围的地理环境，基本掌握了凤阳城的情况。一天午后，我们召开了中队干部以上的人员会议，研究攻打凤阳城。会上，张如屏指出，日寇为了接应华北之敌攻打徐州，抽走了凤阳县内的精锐兵力，城内空虚，攻打凤阳城的时机成熟了。他的话刚落音，大家鼓起掌来。有的队员风趣地说，狠狠揍了小日寇以后，我们还可以到明太祖朱元璋的故居游逛。同志们分析了各种打法的利弊，决定"夜袭"。

散会后大家分头准备。吃过晚饭，全大队都出发了。这天天气晴朗，清亮的月色，给我们的行军带来了方便。虽有三四十里地，但大家毫无倦意，一阵风似的来到了凤阳城南门外，埋伏在距城二三里外的地方。探听情况以后，我们挑选了十来个身强力壮、精明强干的战士，在向导的带领下，从县城南门的下水道爬进去，搬掉堵城门的装土麻袋，打开了城门。吕子让率领一个中队，埋伏在南门城外作后卫，以堵截日寇蚌埠来的援兵。这时张如屏和赵筹带着二中队全体战士冲进了城，缴了守卫在南门的伪军的枪支，打垮了绥靖队，拿下了军用仓库，捉住了维持会长潘慰农，解救了维持会为"慰劳皇军"强拉来的中国妇女。我们从南门一直打到北门，鬼子不知虚实，一直缩在屋里不动。当天大亮，我们打到城中间十字路口时，日寇借着城楼上的掩体，不断向我们射击。我们在明处，日寇在暗处，地势对我们极为不利，加上日寇已摸清了我们的情况，火力越来越凶猛。尽管这样，我们的战士还是奋勇向敌人工事冲锋，但几次都未成功，张如屏右手中弹，不少同志倒下，伤亡很大。不久又传来日寇的援兵从蚌埠乘装甲车出动的情报，于是我们决定从城内撤出。看着牺牲的战友，我们抑制住悲痛的心情，把对敌人的恨全部集中在枪口上，奋力反击，打退了敌人的一次次进攻。吕子让被前来增援的日寇的流弹击中，壮烈牺牲。我们边打边退撤出了县城。

凤阳一战，我们牺牲了9位同志，但影响是很大的，就连当时的国民党《武汉日报》也报道我游击队"进袭凤阳城，颇为得手"的消息。

关键时刻　曹云露重整队伍
合力对敌　一路军壮大力量

攻打凤阳城后，部队转到寿县、凤阳、定远三县交界处的炉桥时，队员只有100多名。这时，在外地视察工作的曹云露同志闻讯赶到了炉桥，接替了张如屏工作。

云露任大队长后，派人护送如屏去武汉治伤。为了培养革命后代，还安排了二三十名青年随同如屏到外地学习。如屏走后，云露对部队又进行了整训，首次在大队建立了党支部，注意抓政治思想工作。队伍又渐渐强大起来。端阳节时，日寇进犯炉桥，派飞机狂轰滥炸，当地的百姓扶老携幼，四处逃散。云露当即命令一、二中队分开活动，掩护难民撤退，我和董积善、胡泽萍带领二中队在炉桥西边的三里岗对日寇进行了一天的阻击战。

这支队伍在云露率领下回到了寿县杨家庙。在分队长以上干部会议上，云露就游击队的去向问题要大家展开讨论，当时有两种意见：一种意见认为寿县已成立了安徽自卫军第一路军，指挥官石寅生不是国民党，对我们不歧视，队伍编给他影响大些，活动范围广些，便于发展；另一种意见认为，石寅生不可靠，编给他不放心，主张编给张焕亭（此时张焕亭担任郑抱真第二支队下面的一个大队长），云露综合了大家的意见，决定队伍加入石寅生领导的安徽抗日自卫军第一路军。

一路军的指挥部设在寿县保义集。在这里，我们见到了石寅生。石是寿县石家集人，富有民族正义感，是位爱国将领。云露与赵筹就游击队的问题与石寅生进行了洽谈，凤阳抗日游击大队正式改为安徽抗日自卫军第一路军第三直属大队，云露同志为大队长，孟西风为大队副。这时隐贤集的吕超、窑口集的陈宝如各带20人前来参加，我们这个大队发展到约200人。

农历五月，日寇退出寿县，我们第三直属大队根据石寅生的命令，进驻寿县城。

我们刚到县城附近，就有一股股难闻的臭气扑面而来，城河里漂着许多死尸。走进南城门，街两旁的许多店面里也有死尸，有的妇女是被强奸后自杀的。面对被日本强盗蹂躏的惨状，同志们气得牙齿咬得咯咯响。我们抓住了维持会长黄玉章和另一个汉奸张小老鼠，根据群众的意见，将这两个汉奸镇压了。

拒绝收编　石寅生挥泪解散自卫军
坚持抗战　自卫军大部参加新四军

1938年的8月，黄岩同志根据中共安徽省工委的指示来寿县担任中心县委书记，并传达了省工委关于调大队长曹云露到新四军第四支队第二游击纵队担任政治委员的决定。云露调离后，赵筹接任大队长。

不久，国民党政府派员到我们的指挥部，强令取消抗日自卫军番号，改编成国民党的正规军，石寅生拒绝收编，使其阴谋未能得逞。但由于国民党政府的威胁利诱，一部分地主武装脱离了自卫军。眼看着这支队伍即将解体，这位爱国老人十分愤慨。他召开大队长以上人员会议，宣布自卫军解散，声泪俱下地说："诸位如愿抗日就自找出路，我要是去掉20岁，也要去参加新四军抗日。"

抗日自卫军解散后，我们这支队伍本来还想换个番号，继续坚持守土抗战，保护群众生命财产，然而，国民党寿县县长却百般干涉限制，最后根据中共皖东省委指示，这支队伍由我和赵筹、杨守先率领参加了新四军，编入新四军暂编五支队特务营。

回忆这支队伍从创建到发展所经历的艰苦卓绝的斗争过程，我们深深地感到，曹云露、张如屏为创建寿县这支抗日武装，为培养和锻炼一批军事政治干部，立下了汗马功劳。后来，云露同志到鄂东抗日五大队工作，不幸惨遭国民党杀害。他虽死犹生，我们永远怀念、敬仰他。

（赵志华　整理）

原载中共六安地委党史工作委员会编：《皖西革命回忆录：抗日战争时期》，安徽人民出版社，1989年，第9～15页。

寿东南抗日游击根据地的开辟与发展

◎ 赵　筹

寿东南游击根据地是由小到大逐步建立起来的。开始仅有一个乡政府——涂拐乡政府，以后发展为寿东南行政办事处，又改为寿县县政府，下辖5个区，二三十个乡。南至高塘集、吴山庙、陶楼，北至八公山、赖山集、田家庵淮河边，东至淮南铁路，西至瓦埠河，长100多里，宽三四十里。在抗日战争的艰苦斗争中，该地区的党组织和广大军民，在敌、伪、顽残酷统治下，不畏强暴，坚持抗战，作出了贡献。

寿县是一个革命历史悠久的地方，早在1922年就建立了共产主义青年团组织，1923年建立党的组织。1927年正式成立县委（后改为中心县委）。1931年举行了震撼全县的瓦埠暴动，揭开了寿县武装斗争的序幕，成立了红军游击队。1934年白色恐怖严重，全县党、团组织先后被国民党破坏，大批共产党员被捕，惨遭杀害，少数同志与党失去了联系，县委率游击队转移到合肥，与合肥党的组织合并成立皖北中心县委。寿县游击队与合肥游击队合编为游击师，直至抗战。1937年底，中央派原在皖北中心县委工作过的曹云露、张如屏、宋天觉等同志回寿县整顿组织，建立武装，成立安徽工委，组织抗日游击队，深入敌后凤阳县境，开展游击战争。1938年5月一度攻入凤阳县城，活捉2名维持会人员。6月，寿县沦陷，游击队转回寿县活动，为了取得合法地位，曾用皖北人民抗日自卫军第一路第三直属大队的番号。8月，相机收复了寿县县城，生俘伪寿县维持会长汉奸黄玉章、张小老鼠等 20 余人。党组织由安徽工委改为寿、六、合中心县委，后又改为寿县县委。1939 年 5 月，奉省委指示，游击队编入新四军五支队。1939 年底 1940 年初，寿县县委亦转移到淮南路东。与此同时，地下党曾组织两批抗日武装编入新四军。在这十几年的斗争中，我党在寿县的影响很大，威望很高，受到人民群众的积极拥护和支持，为开辟寿东南抗日游击根据地创造了一定的条件。

　　1941 年夏，淮南区党委津浦路西地委根据形势的发展和需要，派杨效椿等同志率十八团四连重返寿县建立游击根据地，开展敌后游击战争。当时的情况是，国民党顽固派盘踞于瓦埠河以西、安丰塘以南寿县西南的一角。包括寿县县城在内的绝大部分地区为日军占领，日伪据点林立，保甲制度严密，亲友来往宿夜都要及时报告。我军经过的地方，特别是住过的村庄，都难免要遭到日、伪军的抢劫掳掠。形势恶劣，我军活动艰难，每晚必须转移营地，封锁消息，次日午前尚须隐蔽，经常是日夜处于战斗状态中。在这种情况下，开始我军深入到日军据点杨家庙、庄墓桥、朱集一带，进行隐蔽活动，向群众宣传教育，向中上层人士开展统战工作，动员广大人民团结抗日。经过一个时期的工作，我党、我军在群众中的影响逐步扩大，为了进一步鼓舞群众的斗志，在地下党和基本群众的配合下，抓住有利时机，曾两次伏击日军，一次在杨家庙附近活捉锯树的日本士兵一名，一次在朱集、王集之间，打死打伤日本士兵二三名。1941 年八九月间，我军又袭击杨家庙伪乡中队，生俘伪中队长胡行宽以下二三十人，经过教育，多数参加了我们部队，少数释放回家。1942 年初夏，为了严惩不接受我军劝告，依仗日寇为非作歹，敲诈勒索人民的伪乡长胡迪生，我部队 20 多人化装成农民混进杨家庙街内，予以痛击。除伪乡长胡迪生负伤后逃入日军据点外，其余 20 多人全部被俘获。伪乡长胡迪生也畏罪辞去乡长一职。在此情况下，我乃趁势向伪军、伪工作人员开展政治攻势，晓以民族大义，施以政策教育，在我军事压力和我党政策的感召下，伪军不再到我活动地区危害人民群众。伪工作人员、村长等亦用以少报多、以多报少、今天报昨天的情况、明天报今天的情况等谎报办法，虚报我军情况和行踪，借以哄骗日军，掩护我军。至此，我军在涂拐子、枣林铺、义井岗一带站住了脚跟。1942 年春、夏间成立了涂拐乡政府和乡中队。

　　1942 年 7 月，为了加强现有地方武装的领导，发展抗日力量，遵照地委、路西联防司令部指示，以十八团四连为基础，成立淮西独立团，李国厚任团长，杨效椿任政委，赵筹任副团长。原寿县县委书记陈世新在一次与国民党顽固派的战斗中不幸牺牲，由杨效椿同志兼任县委书记，并由地委先后增派一部分原在寿县工作过的干部回到寿县工作。其任务是：开展敌后游击战争，扩大抗日武装，开辟寿县游击根据地，发展抗日民族统一战线，牵制国民党顽固派的军事力量，搜集敌、伪、顽的军政情报等。为了加强联系，还配备一部电台。

独立团成立后，我军进一步给日、伪军以有力的打击。1942年12月我得到可靠情报，驻打石坑日军第二天要向涂拐子方向打猪抓鸡，我1个连和区大队分头埋伏在戚家堰、陈亚东圩子内，待日军五六名率伪军30多名进入我埋伏圈内，即给以迎头痛击，打死日本士兵1名，伪军4名，并生俘日本士兵1名。1943年秋，上级指示要我们探清日军活动情况，我侦察班化装成群众，深入日军据点杨家庙街内，活捉士兵1名。1944年夏，我军又攻入杨家庙伪军据点，严惩了死心塌地的伪军队长颜如霜，俘获人枪一二十。此后日、伪军龟缩碉堡内，不敢轻举妄动，大规模"扫荡"的次数也大大减少。

国民党顽固派是不甘心我军重返寿县的。当我在杨家庙、瓦埠之间站稳了脚跟，独立团成立前后，一部分桂系部队配合国民党地方武装，也重返瓦埠河东，以瓦埠街为据点，深入到杜十娘岗等地，多次向我地区发动进攻，企图将我赶回淮南铁路以东，在群众支援下，均被我军击退。顽固派在军事上未达到目的，又生一计，采取威胁、逮捕我军干部、战士、家属，焚烧我干部家属房屋，企图动摇我指战员的革命意志，结果亦未得逞。在我军积极活动和威逼下，国民党顽军最后不得不由杜十娘岗等地，收缩到瓦埠街，无大量正规军配合，亦不敢再轻易进犯我地区。在此有利形势下，我继涂拐乡政府成立后，又成立了义井、枣林、大井寺、钱集、车王集等乡政府和乡中队，并成立了区委会、区政府、区大队，领导上述各乡的党、政、军（以后为三区）工作，另外还成立了特务大队深入到高塘集、陶楼、吴山庙一带，情报工作也有了较大的发展。

早在1942年6月独立团成立之前，为了开辟庄墓桥、大顺集以北地区，我军曾奔袭庄墓桥以北邵店伪军据点，因情报不准造成攻击方向失误，攻进后未能全克，部队仍撤回庄墓桥以南。独立团成立后，1942年7月派赵筹同志率地方武装一部，深入该地区发动群众，相机打击日、伪军，以保护人民利益，发展抗日武装，建立政权，开展统战工作。

我军进入庄墓桥、大顺集以北地区后，即以迅雷不及掩耳之势，先后逮捕伪村长2名，缴获长短枪2支，并几次活捉零星的宪兵和伪军。接着，我地方武装配合独立团四连又一举拔除邵店以西李嘴子伪军据点，缴获枪支十六七支。7月底，邵店伪军、政人员，预感末路即将降临，但仍存在侥幸心理，企图做垂死挣扎。一面乞求日军增援，一面由伪乡长姚登山率伪军30余人枪向我张拐子侵袭，被我预先埋伏在张拐子以西的独立团四连迎头痛击，激战1小时，将其全部歼灭，生俘姚登山以下30多人，形成了对邵店伪据点围困之势。伪军恐慌万状，连夜逃窜到日军据点大孤堆集内。邵店据点拔除后，庄墓桥、戴集、水家湖、朱集、大孤堆集之间已连成一片，纵横三四十里，无日、伪据点。我活动范围扩大，人民情绪高涨，社会秩序安定，形成一派太平景象。8月，水家湖日军企图蚕食我地区，委任翻译官王××为伪军队长，拼凑二三十人枪，深入我长岗集修筑碉堡、建立据点。我趁伪军立足未定，以十八团六连为主，地方武装配合，独立团侦察班化装成农民赶集，混入集内，充做内应，一个排埋伏在长岗、水家湖之间徐巷村庄内，堵截伪军逃路。我军攻进长岗，伪队长王××以下二三十人枪，仓皇向水家湖逃窜，陷入我伏击圈内，全部被俘。因而人民大快，我军声威大振，先后成立了禹庙、仇集、长岗、尹集、徐庙、朱集、史院集等乡政府和乡中队，并成立了二区区委会、区政府、区大队，领导上述各乡。

1942年九十月，地委、专署指示成立寿东南行政办事处，以统一政权的领导，赵筹同志任主任。1943年春，成立了杨新、陶楼、高塘、吴山、华庙、河奓等乡政府和乡中队，并成立了四区政府、区大队，领导上述各乡。同年夏相继成立了兴隆集、庙岗集、曹家庵、杨公庙等乡政府、乡中队，同时成立了一区区委会、区政府、区大队领导上述各乡。1944年夏还成立过寿凤区，下辖仇城寺、三和集、马厂集、赖山集、大孤堆集、小孤堆集等乡。因该地区活动艰难，时间不久即撤销。1943年底，寿东南行政办事处改为寿县县政府，赵筹任县长，独立团副团长由彭继武担任。至此，县以下各级党的组织、政权机构、区乡武装随着时间的推移亦逐步健全，有的已成立农、工会和民兵组织。独立团亦由1942年1个连发展到5个连（区乡武装在外）。团的领导除增派彭继武任副团长，还增派王善甫任政治处主任。下属机构亦趋健全。

根据地形成后，群众拥军拥政、锄奸支前更加积极，不仅缴粮纳税，踊跃参军，还站岗放哨，监视敌人。1944年春节期间，我正在禹庙岗召开党、政、军干部会议，日军突然"扫荡"，合击禹庙岗，就是群众及时传递消息，使我与会干部安全转移，顺利地粉碎了敌人"扫荡"，除禹庙岗乡中队长孟宪×英勇牺牲外，余无伤亡。

寿东南游击根据地始终是在激烈的斗争中发展和壮大起来的，不但与敌、伪进行残酷的斗争，而且不断受国民党顽固派的干扰。虽然广大群众，各阶层人士对团结抗日是积极拥护和支持的，但由于顽军近在咫尺，除基本群众和少数开明人士外，还有些人对国民党抱有不同程度的幻想，因而不敢过多地接近我们，虽经多次召开各阶层的代表会、座谈会和个别谈心，进行宣传、教育，收效并不明显。个别上层人士、地主恶霸、国民党特务分子，仍在进行破坏活动，秘密控制、恐吓群众，窃取我军政情报。例如，1944年春，随着大生产运动的开展，我因势利导，发动群众进行减租减息，正当运动深入开展的时候，尹集乡地主、恶霸、特务尹佩璜、尹干臣等打着封建宗族幌子，欺骗煽动一部分受蒙蔽的群众，向我减租减息的群众反扑，公开与群众对抗。为了保护群众利益，增长群众锐气，经过群众大会面对面斗争，依据群众的要求将尹佩璜、尹干臣予以镇压后，群众才扬眉吐气，受蒙蔽群众也相继觉悟，农会组织得到蓬勃发展。在此以后，王集大地主、叛徒、特务王济川唆使族人土匪头子王玉清以伪军面目出现，深入我曹家庵修筑碉堡，建立据点，与我对峙。我独立团一部，晚饭后由尹家瓦房行军三四十里，奔袭曹家庵伪据点，战斗三四小时，直至清晨六七点钟，将其攻克，生俘伪队长王玉清以下二三十人枪。王玉清交政府镇压，余均释放。经过这一系列针锋相对的斗争，我根据地始日趋稳固，直至抗日胜利。

原载安徽省新四军历史研究会编：《抗日战争回忆录》，安徽人民出版社，1992年，第252～257页。

淮西地区抗日民主政权的建立

◎ 赵 筹

寿东南地区位于淮南铁路西侧，故又称淮西地区。这里物产丰富，盛产小麦、水稻，银鱼瓦虾曾作为贡品，是真正的鱼米之乡。这里的地理位置也十分重要，有淮河和瓦埠河两条水路，且靠近淮南铁路，毗连蚌埠，水陆交通十分方便。开辟淮西地区就能巩固和保卫津浦路西抗日根据地，保护皖东地区已经取得的胜利成果。因此，敌我双方都很重视这块地方。

1941 年 3 月，在中共皖东津浦路西省委所在地藕塘成立了临时性的政权机构——寿县军政委员会，于 6 月初迁入寿县。此后，新四军二师六旅十八团一部和寿县游击队在军政委员会统一领导下，加上广大群众积极配合，大多数爱国人士的大力支持，不断粉碎敌人的多次"围剿"，从而扩大了我党我军的影响，逐步建立了自己的根据地。到 1942 年 7 月，先后建立了涂拐、义井、枣林和大井寺等 4 个乡政权，并发展了 10 多个乡两面政权。还成立了淮西独立团，李国厚任团长，杨效椿任政委，我任副团长。

随着抗日武装力量不断加强，政权区域的不断扩大，我们根据上级指示，实行军政分开，于 1942 年冬建立了县级政权机构——寿东南办事处，我任主任。

办事处积极发展群众组织，建立了工、农、商、学、青、妇等抗敌团体，还成立了调解委员会、参事室。参事室是由各界有威望的抗日民主人士组成的，参与政府一些重大决策和法规的制定，各界群众都发动与组织起来了，我们政府工作有了依靠。

在农村还建立了互助组，使群众生产、生活有了依托。逢荒年或是青黄不接时，互助组就出面帮助调剂口粮，借粮的群众只需付很少利息；农忙季节互助组出面，动员劳力多的人家支援。1942年到1943年，寿东南地区连续两年遭受水灾和旱灾，贫苦群众只能靠糠菜度日，却还要向佃东交纳繁重的地租。我们办事处决定发动群众进行减租减息，并多次召开各阶层的代表会、座谈会，进行宣传教育与协商。

我们在"双减"中，一方面反对地主、债主的高额剥削，一方面又照顾到他们的利益，以团结他们抗战。同时还考虑到以后借粮问题，所以在工作时注意分寸，避免过火行动。为此，通过佃户、债户代表会议来协商解决。如债户代表会还由到会代表签名请愿，一面感谢债主在春荒时借贷，表示还债的诚意；一面叙述高利贷的事实，表示还不起债的困难，要求农抗、政府向债主评商，让息还债。农抗向政府提出让息还债办法，作为建议，请政府召集双方开会解决。我们办事处就召集债主、债户、农抗和士绅代表开联席会议，本着"照顾双方，互不吃亏"的精神进行协商，使债主和债户的利益问题得到合理的解决，得到各阶层的广泛拥护和支持。但是也有少数劣绅豪强表示反对。尹集乡地主、恶霸尹佩璜、尹干臣等，打着封建家族幌子，欺骗煽动一部分不明真相的群众，向我减租减息的群众反扑。为了保护群众利益，我们当即予以逮捕，并应广大群众要求进行公审，然后枪决，从而使"双减"工作顺利开展。

在进行"双减"的同时，我们还发动群众展开了"增资"运动，要求地主给雇农增加工资，深得广大群众的拥护。

随着工作的顺利开展，我们加紧了区、乡政权的建设，全县先后建立了以涂拐乡为中心的三区，以徐庙、邵岗为中心的二区，以陶楼为中心的四区，以三和集为中心的一区和寿（县）凤（台）区，还建立了30多个乡政权。根据地扩大后北起八公山、田家庵淮河边，南至吴山庙、四十铺，东起淮南铁路，西至瓦埠河畔，长100多里，宽三四十里。

区乡政权的建立，使县政权得到了巩固和发展。1943年底，建立了"三三制"县政权，改寿东南办事处为寿县抗日民主政府，我任县长，机关设在禹庙岗，下设秘书处、民政科、财粮科和公安局等机构。

抗日民主政府成立后，遵照我党的方针、政策颁布法令，从而保障了抗日群众的人权、财权及言论、出版、结社和居住的自由权。根据地人民积极发展生产，拥军拥政，锄奸支前，不仅缴纳公粮，踊跃参军，还站岗放哨，监视敌人，出现了人民的抗日热情空前高涨的新局面。

寿东南根据地的开辟和发展，引起了敌人极大的恐慌，他们千方百计地对根据地实行封锁，妄图切断我们与外界的联系，将我们困死。这时，抗日民主政府根据上级指示，开展了轰轰烈烈的大生产运动，号召所有军政人员帮助群众发展生产。在抗日民主政府的领导下，军民发扬艰苦奋斗的革命精神，同甘共苦，边生产边战斗，战胜了严重的物资困难，粉碎了敌伪顽的经济封锁，改善了军民的生活，密切了党政军民的关系。

在武装建设方面，我们成立了"防匪保家联庄会"和"青年队"，其基本骨干均有武器，配合淮西独立团作战。区乡政权建立后，这些地方武装更加扩大，区有区大队，乡有乡大队。这些武装，一方面担负保卫家园的任务，一方面为主力部队提供和补充兵源。

经过一系列针锋相对的对敌斗争和艰苦的政权建设，寿东南抗日根据地日趋稳固。

（王多富　赵志华　整理）

原载中共六安地委党史工作委员会编：《皖西革命回忆录：抗日战争时期》，安徽人民出版社，1989 年，第 294～297 页。

开辟柏子山抗日游击根据地的回忆

◎ 姚奎甲

抗日战争时期，我在怀宁柏子山打过游击。柏子山靠大龙山西南，安庆整个西郊，包括海口洲一带，都属柏子山游击区，是一个很重要的地区。当时，国民党怀宁县政府在石牌，日军驻在安庆，柏子山周围的山头都有日军，大小山包有 72 个，大多驻了敌人。大的据点，比如查家竹园是日军大队的驻地，月山有一个中队，洪镇也有一个中队，海口洲有日军的自卫队。除了日军以外，国民党的队伍分布在外围：江镇是郝文波的队伍；怀望交界地区是曹琏塘的队伍；石牌是郑海澄的队伍；靠近望江的小洲、官洲，是梁金奎队伍控制的地盘。在柏子山里，有时国民党的队伍也来骚扰。郝文波有个分队也在柏子山，不常住，有时住个把星期就走。郝文波对柏子山的情况最熟悉，他的大队长、中队长基本是柏子山附近的人。大队长杨自明是柏子山的，还有头坡的谢三毛这些人。

为什么要开辟柏子山？当时桐怀潜县委所在地在桐城花山，靠安庆东边的大龙山、马窝一带我们活动得多，靠安庆西边的柏子山活动得少。沿江中心县委在贵池，向沿江一带发展，便于打通七师和五师的联系。这样，我们就以大龙山为依托（因为翻过大龙山，就是桐怀潜县委所在地），去的人不多，可以牵制敌人，减轻花山的压力，打不到他们，骚扰是可以的。

开辟柏子山，前一次韩非他们没有搞好，吃了亏。这次县委提出来要坚决开辟柏子山。1943 年冬，县委派组织部长王进臣带手枪班进柏子山，开始在石门湖一带活动。后来又派我、冯诚、毛祯祥3人去了，带了一些人充实了力量。柏子山这个地方不好进，我们是从中间插进去的。中间国民党军队去得少，去也是便衣队、破坏组，割电线、挖公路、抢群众的东西。他们走了，日军又来，执行"三光"政策，民不聊生。

1944年2月，我们到了，就正式成立区委，在柏子山刘家老屋刘凤竹家开会。王进臣兼任区委书记，委员有我、冯诚、毛祯祥。后又吸收了冯奎列席区委。区委分工：王进臣是书记，负责全面；冯诚负责柏子山、东西广村、东西冶塘；冯奎负责查家竹园、查家海螺、石镜一线；毛祯祥负责海口洲、官洲一带；我负责武装，带十几个人在全区范围内活动。

区委分了工，怎么着手搞？特别是游击区，敌、伪、我三方面力量都有，再加上当地的青洪帮等封建帮派势力和土匪队伍，斗争相当复杂，当时主要做了这样一些工作：

一是宣传政策，开展统战工作。我们向群众宣传党的抗日方针，说明共产党不抓丁、拉夫，是帮老百姓打日军、打坏人的。对当地的士绅、乡保长和三番子做争取工作，团结一切抗日的力量，同他们建立关系。比如在石门湖，先把谢旺东找出来了，他是个小知识分子，也是三番子；柏子山的刘凤竹是统战对象，王进臣封他一个游击队长，把这些人拉过来，可以帮助我们做点好事。

二是抓典型，打击坏人。开辟地区内的一些地头蛇，很坏的，就把他搞掉。太湖包有个苏汉阳，是月山地盘的密特队长，先杀了他，其余小的一个不动。这样一来，有的向我们靠拢，有的不干了。

三是建党，发展党的组织。在柏子山、分龙岭、石镜、查家竹园一带，先是发展了冯奎、戴天村、杨自福、王高法、王心赞这些人；在海口洲发展了钱立明、钱玉山、陈金友这些人。这个地方江北的移民多，他们大都是桐城、枞阳迁过来的，对共产党、新四军有所了解，比较进步一些。柏子山还有刘凤竹，他是特别党员。先建立了这些关系，才慢慢地落脚。

同时，我们还掌握敌人之间的矛盾，为我所用。国民党特务查佩钦与郝文波之间有矛盾，郝文波与马小李、曹琏塘之间有矛盾，曹琏塘与梁金奎之间也搞不好。我们的人不多，一时东一时西，敌人摸不到我们的底。我们就利用他们的矛盾，有时针锋相对，真打；有时写信跟他们联系，互不侵犯。如曹涟塘跟我们通过信，我们不打他，他也不反对我们。安庆北门的伪保安队，同我们也有关系，他们持枪站岗，我们不搞他；我们走北门经过，他们知道也不过问。我们给查佩钦也写过信，他不回信，是对立的。我们与伪建国军是生死对头，碰到就干。

在对敌斗争上，我们的武装力量是属桐西（桐怀潜）大队，大队长张振，副大队长王业庭，黄瑛兼政委。大队下面有三个中队，七中队在黄甲；六中队跟县委在花山；柏子山是八中队，我是指导员，队长姓杨。六中队、七中队都是长枪，短枪很少。我们是游击区，长枪很少，大部分是短枪，三五个人一起行动，活动方便些，主要是晚上可以带着走路。这个地区，大的兵力活动也不行，我们短枪班只有20多人。地方游击队在分龙岭、查家竹园、石镜一带，由冯奎带领，枪不多，人不少。在海口洲、官洲是民兵，叫游击队也行，小洲也有七八个人的小游击队。

查佩钦、郝文波的便衣队经常到何家咀、分龙岭、江家祠堂一带来，他们一来老百姓就遭殃。有一次，郝文波的便衣队到何家咀何保长家来，何保长是郝文波匪部大队长杨自明的大徒弟。当时，我们也正在何保长家里，他们的便衣队来了20多人，听说我们在那里，吓得跑掉了。其实要打，我们打不过他。有天晚上我们七八个人到何保长家准备搞饭吃，望见日军来了，离我们不到半里路，我跟何保长讲，你怎样把日军搞走，如果要打我们也不怕，就在你家打。结果他把日军弄走了，我们仍在他家吃了饭。在海口洲的日军自卫队很反动，有天晚上下着雪，我们去缴了他们的械，杀了一个小队长。后来，我们也组织了自己的自卫队，派共产党员朱勋当队长。1944年上半年，查佩钦的特务队七八个人，化装便衣到石门湖来，我们揍了他一下，在太湖包缴了他们3支短枪，枪很漂亮，是德国造的。这次整了他一下，他也就乖了。

接着，我们就打击地方顽固势力。1944年夏，我们住在分龙岭，对比较坏的汪伪乡长进行了打击。独秀山有个姓杨的乡长比较坏，有一天，我们开会去了，冯奎带领汪俊富等人在分龙岭街上把这个乡长杀掉了。1944年7月左右，汉奸方理高到月山来，我和老夏、宋国齐3人到石镜冯奎那里去碰到了他，在桥头一家茶馆我们把他捉到。刚出茶馆，见有10多个日军从查家竹园出来，我们连忙进了查家海螺，原打算从方理高嘴里搞点材料，因情况很急带不走，就在查家海螺把他干掉了。后来，洪镇伪区长陈家密到安庆开会，我们打听到这个消息，就埋伏在石库渡口，上午 8 点半钟左右，我们便衣队上船把他揪下来，在石库把他打死了。

这样一些坏人被搞掉了，党的组织也发展扩大了。区委在分龙岭、柏子山、山口镇、石镜、海口洲等地，都先后建立了党支部。柏子山地区一共有 100 多名党员，其中，海口洲的支部和党员最多。我们在柏子山后来连地方工作人员在内有 110 多人。

当地的公堂有个规矩，清明、冬至要办酒，我们就趁这个机会搞。征公粮都是公堂的，老百姓的我们不搞，小的地主也不搞他的。公堂的粮食我们要是不搞，他们的户尊、房长就吃喝、抽鸦片烟花掉了，老百姓也想不到。洪镇陈家密家陈姓公堂，每年要收上千担租，我们一年要搞它三四百旦。那时，我们有 5 个征粮员，记得洪镇有孙广明和一个姓李的搞征粮。在怀宁 3 个年头，征的公粮除地方人员自给外，还向县委上缴一部分。有的地主和乡保长租子很重，群众负担不起。有次我把汪伪乡长陈老七找来，问他为什么对老百姓收租卡得这样紧。老百姓看到我们替他们说话，就更加相信新四军、共产党了。

柏子山地区的局面打开了，我们大别山的游击队呀、新兵连呀，都可以从海口洲过江。有次，五师的一个团长就是从海口洲搞船过江的。有一排人和团长在月山天主堂歇了一夜，部队很整齐、很威武，经过柏子山也给我们助了威。

1944 年下半年，我们就安定下来了。日军搞些农民在村头、路口为他们放哨，我们派人进去开几次会，把他们组织起来，就变成了我们的人。在柏子山、东西广村、东西冶塘、山口镇、长安岭和海口洲，都有我们的农民哨，对日军和国民党军队的行动，都有我们的暗号。在柏子山里和海口洲，就像我们的根据地一样，晚上开门睡觉也没有关系，成立红色政权都行。有时我们白天到洪镇去也不碍事，那里的一些伪保长我们天天见面。当时我们考虑如果在这个地区建立红色政权，有可能会垮掉，日军控制的小乡有 10 多个，我们的力量也搞不过来。于是，我们就建立灰色政权。比如海口洲的自卫队，朱勋当队长，打扮像伪军一样，起的作用很大。1945 年春，我带 8 个人去官洲，在一个伪保长家里开会，还有士绅参加，被梁金奎知道了，派 200 多人来包围，朱勋带自卫队阻击，像这样不公开的灰色政权也好嘛！

王进臣兼任区委书记时间不长就调走了，由冯诚代理区委书记。他不愿住柏子山、王家冲，一到海口洲就不想出来，生活腐化。县委调他，他反抗，调不走，瞒了县委跑到安庆日军那里搞了特务证，叛变了。后来，在日军投降以前，被洪镇建国军杀了。冯诚以后，1944年冬，张伟群兼任区委书记。他搞了一段时间调走了。最后，我接任代理区委书记。在这段时间，敌人经常来"清剿"。有一次，我们有点麻痹，在柏子山下头渡口长安岭底下，住了两个晚上，广村的李洪周、杨自建两人带月山伪建国军来包围我们。他两人是那天中午到月山被建国军逮去的，下午他就带敌人来了。当时没有办法，只有冲！他们是穿便衣，我们也是便衣。在突围中牺牲了两个同志，汪俊富负了伤，是通过关系送到山口镇日军的医院治疗的。我老婆头天来的，怀了孕，也被敌人捉去了。怎么办？月山的丁斗南最反动，他是建国军连长，我是搞武装的，公开找人保是保不了的，人家也不敢保。后通过月山建国军的看守、汪俊富的老表吴祚苗，趁丁斗南去安庆开会，从看守所墙上挖洞跑出来的。这时，环境很艰苦，我们转移在海螺山一带，晚上在山头露宿坚持斗争。

开辟柏子山根据地，我们有了经验，也有一些教训。冯奎、王高法、王来保、宋国齐等这些同志牺牲了，还有段保明等同志被日军杀害了，死了一些人，是付出了代价的。

1945年8月，沿江中心县委在贵池召开会议，我参加了这次会议。会上，中心县委书记黄先布置我们撤退，由张伟群、杨震和我3人组织一个工委，并指示江北的小武装对坏人要限期打击。散会的当天晚上，我就赶回了柏子山。冯奎同志牺牲，是月山的一个伪保长告密的。我们从贵池开会回来没有捉到这个伪保长，就把他家抄了。接着，我们就组织撤退，我和杨震共带领80多人，还没有进大别山，广西兵就到了。情况很紧急，我们就这样离开了柏子山，投入了新的斗争。

原载安庆市政协文史资料委员会、安庆市地方志办公室编：《安庆文史资料》（第二十六辑），内部资料，安庆四中电脑胶印厂，1995年，第50～55页。

关于开辟贵桐地区游击根据地的几个问题

◎ 黄 瑛

　　1943 年春，记得是七师进行整编的同时，成立了沿江地委，地委书记由沿江支队司令员林维先同志兼任，副书记是黄先同志。当时，地委的主要任务是：巩固巢无抗日根据地，并向沿江两岸发展开辟游击根据地；坚持和发展大别山的游击斗争，打通五师与七师的交通联系；牵制日顽和配合根据地的反顽斗争。

　　当时，沿江地委领导的有 3 个县委：一是湖东县委；二是桐庐县委；三是桐怀潜县委。后来发展又成立桐贵青县委等。

　　1943 年春，我由新四军军部调到七师，分配到沿江支队工作。当时，根据皖江区党委指示，决定我进大别山地区工作。沿江地委派支队副支队长傅绍甫同志带领干部和部队挺进大别山。他参与召开会议，决定成立桐怀潜县委，由黄瑛任书记兼游击大队政委。县委组织部长王进臣同志，副部长齐平同志，组织干事熊俊同志，宣传部长马守一同志，副部长韩非（后叛变），群工部长陈怀民同志，主要负责大别山工作。在县委工作的还有严文、韩东明、陶文、邓永和、王开浒、方亚洲、郭景山等同志。

　　当时桐怀潜县委主要在桐城、枞阳、大龙山、杨溪桥、罗家岭、广济圩和怀宁一带活动，以花山、罗丝山为中心。大别山则是在桐城、潜山、舒城、庐江、岳西以及大小官庄、七里河等地隐蔽活动。我们的任务是：开展以花山、罗丝山、枞阳、怀宁为中心地区的抗日游击根据地，建立抗日政权；发展桐南和桐贵地区的联系；坚持大别山国统区的游击斗争；打通七师与五师的交通联系；牵制日顽军向根据地进犯等。

此时，桐怀潜游击大队已改为桐西大队，大队长是张振同志，副大队长是汪立庭同志。

1943年4月12日，成立了以花山为中心地区的抗日民主政府。区长是冯力群（即唐家怀，他在1945年8月20日我们北撤时叛变了）。当时，有五六个乡政权。

1943年4月22日，成立以花山、罗丝山为中心的中共区委，区委书记由县委组织部副部长齐平同志兼任。在区委领导下，不到一年就发展党员30多名，分别在各乡建立起4个支部。任务是：向人民群众宣传党的抗日方针、政策；发动群众参加抗日反顽斗争；发展统一战线，团结一切可以团结的力量，打击汉奸、特务，积极配合进行江南游击战争。

当时，为解决部分经济问题，区政府成立有税务局，记得局长是叶诗贵同志，为开展贵池地区工作，加之花山地区税收不多，叶就调到贵池去工作了。

1944年4月2日，根据沿江地委指示，为开辟江南贵青地区工作，我们县委宣传部长马守一同志，组织部副部长齐平、严文同志和张尔庆同志、张有道同志先后调江南工作。县委宣传部长就由张伟群同志接任，组织部长王进臣同志调走后，由陈怀民同志接任。

1944年初，桐怀潜县委由花山、广济圩、怀宁一带的抗日根据地发展到东西有五六十里宽、南北有100余里长的大片抗日根据地。面临三角地区，同敌、伪、顽三面作战，斗争环境艰苦。由于坚持执行党的抗日统一战线政策、策略，团结广大人民群众，紧紧地依靠群众支援和配合，一直坚持到抗日战争的胜利。

1944年9月间，沿江地委决定派沿江支队参谋长胡继亭同志来花山地区工作。当时，将县委改为桐怀潜中心县委，胡兼任中心县委第一书记时间很短，我任书记兼游击大队政委和大别山工委书记，副书记陈怀民同志，委员有杨震同志、姚奎甲同志、张振同志、余成宇同志等，这时我进大别山打游击了。在10月间，地委决定将胡继亭同志调回桐城东乡水圩工作。他走时，我同他一起下去的，我到区党委汇报工作，当我到无为山树岗区党委的第二天早上，曾希圣政委对我讲："今天早晨顽军进犯水圩时，胡继亭在反顽斗争中光荣牺牲了，真不幸啊。"并批评说，

"我常提醒你们，要在行动中注意提高警惕性，而你们就是粗心，看吧！一个很好的干部，很好的同志，牺牲了，你要接受教训，回去后中心县委书记由你担任。"

1944年11月6日至10日，沿江地委在贵西召开了扩大会议。这次会议由黄先同志主持，参加会议的有地委机关部长和其他干部，桐贵青县委吴文瑞同志，贵西工委书记马守一同志，桐怀潜县委由我参加了会议。会上汇报开展贵西地区工作情况，传达区党委指示。会议决定将贵西工委改为贵桐县委，马守一同志任书记。会议开始首先由黄先同志传达皖江区党委的指示，并对沿江两岸一年多来的工作做了总结。在分析了对敌斗争形势，总结对日顽斗争经验后，提出了今后对敌顽的斗争任务。我记得是："江南江北两个地区的配合是坚持沿江地区对敌斗争的基本策略；大力开展敌后与敌顽之间地区的工作；江南开辟八都湖，打通七师与五师之间的联系；江北要坚持巩固抗日根据地，挺进大别山，牵制顽军，打击敌特活动；沿江两岸相机配合行动，开辟江南与江北抗日游击根据地的斗争。桐怀潜县委要以花山、广济圩、枞阳至怀宁大小龙山等地为中心，巩固发展抗日游击根据地。"当时，我们这块抗日根据地跨长江两岸，与桐南和桐贵青县委联系，就是地委机关所在，并与江南的彭泽游击区相联系，互相配合行动，打击敌伪军。

1945年4月以后，调冯力群（又名唐家怀）到贵西去工作。我记得清楚，冯力群从调到桐怀潜县委，任花山中心区抗日根据地区长，一直到1945年8月份，日军投降之后，我们北撤前，找了他三天三夜没有找到他。当时，情况紧张变化快，不能久等，我们只好分头撤走。冯力群在艰苦对敌斗争面前，政治立场不坚定而叛变革命了。

我们一直坚持到1945年8月底，经过了花山反顽战斗，在撤离之前根据当时情况，沿江地委指示，决定以张伟群同志、杨震同志、姚奎甲同志等人组织大别山工委会，张为工委书记，杨为副书记，留下继续坚持大别山敌顽区游击斗争。他们坚决地执行党的各项政策；执行毛主席的游击战争的战略战术；紧密地依靠人民群众。英勇顽强，机动灵活，指挥部队坚持斗争。在非常艰苦困难的斗争环境下，他们终于在党的领导下，指挥大别山游击队不断地打击敌军，粉碎了国民党军多次"围剿"和妄图吃掉我游击队的阴谋。他们出色地完成了党交给的坚持大别山国统区游击战争的光荣战斗任务。

这支游击部队在战斗中不断发展壮大，一直坚持到全中国解放。

原载政协安庆市文史资料研究委员会《安庆文史资料》编辑部编：《安庆文史资料》（第十二辑），内部资料，安庆市彩色印刷厂，1985 年，第 212 ～ 216 页。

豫鄂边区抗日斗争回忆片段

◎ 胡友禄 [1]

一

1939 年 6 月，确山抗日大队在确山城南大赵庄赵进先家正式成立。县委书记王景瑞任教导员，赵进先任大队长。抗日大队共 300 余人。其中有赵进先从警察局拉出来的几十人，还有根据地和白区党组织动员出来的党员、干部和群众。我从刘店区带了 20 多人、十几条枪，参加了成立大会。此后，这支队伍就在确山、信阳等地活动。

这年秋，我在信阳胡祖店的薛场与日寇打仗时负了伤，化装转移到竹沟。伤好后，确山县委书记杨安平要我回本县工作。我回家后的第七天，竹沟失守。因形势恶化，党的工作全部转入地下。1940 年初，杨安平在确山东四里庄开酒馆隐蔽，县委调我到新安店任区委书记，并决定我改名叫王俊贤。一个月后，县委通知我到小楼村开会，小楼村在确山县城东 10 里处，只有 10 来户人家，是我们的红色村，邻边就是党员张九英的老家张庄。张九英的父亲张卫山，是当地比较有影响的开明绅士，在地方和县里都有关系。我们在小楼村过了春节，吃喝都由张九英家供给。

---

① 本文作者曾任新安店区委书记、淮南工委组织部长等职。

在那里，开县委会，研究了全县党的工作。参加会议的有杨安平、张九英、王治国（汝南地委秘密交通员，是当时地委领导派来的）和我。会议决定：（一）党的活动，由公开转为秘密。（二）整顿组织：好的、可靠的党员，进行单线联系；动摇的、消沉的放手考察。（三）利用各种关系，继续开展抗战工作，对个别民愤极大的坏人可处决。

在会上，我向县委汇报了新安店的情况：这里有丘陵、有山区。西边是桐柏县的杨集沟，西南是信阳县的宋冲、邢集、兰店，南边是明港。新安店是国民党确山县总队长孙星南（竹沟惨案的罪魁之一）的家乡。镇上有个反动乡长耿明轩，系孙星南的嫡亲。

新安店的孤山沟，有一个群众恨之入骨的坏保长陈凤岐，是孙星南的亲信，反共最积极。从我们的力量看，当地虽有五六个党支部，50名党员，但由于竹沟事件后，顽固派变本加厉地迫害，党组织几乎停止活动。根据上述情况，我提出对新安店区的工作打算：第一，先除掉坏保长陈凤岐，给人民去掉心头大患，打击孙星南的嚣张气焰。第二，依靠党组织，发动群众，向乡长耿明轩提出选举保长，以便让同情我党、积极抗日的人接任，并派人进入乡公所掌握情况。第三，对全体党员进行持久抗战的教育，尤其是要求支委，增强必胜的信心，提高警惕，要团结一致，加强纪律性。组织上对部分党员实行单线联系，经过考察，对不起作用的个别党员暂时放下不管。第四，我这个区委书记，以长工的名义出现，以便与农民打成一片，积极开展工作。县委同意了我的意见，并增加一项任务：兼管铁路东从老君山到山宗寺、留岗一带的地下党工作。

会后，我回到新安店区，先在孤山北马庄党员刘正立家当雇工，对外说是刘家雇了一个长工姓王。接着，找到区干部李青云和马庄的几个党员，传达了县委会议的主要精神，决定先打击保长陈凤岐。农历正月十五晚上，打死了陈凤岐。第二天，好消息便传开了，当地群众无不拍手称快。随后，我们发动群众推举刘世杰当了保长，并派党员张天意去当保丁。

不久，我在任店李华滋家开了个党员会，决定利用李家的西药房和邮电代办作为一个联络站，每半月送出一次情报，或由上级单位派人来取。

搞地下工作是很辛苦的，并且随时都有掉头的可能。白天，我给刘家种地，要真像长工那样苦干；夜晚，还要找党员谈话，发动群众，组织武装。为了及时向县委汇报工作，经常要翻过铁路，到小楼村一带找县委书记。夜里去，夜里回，往返百十里，多半是走小路。那时生活也苦，吃的是高粱面馍，喝的是高粱面糊。形势紧张，环境恶化，又苦又累，一旦被敌人抓住，就要人头落地。为什么能克服一切拼命为党、为人民工作呢？回忆当初，到处都有广大的受苦受难的人民群众，在明里暗里支持革命。他们从心底里相信党、爱护干部。特别是每逢最困难的时候，总是党给我们指出前进的方向，给我们战胜困难的勇气和力量。所以，我们既不感到悲观，也不感到孤单。那时我们并不怕杀头，因为我们干的是广大人民群众真正拥护的抗日救国保家乡的事业，是为着消灭人剥削人、人压迫人的不公平的社会制度而战斗。

二

动员优秀青年参军抗日，是我们当时的一个重要工作。动员青年参军，也不是容易的事。当时，国民党拼命和我们争夺人，到处抓壮丁，经常是用绳子捆着，一串一串地往炮楼里送。壮丁们吃不饱，睡不好，还不知哪一天就要当炮灰。群众都憎恨抓壮丁，害怕抓壮丁。我们动员参军，号召青年起来抗日救国保家乡，不当亡国奴；还宣传人民军队官兵平等，情同手足，亲如一家。群众亲眼看到国民党军队打日本无能，专会欺压老百姓，新四军与人民亲密无间，为人民坚决抗日。当时就有这样的说法："共产党，新四军，英勇杀敌为百姓；国民党，中央军，拉夫派款又抓丁。"所以，青年人都愿意参加新四军。1939年至1940年，地下党在新安店、邢河和山宗寺一带，先后动员了五六批近百名男女青年参军。每动员成熟一批，地下党就派人送到淮南参加新四军。新安店小郭庄青年郭守礼的父亲死了，母亲改嫁，他给地主当长工，受尽人间苦难。一听我们宣传参军，就积极报了名。新安店西边王胡林村，女青年张韦，母女俩靠讨饭度日。她听说新四军也收女兵，高高兴兴地参了军。

1940年秋天，确山县委书记杨安平要我不当"长工"，以卖散酒为掩护，更广泛地进行活动。于是，我到了邢河、山宗寺、留岗一带。这里原有两个支部，十几个党员，已经有半年没活动了。经我了解，只有宋天祥等3位党员较好，我与他们取得了联系。这时，我将新安店区的工作全部交给李青云同志负责。我又向淮北张杨店区活动，这是个老区，党的工作基础较强。1940年底，我又到了淮南。

三

1941年皖南事变后，豫鄂边区党委通知，撤退在白区（指淮北汝、正、确等县）不便公开工作的干部。当时，汝南地委决定："确山县委应积极由确山张店、邱湾过淮河，向信（阳）罗（山）边和信南转移。这年春，我住信阳县疙瘩堰党员吕君九家，并在吕家建立了一个联络点，先后有淮北几个县撤退的干部经过这里休息、住宿，再送他们去豫鄂边区党委。据我所知，先后撤退的主要干部有正阳的王振东、黄自强、王振武、贺岗、李卓英、熊克勤、熊克功，有汝南的张复周、李华轩、张子明、傅子英、赖鹏、胡凌云、张井然，有确山的张九英、杜明章、杜子寿、王新民、朱瑞甫、李连华、李连凯、段长青、郑奇，有信阳县淮南两岸的阎静宇、阎伯元、陈兰轩、李青山等。这些干部，除留在信罗边（淮南包括在内）工委工作外，我还给湖北大悟的白果树湾和京山县的小花岭各送了一批。这时，汝南地委书记王景瑞调到信罗边任工委书记，确山县委书记杨安平调到五师工作，我又接受了新的任务。

这年4月，敌暂编第一师开进豫鄂边区党委所在地京山小花岭。当时，我正送第二批撤退的干部到边区党委组织部，4月底青黄不接，党委负责同志都是吃煮熟的大麦仁，生活很艰苦。

一天，豫鄂边区党委陈少敏同志找我谈话，先问了我这次护送干部的情况。然后，她严肃地说："小胡，你仔细想想看，能否找个可靠地方、可靠党员，把人员和地名都告诉我，并约定暗号，以便联系。……我要给延安发个电报，叫延安派人来，好找人接头。"我稍加思考后，答道："联系地点可放在确山县东门外永胜祥酒馆，掌柜的叫刘文章。"

"联系暗号怎么定？"陈大姐接着问。

"进到永胜祥酒馆就问：'掌柜的贵姓？'对方答'姓刘'。'你是刘文章？'回答

'是的'。来人说：'我要找胡文丙。'这样就算是接上头了。"

陈大姐记下之后，又指示："你回去找刘文章布置好这项绝密工作，除你俩知道，任何人都不能讲。延安的同志来了，由你护送到我这里来。"

当时，我心里清楚地认识到这是一项非常重要的任务，就说："坚决服从组织决定，回去照办。"

接受任务后，我就回去了。一路上，我留心打听和察看敌人的哨卡。到刘店，见到刘文章，我把陈大姐布置的工作和联系暗号都一一向他清楚地作了交代，并说："延安'客人'来了，住在你家，我亲自来接。"

一个月后，我来到刘文章家，见到了延安来的"客人"，他自我介绍说姓秦，已经来了几天了。随后，他谈了国内外形势，叫我们搞地下工作的要有个长期打算，并要时刻防止敌人的破坏，等等。我接着向他汇报了这里的区党委必经的路线和敌情。我陪他路过山宗寺、邱湾，渡过淮河，到疙瘩堰，涉过水深齐腰的浉河，由信阳南台子畈翻山到湖北应山，又由应山到大悟山的白果树湾，胜利地完成了这次接应、护送任务。

老秦同志在区党委住了一个多月，区党委派了一个班把他送到淮南，又派我送他到刘文章家，并让刘给老秦搞了一张乡公所的假证明。这样，又把老秦同志安全地送回了延安。

后来我才知道，老秦就是张荣斋同志，他来的任务，是传达党中央指示，打通延安到豫鄂边区的交通线。当时密电码不通，党中央特派他来疏通。

送老秦同志回延安后，刘店区、新安店区和张杨店区的党组织关系，都交给了肖章同志。联系的秘密交通人员主要有刘店区的胡留义、新安店区普会寺的张子明等。这已是1942年的事了。

四

信阳沦陷后，日本侵略军在城四周建了很多据点，有中山铺、五里店、洋河、长台关和二十里河等。信阳东边有国民党第四游击支队。淮河北边是程道荣的豫南游击十三纵队，还有一些杂牌游击队。这些日本人、汉奸、维持会、各种杂牌游击队和土匪，都来到淮南这个东西不到百里、南北不到60里的区域抓人、抢东西。

1942年下半年，河南省南部遭受了历史上少有的旱灾。淮南地区的水稻颗粒无收。我们部队、机关吃的粮食都是由信阳运来，并掺上野菜做米饭吃。为加强灾区工作，豫鄂边区党委指示，建立淮南工作委员会。郭纶同志任书记，我任组织部长，沈虹任宣传部长，闵兰俊、赖鹏、张九英管理军事（闵任淮南支队队长，赖鹏任副队长，张九英任参谋长）。区长由有影响的绅士陈胜龙担任。张子明任政权部长。不久，五师师部派娄光琦带小部队来淮南，边剿匪边开展统战工作。淮南工委派阎伯元协助，又派李华轩到程道荣部队作联络。同时，对土匪，实行分化瓦解，这就进一步扩大了中间力量，发展了我们的力量，使局势有一定的好转。这年冬，我和余明凡同志在吕家大湾和邢堂办了两期训练班，每期不到20人。同时，在吕家大湾和九店黄家院等地建立了党支部。

1942年冬至1943年春，淮河两岸，尤其是淮北几县，因特大旱灾，很多人背井离乡，四处逃荒。特别是日本鬼子、汉奸、国民党和土匪的敲诈勒索，让人民群众的革命觉悟空前提高。这时，我们党组织发动群众，掀起了一个参军高潮。如在淮南顾店，每次逢集时，我们把桌子一放，招兵旗子一插，一天就有100多人报名参军。消息传开后，四面八方的青年人都踊跃报名。我们增加了招兵点，仅几个月的时间，就有8000多名青年应征入伍。1963年，娄光琦同志重来这里时，写了一篇充满激情的长篇叙事诗《秋兴词》，就是回忆这一段情景：

……秋风起，感兴浮，当年中原正板荡，内充蟊贼结寇仇。敌伪顽匪荼毒甚，水旱蝗汤百灾蹂。田园蒿莱村舍虚，饿殍白骨惨盈丘。未死饥民形似鸠，人间地狱怎凝目！更痛蒋军专内战，千里弃敌不识羞。中央悲悯更远瞩，亟令进军勿迟犹。匡复河山纾危难，拯救倒悬惩祸首。坚持抗战重团结，解放人民雪耻仇。八千子弟争将长缨请，三军愤怒待旦枕戈矛。受符令，决策筹，秋初爽，月西钩，挥军跃马涉淮州。……

1944年春，日寇发动了河南战役，占领我河南沿平汉线两侧各重要城镇。国民党汤恩伯部驻河南的十几万军队如惊弓之鸟，不战而逃，并把人民群众的财产抢掠一空。同年秋，豫鄂边区党委根据党中央指示，组织力量开辟河南，决定赖鹏和我带领淮南支队一部分武装先向淮北挺进。到确山刘店后，找到张九英、赵明荣二同志。在刘店成立了区委、区政府和区大队，赵明荣任区委书记，刘灿亭任区长，张检富任区大队长。不久，张子明同志从淮南到刘店，涂守成、商毅二同志从汝（南）正（阳）确（山）带一个营也来到刘店，我们以刘店区为基础，先后建立了汝（南）（上）蔡遂（平）工委和行政委员会。张子明任工委书记兼行委会主席和县总队政委，郭性安任行委会副主席，我任组织部长，张九英任军事部长兼县总队队长，涂守成任县总队副政委，商毅任县总队教导员。随着形势的发展，张子明领导的一支武装不断向北扩展，发展到5个连，建立了5个区委，13个乡公所。同年6月，在上蔡北部百尺区和南下的冀鲁豫八团（又称水东八团，团长李世才）取得联系。行委会留在刘店扩军、征粮，巩固后方，支援前线，县总队配合八团攻打五沟营和周口镇。

（高桂英、魏峻岭　整理）

原载中共河南省委党史资料征集编纂委员会编：《豫鄂边抗日根据地》，河南人民出版社，1986年，第331～339页。

抗战时期我在河南的革命活动

◎ 刘子厚

一、开封谈判

1937 年七七事变时，我在柯庆施领导的北方局军委工作，那时中共鄂豫边省委派李子健到北平向北方局要人，北方局决定派我去中共鄂豫边省委工作。主要理由是那里有个红军游击队，我曾在冀南搞过暴动，打过游击，认为我去比较合适。

七七事变六七天后，暂时停火，恢复了北平至天津的交通。我和李子健、郭以清、李隐之（当时叫李协民），还有一个姓张的（住在开封，家是洛阳的，比我的年龄大得多）一起，从北平坐火车到天津（当时平汉线还不通车），经津浦、陇海路到了河南。我在泌阳邓庄铺东边一个村庄，与仝中玉见了面。接着，和王国华、周骏鸣也见了面。这时，用药水把介绍信一抹，才知道我被改名为马致远，这个名字在抗战时期用了很长时间。同鄂豫边省委接上关系后，省委叫我做地方工作，到豫西南各县巡视工作。

7 月下旬，我从泌阳到唐河，然后又到南阳、镇平、淅川走了一趟。随后又到这些地方走了一趟，第二次到了镇平，没有再往西去。郭以青在南阳一个中学里建立了党支部。

我从西边回来，向省委汇报了巡视情况。这时，国内形势有很大变化，日寇大举进攻华北，已占领了保定和济南。我党领导的主力红军已编成八路军，江南的红军游击队也正要改编成为新四军。全国处于抗战的高潮时期。可是，在这种形势下，我们鄂豫边红军游击队仍经常受到国民党罗山、信阳、确山、泌阳、桐柏5县民团的进攻和"围剿"。指挥这5县民团的是罗山县长，西边的泌、桐两县当时没有什么行动，主要是东边的确山、罗山、信阳3县，经常来打我们。不过，全国是团结抗战的形势，他们进攻的来势也不大。

在这种情况下，他们捎信叫我们去谈判，这叫作火线谈判。

第一次是派张明河到确山蔡冲谈判，第二次是文敏生去谈判，还在那个地方。这两次谈判他们采取恫吓、威胁的手段，谈判没有结果。第三次是派我去蔡冲谈判，确山、罗山、信阳3县县长都在场，看得出来是罗山县长负责，这次他们没有采取下马威的办法，因为我们不怕这一套。谈判时，我说，现在敌人向我们大举进攻，全国都在团结抗战，你们不去抗日，反而来进攻我们，这像什么话？他们说："是啊，现在敌人向我们进攻了，我们应当去抗战，我们也不愿意打你们，不过是奉上级的命令，有何办法？我们现在就是商量如何解决这个问题。"我说："现在全国团结抗战，你们撤回去不就没事了？"他们说："我们不能随便撤走，这是上级的命令，撤走了不好交代，你们的部队不大，但不好解决，你们到开封绥靖公署找刘峙谈好啦。"我说："我们怎样去谈呢？罗山县长说他认识刘峙的参谋长。随即给开了介绍信，并答应派人送我们到开封谈判。"我说开封谈判期间你们不能向我们进攻，他们也答应了。

我从确山回到邓庄铺，向省委汇报了情况，研究了去开封谈判的问题。定了三条原则：一是听编不听调；二是国民党不能派人到我们部队；三是供应我们给养。省委决定由我和张明河去开封谈判。从确山上火车，确山县长还很客气，送我们上车，并且派了一个叫顾正方的人陪我们一起去，实际上是监视我们。在去开封的路上，顾向我们交了底，说他以前是共产党，以后不在党内了。他还说："我是明保曹操暗保刘备。"向我们表示好感，我们也做了他的工作。到了开封，我和张明河住在鼓楼街的一个旅馆里，他也住在那里。顾对我说："我住在这里，国民党别的特务就不会来了，我就能保护你们。"并叫我们放心。这个姓顾的，是息县人，这一段表现不错，给了我们不少方便，后来在息县搞抗日被国民党杀了。

在旅馆里住下以后，我先去找了同我一起从北平来开封的姓张的。姓张的虽不是党员，但同情我们。我请他讲了开封的情况，也向他说明了来意。姓张的同张钫很熟，他先介绍我们与张钫见了面。我向张钫讲了来意，张钫给我介绍了刘峙的情况，说刘峙架子大，平常想见很困难。不过，现在好见，因为他负责防守保定一线，日本人一进攻，他就撤到开封，比兔子跑得还快。所以，国民党内一些人在攻击他，说他败得太快，蒋介石也不满意他。刘峙正在垂头丧气的时候，见他容易。

我们了解到这一情况后，就到绥靖公署找刘峙。见时比较顺利，我把介绍信给了他的参谋长，过了几分钟，刘峙就出来了，请我们去他住的房间谈。刘峙说话结结巴巴，很不利索。我们讲明了来意，我说："现在大敌当前，全国都在团结抗战，可是豫南几个县的民团还在'围剿'我们，我们的部队要去抗战，不能妨碍我们抗战，你要把他们撤走。"刘峙哼了半天说："这样子吧，你们找张钫谈吧，他正在扩充队伍，我给他打个招呼。"

在刘峙那里谈的时间不长，也比较简单、顺利，刘也没有摆出骄横的架势。

我们在开封是以共产党代表的公开身份谈判的，所以很多人都去看我们。有出狱的同志，有社会上的进步人士，也有国民党的坏人。我在开封还介绍了不少人到邓庄铺，张旺午当时也在开封，经我介绍，他才回到鄂豫边省委工作。由于我们的身份是公开的，在开封的河南省委也派人与我们取得了联系，同省委书记朱理治见了面，省委也同意那三条原则，同意与张钫谈判。

在开封接触的人比较多，了解的情况也就多一些。从郝久亭（曾是豫鄂边特委书记，此时已出我党）那里得知，武汉设有八路军办事处，周恩来同志也在武汉。了解到这个情况后，我就同张明河商量说："现在刚开始谈判，我走了不合适，你回去给家里汇报一下，然后到武汉八路军办事处，向周副主席汇报咱们的情况。"当时部队还在邓庄铺，张明河回到家里，王老汉、周骏鸣同意去武汉汇报。张明河到武汉见了周副主席，也见了项英同志。汇报了游击队的情况，决定将游击队编为新四军第四支队第八团队。

此时，我仍在开封继续谈判。又找到那个姓张的，向他了解张钫的情况，原来张钫的二十路军在鄂豫皖剿共时被消灭了，成了光杆司令。但他仍打着二十路军的牌子，想搞一部分人，好向蒋介石要钱。姓张的说谈判条件可以向他要高一点。我讲了既定的三条原则，姓张的说可以。摸了张钫的底，就去找他谈判，我对他讲："我们是共产党，现在咱们要团结抗战，我们也同意把部队编给你，条件有三：一是收编后接受你的番号，但不能受你调动，共产党的部队要保持独立性；二是我们有干部，你不要派干部去，你派几个人到那里也起不了作用；三是为我们提供给养。"张钫听了这三条说："你说的都对你们有利。"我说："现在一切为了抗战，我说的不是对我们有利，而是对抗战有利。"张钫表示要考虑考虑。第二天，见了张钫，问他考虑得怎么样。他说："受我编，不听我调遣，这样好吗？"我说："反正都是抗战。我们用你的番号抗日，这有什么不好？"张钫考虑了一会儿，同意了我们的条件。第三天，张陪我坐汽车到城南他的司令部里。他的副司令很高兴，欢迎我。他的参谋长却拉长了脸，很不高兴，这家伙是反共顽固分子，很坏。他问我们部队在哪里，有多少人。我应付了他几句。张钫就插话说："你想了解什么？他是共产党，有什么好了解的！"阻止了参谋长的盘问。在司令部里，张钫决定给我们一部分军装（记不清有多少套，可能有1000多套，我们部队穿起来还剩了许多）和一些钱（可能有1000多元）。张钫派了一列专车把军装送到确山，为了避免国民党在途中找麻烦，张还派了一个参议护送到确山。军装拉到确山，我们的部队把它搬到邓庄铺。张钫的参议到邓庄铺，把带的钱交给了我们，受到我们的欢迎。这个参议还在欢迎会上讲了话，态度很好。

两三天后，我和那个参议一起坐上停在确山的专车又回到开封。一见张钫，他就说："你又来了，真会骗人。"我说："堂堂的共产党咋能骗你？"他拿出一封电报说："这是你们周副主席的电报，已经把你们的游击队编为新四军，你这不是骗我？"我说："家里派我来时，还不知道这个情况，到你这里，才看到这个电报，怎么能说骗你？你要觉得给了一部分军装，一些钱，受了骗，我们还给你好啦。"张钫笑着说："算了。送给你们，同共产党交个朋友吧！"

二、战教团的前前后后

我在开封同张钫谈判告一段落，将要回邓庄铺时，省委书记朱理治和子久同志找我说，省委准备通过范文澜等人在河南大学举办抗敌训练班，最初打算从延安请一位八路军来训练班教游击战术，可是八路军派不出人，而训练班很快就要开课。说我曾在冀南打过游击，想叫我留在开封，到抗敌训练班教游击战术。我说："我是一个土包子，怎么能行？"子久同志说："不要紧，给你几份文件看看，还有几个人可以帮助你。"事情就这样定下来了。

河南大学抗敌训练班是以河大文学院院长肖一山的名义办的，肖一山当时在河大比嵇文甫、范文澜的影响大。他是清史专家，我们搞统一战线，就让他当抗敌训练班的班主任，其实他并未到训练班讲过课，我们只是利用他的名义。他还为训练班筹了一笔款，起了好作用。

领导训练班的还有嵇文甫，他大革命时期参加过共产党，后来失掉了关系。对于筹办抗敌训练班很热心，起了积极作用。

在训练班起主导作用的是范文澜先生。范老在北平办女大，当过校长（时间不长），在北平参加了共产党，后来也失掉了关系。以后在竹沟又入了党。我经常和他接触，感觉范老这个人很好。训练班的工作主要由他负责。

训练班还有一个叫徐××的，是国民党的人，相当滑头。他的地位比嵇文甫、范文澜低，从训练班开办一直到信阳，表现还好，以后就变坏了。

1937年冬，训练班开课。在我的记忆里，训练班有200人左右，究竟有多少学生，现在也弄不清。上课时，河大的礼堂总是坐得满满的，有的人是听课的，有的人是闲玩的，也有的人是捣乱的。我开始去讲课，就有坏家伙在后边吹口哨，被我们的学生轰了出去。

我的名义是八路军讲游击战术的教员。有一个游击战术的小册子，也讲了些游击战术。但实际上，我讲的主要内容是抗日十大纲领，分若干题目讲。当时，娄光琦、李协民（现名李隐之）和另外两三个人从北平到开封，准备去邓庄铺。我在北平认识他们，把这些人的情况给省委做了汇报。省委要他们帮我准备讲课提纲，娄光琦出了不少点子。

这期间，其他学校，如高中、女师等都请我讲话，所以有人说我到处讲演，实际上就是这些事情。因为那时我是以公开的身份做宣传工作的，省委的精神也是请者不拒，尽量扩大我们的影响。

抗敌训练班办了一个月左右，形势就比较紧张了。济南已失守，徐州也吃紧，敌机开始轰炸开封。这样，训练班就不能办得太长。根据省委意见，我与范文澜商量准备组织河南大学抗敌训练班农村工作服务团。经范同意后，又与嵇文甫等人开会商量，决定提前结束训练班，成立农村工作服务团，深入农村开展抗日救亡活动。

当时，有些单位组织的服务团、宣传队已经下乡了。一些小宣传队下乡后不久，有的被国民党拉走了，有的自己散掉了。鉴于这种情况，我们就决定组成大的工作团，由范先生具体负责。这样，也好加强省委对它的领导。再一点，我根据省委的意见，到范先生家里与他商量，为工作团制定了几条纪律，经领导层研究后，最后在学员中宣布。这些纪律是工作团没有散掉的重要因素之一。

工作团成立后，决定向南走，第一步先到许昌。这时，我回到了竹沟，彭雪枫同志已经到了竹沟，林凯也在竹沟，朱理治、刘子久好像也去了。我在竹沟汇报了训练班的情况，待了几天，省委又决定派我到许昌，与范老一起，继续办训练班。还从竹沟给我派了一个姓张的同志当助手（这个同志是从延安抗大来的）。当然，主要牵头的还是范老。讲课的有我，有范老，还有从竹沟来的张同志。课程内容是抗日十大纲领、团结抗战和抗战形势。讲课的总精神是发动群众，准备打游击。工作团从开封出发时约有百人左右，一部分同志在许昌搞宣传工作，一部分同志帮助办训练班。在许昌办训练班不到一个月时间，这一期有多少学员，也搞不清。在一个礼堂讲课时，人也总是坐得满满的。这一期的学员，主要是许昌的学生，结束后又从许昌训练班的学员中吸收了一批人到工作团。

在这前后，工作团改名为河南省战时教育工作促进团。从开封出发的学员，有一部分在许昌离开战教团奔赴延安了。还有一些学员，在开封的训练班听了一段时间的课，就直接去延安了。张惠茹就是从开封去延安的。

战教团从许昌出发时，决定继续向南走，距离竹沟近些，便于省委领导。后来战教团就到了信阳。我从许昌离开战教团回到竹沟，向省委汇报了这一段的工作情况。省委决定派我到遂平做遂平县长的统战工作，县长（以后国民党发现他与我们有来往，就把他撤职了）是本县人，表现很好。在做他的统战工作时，他主动提出要我们在遂平帮他办训练班。我回竹沟汇报了这一情况，省委决定派我和范文澜（当时范先生也在竹沟）到遂平办训练班。开始在遂平县城办，县长积极支持。县里有一个士绅叫魏朗斋，是搞乡村师范的，也很支持我们。我们在县城办了一段，国民党吃醋了，攻击县长，县长很为难，提议搬到嵖岈山魏朗斋办的中学里继续办。那时学校正放假，范先生就领着学生到了嵖岈山，在嵖岈山办了一段就结束了，大部分学生到了竹沟。遂平训练班办的时间不长，两段时间共有一个月左右。

不久，我和范老到了信阳柳林，这里形势好。战教团已在这一带活动了一段时间，有了一定影响。我与范先生商量，要战教团在这里发动群众，准备沦陷后打游击。

回到竹沟后，省委派我去长江局住了一段训练班，约一个月。这期训练班是秘密的，有五六十人。上课主要是听报告。周副主席讲形势，董老讲群众运动，王明、博古、凯丰也给我们作过报告。王恩久、杨学诚也参加了这期训练班。训练班在日租界办，距八路军武汉办事处很近。

从武汉训练班回来后，省委又叫我搞了一段统战工作。

一是做泌阳王友梅的统战工作。当时，泌阳民团总和我们搞摩擦。王友梅是泌阳的大地主。当过国民党河南省政府的厅长，是个政客，能左右泌阳局势，县长听他指挥。做好他的统战工作，泌阳民团就不会与我们发生摩擦了。我到泌阳找王友梅，王到唐河去了。我又到唐河找王，在西关见了郝久亭，郝把王友梅的情况告诉了我，说王正在唐河，冯友兰也在唐河（冯是唐河人，著名学者，在外地做事），可以与他们谈判。傍晚，到了县政府，县长先把我安排在县政府住下，晚上县长请我们吃饭，我和王友梅、冯友兰都去了。王友梅问我来意，我说主要是为团结抗战的事。王给我打官腔，他说国共合作，团结抗战，这没有问题。我说："还有一些具体事情，我们在竹沟，泌阳总是与我们搞摩擦，这对抗战不利，希望王先生从中斡旋，不要发生摩擦。"王友梅说："这个好说，你们走了，就没有麻烦了。"我说："我们要走，还跟你谈什么？我来和你谈，就是因为我们不能走。"他火了，说："你们不走，没有什么好谈的，摩擦就不能停止。"他一边说还一边站起来拍桌子。我不能受他欺负，也站起来提高了声音，斥责他拍桌子不讲道理。这时，唐河县长和冯友兰就从中调解，说吃过饭再谈，其实已经吃不下去了。我回到住处，冯友兰也随即来对我说王友梅的态度不对，他去找王谈谈。于是，冯与王谈了一晚上，有效果。第二天吃饭时，王见我说："昨天喝了两盅，态度不好，谈还是要谈的，不过，咱们不能麻烦唐河的县长了，到我家里谈吧。"我就坐着他的马拉轿车到泌阳。他自己有一个庄园，还有寨围子、护城河。

在王友梅家里谈判，王的侄子和侄女起了作用。这两个青年都在上高中，并且都参加了"民先"，他俩陪我吃饭，陪我到外边散步，要求到延安去，表现很积极，还讲他伯父（即王友梅）蛮横不讲理，在家里也是这样，他们表示帮我谈。在王友梅家里的头两天都没有谈，不知道他去搞啥活动了。到了第三天，王才与我谈。在陪我吃饭时，他满口答应说："给县里说说，不要再摩擦了。"这次谈判冯友兰和两个青年起了积极作用。我对两个青年说："你们愿去延安很好，可以先到竹沟，然后再去延安。"

同王友梅谈判后，有很长一段时间，泌阳没有再搞摩擦。接着省委又派我和刘贯一同志去做张振江的统战工作。张振江是国民党的汝南专员，有一段表现不错。做他的工作，也是他的侄子冷新华（后来到五师工作）和他的侄女张淑景（当时在光明话剧团）起了作用。

做完这一段统战工作，就到秋天了，形势很紧张。武汉要沦陷，信阳也难保。在这种情况下，我又一次到了柳林。与战教团的同志们商量，决定坚持原地工作，不要撤走。如果形势紧张，就向西边山里靠拢，或者搬到竹沟。

战教团到柳林时，还有100多人，在信阳各地活动，宣传抗战，做群众工作和统战工作。搞了几个月，影响很大，有了一定的基础。战教团在柳林坚持几个月，很不容易，也很不简单。当时准备信阳沦陷后，坚持在这一带打游击。段远钟以后就没有走，跟着蔡韬庵、蔡玉昆一起搞武装，在当谷山打游击。张裕生、任子衡、周映渠搞的谭家河农民抗日自卫队，就是在战教团的影响和帮助下组织起来的。

后来，王良带一部分人，组成战教团分团，到息县搞了一段宣传，就来到了竹沟。冯纪新带着大部分人到了商城，没搞几天，形势紧张，没站住脚就离开了。有的经武汉，有的经广水向襄樊走。到襄樊以后，徐××就开始起坏作用了，活动少数人留在襄樊国民党五战区工作。大部分同志仍从襄樊经南阳回到信阳，参加了信阳挺进队。

战教团在信阳的活动，对后来开展信阳的工作，起了相当大的作用。

三、创建信南抗日根据地

1938年秋，我仍是豫南特委的统战部长（当时王盛荣是特委书记），因为省委和特委的机关都在竹沟，所以有些工作就是省委直接安排的。信阳沦陷前夕，形势紧张，省委第二次派我去柳林。到柳林后，听了战教团有关同志的汇报，同他们商量决定：进一步发动群众，准备开展游击战争。范文澜先生当时在鸡公山上住着，战教团的同志请他下山到了新店。我在新店与他商量，请他回战教团，或者去竹沟。范先生同意我的意见，接着他上山准备了一下，就回到柳林，又从柳林到了竹沟。

我两次到柳林，既了解了战教团的情况，布置了战教团的工作，又直接观察了信南的地形。信南，东有大别山，西有桐柏山，是开展游击战争的好地方。我回到竹沟后，向陈少敏同志做了汇报。当时朱理治同志在延安参加六届六中全会，省委的工作由陈少敏同志主持。少敏同志与我一起在冀南打过游击，她那时是女扮男装，跟着游击队活动过十来天，除我外，只有一两个人知道她是女同志，大家不叫她大姐，而叫她"大哥"。少敏同志在冀南工作的时间很长，有几个月时间。我向她汇报了柳林的情况，提出信南地形好，又有基础，沦陷后可以打游击，她同意了我的意见。10月，信阳沦陷，陈少敏同志确定叫我和危拱之、王海山一起带一支部队南下，名曰一个连，实际上只有30多条枪和一批干部。出发前，已了解到李德纯的信阳县政府撤到北王岗。北王岗在尖山附近，距竹沟比较近。在信阳沦陷前，危拱之就带着孩子剧团在信阳活动，做过李德纯的工作。文敏生同志也做过李德纯的工作，我们与李已经有了一定的关系。所以，当时我们决定先去北王岗与李德纯谈判合作。

我们离开竹沟南下，驻在北王岗西边的一个村庄。我找李德纯谈判，由于原有一定的基础，谈判比较容易。我们第一天和他谈形势，谈团结抗战。第二天，又去和李谈。这次谈得比较投机，他说考虑好了，决心团结抗战，和我们一起干，并请我在他那里吃了晚饭，又继续谈具体问题。他说："我的常备队有4个连，先编给你们3个连。"（他的常备队每连有80多人枪）接着，他摊开地图说："咱们第一步先到黄龙寺，我从信阳出来到黄龙寺看过，那里地形好，可以打游击。第二步就上四望山，要把四望山作为咱们的立足点，它是信阳、应山、随县的交界地，我们要在这里建立根据地。"李德纯谈的意见很好，我表示赞同，四望山这个立脚点不是我们提出来的，是李德纯提出来的，这是他的一个贡献。我们从竹沟出发，只有一个去信南的笼统概念，没有具体的地点，李德纯解决了这个问题。我们进一步商量了部队的番号，为了便于这支抗日武装的发展，暂时不公开打出新四军的旗帜。这支部队的名称暂定为信阳挺进支队，由李德纯兼任司令，王海山任副司令（后来朱大鹏来了，由朱当副司令），危拱之任政治部主任。当时党内由我负责，李县长也看得出，所以他要我当他的县政府第一科科长。本来县政府没有"第一科"，因为我们要到南边去，李县长为了让我代表县政府、县长行使职权，特设了第一科。我也接受了第一科科长的职务，大家都叫我"马科长"。

出发前，召开了整编会议，宣布了领导人的姓名。在北王岗驻了两天，改编了尖山区委领导的地方武装（有数十人）。然后出发到了黄龙寺，并派人到四望山、婆婆寨一带开展工作，把干部撒开，搞了一段群众工作。

初冬，泌阳的孙石带了一个大队（实际是一个连，100人左右，七八十支枪）来到黄龙寺。他带的这支地方武装成分好，都是他家的佃户和附近的贫苦农民。由于另一支地主武装欺负他，我们做了他的工作，他就把队伍拉到竹沟，省委让他率部到黄龙寺与我们会合。孙石的表现一直很好，这支部队也很好。这支部队编为信阳挺进支队的一个大队，孙石任大队长。

继孙石之后，张裕生带了一个大队（有100多人），任子衡带了几十个人也来到黄龙寺。这样，部队人数增多了，又整编成两个大队。

我们出发时，没有带多少钱，信阳县政府也没有给多少钱（县政府在北王岗，没有随我们南下）。到了冬天，没有棉衣和棉被，在当地只能筹到粮，筹不来款，一天三分钱的菜金，家里（对竹沟的亲切称呼）也一直送不来钱。下小雪时，我们仍穿着夹衣，十分艰苦。我想起了在冀南打游击时，冬天也没有被子盖，那时就往身上压谷草，一捆一捆地压，一直压得喘不过气……所以，我就让同志们盖稻草，稻草总比谷草暖和一点。我们当时住在黄龙寺的破庙里。尽管生活很艰苦，也没有一个战士开小差，意志都很坚定。我给战士们讲抗战道理，说困难是暂时的，家里会给我们送来棉衣、棉被的。大家情绪很好，过了阳历年，竹沟给我们送来了棉衣。

在黄龙寺过了阳历年，我们继续前进，到了四望山。这时，朱大鹏带着七七工作团的一部分，有100多人枪，从桐柏山来到四望山。

又过了几天，信阳李应权带一支部队（有100人左右，几十条枪）也来到了四望山。我们就把部队编成三个大队和一个警卫排。三个大队长分别是李应权、孙石和一位老红军（开始任子衡也当过一段大队长）。支队司令仍由李德纯兼任，朱大鹏、王海山任副司令，冯仁恩任参谋长，危拱之任政治部主任，我实际上起着政委的作用。当时，我们还在四望山帮助黄绍九就地搞了一支武装，开始是不脱产的自卫队，不久，编成我们的一个中队。

1939年初，信阳挺进支队已是一支拥有1000多人的抗日武装了。

我们刚到四望山不久，先念同志从竹沟率部南下到了四望山，还在四望山住了一段时间。我和先念同志一起到大洪山做李范一的统战工作，另一方面也是为了同陶铸、杨学诚取得联系。在李范一先生那里住了一晚上，先念同志与陶铸同志取得了联系，但没有见到杨学诚。然后，先念同志就回到四望山。我根据先念同志的指示，去襄樊做国民党第五战区司令长官李宗仁的统战工作。在前往襄樊的路上度过了春节，这一天是雨雪交加，我和警卫员开玩笑说，这个年过得真痛快。我是以新四军中校的公开身份去襄樊的。所以，到襄樊后，鄂西北区党委书记王翰同志与我见了面，我向他了解了情况后，就前往李宗仁的司令部。到了司令部里，李宗仁不接见，派了一个参议与我接洽，参议的态度很好，请我吃了饭，讲了李不见我的原因（因为刘贯一已经来过，没有谈成，所以这次李不出面）。参议至少是个同情分子，对我们比较友好。谈判不成，我就回四望山，向先念同志汇报了情况。

先念同志在四望山过了春节，准备继续南下。他从竹沟来时，带了100多人，八九十支枪。从四望山出发时，又从信阳挺进支队带走了两三个连，我和王海山把先念同志送到信罗边。在信南当谷山，先念同志又带走了蔡韬庵、蔡玉昆的部队（有100多人）。蔡玉昆随先念同志南下，蔡韬庵的部队随先念同志走后，我们就把他接到信应工作，先当信阳县长，后当了一段专员，五师突围时他在宣化店当了一段县长，这个同志表现一直很好。

1939年春，崔仁甫在信南拉起一支队伍，实际是纠集了一部分散兵游勇，自称一个支队，在四望山南部的一个什么山冲里活动。他找县政府，要接受李德纯的领导。当时我回到北王岗找李德纯商量，决定把我们的部队改为第一支队，把崔仁甫的几百人编为第二支队。在南王岗还有余镜清的地主武装，他控制了三四个联保队，有二三百人。后来，我们就把他的部队编为第三支队。当时，是从建立统战武装的角度考虑而改编的，是为了便于开展信南的工作。此外，冯家庄也有一支地主武装，我们派人与他联系。由于这支地主武装比较反动，没联系上。

1939年春，刘少奇同志第一次到竹沟，叫我去汇报工作。和少奇同志谈了两天三个晚上，这件事印象比较深。少奇同志不是听我汇报完，他再讲，而是让我谈一会儿，他讲一段，完全是用启发式的方法来教育我的。第一天我就感觉到这个办法很好。我也讲不成章，向少奇同志汇报了统战工作、群众工作、军事工作、敌伪工作的情况。我讲一个问题，他就讲很长一段。通过这次谈话，对于创建根据地的方针、政策，大体上都清楚了。有天晚上演节目，突然一个同志在台子上宣布："欢迎从前线回来的马致远同志讲话。"当时我毫无准备，处境很窘。少奇同志就鼓励我上去讲，他说在家里讲，不要怕。于是，我就上台讲了。主要是动员大家到四望山去，有意识地讲四望山好，讲敌后并不可怕，日本人也并不可怕。讲的时间不长，回到座位上仍与少奇同志坐在一起。他说："你今天只讲了一面，讲了不可怕的一面。如果有人到敌后遇到困难怎么办？讲的不全面，要把困难的一面多讲一点，使大家有思想准备，遇到困难也不怕了。"接着给我讲了唯物辩证法，这是我第一次比较正规地听讲辩证法的道理，以前党的生活过了那么长时间，还没有哪个同志给我讲一段辩证法。以前学习时看点书也是似懂非懂，经少奇同志一讲，知道了不少辩证法的道理。

1939年春，陈少敏同志南下，带了一批干部和部队路过四望山，停了几天。少敏同志在四望山找了一些干部谈话，然后就继续南下，还留下一批干部在四望山工作。她带的部队不多，我们一直把她送到赵家棚。

我们从竹沟出发时，人很少，没有成立党组织，省委确定党内由我负责，部队由王海山负责。1939年春夏之交，省委确定在四望山成立党的领导小组，危拱之任组长，我是副组长，成员有王海山。不久，危拱之调回竹沟，朱大鹏去延安。6月，成立豫鄂边地委，这时信阳、应山已建立县委，信随、信罗也建立了工委。8

月，豫南省委在竹沟召开省委扩大会议，参加这次会议的有豫鄂边地委、竹沟地委、汝南地委、豫西南地委、舞阳地委的负责人。参加这次会议的人比较多，有三四十人。在这次会议上我被选为出席七大的代表（后来因工作忙得很，先念同志没有让我去延安）。会上决定任质斌同志调到省委接替向明的工作，任省委副书记。不久，豫鄂边地委改称信应地委，书记由我担任，文敏生任副书记，组织部长王光力，副部长姓宁（记不起名字了），民运部长王良，宣传部长忘了是谁，副部长是李游，专员是陈守一（兼应山县长），王良兼应山县委书记，鲁颜卿任信罗县委书记，郭纶任信随工委书记。1940年，豫鄂挺进纵队打开小悟山，成立工委，区党委决定将工委划归信应地委领导，刘东任工委书记，孙石任县长。

1939年初夏，国民党发现李德纯靠向共产党，就用调虎离山计整李德纯，调李到卢氏当县长。同时，国民党任命马显扬为信阳县长。李德纯有警惕性，估计到国民党可能对他耍阴谋，于是，他没有去卢氏，而是带着县政府和两三个中队从北王岗来到四望山。在四望山，我们和李德纯研究对付国民党的策略，认为不去卢氏为好，这一点大家意见一致。关于县政府的印章交不交给国民党，当时认为印章在我们手里，马显扬办事就不顺当。反复考虑，拿不定主意，就请示省委。省委电示，把县印交给国民党，我们若不交，他们还会刻一枚，我们留着它也不起什么作用。交出印章，可以缓和与马显扬的矛盾。省委并电示李德纯到竹沟。李走之前，同县政府的人说，愿留在四望山的就留下，不愿留者去马显扬那里也可以，回家也行。李德纯带来的武装都留下了，县政府中有少数人走了，多数还是留了下来。县政府的秘书陈守一留下了，陈以前就同情我们，在我们做李德纯的统战工作时，暗中起了一定作用。此后不久，陈守一在四望山入了党，当了我们的专员。

我们遵照省委的指示，采取隐蔽的办法（因为从四望山去竹沟要经过北王岗马显扬的县政府），把李德纯护送到竹沟。李德纯在竹沟参加了共产党，我是他的入党介绍人。我们对李德纯的统战工作是比较成功的，李德纯对于我们开展信南工作是有贡献的。如果他不与我们合作，开展工作困难就会大些，麻烦也会多些（李德纯后来到了华中，当工业部长，在东北也是做工业工作，武汉解放后，在中南局军政委员会也是当工业部长，全国解放后在国务院工作。李德纯同志很能干）。

1939 年秋，范文澜先生来到了四望山。那时，国民党虽然开始制造摩擦，但四望山的局势还相对稳定一些。因此，我们就和范先生商量，准备在四望山办抗大分校。决定以后，范先生回到竹沟，又从竹沟到镇平。范先生的家当时在镇平，省里的一些学校也在南阳、镇平一带。他在豫西南动员了一批青年学生来到四望山。当范先生回到四望山时，豫南形势已经紧张了。四望山也不稳定，抗大分校不能办了。于是，他就回到竹沟，在竹沟入党后，就到了延安。省委也写了我是范老的入党介绍人。当然，范文澜同志的入党，主要还是他本人积极努力的结果。

1939 年 10 月，少奇同志第二次来到竹沟，因竹沟形势吃紧，指示从竹沟撤退。决定朱理治同志南下鄂中。10 月中旬，朱理治带着大批干部和一小批武装到了四望山。先念、少敏、程坦、体学等同志已先来到四望山，迎接朱理治同志率干部和武装南下，并在四望山开了一次较大的会议，朱理治同志在会上传达了少奇同志的指示。这次会议重新确定了党的关系，成立了统一的豫鄂边区党委，当时中央确定郑位三任区党委书记，郑未到任，由陈少敏代理书记。这次会议决定成立新四军豫鄂边挺进纵队，李先念同志任司令，朱理治同志任政委，任质斌同志任副政委兼政治部主任。这次会议开了 3 天，把豫鄂边区的党和军队统一起来了。此后，信应地委就归豫鄂边区党委领导。

四望山会议后，我们在信南不断地打了一些小仗，扩大了活动区域。群众工作开展起来了，敌伪工作也做得成功。凡勾结日伪与共产党为敌的人，我们搞掉他；如果给我们通风报信，两面应付的，我们就从宽处理；真帮助我们假应付敌人的，我们就当作自己人。因此，在信南尽管有许多敌人的据点，我们的干部也可以在鸡公新店、谭家河、柳林、东双河、信应公路上随便出入活动。我们在信南活动的地方是一个东边有铁路、西边有公路的三角地带。先念同志说刘子厚的根据地，从西向东一枪就可以穿透。由于统战工作、敌伪工作和群众工作做得好，地方虽小，却很巩固。

随着国民党掀起的第一次反共高潮的到来，信南地方武装崔仁甫、余镜清对我们的态度更坏了。他们以前对我们的态度就不好，我们为了顾全抗日大局，一直做他们的工作。后来，他们竟勾结敌人，赶走我们派去的工作人员，杀害我们的干部，争取他们已不可能，这对我们在信南活动很不利。于是，先念同志下决心要消灭这两股土顽武装。先念同志率纵队主力一部从西南主攻，我和王海山带领信南一个大团、两个小团也参加了战斗。这次战斗由先念同志统一指挥，信南部队由冯仁恩指挥。崔仁甫的部队只有 200 余人，拂晓打响，不到中午就结束了战斗，全歼了这股土顽武装。

我们信南部队接着就去打余镜清。余部驻在祖师垴，这是一个山寨，土顽既有准备，又居高临下。我们拂晓攻击，未克，就主动撤退了。在一个湾子外面，某连指导员孔化被乱枪飞弹打中，牺牲了，真可惜！第一次强攻不成，我们就采取智袭的办法。由冯仁恩率领部队一下子闯到余镜清的司令部，实际上就是联保处，消灭了余镜清的部队，但余镜清本人逃掉了。紧接着又消灭了冯家庄的反共地主武装。打开了信南的局面，我们活动就方便了。竹沟事变后，我们由四望山向南撤退，摆脱了腹背受敌的局面。

1939 年 11 月，发生"竹沟惨案"，因为我们作了准备，所以受的损失不大。惨案发生后，我们派冯仁恩带了三四个连接应王国华等同志到四望山，又派人送他们到鄂中。这一段时间，竹沟不断有人来四望山，这条路都是我们的工作区，从尖山、桐柏，一直到信应都有我们的党组织。当时，竹沟和河南其他地方的干部都是经过四望山撤退到鄂中的。

竹沟事变后，国民党就开始向四望山进攻了，我们主动撤离了信随的干部和武装，并在四望山作撤退的准备。当时向我们进攻的是国民党豫南第四游击纵队司令鲍刚率领的土顽武装，该部战斗力不强，不敢贸然进犯，给了我们准备撤退的时间，我们从容撤退到南王岗以南。我和文敏生最后带领一排人撤走，没有损失一人一枪。同志们反映这次撤退工作做得很好。我们虽然撤离了四望山，但信南还是我们的根据地。鲍刚占了四望山后，也没敢再继续南进。

在这一时期，我们的部队经常到谭家河、柳林、信罗及铁路两边打击敌人。这时，我们的部队改编成新四军豫鄂挺进纵队豫南总队。张裕生是总队长，我是政委，王海山是副总队长，冯仁恩是参谋长。张裕生因病逝世，王海山又调到纵队，随即决定由黄林任总队长，由冯仁恩任副总队长兼参谋长。带队打仗主要靠冯仁恩同志，他很会打仗。1941 年秋，先念同志调他率部去大悟山，在经过应山、广水的路上，与敌人遭遇了，敌人押着 300 多辆马车运物资，人不多，我们的部队在冯的指挥下，打了一个胜仗，消灭了敌人，缴获了大批物资。战斗结束后冯仁恩同志到了小悟山，先念同志见了他就说："你们在路上打了个漂亮仗？"仁恩同志惊奇地问："你怎么知道？"先念同志说："你们打的是日军第三师团的运输队，消息传得很快，国民党的电台已经广播了，延安已发来电报询问这件事了。"这说明这次战斗影响很大。

还有一次战斗。我们从小悟山回来，在东双河车站和谭家河车站之间过了铁路，从东边过来后上了西边的山坡。那是个晚上，时间还早，我们决定埋伏在那里等一会儿，碰上敌人就打，碰不上就回去。结果碰上了，一列满载日军的敌车从南向北开过来。一声令下，战士们向敌人开了火，手榴弹在车厢里开了花，敌人被我们打死打伤了很多，老远还听到鬼哭狼嚎。这一仗打得真痛快，鬼子的车不敢停，仓皇逃去。当我们集合队伍准备撤走时，东双河的敌人炮楼才向我们开枪，像欢送我们胜利归去一样。

有时，敌人也袭击我们。一天，我们在南王岗东边一个村子里，敌人从东边突然过来，当时我们正在吃早饭，就马上集合部队撤离。部队出发后，大队长李应权因故在村子里还未出来，我又派人叫他赶快走，他出来后，我们一前一后地走着。突然，他被敌人的流弹打中，当即牺牲，我们把他抬到南王岗开了追悼会。这个同志的牺牲，是非常可惜的。

我们在信南，打击了日寇，消灭了土顽，建立了巩固的抗日根据地。在这里没有国民党的政权，这里的保、甲长乃至区、县长都是我们委派的。名义上有敌伪政权，实际上都是我们的政权，通过区、乡长给我们筹粮、筹款、送情报。这里的两面政权搞得好，一直坚持到抗战胜利、中原突围。这就是信南党和武装发展得快、培养出来的干部多的原因之一。

1941年，群众生活困难，根据豫鄂边区党委的指示，我们在信南开展了减租减息运动。大地主当然不赞成减租减息，在信南抵触最大的是聂绍五。聂是信南有名的大地主、大商人。我们以前一直做他的统战工作，表现还不错，没有倒向敌人，还住在信南。可是他反对减租减息，这样，我就亲自找他谈了两次话，最后他勉强同意，表示愿意减租减息。做好了聂绍五的工作，全区的减租减息工作就开展起来了，帮助群众解决了困难，安定了民心，调动了群众的抗日积极性。

1942 年秋，我离开信南，到鄂中参加豫鄂边区人代会。在这次会议上许子威当选为行署主席，我和杨经曲当选为副主席。在此之前，文敏生已离开信南参加军政代表会，以后就没有回信应了。在军政代表会议上，决定成立豫鄂边区办事处（即行署的前身），由许子威当主任，文敏生当副主任。成立行署时，文敏生已经到鄂中地委当书记了。我离开信应后，由王光力接任地委书记，专员陈守一也调到鄂中了，由蔡韬庵接任专员。

　　四望山根据地的历史地位，应给予适当的评价。这块根据地对河南、湖北的抗日斗争起了相当大的作用。先念、少敏、理治等同志南下鄂中经过这个点，河南大批干部撤退到五师经过这里。没有四望山根据地，这么多同志去五师是很困难的。这块根据地一直到抗战胜利都没有垮下来，这里的群众得到了保护，局势比较稳定，敌人轻易不敢出来骚扰。

（贺明洲　整理）

　　原载中共河南省委党史资料征集编纂委员会编：《抗战时期的河南省委》，河南人民出版社，1986 年，第 346 ～ 366 页。

漫忆抗战在光山

◎ 程 达

    1940年7月,潢息光中心县委书记李其祥同志派我到光山任中心县委交通员兼光山县委书记。(我没去光山之前,是蔡钧任县委书记)当时县委没有组成什么班子,就我一个人。秋后,潢息光中心县委改为地委,书记是吴皓,同时派孔晓春同志来光山县任县委书记,我任宣传部长,组织工作也是我管。孔是个大学生,担任教师工作做掩护最为合适,于是,就把他安排在白雀园南部10多里的彭家湾当小学教师,那里有党的组织。后来因孔晓春工作方法上的问题导致不能存身,又到泼陂河,通过地下党支部书记吴廷谟同志,找当地人出面介绍,把孔晓春同志安排在强豫中学任教作掩护。1941年春,孔调走后,我又任光山县委书记,直到1941年底。

    我在光山工作期间,国民党掀起了反共高潮,这时党的活动由公开转向秘密,在组织上不提倡大发展,主要是隐蔽活动,保存实力,县委对下面是直线联系,下面互相之间不发生横的关系。当时光山党组织的分布情况是:泼陂河街上有个党支部,吴廷谟任支部书记,李安儒任宣传委员,组织委员姓王,他们以“隆丰”布行(土布行)作掩护,我以潢川布行客商的身份常住在那里。

    泼陂河南头路东有个小村子,叫王湾,有个党员叫王一鸣,我与他单线联系。我走以后,听说敌人发觉了他们的活动,被抓去杀了。

    还有两个党员也是单线联系,住在泼陂河河东那边,他们与街上支部不发生关系。

    还有一个党支部,在白雀园南10多里的地方,有个大地主的子弟叫彭正刚,学生出身，他任支部书记。他家里很安全，我一住就十来天。这里还有一个党员叫彭继汉。另外我还发展了两个党员，名字记不清了。此外，还有个彭正华（后改名彭冉虹，现任上海空军政治学院党委书记），他妹妹叫彭松筠（现在名叫彭浩如，北京市委党校副校长），都是党员，后来到延安去了。1946年彭正华同志还见到过我，他那时在冀鲁豫某部队当科长，解放后授大校军衔。我住在他家的时候，他们村里有个彭亚东在县大队当分队长，知道我是共产党员，但不清楚我的职务，那时是两军相争，各保其主。他之所以没危害我，是因为彭氏家族里也有 4 个共产党员，整了我会株连自己家族的。

另外砖桥还有 3 个党员，是支部还是小组，记不清了。

砖桥到泼陂河之间，还有一个支部，书记姓李，住在一个叫李祠堂的村子里，我到白雀园常路过这里。

我在光山工作期间，严正国一度任光山县长，他手下掌握有一个十六支队，大概有 3000 多人的武装，他对共产党不亲，也不仇恨。他是个没有政治头脑的草头王，那时任专员的梅治朝是他的老乡（商城人），动员他拿出一部分部队，他不干。后来潢川专署骗他去开会，八十四军军长莫树杰把他抓起来杀了。

严正国任职期间，在净居寺一个大庙里办了二三百人的军官训练班，当时潢息光中心县委利用统战关系，由国民党潢川专署夏耀南介绍，将中共党员孟昭景（化名何同志）派到严正国十六支队做教官。我们之间都知道是共产党员，但不发生横的关系。有一天他约我去训练班看看，我看到庙里挂有长、短枪 100 多支，很整齐。按照党的纪律，我们没有谈什么。上级是否派他来做严正国反正工作，我不清楚。自从严正国被杀之后，何同志就撤走了。后来我也调出光山了，一眨眼就是几十年，记忆得不一定准确，你们可以再了解一下其他同志。今天就谈这些吧。

（韩宗德、甘德金　记录整理）

1985 年 10 月

原载中共光山县委党史资料征编委员会编：《光山党史资料》（第二期），内部资料，光山印刷厂，1985 年，第 116～119 页。

在抗日烽火中

◎ 阮崇山 [1]

抗日战争时期的 1939 年底至 1940 年初，我曾任中共固始县委书记，虽然时光已过 40 多年了，但是许多往事我仍历历在目，记忆犹新。

我的家住淮滨县防湖乡。第二次国内革命战争时期，我参加农民运动，并加入中国共产党。后来由于种种原因和党组织失去了联系，便做起了乡间"货郎"，在淮滨和固始一些地方游乡。

抗日战争爆发后，祖国的大好河山惨遭日寇的蹂躏。在中国共产党的推动下，全国各界民众纷纷组织起各种抗日团体，同仇敌忾与日寇进行殊死的斗争。

全民族抗日战争初期，第五战区司令长官李宗仁组织了第五战区抗敌青年军团，做宣传教育工作。青年军团的学员大都是青年学生和国民党中下级军官。我党选派一批党员和民族解放先锋队队员到青年军团中开展工作。1938 年 5 月，青年军团固始实习队来我们固始县开展抗日救亡宣传工作。他们除了在城关宣传，还组织了一些分队到乡下开展宣传活动。

固始实习队派往郭陆滩一个小分队，负责人是刘斗魁。这时，我正在固始南部游乡，以郭陆滩为依托做小生意，慢慢地和刘斗魁等人就熟了。开始我不知道

---

①阮崇山，1927 年入党，全民族抗日战争时期曾任中共固始县委书记、淮河工委书记，新中国成立后任淮滨县副县长等职，1984 年病故。此文是根据 1984 年 12 月 23 日上午和 24 日晚和其谈话记录整理而成。

他是中共党员，在接触中，我们每次都谈话，谈得很投机。后来我就向他谈了我过去的情况，经过党组织的考察给我恢复党籍。那时县里已建立了中共固始县工作委员会，郭陆滩建立了党小组，刘斗魁任组长。

1938年秋，日寇进攻固始，抗敌青年军团往大别山腹地撤退。当时情况很紧急，抗敌青年军团学员到郭陆滩后，道路已被日寇封锁，是我和王效文利用熟悉地形带领学员们从小路冲出敌人封锁线。

抗敌青年军团实习队撤到大别山腹地金寨境内后，随队的党员在磨盘山召开大会，选举产生了中共固始县委，地方上的党员中我和李世衡参加会议。选举王槐中任书记，刘斗魁任组织部长，张景华任宣传部长，我为组织干事。在金寨我们主要工作是访贫问苦，慰问红军家属和宣传抗日救亡等。

日寇全部撤离大别山后，我们又回到固始，这时刘斗魁被县政府任命为三区区长。我们以抗日救亡为掩护，发展了一批党员。当时发展的有陈续五、郭文焕、张一千、毕德恩、夏同海等，建立了党的支部，我任支部书记。

1939年夏，抗敌青年军团因有赤化嫌疑，奉命去国民党安徽省省会立煌（即金寨）集训。在他们去金寨前，我从北庙集到了县抗敌青年军团队部。这时，王槐中他们正在研究全县发展的党员造册的问题。他们征求我们意见，我说最好不要造花名册。现在由于战时动乱，造个名册很容易，若名册丢失，党组织就会遭受重大损失。我说各地只要我们记住支部书记的姓名，所有的党员都可以随时联系。他们没有采纳我这个意见，造了一个名册，让李世衡妥为保存，结果出了事。李世衡把名册藏到城墙上早被丢弃的一台土炮筒里，外面用石块等物阻上。可是正巧第五战区第三自卫队（实际是国民党大队）的一个士兵早上起来到城墙上散步，无意中拾到了，拿过来一看尽是些人名，便交给了第三自卫队队部。当时自卫队中有我们党员同志在里面工作，所以把这一情况立即报告了县委，党组织把名单上涉及的人员迅速转移或隐蔽起来。幸好名册上只写了一些人名，没有说明，国民党一时弄不清是什么，把名单当作是烧香拜把子或者帮会组织什么的，也没有多追查。为此事，李世衡受到党内警告的处分。

1939年夏，抗敌青年军团去立煌，军团中的党员随队走了。为了巩固和扩大固始县党的力量，重新组建了固始县委。鄂豫皖区党委周干事和我谈话，任命我为县委书记。此后，县委几位负责同志在城关花园亭子（今东关仓库一带）开会，我向同志们传达了上级关于青年军团撤离后，重建新的县委的决定，宣布我任县委书记，郭文焕任组织部长，李世衡任宣传部长，并研究了下一步的工作。有几个地主到花园亭子赏花，把我们的会议冲散了。

当时我们根据固始的情况，决定按照国民党的行政区划，建立我党的区级委员会，确定了负责人：一区（城关）书记李世衡（兼）；二区（罗集）书记杨金山，宣传委员金质煌；三区（郭陆滩）书记陈续五，宣传委员张一千；四区（胡族）没有建区委，党的工作由钱 × 负责；五区（桥沟）书记曹质彬，宣传委员杨××，组织委员蔡七。全县党员近百人。县委隶属霍邱中心县委领导（不久仍改属潢川中心县委领导）。

我在固始工作期间，曾到固始城西的阳关铺任行涛家去过两趟。任务第一是传达毛主席关于"大量吸收知识青年"的指示。我说知识青年有文化，有革命热情，对上级精神理解得快，执行得也好，不像我们没文化的人，虽然有革命热情，但许多事干不好，连个文件也读不成。第二是要他集中精力抓枪杆子。我说：搞统一战线要有实力，如果我们没有一点力量，你把统一战线口号喊得比天高，别人也不会理睬你，反之情况就不一样。要到国民党区保队乡联队中做工作。他说他有个表兄是个青年学生，在国民党道超集当联保主任，可以做工作。我让他在联保队中搞个队长当，为以后搞武装斗争准备力量。

1940年初，上级派周孟策任中共固始县委书记，党组织调我任中共淮河工委书记。

周孟策系淮滨人，是个教师。他来固始后，和郭陆滩的夏同海住在一起，办起了一个小学班，以教学为掩护开展地下工作。后来党的机关（县工委）就建在阳关铺，为掩护机关还开一小织染店。这个机关领导固始人民开展斗争，直到1943年奉命撤往鄂豫边区抗日根据地河南光山的大悟山区。

1943年初，国民党在豫东南再次掀起反共高潮，制造白色恐怖，逮捕和杀害共产党员。金质煌叛变了革命，供出了一批党员和进步群众的名单，杨少成、郭中香、夏同海、王绍文、傅东海等被捕，由于党组织及时安排了转移，大部分党员，如郭文焕、陈续五、毕德恩、张一千等均脱离危险。被捕人中仅夏同海等三人为党员，敌人把夏同海押到潢川，说他是固始的地下县长，让他交出县委书记周孟策，其实周孟策早已撤往大悟根据地了。

青年军团撤离豫东南后，留党员王祥瑞（即王瑞平）任潢川中心县委组织部长，负责潢、光、固、息、商一带党的联络工作。王来固始路过胡族时，被国民党无理逮捕。因从他身上搜出五根针，说他是大汉奸，理由是五根针可以对成一个"日"字，"日"即奸，致使王祥瑞被关押在固始监狱达二年之久，真是荒唐至极。

抗敌青年军团在固始时，把党员牛仁舟安排在县警察局任局长，当时是单线联系，以后牛又任了国民党县政府的经济合作社主任，慢慢蜕变了，党组织和他断绝了关系，后来他带人到张庄集智德中学逮捕他的弟弟牛善时和吴友乡（均系党员）。这时豫东地委机关在张庄集，地委书记吴皓及工作人员被迫转移到淮河工委的小船上，才脱离险地。

总之，抗战时期，我在固始工作两三年，以后虽调离了固始，可一直还在固始北部淮河流域一带，所以对固始抗日战争时期的情况知道一些。固始是我的第二故乡。

（阎峻　整理）

原载中共固始县委党史资料征编委员会编：《蓼城风云——固始党史资料》(3)，内部资料，河南省固始县印刷厂，1987 年，第 151～155 页。

一支迎着抗日烽火成长的劲旅

——忆河南战教团

◎ 冯纪新[①]

全民族抗日战争爆发以后，我从北平回到河南开封，投身于河南省战时教育工作促进团（简称"战教团"）工作，并担任这个团的学员总队队长和党总支书记。这是一支迎着抗日烽火成长的年轻劲旅，始终充满着战斗激情，给我们青年时代以政治营养，留下了难忘而美好的回忆。

战教团诞生的历史背景

1937 年 7 月卢沟桥事变爆发后，日军占领了北平，进而把侵略魔爪伸向华东和华北大部，妄图吞我中华。

中共河南省委积极贯彻党中央的全面抗战路线，一面恢复、发展党的组织，建立广泛的抗日民族统一战线；一面动员爱国的知识分子和青年学生，奔赴全省各地宣传我党抗日主张，动员全省人民组织起来，武装起来，保卫大河南，保卫全中国。在中共河南省委领导下，开封的抗日救亡运动率先兴起。有正义感的爱国教师和热血青年纷纷走上街头，集会游行，出壁报，刷标语，搞募捐，同云集在汴的东三省流亡学生及平、津、沪的抗日救亡团体并肩战斗。我们运用排演抗日

---

① 冯纪新曾任战教团学员总队总队长、党总支书记。

戏剧、高歌救亡歌曲、举行抗日讲演会、慰劳抗日将士等形式，揭露日本帝国主义侵华的野心及暴行。通过宣传发动唤起民众觉醒，决心同侵略者血战到底，誓死不做亡国奴。此时，中共河南省委抓紧战机，因势利导。一是组织与输送优秀知识青年参军参战；二是通过统战关系取得的合法形式，及时组织各种抗日救亡群众组织到广大城乡，向各界民众宣传党的抗日主张。战教团就是在这样的历史背景下诞生的。

战教团的战斗历程与作用

战教团始建于 1937 年 11 月，到 1938 年 11 月间结束。其活动区域、任务依形势发展而转移，大体经历了三个阶段。

第一阶段：河南大学抗敌工作训练班的开办及农村服务团的成立，为时一个月左右。

1937 年 11 月初，中共河南省委以河南大学进步教授嵇文甫、范文澜以及该校文学院院长肖一山的名义，举办了河南大学抗敌工作训练班，旨在培训抗日救亡的骨干力量。这个班拥有近 200 名学员，主要是开封北仓女中、开封女师、开封女中、省立女中等校的学生以及少数在汴的京津爱国学生。学习的内容主要是《游击战术》《抗日救国十大纲领》《通俗政治经济学》《大众哲学》《社会发展简史》《帝国主义侵略中国史》《民族英雄史话》《弱小民族解放运动史》等常识。来自上海的冼星海和金山带领的抗日救亡宣传队也到班里教唱抗日歌曲、排演抗日戏剧，吸引着许多青年常来听课，异常活跃。

此班原计划办三个月，可到 12 月中旬日军逼近豫东，敌机轰炸开封，国民党特务又极力在河南大学捣乱，无法再办，中共河南省委采取了断然措施：一部分学员北上，送往延安；另一部分南下，即组成河南大学抗敌工作训练班农村服务团，全团 70 多人。嵇文甫为团长，留汴继续做统战工作；范文澜为副团长，随团南下。团员组成总队，我任总队长；组团的同时建立了地下党的组织——总支，我担任党总支书记，并制定了纪律。初步确定沿平汉铁路两侧向南前进的活动路线。

第二阶段：战斗在豫中，同国民党反动势力针锋相对地展开限制和反限制的斗争。

12月下旬,我们从开封徒步南下,途经朱仙镇、尉氏、鄢陵,于1938年的元旦抵达豫中重镇许昌。在此地开展宣传活动的同时,又开办了为时两周、学员百余人的第二期河大抗训班。结束后,一部分学员到新四军四支队第八团所在地竹沟镇;一部分学员去了延安;另一部分留在团里。元月下旬,离开许昌到舞阳,随即化为小分队活动于城镇乡村,搞宣传,办夜校,教农民学文化,协同舞阳青年救国会开展轰轰烈烈的救亡运动,使舞阳成了河南抗日救亡活动的中心。

本来打算在舞阳继续举办抗训班,把3000多名青救会员轮训一遍,因受反动派掣肘,此计划未能实现。我党领导的抗日救亡运动的深入发展,使国民党顽固派吓破胆,于是在这里展开了一场限制和反限制的激烈斗争。先是国民党当局逼我将服务团改称河南省战时教育工作促进团,而我团名称虽变,但抗日救亡的性质不变,仍然在党的领导下坚持斗争。接着,驻扎舞阳的国民党军队头目伙同该县党政要人发难,企图用设宴"送礼"的办法驱逐我们出境。我们当仁不让,范文澜教授在宴席会上慷慨陈词,怒斥了国民党顽固派破坏抗日救亡的罪恶行径,摔了酒瓶。团员们推倒了宴席,高呼"抗日无罪!""打倒日本帝国主义!"等口号,使顽固分子狼狈不堪。这一较量之后,省委指示我们离开了舞阳。这一事件使大家更看清国民党顽固派的面孔,坚定了只有中国共产党才能领导人民取得抗日胜利的信念。

第三阶段:活跃在豫东南,最后,与党领导的抗日武装——信阳挺进队会合。

1938年4月,中共河南省委派范文澜、刘子厚到遂平县,通过做县长的工作,又在这里开办了1个月左右的抗训班。之后,大部分学员分到竹沟,战教团开赴信阳。这里是战争的"咽喉",党有一定的工作基础。我们化整为零,伸入东双河、谭家河、李家寨、辛店等地配合地方党的组织建立妇救会、青救会、农救会,发展了党员,组织了抗日武装。其间,还在信阳举办了游击战术训练班,为豫东南培训了一批开展游击战争的骨干力量。6月,范文澜从战教团带领30多名青年到竹沟工作,另有数十名党员被派遣到各地。战教团在信阳还组建了由王良带领的20余人的豫南分团,先后活动于罗山、息县、固始等地,后也到了竹沟。

同年夏天,战教团到了潢川、光山、商城等县,这一段主要是开展对友军的统战工作。此间,我任豫东南特委委员兼商城县委书记。

9月间，随着商城沦陷，而战教团的组织结构发生了变化，上级党委决定：我和魏新一等同志留下，组成了新的中共商城县委，继续贯彻党的统一战线政策，进而组织武装力量，开展敌后游击战争；其他成员立即转移。他们不顾敌机轰炸，冒着酷暑，步履艰难地翻过大别山，途经湖北麻城、黄陂、安陆、随县、枣阳到了襄樊。在襄樊，又一次战胜了国民党的收买政策，毅然决然地回到南阳，受到党组织的亲切接待和安置。最后，战教团根据省委的指示开赴信阳邢集，参加了党领导的抗日武装——信阳挺进队，投入到豫鄂边区敌后游击战争。至此，党把全团男女青年都输送到革命队伍中去。他们踏上了新的革命征途，为中国人民的解放事业贡献青春和智慧。

战教团是河南人民抗日救亡史上的光辉一页，论其作用，可以概括为三个方面：（一）为宣传我党抗日主张，分化瓦解国民党顽固势力，唤起河南民众团结抗日，大造了革命舆论；（二）为动员群众参军参战，建立豫东南抗日游击区，做出了积极贡献；（三）为党培养输送了一批优秀青年干部。她是一支抗日宣传队，一路行军，一路宣传，一路歌声，把热血和汗水洒遍了中原大地；她是一个培养人才的大学校，一路战斗，一路办班，一路播撒了革命火种。

更值得大书特书的是活跃在战教团的女同志的战斗风貌。当初，她们都是中学和大学的学生，尽管其家庭出身、生活环境各异，但却有一个共同点，胸怀高度爱国热情和民族责任感，勇敢地向封建伦理和社会邪恶挑战。她们不顾父母劝说、挽留，置身抗日战火，并在战斗集体中，以高尚的革命情操无私无畏地正确处理各种矛盾，战胜各种困难，一心扑在抗日救亡工作上。有女生队刘西同志当年的诗为证："身如逆流船，心比铁石坚。望父全儿志，至死不怕难！"如今，重温这20世纪30年代的时代强音，党领导的抗日救亡运动中的巾帼精神岂不让人赞颂！

党的领导是战教团的生命线

毛泽东同志说，领导我们事业的核心力量是中国共产党，指导我们思想的理论基础是马克思列宁主义。战教团的诞生、成长、壮大，直至最后胜利，更雄辩地证明了这个真理。她始终坚持中国共产党的正确领导，一切生活按照党的指示办事。

在我的记忆中，党组织在战教团突出做了三点工作：

一是建立与发展党的组织，从开始在河南大学办班就成立了党的地下支部，直接受省委的领导。同时，省委还派刘子厚同志等以中共党员、八路军代表的公开身份到班上讲课，并且随团活动。我作为党总支书记，主要精力就放在抓党组织的保证作用和党员的模范作用上。而且一路活动，一路培养发展党员，既鼓舞着青年们奋发向上，又不断为党增添新鲜血液，增强了党领导这支队伍的战斗力。

二是加强革命理论教育。那时的革命斗争形势是极其复杂而艰苦的。上有敌机轰炸，下有国民党顽固派作对，生活上没有给养，每前进一步都面临着重重困难。党组织就是坚持不懈地领导大家学习马列著作和毛主席著作，以革命的精神武装头脑，提高革命自觉性。这样，首先是坚定而灵活地执行了党的抗日民族统一战线政策，并用这个革命法宝争取了各界进步力量的同情，使我们扎根于工农群众之中，从而在政治上取得开展工作的合法身份，在生活上获得了开明人士的资助和人民群众的爱护支持，加上同志们的阶级友爱、团结互助，使这支队伍始终保持了旺盛的革命斗志。

三是严格组织生活。战教团的成员绝大多数是共产党员和民先队员，既有严明的组织纪律，又坚持了严格的组织生活，行动有党组织指挥，工作有党员带头，每个成员行为都受革命纪律的制约。回忆这个团的当时情景：在执行党的政策和纪律上似一块铁，工作行动上似一股绳、一个拳头，团结上似一盆火。这个战斗集体就是这样团结战斗了两个春秋，为抗日救亡事业做出了应有的贡献。

原载中共河南省委党史工作委员会编：《抗战初期河南救亡运动》，河南人民出版社，1988年，第247～252页。

古城卷新浪

◎ 秦　耘

1939年4月间，我和一批青年抗日战士，住在信阳县西北的尖山一带待命，准备南下武汉外围敌后。

我们这批人是元旦前后从竹沟出发的。竹沟，当时人称"小延安"，是我党发动中原敌后抗日游击战争的一个重要战略支撑点。当时，朱理治、李先念等一些领导人，从延安抵达竹沟，带来了党的六届六中全会的精神。"坚持独立自主原则，大胆深入敌后，开展群众性的抗日游击战争！"这一口号，成了我们每一个革命战士行动的指南。我是坚决要求到敌后去的积极分子之一。说实在的，自从抗战爆发，我在开封女师投笔从戎、参加革命队伍以后，连做梦都在想着到前方跟日本鬼子去直接拼杀呢！党使我们如愿以偿，豫南特委带着我们一些来自延安和开封等地的知识青年向南挺进。当我们走到湖北应山县浆溪店的时候，由于客观形势和个别领导的主观原因，又北返信阳。这样，我们就在尖山一带住了下来。

这时，在豫鄂边地区，由于国民党五届五中全会决议实行"溶共、防共、限共、反共"的反动方针，因而反共摩擦活动已不断发生。国民党河南省当局竟下令撤销抗日县长李德纯的职务，另委反动分子马显扬来接替；国民党五战区也改变了以往跟我党较为友好的态度，开始向右转。4月，马显扬一接任信阳县长，便不断破坏原以国共合作形式存在的信阳挺进队的抗日工作。面对着顽固派的猖狂挑衅，我们应该怎么办？这是当时摆在豫鄂边区各级党组织面前的一个严肃课题。

在竹沟的中共中央中原局，根据刘少奇同志的指示，一方面提高警惕，另一方面加强抗日救亡的宣传工作，让我们党的方针政策尽可能地深入人心。

就是在这样的情况下，我们接到了党组织发自竹沟的指示，要我带一批人到信阳四区古城镇，去宣传和发动群众抗日。

一听说要进古城，我们许多人的情绪都难免有点紧张。这倒并非出于害怕，而是觉得完成任务的难度很大。须知，古城可不是普通的地方，它是马显扬的老家所在地。马显扬是国民党顽固派中颇有势力的官僚，当过沈丘、上蔡等县的县长。马氏家族也大都鸡犬升天，混有一官半职。所以人称"古城镇上党棍多"。自从日寇侵占豫东以后，马显扬返回古城，不思抗日，而张罗着反共。特别是他出任信阳县长以后，为保其老窝，强制民众筑寨墙、修炮楼，"戒备森严"。当时有一首民谣说："头等人住炮楼，二等人四下游，三等人站墙头，你要瞌睡打你头，你要犟嘴罚你油。"马显扬还有欺骗、蒙蔽群众的手段，当地相当一部分人跟着他打转转。正因为如此，古城一直被视为"白色堡垒"。信阳西北有北王岗、尖山、邢集和古城四个较大的镇子。无论是我党的力量，还是原李德纯进步县政府的势力，其他三个镇子都进去了，唯独古城未能深入。几次派人进去宣传抗日，都未取得成效。面对如此棘手的对象，我们这些刚刚一二十岁的青年人，怎能不有短暂的紧张感呢?!

好在党组织的指示十分明确而具体，给我们增添了信心和力量。党叫我们充分利用统一战线的关系，以五战区青年军团战地服务团的名义进古城。

五战区青年军团是一个半军事性的组织，在武汉会战期间成立于河南潢川县。其成员大多数是平、津、宁和开封等地的流亡学生，进行战地宣传，异常活跃。信阳地区各县，都曾一度有五十至近百人的"青年军团"工作队。国民党的官僚，对这批年轻人也不敢等闲视之。

我们这批人中，恰好有青年军团后撤时留下的爱国青年庄坤和宋启鹤等人，他们对青年军团的活动非常熟悉。这样，经上级党组织批准，在我们这个"青年军团战地服务团"中成立了党支部，由我任党团支部书记，刘西（组织）、李正冠（宣传）、魏英（妇女）、庄坤（统战）等同志任支部委员。由庄坤出面任团长。

为了大造声势，我们30多人都做了一番打扮，并特意做了一面很大的团旗。

出发那天，风吹旗飘，歌声嘹亮，队伍雄壮极了。当我们浩浩荡荡来到古城镇口的时候，马显扬一见我们团旗上那几个字，还真以为是他的救星到了呢。他恭恭敬敬地把我们接了进去，又是打水，又是烧茶，还把镇上的小学腾出来让我们住，派人打扫教室，铺上稻草，照顾得也算"周到"。

我们并不领他的情，并不照他们的政治主张办，而是抓紧时间，分头到各家各户去访问、谈心。宗旨是讲日寇的暴行，讲中国人应奋起御侮，抵抗侵略者。古城是当地的商业中心，隔一天有一次集市，附近的农民都纷纷前来赶集。我们抓住这一有利时机，在街上组织演讲、演剧。《放下你的鞭子》使许多人感动得流泪，"大刀向鬼子们的头上砍去……"的歌声激奋着不少热血青年的心。我们白天宣传，晚上办夜校，教唱革命歌曲，物色积极分子和发展党员。抗日浪潮冲击着封闭的古城。人心很快被我们吸引过来了，连马显扬的老婆和亲属，也都跟着我们喊抗日口号。我们甚至一次次地以访问名义找马显扬本人，他也只得热情接待，并不得不说几句拥护抗日的话以作应付。

两三个月过去了，古城的抗日群众组织也被我们组织起来了，马显扬的老婆还当了妇救会长哩！他的妹妹和侄女都成了妇救会的积极分子。

狡猾的马显扬，好像嗅出了我们这支队伍的"革命味"，他采取了两面派的手法。一方面把我们稳住，另一方面又悄悄地向国民党五战区密报。五战区立即派了两个"专员"前来"调查"。这两个"专员"很会耍花招，他们把我们这批人集合起来，讲了很多动听的话，说什么"五战区长官听说你们在这里干得很好，很出色，辛苦了，需要休息休息。长官要我们来接你们回战区整训。今天你们准备一下，明早出发！"

"专员"的话，是在我们为他们开的一个"欢迎"会上讲的。我们也在跟他们摆迷魂阵。当场，我们都表示同意回战区整训；晚上，党团支部就紧急开会研究对策。会上，大家认为我们在古城的抗日宣传工作取得了相当的成效。顽固派不许我们进行抗日宣传，并正在阴谋对我们下毒手，我们必须连夜撤退。

就这样，当那两位"专员"打着呼噜进入梦乡的时候，我们迅速背起行李，悄悄从隐蔽处撤出了古城。马显扬的几个叔伯妹妹和侄女坚决要求参加抗日，也随着我们走了。临走以前，我们就撤退路线曾作过各种分析，最后决定避开大道走小路。那小路可真不好走，弯弯曲曲不说，伸手不见五指，足以使人迷路，但在全体人员的努力下，终于在黎明的时候胜利到达尖山。

当我们和尖山的同志喜笑颜开地会面的时候，尖山正准备派去接我们的交通员乐呵呵地告诉我们："幸亏你们走了小路，狡猾的马显扬派人在大路上正准备拦截呢!"

不知是谁风趣地接上一句说："这叫作狐狸再狡猾也赶不上好猎手啊!"

一句话说得大家更加畅怀大笑，笑声唤醒了附近的山山水水，也迎来了喷薄而出的灿烂朝阳⋯⋯

原载中共河南省委党史资料征集编纂委员会编:《豫鄂边抗日根据地》，河南人民出版社，1986年，第326～330页。

在四望山的日子里

◎ 郭欠恒 [1]

一

1938 年秋，广州、武汉相继失守，中共河南省委指示我们战教团全部加入敌后游击队，在党的领导下，开展抗日游击战争。当时我们有 40 多人，老团长范文澜接到上级指示后，立即率领我们出发。

经过几天的跋涉，我们来到信阳县邢集。在邢集，我们见到了久已闻名的红军女干部——危拱之同志，见到了多次指导过战教团工作的马致远（即刘子厚）同志，还见到了在国民党七十七军工作的老地下党员朱大鹏同志，以及老红军王海山同志。来到这里，大家像久别家乡的游子又回到家里一样，有说不出的高兴。阵阵的欢声笑语，把一路的风尘全化为乌有。

到邢集的当天，危大姐便告诉我们这次集中的目的：我党为了适应抗战发展的需要，迅速扩大抗日武装力量，建立豫鄂边区抗日民主根据地，在邢集成立了一支新的抗日武装——信阳挺进队。

部队成立的第二天，就离开了邢集，直向四望山开去。12 月初，部队来到黄龙寺。

---

[1] 本文作者 1940 年曾任中共信南县委书记。

从这里再往南几十里，便是四望山区了，我们战教团编到政治部的同志，也分成若干小组到附近山区开展宣传活动。不久我们和四望山上的抗日武装力量取得了联系，就朝四望山进发了。

二

四望山位于信阳西南，离城90里，东连大别山，西连桐柏山，纵横百余里，是群山中一个较高的山峰。据说站在峰顶，能望见信阳、桐柏、应山、随县四个县城。

山区人民勤劳勇敢，有着光荣的革命传统。早在大革命时期，我党曾在这里领导过农民暴动，起义农民曾打到山外，占领过信阳车站。在革命处于低潮时，山外的反动派洗劫了四望山，但革命火种并没有熄灭，不甘屈服的山区人民，在日本鬼子占领信阳后，又在当地进步学生黄绍九（即黄彦平）领导下，组织了一支抗日自卫队，虽然只有二十几个人，但抗日的决心很大。

我们的部队来到四望山，带来了春天的气息，受到黄绍九领导的抗日自卫队和群众的欢迎。战教团的女同志，分散到各个湾子里，很快就跟妇女和孩子们熟识了。群众有什么事，都愿意找我们说，我们也积极为群众办事，使群众对我们有了进一步的了解，工作开展得比较顺利。

部队到四望山后，很快建起了卫生所，汪毅同志既是所长，又是医生。卫生所条件差得难以想象，给伤员治伤，只有红药水和普通的棉花。有时棉花不够用，只有洗干净后再用一次。一般伤病员睡在地下铺的稻草上，重伤员睡在门板上。伙食费每人每天五分钱，重病号吃稀饭，偶尔能吃上几个鸡蛋就算很不错了。特别让人伤脑筋的是，从伤员身上取出子弹时没有麻醉药，都是直接用钳子往外拔。当我看到伤员咬着牙，疼得满头大汗也不叫一声时，真是感到我们的战士不愧是铁打的英雄汉。

1938年夏，我们战教团来到谭家河一带开展救亡活动时，和当地的共产党员张裕生、周映渠和任子衡等办过农民学校、识字班，还组织了儿童团。在张、周、任等同志的领导下，谭家河很快搞起了游击队，两三个月时间，就发展到200多人。平汉路东的蔡韬庵、蔡裕昆（后叛变）和张牧云等，也在武汉、信阳沦陷后拉起了武装。按党的指示，王海山同志带着部队到当谷山一带找到他们，把他们接到四望山和我们会合在一起。这一下我们这支队伍发展到有一个团的规模。部队进行整编后，成立了信阳挺进队①，下分三个大队，连队配有教导员，政治部的人也多了，成立了党总支委员会，开展部队中党的工作。

一天，危大姐交给我一个任务，让我去接触四望山抗日自卫队队长黄绍九。当时，他率领自卫队住在祖师顶的山寨上，危大姐让我了解一下他的情况，条件成熟后发展他入党。

我到了祖师顶，和黄绍九取得联系，他每次见到我，都非常热情。这是因为当时他已了解到我们部队的情况，危大姐和刘子厚同志也已多次和他谈过话，还送给他一些毛主席有关抗日战争的著作。我们每次谈起来都很融洽，很快便和他沟通了思想，感到这个青年充满着抗日热情。一天晚上，当谈到共产党和延安的时候，黄绍九的眼睛亮起来了，他激动地对我说起几次要去延安的情景。末了，他向我提出入党的要求。我紧紧握住他的手说："绍九同志，快把你向党的要求写出来，我替你转交给党组织，希望你和家乡人民一道，把四望山变成抗日堡垒。"不久，黄绍九同志领导的抗日自卫队扩大了，也编入了我们的队伍，成为新四军的正规部队。

三

1939 年元旦过后的一天，我刚从连队回来，司令部参谋甘迈喜盈盈地告诉我："上级来人了。"我一看，在司令部里果然坐着一位身材魁梧、穿着灰布军装的人，正操着一口湖北话和刘子厚等同志在谈着什么，不时地还发出一阵阵笑声。这就是李先念同志。

先念同志当时是党中央派到鄂中地区，同在那里领导抗日斗争的陶铸同志会合，统一领导豫鄂边区的抗日游击战争，开辟豫鄂边区抗日根据地的。他在四望山停了几天，给干部传达了党的六届六中全会扩大会议精神，讲述了毛主席《论持久战》的光辉思想，同时强调了统一战线中的独立自主原则，向大家介绍了全

---

① 信阳挺进队在北王岗时已宣布成立。

国各个战场上的抗战形势，还用一年来敌我力量对比和形势的变化，深入浅出地阐述了毛主席的战略战术，使我们更加深刻地理解了毛主席的光辉军事思想，增强了抗战胜利的信心。当谈到统一战线时，先念同志列举了大量事实，批判了王明推行的右倾投降主义路线，他气愤地说："为什么一切要经过统一战线？一切服从统一战线？国民党叫我们统一军令，就是要限制我们抗日武装的发展，不让我们独立自主地发展游击战争。如果我们听了蒋介石的话，那就连日本鬼子也打不成，我们是决不答应的。哪里有日寇，我们就到哪里去消灭他们，这用不着别人同意，这是四万万五千万同胞赋予我们的神圣任务。"先念同志接着说："要把日本鬼子赶出中国去，蒋介石是靠不住的，救国的责任落在我们共产党的身上，我们若不顾民族的利益，还叫共产党？"先念同志这次来四望山，给我们这支部队的建设指明了方向，使我们坚持抗战的劲头更大了。

先念同志讲话很直率，又很幽默有趣。他在工作上要求严格，但平时和我们说说笑笑，从没有首长的架子。他来后没几天，大家就很愿意和他接近，一点也不感到拘束，都亲切地称他李司令。记得有一次，他呵呵地笑着说："什么司令，撒一泡尿的功夫队伍就过完了！"他见大家哈哈大笑，又说："现在部队是少些，但是总不能就这几个兵吧！只要我们坚决执行党中央的正确路线，放手发动群众，我们的队伍就会很快地发展起来。总有一天，敌人会怕我们的。"先念同志讲的话，给我们以莫大的鼓舞，使我们更加坚信，我们这支队伍必定能更快地兴旺发达起来。

当时，我们部队的生活很苦，每人每天只有五分钱的菜金，平时是清水萝卜。这次开会改善生活，大萝卜里存几片肉，大家吃得很香甜，先念同志和司令部的几位领导同志围着一盆菜，一人端着一碗饭，高兴地吃着。这时，有几个好说好笑的同志，把自己菜盆里的肉吃光了，又挤到女同志的菜盆边拣肉吃。谁知被先念同志看见了，他笑着说："你们这些馋鬼，别总欺负女同志，到我们这边来吃吧，有的是肉！"其实，他们那盆里的菜和我们的菜都是一锅做成的，怎么会比我们盆里的肉多呢？他的话，给这顿饭增添了活泼的气氛，那情景直到今天也难忘怀。

先念同志在四望山住了几天，要继续到鄂中去和陶铸同志发展起来的武装会合，临走之前，危拱之同志在干部会上讲："先念同志带领的部队是用新四军的名义，我们一定要保证他带的兵精悍，兵源充足，人好枪也好。各连队都要抽出一些人跟先念同志去。"并督促我负责完成这个任务。当时,我们部队有一个团的规模,各大队、中队干部回去一传达,干部和战士们沸腾了,都愿意跟李司令走,去当名副其实的新四军。有的还说:"调我们的枪,我们人也得去。"经过教育,个人服从组织,最后从四中队调走一部分人,枪支全是三八式的大盖枪。先念同志满意地率领着武装齐备的一个连向鄂中开去。

四

1939 年,国民党反共活动逐步加紧,抗日斗争更加艰苦了。但是,边区人民在党中央正确路线指引下,抗日烽火越烧越旺,抗日武装继续壮大,根据地扩大了,党的组织和地方的武装力量也不断发展,战教团在山外活动的地点都很巩固,平汉路两侧成为我们消灭敌人的战场。我们在信阳、柳林一带专打日本鬼子的列车。有一次,打死日本兵 80 多人,车箱底被手榴弹炸穿。因为车头没有被打坏,它拉着车厢跑了,日本侵略军的血顺着铁路一直流到信阳。

这年春天,信阳县长李德纯被国民党撤职,我们这个信阳挺进队的番号也不能再用了。没有个名正言顺的番号,部队就不便于活动,会引起一些人的思想混乱。在这种情况下,危拱之同志指出:"只有党的绝对领导,保证部队坚决执行党的路线,我们才能战胜任何困难。"她要求我们一定要加强连队党支部的战斗堡垒作用。不久,我们就被改编为新四军豫鄂挺进支队三团。皖南事变后,新四军第五师成立时,又编为十三旅三十八团,一直为五师的主力团之一。

在一段很长的时间里,三十八团的兵源都由信阳一带的地方武装补充。这支信阳的人民子弟兵和信阳的英雄人民一道,为打败日本侵略者立下了卓越的功勋,谱写了可歌可泣的篇章,为抗日战争史增添了光辉的一页。

(余继业　整理)

原载中共河南省委党史资料征集编纂委员会编:《豫鄂边抗日根据地》,河南人民出版社,1986 年,第 228 ～ 234 页。

信南十年革命斗争回忆

◎ 段远钟

一、战教团在信阳

河南省战时教育工作团（简称"战教团"）是我党组织和领导的，打着国民党的旗号，开展群众工作。1937年成立于开封，经许昌、舞阳，于1938年4月上旬来到信阳，驻信阳师范。当时的公开负责人是河南大学教授嵇文甫、范文澜、徐述之，党内负责人是冯纪新、刘子厚。在信阳城街头演出过《放下你的鞭子》，在车站、戏院演出过《马百计》《打鬼子去》等话剧。在工人、学生中进行宣传、组织工作，受到热烈欢迎，并得到信阳县县长李德纯的支持。

战教团在信阳城停了两周，就到信阳南部山区工作，团部驻柳林，在李家寨、东双河演了几场话剧，然后，分派两个组，一组去谭家河，负责人是郭欠恒；一组去当谷山，负责人是魏心一。我当时是派驻当谷山组的，这个组有10人左右，有刘东、余士英、刘雯、李方等同志。我们在当谷山的工作搞得很活跃。当时我们的工作分为几方面：一是开展对国民党驻军的工作，与军官交朋友，宣传抗日民族统一战线政策；与士兵联欢，教唱抗日救亡歌曲。记得有一个老兵到我们驻地谈他是个穷人，被国民党抓丁到江西去打红军，被红军俘虏了，红军优待他，给他路费回家；路上又被抓住，又去打红军，在前线他朝天打枪。他已经向红军交过三次枪，他愿与红军合作打日本鬼子。二是发展党组织，我们在农民中发展了吴相福、黎宜宽、刘根源、胡金银、潘道华等人入党，成立了党小组。三是对群众进行宣传工作。四是对联保主任、保长及士绅等开展统战工作。

1938年6月，战教团去潢川，由于秀民同志领导的开封青年工作团接替战教团的工作。于秀民当时就是我党的负责人，我和魏心一同志在当谷山多留了一个月左右，把党的关系及各方面的工作情况交给于秀民同志后，于7月间赶到潢川。

二、信南的两支游击队

1938年秋，日本侵略军从华东分两路西进：一路沿长江向武汉进攻，一路沿大别山北的公路向信阳进攻。武汉失守前，战教团决定到信南发动游击战争，选择当谷山为根据地，派我到当谷山打前站。我从麻城到武汉，然后乘火车到鸡公山车站。这是中秋节前，日军已逼近信阳，火车停开，在鸡公山车站停了两天，我从鸡公山北的茶沟到当谷山的。在山上见到了于秀民同志，说明了来意，他表示欢迎，并向我介绍了当地的情况。几天后听说武汉失守，估计战教团一时来不了，于秀民承认了我的临时关系，派我到蔡裕昆的游击队去做政治工作。蔡裕昆是当地的联保主任，家是小地主，北伐战争时期参加过儿童团，以后在学校读书参加了国民党，中学毕业参加国民党潢川训练班，然后当了当谷山的联保主任，对战教团和青年工作团在当谷山的工作态度比较好，日本占领信阳后，拉起了游击队，共100多人。我们在当谷山发展的一些党员，如潘道华、吴相福及进步青年周朝秀等，都是当时这个游击队的骨干。当谷山除蔡裕昆的游击队以外，还有柳林区长蔡济民的十几个团丁，后又吸收了一些散兵游勇，组成百十人的游击队。蔡济民在当谷山上做起了司令。因为过去杀过共产党，他也不愿意于秀民派人去做他的政治工作。不久被他的部下杀死，剩下的少数人归编蔡裕昆部。后来蔡裕昆又把蔡韬庵请出来当大队长，统一上山和下山的矛盾。

日寇进入信阳后，谭家河一带地方党员张裕生、周映渠、任子衡等同志揭竿而起，也组织了一支游击队，有3个中队，共200多人，主要是当地农民，张裕生任大队长。1938年底，我到当谷山活动与于秀民取得联系。于秀民告诉我，新四军的队伍已到四望山，那里有党的领导，李德纯的信阳县政府和常备队也拉到了四望山与我党合作成立了信阳挺进队，战教团也到了四望山。张裕生要去四望山，于叫我与张裕生部一起去。大约在1939年元旦后，我随张裕生部到了铁路西谭家河一带，在那里稍事休整，于春节前到了四望山。到四望山后，我就回到战教团，正式接上了组织关系，并向上级汇报了当谷山的情况，建议派人去那里收编部队，扩大武装。不久，李先念同志率部队到达当谷山以北，收编了蔡韬庵部和张牧云部。

三、四望山和信西区委

当时我们党在四望山的负责人有危拱之、刘子厚、王海山，以后还有任质斌同志。以战教团为主，分成几个组，发动群众，开展地方工作。我分到驻杨家老寨的一个组，刘西分到婆婆寨一个组。这个组的工作范围包括黄龙寺和西新店。工作任务是宣传、组织、发展农民救国会、妇女救国会和儿童团，秘密发展党的组织。负责各个工作组的负责人是王伦耕同志。

杨家老寨的工作开展得很顺利，农救会、妇救会、儿童团很快组织起来了，还建立了几个党小组。工作中遇到的顽固派是曹身修。曹是当地的地主，是杨家老寨十几个武装的队长。在他的监视下，我们争取这个部队的工作很难进行，但我们的武装力量强大，又有信阳县政府的合法牌子，他对我们也无可奈何。

信阳的一股顽固力量余镜清部本来已被我们挺进队收编，可他拥兵自重，受编不受调，1939年4月擅自占据四望山的重要路口祖师垴，与我军作对。四望山做了应战准备，将部队集中，将工作组收回，分别编入部队。我被派到二团二大队任政治教员和指导员。二大队的大队长是张牧云，我所在的中队长是张泽普，副中队长是李鹏飞，指导员是任子衡。队伍在四望山周围周旋了一阵，决定围攻祖师垴，消灭余镜清。祖师垴位于四望山以东仙石畈的出口处，是紧靠龙门新店的一个山寨。南面是陡壁，下面是条河，北面是一条山岭，连接车云山。对余镜清这个与人民为敌的反革命两面派，我们别无选择，只有干掉他。

这次围攻祖师垴，打余镜清是在春末夏初。由王海山同志指挥战斗，指挥部设在龙门新店余家寨。此役是在夜间进行的，主攻部队打的目标是祖师垴北面的山岭，我大队的任务是从西南佯攻。夜静后，我们先运动到与祖师垴隔河的山岭上，在树丛中待命。

拂晓前总攻开始，我的中队利用河床中的灌木掩护，迅速穿过河，渡过河滩去，占领了祖师垴西面山脚下的独户小村，完成了包围任务。围攻持续了半天，经过几次冲击，把余部搞垮了。余部突围，大部逃散，余镜清只带残部百十人，落荒而逃，我四望山局面暂告稳定。是役，一大队的教导员孔化（即孔繁真）同志牺牲。

打过余镜清不久，地委决定成立信西区委。王伦耕任区委书记，我任组织科长，黄绍九任军事科长。区委所在地在仙石畈，活动和管辖的地区包括四望山、黄龙寺、白马山、龙门新店、王家岗。刘子厚同志组织建立信阳军民联合办事处，为初步的抗日民主政府，在仙石畈召开了各界代表协商会。杜剑昂（民主人士）为主任，李伯莪（信阳城里人）为民政股长，蔡楚桥（信阳民族资本家）为财政股长，黄绍九为军事股长，我为民运股长，丁文俊（中学教员）为教育股长。是年冬，我军撤出四望山，这个军民联合办事处也就此结束。

四、信南区委和信南抗日根据地的初创

1939 年 8 月，地委负责人任质斌同志召我回四望山，在庙湾他的住处，找我谈了话，把我派到信南去工作。信南是敌人后方，到敌人后方建立根据地。他说："那里有党的地下组织，群众基础也好。那里的党组织已经派交通接头来了，要求派人去。地委决定派你去，你明天和交通见见面，张裕生那里找人了解一下信南的情况，后天就走。"当晚谈到深夜，任质斌同志留我在那里住宿。第二天，我找张裕生和刘顺同志谈了情况，第三天就和交通高峰（即高立峰）同志告别了四望山去敌后。临走时，在张裕生的手枪队里找了一套便衣换上。走出仙石畈，高峰同志告诉我："信南农民都是光头，你得把洋头剪去。"路过王家岗剪了头发。过了郝家冲，来到了马家畈。高峰同志指着西双河方向说："西双河南边山包上的炮楼就是日军据点。"当时我心里有点紧张，高峰同志看出了我的心情，他说："不要紧的，太阳快下山了，日本人不会下来的。"过了公路和河以后进入起伏的山区，来到一个小村庄。高峰说："这就是我的家。"当晚在高峰家里住宿，第二天到郭家寨。

郭家寨是信南中部的一个山寨，寨上有不少房子，是过去群众防土匪时所修。日本人入侵后只有冯纪英一家住在寨上，少人来往，是原信南地下党的联络站，我们到那里是事先安排好的。第二天地下党的临时负责人张雨高到寨上来，与冯纪英一起向我介绍了情况，然后研究部署，开始工作。由他们派人带我先到谭家河、台子畈、青石桥附近和几个党支部及三支游击队接上头，并布置了整顿和发展工作。回郭家寨后，与信南党临时负责人张雨高、冯纪英、梅权谋一起商定了一个区委的名单。当时商定我任区委书记，张雨高任政权科长，冯纪英任宣教科长，梅权谋任军事科长，温少东任组织科长。到信南半个月后，我返回四望山向地委汇报，地委批准了区委的名单，指示要扩大武装，组织农会，建立政权。这时正逢朱理治同志、陈少敏同志从竹沟来到四望山。地委让我参加听了朱理治同志"如何建立抗日根据地"的讲话。

　　在返回信南之前，地委向我介绍了鲁彦卿同志。他是1939年春李先念同志到路东收编的部队负责人，向鄂东挺进时，把他留下来搞地方工作。地委把他向我作了介绍，并且通知我们，鲁彦卿同志参加信南区委任副书记，他的工作地区和组织关系并归信南区委，让我们两人同路回信南。鲁彦卿同志向我介绍他常驻柳林以西的螺蛳冲，柳林镇有个秘密支部，杜家畈也有一个秘密支部。

　　信南的工作开展得很顺利。信南三团派武装协助我们消灭了台子畈、许家冲一带的土匪刘麻雀，活捉了谭家河的汉奸维持会长高鹏飞，打死了西双河的汉奸维持会长董莪青。柳林一带的秘密民兵除奸团还勒死了柳林的汉奸维持会长米定国。群众情绪高涨，党的工作和群众工作一直发展到信阳城南的十三里桥，三支游击队发展到100多人。10月间，地委又派来军事干部蔡斌，成立了信南独立大队，蔡斌任大队长，我兼教导员。把游击队整编为三个中队，宁淮、杨玉璞、董××分任三个中队的指导员。不久蔡斌调走，朱钫任大队长。在政权建设方面，以党支部为核心，农民为骨干，开群众大会，选举了大王冲、李家店、台子畈、青石桥以南中心区的保长，接着成立了李家店、台子畈、青石桥、螺蛳冲几个乡政权，并成立了区政府，张雨高任区长。在党的建设方面，经过整顿和发展，建立了台子畈、李家店、大王冲、谭家河、柳林、青石桥、杜家畈等几个支部。

　　另外还在鸡公新店、柳林两个敌后据点建立了秘密民兵（十人团），把柳林、李家寨、鸡公山、鸡公新店、西双河、青石桥等敌人的据点、维持会置于我们控制之下。在十三里桥伪军柳文卿部里发展了吴新民（吴任柳的文书）为秘密党员。

1939年11月，国民党五战区驻随县北的一个连，突然窜到西双河的四里桥一带，派人到我大队部，说是要到这里执行打击日本侵略者的任务，要我们配合。对于国民党军的态度，上级党早有指示：争取合作抗日，警惕对我破坏。我们当即在郭家寨以北约见了他们的马连长，看了他带来的证件，同他商定了两点：一、在我区的行动路线和驻地由我们指定，情报、向导由我们提供。二、到柳林镇以北破坏铁路一段，捉杀日军，由我们派手枪队配合。开始他们有些瞧不起我们，晚上行军没有我们的向导，沿途遇到我们自卫队（民兵）盘查，寸步难行，后来就不敢擅自行动了。在破坏柳林以北一段铁路时，我手枪队配合，装好炸药，他们不敢引爆，就后退，由我手枪队引爆。在捕杀日军时，他们不敢入柳林镇，由我手枪队进去捕杀一日军，将头割下交给他们。马连长在信南活动10天左右，带着日军人头回去报功了。

五、信南县委（亦称信阳县委）

1939年11月11日发生了竹沟事件。12月底四望山被国民党顽固派占领，1940年1月初信应地委领导机关从四望山转到信南，地委书记刘子厚，副书记文敏生，秘书任泉生，信应总队司令张裕生。地委决定将信南区委改建为信阳县委，并派了一批干部，县委书记郭欠恒，副书记姚孟兰，组织部长段远钟，宣传部长梁洪，民运部长鲁彦卿，妇女部长陈彤深，县委秘书王汝辉。县委成立后，加强了党、政、民兵、群众各方面的建设。相继成立了几个区委：李家店、大王冲一带成立了一个区委，书记杨玉璞（书记温少东，后脱党，杨玉璞为副书记）；台子畈一带成立一个区委，书记吴文周；青石桥一带成立一个区委，书记尹任侠。每个区委有若干支部。每个区委所辖区建立一个乡，设乡公所，乡下设若干保。以乡保为单位，建立自卫队（民兵）和基干队（基干民兵），乡叫民兵大队和基干中队，保叫自卫中队、民兵分队；县成立民兵总队，周植任民兵总队长。成立了乡农会、保农会，乡妇救会、保妇救会。进一步开展和加强了敌占区的工作。当时柳林镇有党的秘密支部和十人锄奸团（地下民兵组织），鸡公新店也有十人团。同时还发动了生产运动，加强了财政工作，开展了统战工作。

在县委成立后不久，通过在伪军中任文书的地下党员吴伟（即吴新民）配合区、县武装，发动了十三里桥伪军柳文卿一个中队反正，开创了十三里桥的工作新局面，建立了十三里桥区，许振东任区委书记。对青石桥的伪军伪政权做了争取工作，使青石桥的日军完全孤立。

派杨庄主持了大庙畈、许家冲、黄土关一带的工作，建立了一个区，杨庄任区委书记。派潘勇、侯太俊开辟了冯家庄以北淮河以南地区，成立了睡仙桥区（后来排为第四区），潘勇任区委书记，侯太俊任区长。

1941年秋成立了信阳县人民政府，蔡韬庵任县长。

六、开辟信罗边根据地

当时信罗边的范围是信阳至五里店公路两侧及其以南，信阳至武胜关铁路以东的地区，包括当谷山、灵山、左家店、杜家畈、震雷山、土城、涩港店、朱堂店等地。中山铺、五里店有日伪据点，是日本人的部落试点区。所谓部落，就是将周围村落的群众，都赶到这两个据点去住，以强化治安，对付我们的游击战争。当谷山新街也有日军的一个据点。杜家畈设有一个国民党的区公所，有区队十数人。当谷山有国民党的一个乡公所，有乡丁数人。罗山境内驻有国民党第四游击纵队，其前哨设到朱堂店以西。

信罗边根据地的正式开辟是1940年的3月。地委先派我和鲁彦卿去调查情况恢复地下党的关系，没有带武装。我们先到杜家畈杜家老湾找到了李剑白，李在内战时参加过红四方面军的游击队，红四方面军长征后他掉队在家，以打零工做小生意为生，胆子大，活跃，信罗边的地下组织他都熟悉。他带着我们，先到冯家窑找了冯云清，到杜家畈找了严老汉，到两河口汤家湾找了汤伯龙，到黄家院附近找了一个党员。在黄家院附近一个大村子里，我和鲁彦卿以新四军侦察员的身份见了一个黄学的小头目。我还到当谷山找了地下党员刘根源，在蔡家祠堂找了蔡习之，并介绍他入了党。到当谷山见了乡长刘文阁，刘是当地小士绅，1938年战教团在当谷山时我和他认识，我劝他本着维持地方的宗旨，不要妨害我们新四军的工作。还找到了蔡裕昆，蔡的游击队于 1939 年春编入了新四军，任命他为团的参谋主任，他怕艰苦，托病请假回家，我动员他在家乡为新四军做些工作。1943 年春，我军一度控制当谷山、三里城、九里关，我委他任当谷山区长，给他10 多支枪，蔡习之当队长，后国民党顽固派反击，我军撤出当谷山，他辞职不干了。

我和鲁彦卿在信罗边活动约半月，返回信南向地委做了汇报。地委决定成立信罗边工委，我任书记，郭纶任组织部长，鲁彦卿任民运部长，朱钫任军事部长，派一批干部和一个连正式建立信罗边根据地。我们到信罗边后很快就控制了这个地区，建立了基层政权和群众组织，训练党员，组织党的支部，扩大队伍，建立民兵游击队。当时国民党在杜家畈的区长叫汤洪九，我们做了他的统战工作，开始他愿意和我们合作，半月后突然捉我地方干部周××，我们派人交涉，他不肯放人，请示地委，增派一个连来，打了他的区公所，救出了周××，汤洪九逃走。从此，信罗边局面逐步展开。以后成立了信罗边行政委员会，鲁彦卿任主任。成立了信罗边指挥部，张牧云任指挥长，李鹏飞任参谋长。

我于 1940 年 5 月调离信罗边，到应山工作。我走后由郭纶同志任工委书记。

七、信阳中心县委

1942 年 8 月，根据豫鄂边区党委和新四军第五师司令部的决定，撤销信应地委，将应山县委划归安应地委，信阳县委改为信阳中心县委，辖信罗边工委。信应指挥部改为信应罗礼指挥部。我任中心县委书记，蔡韬庵任县长，郭纶任组织部长，吕重、王汝辉先后任宣传部长，舒仲鸣任民运部长，李永题任社会部长，颜醒民任敌工部长，张华任妇女部长。指挥部周映渠任指挥长，胡彬如任参谋长，我任政治委员。民兵总队由周植任总队长，周冠卿任政治部主任。

1942 年冬天，驻在四望山一带的国民党鲍刚部向我大庙畈、马家畈、袁家冲一带侵犯，被我部队、游击队、民兵击退。

1943 年 1 月区党委在大悟山蒋家楼子开扩大会，会议期间，师长李先念同志亲自听取我的汇报。听后他指示，指挥部要迅速建立两个小团，并指示具体组建方案。会后指挥部和中心县委抓紧时间，以信罗边地方武装为基础，组建二十五团，张牧云为团长，张岱松为政委。以信南地方武装为基础，组建二十六团，张和智为团长，张国兴为政委。队伍 2 月底 3 月初整编完，集中在信南进行了短期整训。3 月日军进攻大别山，为打击日军，司令部命令指挥部率两个小团到信罗边向东挺进。3 月底至 4 月底我部曾占领当谷山、九里关、三里城、涩港店，并派张牧云率二十五团挺进到子路河及罗山无人区边缘。这次战役是配合五师主力的一次行动，是役师部意图一方面打击日军，另一方面沿大别山向东发展，相机同皖北新四军取得联系。日军这次行动很快结束，国民党顽军立即部署向我进攻，在东面，攻占我三里城、九里关，在西面进占我老根据地谭家河、西双河、台子畈。我两个团撤至北灵山冲一线，准备回信南向国民党反击。为了易于取胜，我们派信南县大队长吴厚民、教导员方汉，率县大队两个连，以支队的名义，从睡仙桥出发，向国民党后方的祝林店、小林店、桐柏山挺进，扰乱其后方。然后我们回师信南，向顽军进行夜袭。数日后顽军退走，我们向国民党后方挺进的部队也胜利归来。

1942 年秋，根据中央指示，开展根据地的减租运动。中心县委经过调查研究，确定了四六分二五减的政策，即佃户收获的粮食先按四六分成，佃户分六，地主分四，然后在地主分得的四成中再减百分之二十五。这个政策符合当地农村评租习惯，也符合中央的规定（减后地主所得不少于三七五——即千分之三百七十五）。同时召开了县农会代表会议，会上选举周映渠为县农会主席，详细讨论了减租办法。为了减少在减租中的阻力和孤立顽固地主，成立了县、乡两级评租委员会，县长、乡长任主任，农会及开明地主、开明士绅为委员。有了以上这些措施，又抓了一个顽固地主做典型，发动农民向他进行了说理斗争，在信南基本区，中央减租指示得到了贯彻，农民抗战热情和生产热情进一步高涨。

八、开辟淮南

淮南地区在 1942 年冬，五师政治部民运部长娄光琦同志（1943 年 8 月至 1944 年 8 月曾任信阳中心县委书记，在此期间我任副书记并参加边区区党委第一期整风班）带领闵蓝俊同志及一部分武装在那里扩军，信罗边县委派人和一部分武装配合开展地方工作，1943 年春正式成立相当于县委的淮南工委和淮南行政办事处。

郭纶、黄绍九、李传珠先后任工委书记，张子明任办事处主任，赖鹏任指挥长。

淮南地区是包括信阳至长台关铁路以东、淮河以南、信阳至罗山公路以北、浉河以西的一块地区。当时淮河以北罗山县城是国民党统治区，铁路及信罗公路为日伪所占领，五里店以东的一片无人区是土匪的巢穴。淮南这片三角地带长期受敌、伪、顽、匪的骚扰、破坏、"扫荡"、抓丁、抢劫，经济文化摧残殆尽，人民无法生活，外逃和饿死者百分之九十以上，真是十室九空，多数小的村庄已无人烟，少数村庄只有一两户在饥饿死亡线上挣扎。春节期间，我们在黄家院以东一个村庄宿营，全村只剩一户人家，既无牛、猪，也无衣被，晚上全家数口挤在灶门口度夜。进入此区，满目荒草、破屋、秃树（树皮被剥食光而枯死）、老鸦，时而还可看到饿死路旁的尸体。只有少数村寨，地主拥有枪支，每与敌、伪、匪、顽相勾结，尚可闻鸡犬之声。这些庄寨居住的人家，也无力耕作，只是在荒芜的田地中间种上一些"鸦片"（种鸦片是当时日伪毒化中国的政策），维持生命。人们称淮南地区为荒区，接连这个荒区的五里店以东还有纵横数十里的无人区，在无人区的中心部位，有十数村庄为一股土匪所盘踞，作为匪窝，被称为匪区。

我们对淮南的开展工作，以黄家院以北及以东地区为活动中心，因为这里人烟还稍多一点，同时临近淮河，与淮河以北的河南地下党也好呼应。

我们在淮南，主要做了以下几件事。

第一，宣传政策，建立政权。在建立若干乡政权以后，召开各界代表会，由娄光琦同志代表边区行署和五师司令部宣布，成立淮南行政办事处，任命张子明为主任。

第二，扩军济民。当时荒区残留的群众已饥饿难挨，每天都有人饿死，淮河以北的广大地区，遭受水、旱、蝗、汤（汤恩伯军队骚扰）之灾，也是濒临绝境，只要有饭吃就能救命。我们奉五师司令部之命，在淮南扩充新兵。淮南本地人参军，家中有老小的拨发一定的公粮安家，群众视此举为救命恩德，加之我军在群众中崇高的威信，群众参军非常踊跃。影响所及，淮北群众突破国民党封锁也纷纷过河参军，数月之中，扩军数千人，补充了五师主力部队，也壮大了地方武装。开始我们不懂得长期饥饿的人，肠胃已变得细薄，头几天不能饱餐，否则会胀死。我们的干部、战士出于一片好心，对新参军的饥民，尽其饱餐，结果上操跑步，有几个人猝然死亡。以后有了经验，开始入伍时对其饮食加以限制。

第三，组织群众，武装群众，卫国卫民。抵抗敌、伪、顽、匪的抢劫，是各界人民的迫切要求，我们组织群众就先从组织自卫队保卫人民生活和生产开始，对民间枪支进行登记，发给自卫队持有。有些顽固地主不愿交出枪支的，就采取政府动员和组织群众进行说理斗争相结合，迫使其交给自卫队。在自卫队中挑选一些人组成脱产的乡政府游击队。把地主的枪动员出来交给自卫队的工作和斗争，当时淮南工委总结叫作枪换肩运动。这样一来，地方社会秩序良好，到翌年春天，逃亡的群众大部分回来生产，经济逐渐恢复。

第四，开展税收。长台关至信阳间，是南北货运大道，特别是河南的烟叶，大批由此运往信阳，再由信阳转运武汉。原来沿途伪、匪设卡收税，开辟淮南以后，伪、匪不敢设卡，我们派出手枪队控制了这段交通线，一面护商，一面收税，扩大了财源，也保护了商旅。对当时荒区的鸦片，我们采取了禁种政策，但考虑到群众的生活，在步骤方法上灵活一些，限三年禁绝，三年内限种，课以重税。

淮南根据地建立以后，在历史上还起了两个特殊作用：一是1944年日本侵略军打通平汉线，我五师派部队挺进河南，起了跳板和后方的作用。二是1944年底，党中央和毛主席派王震将军率三五九旅南下与五师会师，淮南是三五九旅进入五师根据地的第一个歇足点。

九、淮源地委

1945年1月根据豫鄂边区党委的决定，撤销信阳中心县委，成立淮源地委。原中心县委直接管理的信南、信西地区成立信阳县委。同这个地委相当的军事机构为六分区。淮源地委的名称是华中局代表郑位三（后区党委改为中原局时任书记）同志提出的。当时成立这个地委是要向西发展、占据桐柏山的。桐柏山为淮河之源，出于四望山的浉河也是淮河的主要源流，所以他亲自提出命名为淮源地委。

党的七大以前，中央已预计到抗日战争即将胜利，已考虑到下一步和国民党的斗争。1944年底王震、王首道率三五九旅南下，于1945年初进入大别山与新四军第五师会师；1944年末王树声、戴季英率部挺进伏牛山，就是准备下一步与国民党斗争战略部署的一个部分。按照这一部署，王震率三五九旅从大别山渡长江，挺进湖南及湘西，五师主力挺进桐柏山并向北发展与伏牛山的王树声、戴季英部打通，使沿湖的长江两岸，汉水、桐柏山、伏牛山，形成一道革命大堤，以防蒋介石下峨眉山摘桃子，当时称这一部署为筑堤。淮源地委及六军分区的建立就是根据这一部署建立的。为此，五师出动主力一部，于1945年春先收复四望山、浆溪店、黄龙寺，然后向随北、桐柏山以及南阳平原挺进。

淮源地委和六分区司令部先驻郝家冲、仙石畈，后驻四望山、浆溪店北，地委书记先是夏忠武后是方正平，组织部长段远钟。分区司令员先是陈刚后是邹世厚，政委方正平，参谋长周光策，专员余益庵，副专员蔡韬庵。辖信阳、信罗边、淮南、信应随（驻浆溪店）、信随（驻祝林店）五个县委和县指挥部。信阳县委书记先是马兆祥后是刘志远、周映渠，最后由段远钟兼；指挥长先是周映渠，后是潘道五；副政委兼一七二团政委任子衡；县长先是颜醒民后是蔡韬庵。信罗县委书记为宋军，县长为鲁彦卿，指挥长为李鹏飞。淮南县委书记为李传珠。信应随县委书记为马兆祥，县长为黄绍九。信随县委书记为郭纶。

1945年夏天，郑位三、李先念同志曾在仙石畈住了一段时间，亲自听取了淮源地委的汇报，部署了地委的工作。淮源地委于1945年底中原局和中原司令部转移到宣化店时撤销。1946年1月《双十协定》公布后，为了开展停战后的斗争，在1946年2月至3月，中原局派刘子久同志率武装一部，到大庙畈成立豫南区党委和军区司令部，区党委书记刘子久，副书记夏忠武，司令员韩东山。信阳县委的工作直接由区党委领导。以后桐柏山的工作无法恢复，豫南区党委就撤销了。

十、信阳军民对日寇的最后一战

1945年8月9日，党中央、毛主席发出了对日寇最后一战的命令，信阳县委、县指挥部根据上级的指示和命令，作了紧急动员，向日伪军展开了全面的进攻。

当时的指挥长是周映渠同志，指挥部有警卫连和县大队，另有若干区、乡游击队和武装民兵。派一个连，配合许家冲、大庙畈的游击队和民兵，围攻平靖关、小河两个敌伪据点，日、伪军仓皇撤往应山，我军收复平靖关、小河两地。派手枪队配合台子畈、李家店、大王冲的游击队民兵，在铁路沿线活动，向敌人展开攻势，监视敌人动静，活捉到信阳赴任的带有伪政权委任状的县长一名。指挥部率三个连配合青石桥游击队民兵，向青石桥、小庙敌伪据点发动进攻，小庙敌人突围逃往信阳，被我击毙两人，我民兵营政委、支部书记王运民同志光荣牺牲。青石桥伪军一个中队五十余人和两名日军向我指挥部投降，我收复青石桥、小庙两地。派一个排配合西双河游击队民兵围攻西双河日军据点，敌人乘黑夜逃往信阳。以上各地收复之后，我指挥部率三个连及民兵，攻占贤山，直指信阳城下，信阳城敌人惶恐，退守城内，向贤山打炮。我军因另有任务，撤回青石桥以南。

十一、信南军民保卫解放区的斗争

从 1945 年 8 月抗战胜利到 1946 年 6 月中原突围，信南军民保卫解放区的战斗历程，可分为两个阶段。

第一阶段，保卫桐柏解放区的战斗（1945 年 8 月至 12 月）。信南军民在 8 月中旬至 8 月底，全力投入了对日寇的最后一战，收复了青石桥、小庙、西双河、平靖关日伪据点，扩大了解放区，打破了信南解放区被敌人长期分割、敌顽夹击的局面。当时信南解放区向南推进到应山的杨家岗，向西推进到仙石畈，是桐柏解放区的重要组成部分，亦是该区东端的前哨。

信南军民对日寇发起最后一战之日，即是国民党蒋介石布置内战之时。在国民党"下山摘桃子的部队"未到达之前，蒋介石已下令日军就地维持秩序，不准八路军、新四军受降。9 月以后，国民党五十五军、六十八军相继赶到信阳及铁路沿线，准备向我解放区进攻，大造"一个政府、一个领袖、一个军令"的反共舆论。对此，信南军民非常激愤。同时也有一小部分地主，投靠国民党，妄想恢复封建统治。在国民党调兵遣将发动内战的严峻形势下，信南县委和指挥部（后改为总队部）根据中央和上级的指示，也做了针锋相对的部署：一是将县领导机关和主要部队集结在谭家河和西双河以西、袁家冲以东的山地，准备随时打击向我解放区进攻的敌人。二是在全县党员、民兵中做反内战动员，讲明我解放区军民对抗日战争的功绩；宣传我党建立联合政府的主张，揭露国民党发动内战的罪恶阴谋；讲明我解放军、解放区力量的强大，国民党蒋介石发动内战不会有好下场。三是加强武装建设，扩大县、区、乡武装力量，发一些枪支，在每个保的基干民兵中搞一个有枪的民兵小组。四是公安部门、基干民兵严密注意国民党的特务活动和反动地主的"反水"活动。五是乡、区干部武装起来，变为武工队。六是做好开明士绅的工作，并充分发挥他们的作用。实施这些措施以后，信南解放区的社会秩序安定，国民党军、特务也不敢贸然进攻和扰乱，地主的"反水"活动也被镇住了。

为了巩固和扩大信南解放区，约在9月中旬，我信南总队集中三个连夜袭了应山北部的郝家大店，想拔掉这个伪军据点，使信南、应北、信应随完全连作一片。当时的战斗部署由总队副政委任子衡同志带一个连进攻镇子，由总队长潘道武带一个连进攻镇子街头的山包。进攻镇子的一个连完成了任务，消灭了伪军一部，而进攻山包的一个连未能上去，天亮前撤出了战斗。另外在9月末10月初，夜袭了鸡公新店。驻新店的国民党军与当地反动分子勾结起来，修筑碉堡，企图破坏我新店及台子畈解放区的工作。我总队部决定，趁其立足未稳，去打他一下，给他们一个警告。当时集中了两个连和一个手枪队，一个连插入新店和车站之间，打车站出援之敌，一个连袭击街边学校的驻军，手枪队攻入街上，警告本地的反动分子。此仗虽未能歼灭敌人，但起到了警告敌人的目的。

11月，国民党调动大批军队，从西面向桐柏地区进攻。六分区转达中原军区指示，令信南总队部率四个连到龙门新店驻守，监视信阳敌军动态，防御敌军从东边向四望山进攻。我总队部率部到龙门新店东边山地设防，构筑了集团工事。12月中旬，敌人企图从信阳方向出动进攻四望山，分区命令总队部防守龙门新店到火烧寺（大庙畈西面大山，从大庙畈到仙石畈、四望山的通道）一线，并派一个连前来支援。我当即派一个连赶到火烧寺布防，在龙门新店的部队即进入阵地加固工事。另派出一个排到王家岗西面山岭一座油坊布防。约在12月25日上午10时，国民党五十五军一个团的兵力沿王家岗西面山岭的北头，向我前哨排据守的油坊进攻，用火力搜索前进，并用迫击炮轰我集团工事，我前哨排在油坊内向敌人还击，敌人在山岭中部不敢再向前进。下午4时，敌人稍事后撤，我军也悄悄把前哨排撤回。黄昏后我指挥部撤至龙门新店以西山地防守，并布置地雷，当晚无动静。12月26日晨侦察兵报告，敌人已向北撤去。上午10时左右分区司令部来令，指出敌人已不从龙门新店进攻，令我部立即转移到信南老区活动，破坏鸡公山至柳林镇一线铁路及电话线。

这次六分区命令我们转移到信南老区活动，是信南形势的大转折。事后我们知道这次命令的背景是国民党军调集大批兵力进攻桐柏山区，中原领导机关和军队撤出桐柏山和四望山转移到铁路东去，六地委、六分区撤销，另外建立豫南军分区、地委领导铁路以西桐柏山地区的游击战争，这些情况当时六地委六分区都没有来得及向我们讲，豫南地委和军分区是在大军东撤时仓促组建，有将近一个月的时间没有和我们联系上。从此之后，桐柏山地区及四望山被国民党军侵占。我们只有少量部队在那里坚持游击战争，信南进入了在国民党军队包围中独立坚持根据地的斗争阶段。

第二阶段，坚持信南根据地斗争（1945年12月末至1946年6月末）。1945年12月26日，信南总队部奉命率所属四个连转移到信南根据地谭家河以东的武家山一带，做了一些战前准备，于27日晚指挥三个连破击平汉线，用两个连占领铁路线有利地形，分别向鸡公山车站、李家寨车站警戒，用一个连和一部分民兵，破坏两站之间的铁路和电话线。敌人未敢还击，我军顺利完成任务，于拂晓前撤回武家山以北的王家冲、金华寺一带休息，并采购食品准备过新年。12月30日下午，国民党六十八军从信阳和鸡公新店出动两个团向我信南中心区发动进攻，于黄昏时占领了谭家河、西双河、青石桥、平靖关，妄图歼灭我信南部队和党政军机关，摧毁我根据地，加强对宣化店中原主力的包围。我部避其锋芒，当晚将主力部队转移到敌人的侧后。总队部率三个连转移到柳林车站以东的周家塘埂一带，总队长潘道武带第三连转移到应山北部的许家冲，冯参谋带手枪队留在中心区活动，联系各区武装，随时向总队部报告情况。可是潘道武没有到许家冲，当晚在滴水崖宿营。31日上午遭到敌人围攻，战斗打响后潘道武离开部队去柳林投敌，我三连指战员突出敌人包围后，分散钻入山林隐蔽。1月1日敌人向谭家河西南的龙潭冲县政府进攻，我警卫排掩护撤离，有两名干部受伤，财粮科长高兴被俘。

1946年元旦下午总队部得知上述情况，当晚率三个连返回青石桥以南地区。一面派人和各区联系，一面派手枪队到武家山收容三连指战员。到了1月3日，三连指战员都回来了，一个未少。接着我们在驻地召开了全体军人大会，由总队副政委任子衡同志讲话。他说："我们的军队是打不垮的，我们的战士是铁的战士，三连的人员又全部集结到一起来了。潘道武叛变投敌，也是好事，这好比过了一次筛子，坏的筛出去了，剩下的更好更纯了。"他的讲话，对士气鼓舞很大。

这次六十八军对信南根据地的进攻，虽然无法摧毁我们，但是中心区的四个集镇被它占领了三个（青石桥、谭家河、西双河），只剩下台子畈一个小集镇，对我根据地的中心区形成了严重的军事和经济封锁，几乎断绝了我军的副食品采购场所，一周没有肉吃，油和青菜也很缺乏，有三分之一的战士患了夜盲病。自从奉命进入信南以后，与上级机关失掉了联系，派人到四望山已找不到我们的任何上级机关，对此我们非常焦急，决定采取两条措施：一是将部队及县党政机关转移到大庙畈东南山区地藏寺、关门山一带，休整一周，恢复战士体力；二是派手枪队持信到铁路东找领导机关联系并请求指示。

1月10日后我军经短时休整，又回到武家山一带。过了两天，手枪队回来了，他们在宣化店找到了中央中原局和中原军区司令部，并带回了由郑位三、李先念、任质斌签名的指示信。指示信的大意是：你们在信南坚持得很好，希望你们继续坚持下去，不久即可取得胜利。现在国共两党正在谈判，停战协定很快就会公布，请你们注意收看武汉出版的国民党的报纸。我和周映渠、丁连三（时接替颜醒民为县长）、任子衡研究了中原局和中原军区的指示，将指示迅速传达到各区委。根据指示精神向部队做了动员。约于15日左右，派信南的商人到武汉弄到了《扫荡报》，看到了公布的停战协定。根据协定，我军向谭家河、西双河、青石桥的六十八军发了信，说明这些地方是我们从日军占领下夺回来的，从来就是我军的防区，请他们立即撤出去，由我们驻防。青石桥、西双河的国民党军是营级单位，没有给我们回信；谭家河的是团级单位，由团政治指导员给我们回了信，说他们是奉命驻防的，不承认是我们的防区。我们再写信给他，列举14年我军抗战历史，历数我军从日军手中夺回这些地方的事实。他们回信无话可答，只是摆"一个领袖、一个政府、一个军令"的谰言。春节临近，我军移至大庙畈附近过春节，派出采买带着我军证件和给谭家河驻军的信函，穿着军装去谭家河赶集。一来采购年货，二来显示我军力量，三来与国民党军的下属做些接触。对这样一种赶集行动，国民党驻军既不表示欢迎，也无法拒绝。

这个春节在大庙畈过得空前热闹，连队还搞了高跷、旱船。这显示了信南军民对抗日胜利的欢欣，对停战协定的欢迎，对革命胜利的信心。

春节刚过，豫南地委书记栗在山同志从信随边到了信南，约我同去宣化店中原局开会。在路上他向我讲了12月底中原局领导机关率部队向路东转移时决定成立豫南地委和豫南分区的情况，我在地委和分区担任的职务，让我分工领导应北和信南，但一直没有和我联系上，并说"现在和你联系上了，豫南地委、分区的使命也就结束了"。

中原局宣化店会议约于2月上中旬召开。在会上见到了李先念、郑位三、任质斌、陈少敏、王树声、王首道，各地、各军分区等负责同志四五十人。会议主要议题是停战协定后如何坚持根据地和开展和平斗争问题。提出：要提高警惕，坚持阵地，坚持自卫立场；部队整编后多余的枪支转给民兵；整编后军队党组织以政工面目保存；根据地党组织大部分转入地下，一部分公开活动；要准备干部参加竞选。在谈到竞选时陈少敏同志曾插话，信阳准备由蔡韬庵、段远钟出来竞选。

会后不久任命周映渠为信阳总队长，派王振任副总队长，信阳总队的武装部队编为一七二团，任命王振兼团长，任子衡兼政委。

约在2月下旬，中原局决定建立豫鄂区党委和军区，驻大庙畈。任命刘子久为区党委书记兼军区政委，夏忠武为副书记，韩东山任军区司令员，信南归区党委直接领导。原想以信南为基地，恢复桐柏山和豫南的工作，因工作难以展开，约于4月底5月初撤销。

在3月间，西双河敌人撤退，信南领导机关和部队移驻马家畈一带。十五旅政委汤成功同志率一个团来信南活动，与我一七二团配合围攻南王岗国民党军队，我军突破敌人防线夜间攻入街内。敌人坚守几个炮楼，未能取得全胜，于拂晓前撤出战斗。3月底汤成功同志率部离开信南，王家岗敌人向我马家畈驻地进攻，被我军击退。5月，驻谭家河敌人一个连，到西双河以南抢割即将成熟的麦子，被我一个连击退。以后，没有再发生大的战斗。

停战协定公布以后，首先中原军区有一批伤病员经信阳乘火车运到华北解放区，接着有一些干部零星化装撤到华北解放区。约于4月下旬我们向中原局请示，是否可以把信南的一些干部也化装撤到华北解放区。中原局答复："信南的任务是就地坚持根据地的斗争，干部不要化装撤退。"所以信南的干部，只有个别病弱者化装转移，基本上没有化装撤退，临奉命突围时，才对一些不能长途跋涉的干部做了就地隐蔽的安置。

宣化店会议后，中原局对地下党的问题有过专门布置。豫南一带，由肖章同志负责组织和领导。四五月间肖章同志曾来信南与县委少数同志商量，确定高峰、吴成基、陈东、李孔庚四个人做信南地下党的基本骨干，高峰为负责人。还需哪些人转入地下，由高峰同志他们确定，信南地下党由姜肖章同志领导。

信南根据地的军民，在信阳县委领导下，认真执行中原局就地坚持的指示，一直坚持到突围。在日本投降后的11个月里，胜利地完成了保卫桐柏山、四望山解放区的任务，胜利地完成了就地坚持信南根据地的任务，保证了中原党政领导机关、主力部队向西突围的走廊。1946年6月底，中原局、中原军区司令部率主力部队，由宣化店向西突围，从信南柳林突破敌人封锁线，经信南根据地到达应山北部的吴家大店、浆溪店。命令信阳县委将所属部队，能够随军行动的干部，带到吴家大店随军突围。接到命令后我们立即通知各部队、各区乡于第二天上午10时前在武家山集中。除县委组织部长申济文及他分工领导的青石桥区之外，其余部队干部都按时集中完毕，10时半出发，晚饭前到达吴家大店。中原局、中原军区司令部指示，信南干部编入干部旅，部队编为干部旅警卫营，王振任营长，任子衡任政委。

关于这个时期的组织情况：

一、上级组织。日本投降时，信南归属边区党委六地委（淮源地委）、新四军第五师第六军分区。1945年12月底四望山撤退时六地委、六分区撤销，建立豫南地委、豫南军分区，信南归属豫南地委、分区领导。但因战斗形势紧张，联系隔绝，信南不知道这一决定，直接和中原局联系接受指示。1946年2月下旬，豫鄂区党委、军区在大庙畈成立，信南归属区党委、军区直接领导。1946年4月底5月初豫鄂区党委、军区撤销后，信南由中原局、中原军区直接领导。

二、信南县一级的党政军组织。信南县一级的组织，从信阳中心县委改为地委后，一直称为信阳县委、信阳县政府、信阳县指挥部（后改称总队部）。

信阳县委书记周映渠，10月以后改为段远钟，周映渠为副书记，组织部长申济文，政权部长丁连山，社会部长李永题，敌工部长颜醒民。

信阳县政府，县长丁连三，1946年3月改为蔡韬庵。

信阳县指挥部，指挥长潘道武（约于1945年10月任职），1946年2月改为周映渠，政委先是周映渠后为段远钟，副政委任子衡，副指挥长王振（1946年1月任职），政治协理员孙××。

信阳民兵总队部，总队长周植，政治部主任周冠卿。

三、信南各区。

一区，包括谭家河、台子畈、李家店、大王冲，区委书记李明中，区长黄华清。

二区，包括青石桥、十三里桥，区委书记陈西民，区长吴伟。

三区，包括大庙畈、黄土关，应山的许家冲、小河，区委书记兼区长杨庄。

四区，包括信阳以西、淮河以南、浉河以北，日本投降前划归信随县。

五区，包括南王岗、杨柳河、龙门新店，区委书记许振东，区长高毅。

十二、高峰同志

高峰同志原名高立宰，信阳西双河人，他的家在西双河以东徐家纸棚附近，是个贫农，佃人田种。他是抗日战争初期的一个党员。我和他第一次见面是1939年的秋天，他受信南地下党的委托，到四望山地委联系，地委派我到信南敌后工作，就是他把我领到信南的。他个子矮瘦，细心沉着，工作任劳任怨，从不讲价钱，也不叫苦。他曾做过西双河附近的乡农会主席，担任过地委和中心县委向上级联系的交通。五师突围前，布置地下党，他是信南地下党组织的负责人。

1946年冬，晋冀鲁豫军区为了战略的需要，特派两个侦察员掌握郑州至武汉一线的国民党军情况，让我在信南一带介绍一个立足点。当时我写了两封介绍信，一封写给住在鸡公新店的曾怀阁，曾是商人，曾任过豫鄂边区行署的贸易局长；再一封写给高峰同志，我当面告诉侦察员，先找曾怀阁，如曾不行，再到山里找高峰同志。侦察员到鸡公新店后，有叛徒向敌人告密，侦察员被捕，给高峰同志的信被敌人搜出。敌人经过策划，包围了高峰同志的村子，进行搜捕。因没有搜出，又用放火烧村相威胁。高峰同志为了保护群众利益，从躲藏处挺身而出，被押送信阳县城关进监狱。高峰同志英勇不屈，敌人始终没有得到什么口供，地下党组织得到了保护，而高峰同志受尽了折磨，死于狱中。高峰同志是中国革命中的一位平凡的党员，也是一位崇高的英雄，他的无产阶级革命精神永垂不朽。

十三、后记

解放战争的第二年，我军由内线作战转入外线作战，由战略防御转入战略反攻。刘邓大军于1947年8月挺进大别山，太岳兵团挺进豫西，后续部队和一个干部支队于11月底到达大别山，接着于12月初越过平汉线到达江汉和桐柏山地区。在陇海以南长江以北的中原地区，铁路以东建立了鄂东、鄂豫皖、豫东三个军区，铁路以西建立了江汉、桐柏、豫西三个军区，至此，决战中原、鹿死我手的战略布局已经拉开。

我随刘邓大军的后续部队南下，被分配到桐柏区党委一地委担任组织部长。一地委包括枣阳、桐柏、随北、唐（河）南、唐北、信应六个县委。唐河、桐柏、枣阳几个县城都解放了，解放区是连成一片的，只有信阳县城没有解放，是面对平汉线敌人的接敌区。信阳县委所辖地区是五师突围前的老区，县的党、政、军领导机关驻在四望山及其周围山区，是五师突围前中原局后方机关和六分区、地委领导机关的所在地。

我在桐柏一地委工作期间，有幸又到了四望山及信南老根据地，与当地父老及当年战友重逢，在解放战争的反攻阶段又与信阳军民共同战斗，直到信阳全部解放，接管信阳。

回忆十多年的战斗历史，信阳军民英勇斗争的英姿又在眼前浮现，当年军民的鱼水深情使我永生难忘。我爱信阳，爱信阳的人民，爱信阳的山山水水。我永远怀念在信阳革命斗争中牺牲的战友。我衷心祝愿信阳人民在实现社会主义四个现代化的道路上奋进腾飞。

原载刘德福主编：《红色四望山》，河南人民出版社，1988年，第147～171页。

信南革命斗争的回忆

◎ 段远钟 [1]

战教团在信阳

河南省战时教育工作团（简称"战教团"）是我党组织和领导的抗日救亡团体，1937 年成立于开封，后经许昌、舞阳，于 1938 年 4 月到达信阳。当时战教团的负责人是河南大学教授嵇文甫、范文澜，党的负责人是冯纪新、刘子厚。我们在信阳的街头车站演出过《放下你的鞭子》《马百计》《打鬼子》等话剧，并在工人、学生中进行抗日救亡宣传，受到热烈欢迎，得到信阳县县长李德纯的支持。

1938 年 4 月，战教团到信阳南山区工作，团部驻在柳林，派出两个组，一个组去谭家河，负责人是郭欠恒；一组去当谷山，负责人是魏心一。我当时是派往当谷山组的。这个组有 10 人左右，有刘东、刘雯和李方等同志。我们在当谷山的工作搞得很活跃。当时，我们的工作有几个方面：一是开展对国民党驻军的工作，与军官交朋友，宣传抗日民族统一战线政策；与士兵联欢，教唱抗日救亡歌曲。一些国民党士兵受到教育，表示愿与红军合作打日本鬼子。二是发展党组织。我们在农民中发展了吴相福、黎宜宽、刘根源、胡金银和潘道华等人入党，成立了党小组。

---

① 本文作者曾任教导员、区委书记等职。

三是对人民群众进行宣传工作。方法有训练壮丁、家访、教歌等。四是对联保主任、保长及士绅等开展统战工作。

1938年6月，战教团去潢川，我和魏心一在当谷山多留了一个月左右，把党的关系及各方面的情况交代给于秀民等同志后，于7月间赶到潢川。

信南的两支游击队

1938年秋，日本侵略军从华东分两路西进：一路沿长江向武汉进攻；一路沿大别山北的公路向信阳进攻。武汉失守前，战教团决定到信南发动游击战争，选择当谷山为根据地，派我先到当谷山打前站。我从麻城到武汉，然后乘火车到鸡公山车站。这时正值中秋节前夕，信阳失守，火车不开，我在鸡公山车站停了两天，就从鸡公山的茶沟到当谷山。在山上我见到于秀民同志，说明来意后，他表示欢迎，并向我介绍了当地的情况。几天后，听说武汉失守，估计战教团一时来不了，于秀民承认我临时党的关系，派我到蔡裕昆的游击队去做政治工作。蔡是当地的联保主任，日军占领信阳后，他拉起游击队，有100多人。我们在当谷山发展的一些党员，如潘道华、吴相福及进步青年周朝秀等当时都是这支游击队的骨干。当谷山除蔡裕昆的游击队以外，还有柳林区长蔡济民组成的几十人的游击队。此人过去杀过共产党，当地农民不愿参加他的队伍，他也不愿让于秀民派人去做政治工作。不久，他被部下杀死，剩下的少数人编入蔡裕昆部。后来，蔡裕昆又让蔡韬庵出来当大队长。

日军进入信阳后，谭家河一带的党员张裕生、周映渠和任子衡等揭竿而起，也组织了一支游击队，有3个中队，共200多人，主要是当地农民，张裕生任大队长。1938年底，我到当谷山去找于秀民。于秀民告诉我新四军的队伍已到四望山，那里有党的领导，李德纯的信阳县政府和常备队也拉到了四望山，与我党合作，成立了信阳挺进队。战教团也到了四望山。张裕生部要去四望山，于秀民叫我与张部一起去。1939年元旦后，我随张部到了谭家河一带，在那里稍事休整，于春节前到了四望山。到后，我就找战教团，接上了党的关系，并向地委汇报了当谷山的情况，建议派人去那里收编部队，扩大武装。不久，李先念同志率部到达当谷山北，收编了蔡韬庵部和张牧云部。

收回祖师垴

当时我们党在四望山的领导机关是地委[①]，党的负责人有危拱之、刘子厚、王海山，以后还有任质斌。地委把我们分成几个组，到各地去发动群众，开展地方工作。我被分配到驻杨家老寨的一个组。这个组的工作范围包括黄龙寺、西新店。任务是宣传、组织、发展农民救国会、妇女救国会和儿童团，秘密发展党的组织。领导各个工作组的负责人是王伦耕。

杨家老寨的工作开展得很顺利，农救会、妇救会和儿童团很快组织起来了，还建立了几个党小组。我们遇到的顽固派是曹身修。曹是当地的地主，是杨家老寨土顽武装的队长。我们的武装力量强大，又有信阳县政府的合法牌子，他对我们无可奈何。

1939年4月间，信阳的一股顽固派武装余镜清部占领了四望山的祖师垴，到处残害人民。对此，我们做了应战准备，将部队集中，工作组收回，分别编入部队。我被派在二团二大队任政治教员和指导员。二大队的大队长是张牧云。我所在中队的中队长是张泽普，副中队长是李鹏飞，指导员是任子衡。部队在四望山周围周旋了一阵，决定收回祖师垴。祖师垴位于四望山以东仙石畈出口，靠着龙门新店；西北面是高山，南面是陡壁，下面是条河，北面是一条山岭，连接车云山。据信阳县志记载，1927年信阳党领导人王伯鲁领导四望山暴动后，曾率部在祖师垴同国民党的民团作过战。

这次收回祖师垴打余镜清，是在春末夏初，由王海山指挥。指挥部设在龙门新店余家寨。

战斗持续了半天。余镜清率部逃到潢川一带，我四望山的局面暂告稳定，地委和军事机关仍回到四望山。在战斗中，一大队教导员孔化（孔繁真）同志不幸牺牲。

---

① 郭纶回忆为"豫南特委"。

打过余镜清不久，地委决定成立信西区委，王伦耕任区委书记，我任组织科长，黄绍九任军事科长。区委设在仙石畈，领导四望山、白马山、黄龙寺、龙门新店和王家岗的工作。刘子厚组织建立了抗日民主政府，名称叫"信阳军民联合办事处"[①]，并在仙石畈召开了各界代表协商会。杜剑昂（民主人士）为主任，李伯菠（信阳流氓政客）为民政股长，蔡楚桥（信阳大商人）为财政股长，黄绍九为军事股长，我为民运股长，丁文俊（中学教员）为教育股长。这年冬，我军撤出四望山，"信阳军民联合办事处"同时撤销。

信南抗日革命根据地的初创

1939年初夏，豫鄂边地委负责人任质斌召我回四望山，派我到信南敌人后方建立根据地。他说："那里有党的地下组织，群众基础好。那里党组织已派交通来接头，要求我们派人去。地委决定派你去，你明天和交通见见面，找人了解一些那里的情况，后天就走。"第二天，我找张裕生、刘顺谈了情况，第三天就和交通高峰（高立峰）由四望山到敌后去。临走时，在张裕生的手枪队里找了一套便衣换上。走出仙石畈，高峰同志告诉我："信南农民都是光头，你得把洋头剪去。"路过王家岗时，我剪了头发。过了郝家冲，到马家畈时，高峰指着西双河方向说："西双河南边山包上的炮楼就是日军据点。"当时，我心里有点紧张。高峰说："不要紧的，太阳快下山了，日本人不会下来。"过了公路和河，进入起伏的山区，来到一个小村庄。高峰说："到了，这就是我的家。"第二天，高峰带我到郭家寨，找到信南党的临时负责人冯纪英，住在他的家里。

郭家寨是信南中部的一个小寨，寨上有不少房子，是过去群众防土匪时修的。日本人入侵后，只有冯纪英一家住在寨上，很少人来往，是原信南地下党的联络站。我们到那里，是事先安排好的。第二天地下党的临时负责人张雨高到寨上来，与冯纪英一起向我们介绍了情况，然后研究如何开始工作。先由他们派人带我到谭家河、台子畈、李家寨和青石桥附近，与几个党支部及三个游击队接上头，并

---

① 即信阳三区军民联合办事处。

布置了整顿和发展工作。回郭家寨后，我与信南党的临时负责人张雨高、冯纪英和梅权谋一起商定了一个区委的名单。当时商定我任区委书记，张雨高任政权科长，冯纪英任宣传科长，梅权谋任军事科长，温少东任组织科长。半个月后，我返回四望山向地委汇报，地委批准了区委的名单，并指示要扩大武装，组织农会，建立政权。这时正逢朱理治、陈少敏同志从竹沟来到四望山。地委让我参加听了朱理治同志"如何建立抗日根据地"的讲话。

在返回信南之前，地委向我介绍了鲁彦卿同志。他是 1939 年春^①李先念同志到路东收编的部队负责人，向鄂中挺进时，把他留下来搞地方工作。地委把他向我作了介绍，并且通知我们，鲁彦卿参加信南区委任副书记，他工作地区和组织关系并归信南区委，让我俩同路回信南。

鲁彦卿向我介绍了他常住的柳林以西的螺蛳冲。柳林镇有个秘密支部，铁路东的杜家畈一带还有一个秘密支部。

信南工作开展得很顺利。信南支队派武装协助我们消灭了台子畈、许家冲一带的土匪刘麻雀，活捉了谭家河的汉奸高鹏飞，打死了西双河的汉奸维持会长董荛青。柳林一带的秘密民兵除奸团还勒死了柳林的维持会长米定国。这样一来，群众情绪高涨，党的工作和群众工作一直发展到信阳城南的十三里桥。三支游击队发展到 100 多人。10 月间，地委又派来军事干部蔡斌，成立了信南独立大队，蔡斌任大队长，我兼教导员。我们把游击队整编为三个中队，宁淮、杨玉璞、董××分任三个中队的指导员。不久蔡斌调走，朱钫任大队长。在政权建设方面，我们以党支部为核心，农会为骨干，开群众大会，选举了大王冲、李家店、台子畈、青石桥以南中心区的保长，接着成立了李家店、台子畈、青石桥、螺蛳冲几个乡政权。在党的建设方面，经过整顿和发展，建立了台子畈、李家冲（台子畈北）、大王冲、谭家河、柳林、青石桥、杜家畈等支部。

我们还在鸡公新店、柳林两乡敌后据点建立了秘密民兵（十人团），把柳林、李家寨、鸡公山、鸡公新店、西双河、青石桥等敌人的据点、维持会置于我们控制之下。在十三里桥伪军柳文卿部，发展了吴新民（吴任柳的文书）为秘密党员。

---

① 应为初，即 1939 年 2 月间。

1939 年 11 月 13 日，国民党五战区驻随县北的一个连，突然到达西双河北面的四里桥一带，派人到我大队部，说要在这里执行打击日本侵略军的任务，要我们配合。对于国民党军队的态度，上级党早有指示：争取合作抗日，警惕对我破坏。我们当即在郭家寨以北约见了他们的马连长，见了他带的证件后，同他商定了两点：一、在我区的行动路线和驻地由我们指定，情报、向导由我们提供。二、到柳林镇以北破坏铁路一段，捉杀日本鬼子，由我们派手枪队配合。开始他们有些瞧不起我们，晚上没有要我们的向导，沿途遇到我们自卫队盘查，寸步难行，后来就不敢擅自行动了。在破坏柳林北一段铁路时，我手枪队配合，装好炸药，他们害怕不敢引爆，就由我们手枪队引爆。在捕杀日军时，他们不敢入柳林镇，我手枪队进去捕杀了一名日军，将头割下，交给他们。这个马连长在信南活动约有 10 天，就带着日军人头回去报功了。

经过这一段时间的工作，我们在信南迅速打开了抗日的新局面。

浉河水，黄又黄，

日本鬼子太猖狂。

今天烧了黄龙寺，

明天又烧冯家庄。

抓走青年当炮灰，

杀死老人丢路旁。

快快拿起刀和枪，

保卫国家保家乡。

当时，我编的这几句顺口溜作为对群众宣传的材料，至今几十年了，还能清晰地记起来。

（王天峻　整理）

原载中共河南省委党史资料征集编纂委员会编：《豫鄂边抗日根据地》，河南人民出版社，1986 年，第 255 ～ 262 页。

忆信南地区的抗日斗争

◎ 郭欠恒

信阳是富有革命传统的好地方。抗日战争初期，信阳南部及当谷山一带就建立了党组织。日寇占领武汉后，共产党及进步分子张裕生、周映渠、任子衡及蔡韬庵、张牧云等分别拉起了抗日游击队，并把队伍交给党统一领导和指挥。后来，这些部队先后编为豫鄂挺进纵队的二团、三团及七团。以后经过整编，三团被改编为新四军第五师的主力团之一——三十八团。三十八团的兵源补充是由信南地方部队直接调入的。

由于有了这样的基础，整个抗日战争时期和解放战争初期，信南地区一直是一块比较巩固的革命根据地，成为豫鄂边区的北大门和联系河南的重要地区。河南的很多秘密党的干部也都是经由信南转移到豫鄂边区根据地的。同时，信南地区又是我新四军第五师向河南发展的前进基地。先念同志率领干部、部队就是在四望山调整充实后开到鄂中的；以后，先念同志又几次率领部队经信南地区开赴前线去打击日寇，惩罚国民党反动派部队。

1939 年由段远钟、鲁彦卿分别任信南地区区委书记和副书记，并组建起信南地区正式的党组织——信南区委，归信应地委领导。1939 年底建立信南县委，县委书记由我担任，姚孟兰担任县委副书记，朱钫（在抗日战争中牺牲）任县大队大队长，县大队教导员由张世彤担任，段远钟任县委组织部长，宁非任宣传部长，颜醒民任民权部长（行政上是副县长），顾剑萍（解放战争中在国民党反动派狱中英勇就义）任财经部长，鲁彦卿任民运部长（后由杨玉璞担任），陈彤琛任妇女部长（后由张华担任）。1940年冬建立信南抗日行政委员会（即县政府），蔡韬庵（又名蔡守则）任主席，颜醒民任副主席。

成立信南县委时，我们是在四望山接受的任务。1940年春，信应地委迁到信南地区，以后长期驻扎在信南地区。

县委成立以后，我们带了两个连的兵力和一部分干部，开到了信南地区。国民党顽固派鲍刚的部队也派了200多人，尾追我们到了信南。但是由于他们遇到了群众的反对，又惧怕离敌人近，仅待了10天就夹着尾巴逃跑了。群众讥笑他们说："朱大队（我们县大队大队长朱钫），马大队（反共顽固派是马大队长），马大队斗不过朱大队，马大队腿长跑得快。"

县委成立后，以大王冲一带为中心活动，并成立了五个区委，行政上叫乡。这五个区分别分布在大王冲李店一带、台子畈一带、青石桥一带、螺蛳冲一带和应山的中华山一带。由于中华山一带地广人稀，所以在行政上成立了区政府。铁路东信罗边区曾成立工委，由鲁彦卿负责。工委工作开始归地委领导，地委迁到信南后归地委直接领导。游河睡仙桥、笃祐殿沟一带在日寇占领时还曾成立一个独立区（四区）。

县委成立后，我们工作重点放在发动群众支援战争上，很注意把立足点放在群众中。除了注意最大限度地领导群众发展农、副业生产，还特别注意维护群众的切身利益。当时机关部队常驻的一些村子（当地叫塆子），睡觉都是铺稻草，而稻草铺得次数多了牛就不吃了，这个问题引起群众强烈反响。县委专门讨论解决这个问题的办法，并与常住地方的群众协商解决。请群众把我们铺的稻草留出另放，我们按常用稻草的数量给予农民价钱，解决了这个矛盾。我们也经常教育干部战士注意维护群众利益，并且提出如果干部战士与群众发生纠纷，有理无理都要向群众赔礼。

抗战期间，地方党组织的任务很明确，就是发动群众，搞好生产支援抗战。县委成立后，首先组织起了农民救国会、妇女救国会、抗日儿童团，接着又组织起了民兵和游击小组（半脱产，无任何待遇的基干民兵）。农救会和妇救会的基层干部都是由群众中酝酿选举出来的。通过选举，我们发现一部分群众领袖。他们苦大仇深，但都热心为劳苦大众服务，深得群众拥护，当时我们叫自然领袖。群众组织的广泛建立使我们有很大依靠，这些群众组织动员新兵、做军鞋以及站岗放哨查路条。儿童团在民兵的支援下，曾多次活捉过日寇的侦探。

信南的民兵及游击小组对巩固信南根据地起了很大的作用。他们在日伪的据点附近监视敌人活动，敌人一有活动我们提前就知道，所以尽管日伪军多次"扫荡"，但我们都毫无损失。反共顽固派鲍刚部队挤进四望山地区后，得寸进尺地向南扩展到谭家河一带与我们隔河相峙，我梅权谋游击小组20多人，一直坚守在谭家河一带，在县大队的配合下打得反共顽固派部队一直不敢过河。

我在信南地区时，筹备粮款的工作主要由顾剑萍负责。他想出很多办法，保证了部队及地方活动经费的需要。开始是向地主派抗日捐，因为还要注意统战政策，所以我们很注意工作方法。有的个别动员，有的开座谈会动员，绝大部分地主没有对抗我们。信南地区的茶叶是特产，而茶叶山都在地主手里。顾剑萍就主张以茶顶捐，我们再把茶叶拿到敌占区去卖。我们还时常派手枪队混进敌占区捉汉奸，捉来后，按照宽大政策，对他们进行罚款，并要求他们写出不危害人民破坏抗战的保证书后再把他们放回去。放回去的汉奸大部分都比较老实了，个别死心塌地投靠日寇继续作恶的，我们就千方百计地把他镇压了。

随着抗日事业的发展，部队发展壮大，信南还承担起地委直属部队的供应，偶尔还要给区党委送点钱。随着新任务的增加，上述筹款的办法已远远满足不了抗战工作的需要，我们就根据党的"发展经济、保障供给"的方针，在大力着手于解决好救民私粮的基础上，开始征收救国公粮的工作。

为了切实抓好这项工作，县委在1940年里曾多次召开县委会议，讨论研究春耕、秋收等农业生产的布置和安排，研究如何解决青黄不接季节农民的口粮等问题。为了解决这些问题，我们发动农民向地主借粮以解决军烈属和困难户的救济和农民播种用的种子。同时，我们还总结推广农家肥的好经验，组织农民修塘挖堰，发放低息贷款，解决贫苦农民的春耕困难。县委和县政府的领导同志还专门抽出时间下去检查春耕和秋收工作。遇到地主刁难农民的情况，我们还要从维护农民利益出发，支持乡政府，调解主佃纠纷。1940年，我们较好地完成了春播、秋收的工作，促进了生产的发展。在这个基础上，我们自1940年起实行了征收公粮的累进税（也就是根据土地占有的多少来决定征收公粮的数量）。从此以后，我们的固定收入就是公粮、税收以及在战斗中缴获的敌人的财物。

为了进一步贯彻"发展经济、保障供给"的方针，我们在信南还办起了公营的毛巾厂和造纸厂。县委出资购置了简陋的设备，招聘了一些技术工人。生产的产品除了给部队和县委、县政府使用，还可以外销一部分。同时，我们还对日寇占领时被迫停业的手工业作坊采取了扶植政策，使许多油坊、粉坊尽早恢复了生产。这样，既解决了群众许多生活困难，还增加了政府一定的税捐。

在农业政策上，我们在 1940 年秋季以后实行了减租减息。地委为了加强对这项工作的领导，派来了地委民运部长刘东。当时我党的政策是：团结地主阶级参加抗战，既要减租减息，又要交租交息。这样也是动了地主的"肉"，因而还得进行斗争。而农民却因长期受封建思想的影响，虽然拥护减租减息，但又怕地主夺佃，丢了饭碗。为了帮助农民解放思想，保证减租减息的工作顺利开展，我们把发动农民群众作为主要的一环。在县委会上，我们反复地分析了形势，统一了思想。在具体工作中，我们依靠基层农救会和妇救会，首先抓住了骨干的工作，向他们反复地进行阶级教育，宣传党的政策，宣传唯物主义，破除宿命论。经过我们的帮助教育，骨干提高了觉悟，树立了信心。骨干的工作做通后，我们又同农救会、妇救会和骨干一起分析地主的状况和态度，制定了一套对付他们的办法。对待地主，我们的态度是：交代清楚党减租减息的政策，采取先软后硬的办法，态度好的先减，态度坏的集中精力放在后面攻克。在这项工作开展过程中，我们还组织县委干部，到各区检查工作，总结经验，并召开会议进行交流。在县委的领导下，在广大农民的积极响应下，我们初步完成了二五减租和三七减息工作。多数地主是比较顺利地执行了法令，只有少数地主是经过群众的说理才减的。但也有部分地主采取暗中对抗的办法明减暗不减，也有的农民减后又送还给了地主。这样的情况一经发现，我们就立即纠正，及时揭露地主阴谋，同时对觉悟低的农民进行教育。减租减息政策的落实，使农民的情绪更加高涨，我们根据地也更加巩固。

原载刘德福主编：《红色四望山》，河南人民出版社，1988 年，第 178～182 页。

武汉沦陷前后在豫南工作的回忆

◎ 齐 光

1937年卢沟桥事变发生之日，我在延安第二期抗日军政大学第四大队九队任副队长。7月7日卢沟桥的炮声，加速了我们的结业，我们很快被分配了工作。有的留在延安，有的被派往前方部队，有的被分配去做白区工作。

8月22日至25日，中共中央在陕西洛川冯家村，召开政治局扩大会议。通过了《抗日救国十大纲领》，决定把陕北苏区改为陕甘宁特区政府，中国工农红军改编为国民革命军陆军第八路军。25日，中共中央军委发布命令，朱德任总司令，彭德怀任副总司令，叶剑英任参谋长。八路军一一五师立即开往察哈尔蔚县（当我军出动后已沦陷）作战；大江南北八省红军游击队停止推翻国民党政权，两党谈判整编，以便于团结一致，共同对日军作战。

在洛川会议期间，党中央组织部调我到洛川分配工作，8月26日，决定让我随秦邦宪（博古）去南京中共中央代表团八路军驻南京办事处任少校科员。

南京沦陷前，代表团和办事处分批撤出南京。我奉命率机要、通信人员和机关干部乘火车从浦口上车，经徐州转陇海路，到郑州再转平汉路，去武汉八路军办事处。

12月，周恩来来武汉任中共中央代表团首席代表，与秦邦宪、董必武、叶剑英等许多中央负责同志会合，组建中共中央长江局和新的八路军驻武汉办事处，钱之光任处长，我任总务科长。

一

1938 年 5 月，徐州、太原先后失守，战火烧到中原大地。毛主席号召共产党员到敌人后方去，开展敌后抗日游击战争，并指出了 18 种好处。经我申请，长江局派我到河南确山的竹沟中共河南省委分配工作。

到省委后，即分配到当时中共豫南特委工作，书记是王盛荣，我是特委成员，主管军事工作。分配我去"第一战区豫南民运办事处"，以组织科长的公开身份，做豫南十六县的党群工作和抗日游击战争的准备工作。

豫南民运办事处专员是武汉大学教授兼鸡公山林场主任李相符，是第一战区政治部主任李世璋通过董必武推荐而任命的。办事处地址在平汉路鸡公山车站附近。李专员当时不是党员，这里有党的秘密支部。我到达以后，武汉就通过豫南民运办事处加速进行豫南十六县的抗日游击战争准备工作。

当时，在豫南活动的还有一个"第五战区青年军团第五中队"，中队长是莫以凡，五中队秘密党员蒲思澄也是特委成员，我们通过他用"第五战区青年军团"名义，取得一、五两个战区合法地位与相互配合。

我到豫南民运办事处之后，先后在信阳谭家河办了一个农民游击战训练班，在平汉路柳林车站办了一个平汉路工人游击干部训练班，并组织了"谭家河农民自卫队""平汉铁路工人自卫队"。豫南十六县在我去前，就组织了工、农、青、妇抗日救国会，并在县委领导下发展党的组织。不过，当时中共中央长江局在王明领导下，学习西班牙内战"保卫马德里"的经验，提出"保卫大武汉"的口号，把1000 名党员干部，留在武汉搞演剧队、宣传队、慰劳队和职工夜校等工作。在农村，没有派出更多的人准备武汉外围抗日游击战争。

武汉沦陷时，上千干部都撤往后方，敌后游击战因缺乏战略准备，缺少干部，不能做战略性的展开。

日军抄袭"吴楚柏举之战"战术，一方面在长江正面疲劳我军，把重兵吸引到田家镇江防之线；另一方面从浦口出兵，用机械化步兵，沿信浦公路长距离奇袭信阳。胡宗南吃了败仗，信阳于 10 月 12 日失守。日军沿武胜、平荆、黄土三关要隘小路，迂回武汉侧背，罗卓英手中十万大军，在敌人突入三关，长驱直入之下，溃不成军。冈村宁次在长江正面日军配合下,八天内即占领武汉三镇。"保卫大武汉"宣告结束!

信阳失守后,我和李相符专员离开了鸡公山,去谭家河农民自卫队视察。这时陈显民的红枪会号称万人,用长矛在西双河之线抗拒日军,说是"刀枪不入"。当日军的机关枪、小钢炮、步枪响彻山谷时,红枪会死伤数百人,溃退下来。我谭家河农民自卫队虽是红枪会,但被他们认为是"党学"(即共产党的红学),就不要我们参战。当日军向谭家河前进时,我和李相符督促他们紧急撤退,到中华山里隐蔽。队员们扶老携幼,担着行李,抱着娃娃隐蔽起来,以图后举。

豫南民运办事处撤到武胜关车站时,信南一带还炮声隆隆。我们移至花园附近一个湾子,开了一个会,会议决定由我和李相符去中共中央长江局请示工作,并解决李相符入党问题。

10月15日左右,我和李相符、苏苇三人到了八路军驻武汉办事处,会见了办事处处长钱之光、长江局秘书李克农,我们要求叶剑英对组织军、政领导机关做些指示。

这时,八路军驻武汉办事处和长江局已经准备撤退,连招待所都已取消。我要干部,组织给了一个当招待所长的罗烈夫和从延安抗大新分配来的一个学生,总共给了两个干部。

按照党中央的规定,凡是国民党专员以上干部入党,必须由党的领导干部介绍,经中共中央批准。我作为李相符的入党介绍人,经中共中央批准,李相符成为共产党员。

李克农传达了中共中央六届六中全会上毛主席的报告《目前形势与任务》,听取了叶剑英对组织司、政、后各部之间职权范围及相互关系等具体工作的指示。叶剑英和李克农告诉我,目前桂系李宗仁、白崇禧、李品仙与我党关系还好,李宗仁提出,在第五战区地区内成立"第五战区豫鄂边抗敌工作委员会"。长江局决定派钱君瑞等成立"文化工作委员会",李表示同意。但是他的"第五战区豫鄂边抗敌工作委员会"只准我们推举一些当地名流学者参加,我方已推荐湖北省前建设厅长李范一、武汉大学教授李相符、河南大学教授范文澜参加"第五战区豫鄂边区抗敌工作委员会",并组建政治部,由李范一任政治部主任。中共湖北省委即撤销,分别成立中共鄂中区党委，钱瑛任书记；鄂西北区党委，王翰任书记；豫鄂皖区党委，郭述申任书记。当时主要工作是放手发动群众，开展敌后游击战争。

大约是 10 月 20 日后，我们离开武汉，回到花园附近驻地，和豫南民运办事处全体人员会面，立即召开会议。本着长江局叶剑英和李克农传达的六届六中全会精神和指示，豫南民运办事处兵分两路：

一路由我和王青（王惠兰）、罗烈夫及两个青年学生共五个人，留在豫南敌后，组织部队开展抗日游击战争。

另一路由李相符率领全部豫南民运办事处干部，去襄樊找李宗仁，组织第五战区豫鄂边抗敌工作委员会，做李宗仁的统战工作。

二

我们离开花园车站，正是日军飞机轰炸我军汽油库的时候。我们听到轰炸声，回头看油库已中弹起火，一股浓烟直冲霄汉。到广水时，战地伤兵医院连一个人影也没有了，我们当晚就住在那里。由于我们对当时敌情不明，晨起之后继续前进，走了几十里路，当天住在应山县城关帝庙里。一路上没有看到国民党成建制的部队，零星的溃兵不少。我们吃过早饭，便向应山县最北部的浆溪店进发，当晚住在浆溪店。听群众说应山县城当日失守，此地不宜久留。又从浆溪店出发，进入群山小路之中，直到西辛店，遇到一支自称"游击四支队"的队伍，把我们盘查了一顿，我拿出了新四军军部中校参谋的证件，向他说："奉命到河南确山县八团留守处去。"他们迟疑地放我们通过了。

这天中午，到了黄龙寺，不期而遇地碰上了信阳县政府李德纯（朱毅）的部队。

李德纯原是程潜的副官长，在他来信阳之前，曾向程要了一批枪支。信阳沦陷后，他带着县常备队离开信阳，来到黄龙寺。我到黄龙寺，以豫南民运办事处组织科长的名义求见县长，他叫秘书陈守一接见我，我就在李德纯外屋与陈守一交谈。我把六届六中全会毛主席报告精神、形势与任务简要加以介绍，又向陈讲了如何开展豫南抗日游击战争等。当时，李德纯就在隔壁屋里，我讲的话他都听到了。他从屋里走出来说："你讲得好，我都听到了，很受启发。"他又问我姓名，问我从哪里来，到哪里去。我说："我们豫南民运办事处在信阳失守时即撤离，李专员去襄樊五战区找李宗仁去了。我去武汉，眼看武汉也要沦陷，我在豫南民运办事处时，四区区长吴少华是我朋友的朋友，想在那里做点小事。"他说："你就不要去了，吴是我的一个区长，到他那里和在我这里都一样，你就留在这里吧！"我又向他说："我是个东北军的军人，当过中校团副，不懂政治，爱交朋友。"我把带来的几个人都向李县长做了介绍："这位女同志叫王青，北大学生，'一二·九'运动中是北大女学生骨干；这位男同志是江苏松江人，名叫罗烈夫，是从监狱里才出来的，是共产党的嫌疑犯。"我对另外两位青年也做了介绍，向他暗示我们是一些坚决抗日的"左倾"青年，用以试探他的政治态度。他并无反感地说："豫南民运专员李相符我们见过面，我们是朋友，凡是他的人我都放心。你们大家不嫌弃就留下来吧！"我们看他言谈爽快，求贤心切，当他面交换了意见，大家都同意，最后就确定留在信阳县政府工作。

李德纯县长在信阳沦陷时，只带出了一个常备中队，有80多人。信阳县共有三个常备中队，李兼司令，副司令李书凯（是国民党复兴社分子）把大部分的常备队拉走了。李德纯还带来了一个公安局刘局长和二三十个警察，另外还有交通中队十来个人，这三部分总共也只有100多人，这就是李德纯县长当时部队的情况。我就留在这里当了他的"军事教官"，每天上操讲课。王青同志当了宣传队长，做群众工作。罗烈夫等三个男同志当了一、二、三中队指导员，协助他掌握从信阳城里带出来的所谓"三个中队"。

西辛店吴保其部队有几百人，我告诉李县长："'卧榻之下，岂容他人酣睡。'人家强大，你还软弱，你虽是县长，但管不了人家，住这里很危险，要换个地方才行。"他问我："撤到什么地方去呢？"我说："可以撤到四区尖山一带，那里有王尚朴、吴少华的部队，可为羽翼。"他说："那里我可不去！那是共产党活动的地区。"我告诉他："那都是过去的事，现在国共合作了，你如果不放心，可以先派个代表，以公开名义到竹沟交涉一下，请新四军留守处派一个公开代表来。不过据我所知，新四军是非常友好的，只要你抗日，他们就与你合作。"他当时在表面上没有表明态度，过后却秘密派人到竹沟新四军留守处取得联系。竹沟中共河南省委很快就派文敏生来到李德纯这里。那时我们之间还不认识。我告诉他："我是豫南特委的。"

他回竹沟汇报李部情况时，我写了一个纸条，让他带回竹沟交给王盛荣。文敏生很快又从竹沟回来，我们一共六个人在那里做李德纯的统战工作，文公开名义是李德纯的秘书。同时，根据上级党的指示，成立了中共信阳县委，我和文都参加了县委，县委书记是一个青年学生黄云樵。我任县委军事部长，主要是负责李德纯的部队工作，找谭家河柳林部队。信阳一带，当时有六七千土匪，分别属于王尚朴、吴少华、余镜清等人。我们办了一个"游击战训练班"，争取教育改造土匪队伍。

1938年11月，河南省委要豫南特委进入敌后，派来了王盛荣、王海山、危拱之和刘子厚，并从竹沟带来一批干部。从这时起，豫南特委把李德纯的部队和我们在谭家河组织的部队、泌阳县被排挤出来的孙石的部队以及七十七军工作团朱大鹏（朱军）的部队改编为"信阳挺进队"。信阳挺进队由李德纯任司令员，王海山任副司令员兼参谋长，朱大鹏任副司令员，王盛荣任政治部主任，危拱之任政治部副主任。

这时，去襄樊的李相符已经见到李宗仁，第五战区豫鄂边抗敌工作委员会也已正式成立，原湖北省三区专员石毓灵任主任委员兼豫鄂边游击总指挥，夏超任副指挥，李范一任政治部主任，李相符任政治部副主任。中共鄂中区党委委员、统战部长陶铸以公开共产党代表身份任顾问。总指挥部、政治部先设随县均川镇，以后政治部迁往长岗店。

经李相符提名，第五战区豫鄂边抗敌工作委员会政治部委任我为信阳政治部指导员。信阳县政府部队成为第一大队；谭家河张裕生、任子衡部队为第二大队。七十七军工作团部队也合并于信阳挺进队，但保持原来的番号。光明剧团、河南战时工作团、信阳县政府宣传队，均投入到群众宣传教育工作，豫南敌后的抗日游击战争出现了新局面。

以信阳县政府和信阳挺进队的合法名义，我党初步建立起以四望山为中心的豫鄂边抗日民主根据地，并有了合法的地方政权、合法的武装部队。

12月底，得到第五战区豫鄂边区抗敌工作委员会政治部的邀请，抗敌工作委员会委员范文澜和我一道去随县的均川镇，会见总指挥石毓灵、副总指挥夏超、政治部主任李范一以及副主任李相符，汇报了信阳县敌后游击战争开展情况和日伪军活动的动态，受到李范一、李相符的热情接待，见到了石毓灵和夏超，做了礼节性的会见。

这时，中共鄂中区党委成立不久，党委成员也在均川，我们会见了区党委书记钱瑛、副书记杨学诚和陶铸，大家见面都非常高兴，并向鄂中区党委汇报了信阳敌后武装斗争的进展情况。

中原局决定调我到鄂中区党委参加中共应山县委，兼任中共河南省委与鄂中区党委的联络员。同时，抗敌工作委员会政治部也下令调我任应山县政治指导员兼国民自卫团的政治部主任，还委任刘子厚为信阳县指导员。

我在1939年1月上旬，回到信阳北王岗信阳县政府。

1月17日，李先念（化名李威）以"新四军豫鄂独立支队"司令员名义，率竹沟新四军留守处的基干部队一个连百余人、干部30人，步枪96支，轻机枪一挺以新四军豫鄂独立大队称号从竹沟出发。① 谭子正任大队长，周志坚任参谋长，娄光琦任大队副。途经尖山，编入尖山部队20余人，称为二中队。在北王岗，我们与信阳县县长李德纯商谈双方合作、相互配合作战之后，经中共豫南特委的决定，把泌阳孙石的独立中队，编入新四军独立游击大队为第三中队。

接着，李先念率部队进入豫鄂边敌后，在黄龙寺与信阳挺进队王海山、王盛荣、危拱之、刘子厚会合。

李先念到达豫南敌后，即去随县长岗店会见总指挥石毓灵商谈合作抗战，顺便与川军陈静珊（陈里）商谈合作问题，并与中共鄂中区党委书记钱瑛会见，商谈两个省委军事上的统一指挥和密切配合问题。中原局决定李先念兼鄂中区党委军事部长，形成两省党委、部队初步统一领导，统一指挥。从这时起，豫鄂边抗日游击战争在李先念统一指挥下，得到迅猛的发展，不仅震动了日伪军，蒋介石也提出了"豫鄂边不是新四军防区，限期撤离，否则由第五战区派部队进剿"。这样，我们一开始便处于敌顽夹击、两面作战的形势之下，进入艰苦作战的岁月。

原载中共河南省委党史资料征集编纂委员会编：《豫鄂边抗日根据地》，河南人民出版社，1986年，第237～246页。

---

① 一说：1939年1月，李先念率"新四军豫鄂独立游击大队"从竹沟出发南下，为了便于进行统战工作，这个大队对外称"新四军独立游击支队"，支队司令员李先念（化名李威）、参谋长周志坚。

对信应地委工作的回忆

◎ 任质斌

  1938 年冬，武汉、信阳一线相继失守之后，日寇的魔爪继续向西伸展，国民党第五战区司令部撤退至襄樊一带。这是我们开展敌后抗日游击战争、建立抗日根据地的一个很好的机会。但是干部甚缺，很多地方工作不能迅速开展。

  大约是 4 月底，刘少奇同志从竹沟返回延安，向党中央汇报了建立中原局的工作情况和豫鄂边区面临的形势，要求中央派一批干部加强这个地区的领导工作。中央答应了这个要求，当即挑选了一些年轻干部分批派往豫鄂边区，我和方正平等同志就是那次被派来的。5 月，我们从延安出发，经过长途跋涉，来到当时中原局所在地——竹沟。

  到竹沟后，朱理治同志要我任河南省委宣传部长，我考虑到新来乍到，各方面情况都不熟悉，想到下面工作一段再说。我向组织上谈了自己的想法，得到了同意。当时在信阳四望山一带，我们党已经组织起一支地方武装，由刘子厚、张裕生等同志负责。朱大鹏、文敏生率领的七十七军工作团也在信阳、桐柏一带活动。为了协调各方面的关系，以便互相配合、广泛发动群众，省委需要以四望山为基地，尽快建立一支强有力的地方武装。5 月底，省委派我到四望山帮助工作。那时信应地委已经成立，负责人是刘子厚。我到四望山时，王海山率领的第二团（指新四军豫鄂挺进支队二团）已奉命到京汉铁路以东地区开展活动。7 月初，刘子厚同志接到省委指示，到竹沟参加省委扩大会议去了，后因日本人疯狂"扫荡"天河口，我们即和竹沟中断了联系。

我到四望山之后，了解了一下部队、地方群众工作和统战工作等方面的情况，心中有了点底。当时，除亲自主持办了几期干部短训班以外，我认为要进一步开辟和扩大这块抗日根据地，必须继续加强党的武装力量，没有一定军事力量做后盾，要想在这个地方站得住脚是困难的。因而我决心趁日寇向西"扫荡"之机，将七十七军工作团和信应地方武装统一整编起来。朱大鹏、张裕生、文敏生等领导同志也很同意这个意见。于是，两支部队很快合编为豫鄂挺进支队第三团，朱大鹏任团长，我任政委，文敏生任政治处主任。这支部队以后虽多次改编，但在开辟、建立和坚持豫鄂边区的抗日斗争中发挥了很大的作用。

没过多久，日寇因西进受阻，撤回原防，我们和竹沟又恢复了联系。刘子厚回到四望山后，传达了省委扩大会议精神，并说省委决定让我回竹沟接任省委副书记。我即离开四望山，踏上了新的征途。

（陈宏斌　整理）

原载中共河南省委党史资料征集编纂委员会编：《豫鄂边抗日根据地》，河南人民出版社，1986年，第219～220页。

回忆在信应地区的抗日活动

◎ 文敏生

七七事变后，日军侵华战争全面爆发，中共中央号召全国同胞团结起来，抵抗日本的侵略，并提出了建立敌后抗日根据地的战略任务。中原局、河南省委贯彻中央指示，在武汉沦陷后，以地处豫鄂交界和桐柏山、大别山之间的四望山为中心，开辟豫南信应地区抗日根据地，发展豫鄂边区独立自主的游击战争。

一

1938 年 6 月，武汉会战开始。日寇除正面沿长江向武汉进逼以外，还采取了自北边沿信浦公路向信阳进犯的部署，企图攻占在战略地位上十分重要的信阳之后，将平汉铁路南北切断，进而从侧面迂回进攻武汉。敌人用重兵、机械化部队开路，在 8 月 30 日侵占了安徽六安地区，进而向信阳逼近。

9 月初，河南省委（当时驻在确山县竹沟镇）军事部长兼统战委员会主任彭雪枫、统战委员会副主任刘贯一找我谈话，要我到信阳县去做争取国民党县长李德纯的工作。他们介绍说，李德纯跟我党已有过接触，他的思想比较进步，为官清廉，主张抗日，他掌握的县常备队有四个中队，争取他同我们合作是有可能的，现在是争取他在信阳县城陷落以后不要走，留下来在信阳地区坚持游击战争。省委同时决定我以新四军中校参谋的公开身份去信阳，这是由于我党领导的军队深入敌后，积极打击日寇，特别是八路军在平型关首战大捷后，我们党和八路军、新四军的威名大震，全国人民看到了中国抗战胜利的希望，人们尊敬我们，积极地向我们靠近。所以以新四军身份出现，便于我们工作。

我到达信阳县城后，先找了我党在信阳地下工作的同志，了解了一些情况。当时信阳已经十分混乱，到处是向西溃退的国民党部队，日本飞机几乎每天都来轰炸，天一亮，群众就要逃出城外去躲避飞机。晚上又没有电灯，信阳就像一座死城。这时候，豪绅和国民党军政要员都已离开县城，但李德纯带着他的四个中队坚持在城内。我在信阳总共待了20多天，先后几次会见李德纯，通过交谈，我感到他是主张坚决抗战的，但对纷纷溃退的国民党部队，感到十分失望、焦虑。他表示自己是地方官，要在城内坚持到底。我向他讲述了我党、毛主席关于开展游击战、坚持持久战、中国抗战一定能够取得最后胜利的思想，他对这思想是接受的。我一方面称赞了他抗敌的决心，另一方面也指出："当前国民党主力部队都纷纷溃退，凭你这几个中队能守得住信阳县城？"希望他还是采取游击战的方针。在我即将离开信阳回竹沟的前一天晚上，李德纯在县政府院子里接见了我，他十分感慨地说："在平时，那些士绅先生，不断到我这里来，鞠躬哈腰，但现在都不见了，相反地只有一个共产党人跟我们在一起商酌问题。"他很受感动，在我向他告别时，他还伤感地说："信阳眼看就要丢掉了，希望以后我们能够再见。"但李德纯这次并没有把他在信阳沦陷以后的打算和行动计划告诉我，也没有提出跟我们合作的要求。

在9月底，我回到竹沟，彭雪枫已经离开竹沟率部队开赴豫东，我向省委书记朱理治汇报了情况。不久，即10月12日，日寇占领了信阳县城。省委要我到信阳南边去找李德纯，交代我现在可以向他提出共同合作、开展信阳地区的抗日游击战争的建议，并尽可能地争取他到信阳北边北王岗和尖山一带驻守。省委之所以这样提，是因为这里在土地革命时期就是桐柏山区红军游击队的根据地，工作基础非常好，许多村寨里都有我们党的组织和武装。现在信桐确边县委（也叫尖山区委）就驻在尖山，这里我们还有一批优秀的当地知识分子干部，像黄云樵、蔡云生、方略、宁淮等中学毕业生，抗战一开始就加入了我们党，在本地工作，他们熟悉当地情况，特别是和中上层人士有着密切的联系。因此，这里的党组织带有半政权的性质，大家都知道这里是共产党的地方，而且离竹沟也近。如果能争取李德纯到这里来，就便于我们争取同他合作和帮助他。

我在信阳南边山区黄龙寺找到了李德纯，向他提出了我们同他合作、开展抗日游击战争以及将县政府迁到北王岗和尖山一带等主张。我说："当前，在信南山区各种武装林立、互相吞并，像余镜清、李寿恺、吴少华这些土霸武装，他们各有各的打算，不会真听你的指挥，说不定还会对你下毒手。而在信北就不存在这个问题，那里环境比较安定，适合发展，便于我们合作得更好。"但他当时没有表态。在黄龙寺，我见到了我党秘密党员、在国民党第一战区豫南民运办事处工作的齐光和在第五战区青年军团工作的濮思澄，也见到了信阳县政府秘书陈守一，还见到了国民党县党部书记长重育民，他带领着国民党信阳县党部全班人马，紧紧跟着李德纯。重育民是 CC 嫡系，是坚决反共的。当时，共产党和国民党双方都在加紧争取李德纯，国民党要控制他，我们要积极争取他，他本人的思想斗争十分激烈，正处在何去何从的抉择时刻。后来，陈守一告诉我说，李德纯跟共产党走的决心最后是在黄龙寺下的，这是真实的。他当时之所以下决心跟共产党走，一是他思想比较进步，为官清廉，主张抗日，与当地土霸对立；二是他势单力薄，自己没有干部，没有强有力的武装，但余镜清、吴少华、李寿恺之流，每人都有几百条枪，他控制不住，相反却有可能被他们搞掉；三是我们党通过各种渠道向他做争取工作，真心地帮助他。县政府秘书陈守一也起了作用。所以过了几天，李德纯自己提出要把县政府搬到信北去驻守，同时委任我做信阳县抗敌委员会秘书，他兼任主任。他说："你担任这个工作，既便于我们在一块儿，又便于你工作。"11 月初，李德纯和我就率领他的部队和机关人员到了北王岗。重育民带的国民党县党部也跟随到北王岗。李德纯到达信北后，我们信桐确边县委组织了对他的欢迎会，并且在筹集给养等方面，给了他很大的支持，他感到非常满意。

没过几天，河南省委派危拱之、刘子厚、王海山从竹沟带了几十人的武装和干部到达北王岗。同时，在桐柏山区的七十七军工作团团长、中共党员朱大鹏带了两个分队也到达北王岗。这些同志向李德纯提出了建立信阳挺进队、深入敌后开展游击战的方案，经过与李德纯反复讨论研究，他同意了我党提出的意见。除我们拿出的武装编为基干大队以外，他拿出来三个中队参加武装，组建成为信阳挺进队，由李德纯任司令，朱大鹏任副司令，危拱之任政治处主任，王海山任参谋长。刘子厚任县政府科长。11月底，信阳挺进队进驻四望山。李德纯没有跟信阳挺进队一起行动，他带着县政府的一个中队仍留驻在北王岗。信阳挺进队已经组成，但他没有随部队一起行动，实际上就是他把他的大部分部队交给了共产党来领导和指挥。

我和李德纯留在北王岗以后，组织上为了便于我和他配合工作，就决定由我任信桐确边县委副书记（后任书记）。由于我们党在这个地区有基础，再加上李德纯县政府的合法地位，在这一时期信北工作有了比较大的发展。信北地区面积约占信阳全县的四分之一，在这个地区内，相当部分的保甲长、联保主任换成了我们的党员或者进步人士。我们积极发动群众，发展了党的组织，扩充了地方武装，开展上层统一战线工作，许多开明士绅和教育界人士纷纷和我们建立了联系。

1939年1月，李先念同志率领新四军游击大队由竹沟出发，向豫鄂边区和武汉外围敌后开展游击战争，路经北王岗，我陪同他去见了李德纯。事先我已经告诉了李德纯，说李先念同志是我们党的领导人，是红军时期的著名将领。先念同志跟他谈了抗战的政治、军事形势和今后的任务，并且对李德纯说："我们是把你当作自己人来看待的，大家共同把信阳的工作搞好，坚持到抗战的最后胜利。"他听后非常感动，他看到我们党不仅对他很重视，而且对他很亲切，把他看作自己人。先念同志临走时指示我们县委，要我们多尊重李德纯，遇事多跟他商量，并要我们利用这个好的形势，在信北地区努力发动群众、发展党员、开展统一战线，特别是发展武装力量。

李德纯这时已完全靠近共产党了，国民党县党部重育民向他们的上司告了他的状，于是国民党河南省政府下令，调他去省府当时所在地卢氏县任县长，以表示对他"重用"，委任马显扬接替李德纯为信阳县县长。马显扬是信阳平昌关地区古城人，是一个大地主，随时可以集中几百人的武装。虽说他当时跟我们党有着一般的来往，但我们清楚，他是坚决反共的。李德纯接到调令以后，马上找到我说："这不是调我，而是骗我，如果我去了卢氏县，国民党就要把我逮捕起来。"他还说，马显扬现在平昌关，离北王岗只有二三十里路，可以很快到这儿来。他要马上离开这里到四望山去找部队，问我有什么意见。我说："我完全同意你的看法和决定，但我不能跟你同去了，我要回到尖山县委去。"他和我谈话过后几个小时，到半夜里，他把国民党县党部甩掉，带着县政府机关和一个中队的武装就到四望山去了。他说走就走，坚决得很，我随即回到了尖山县委。之后，重育民和国民党县党部的人就到马显扬那里去了。

过了一两天，马显扬就派人来尖山找我，要我帮助跟李德纯讲，把信阳县政府的印交给他。我说："交印是李德纯的事，他已不在此地，我无能为力，也与我没有关系。"我把这个情况报告了省委。当时，刘少奇同志主持中原局的工作，正在竹沟，他看了这个报告以后，就以胡服的化名写信给我，他在信中说，为了同国民党的统战关系，要说服李德纯把信阳县政府的印交给马显扬，但是武装要牢牢地掌握住，决不能交给他。刘少奇同志的这个决定非常正确，但当时李德纯已经到了四望山，我已无法对他进行工作。后来马显扬到黄龙寺仅接收一颗县印，县政府干部及武装人员一个也没跟他去。

李德纯到四望山以后，党组织决定把他送到竹沟去，为了安全没有走信阳地区，而绕道桐柏。省委通知我，要我从尖山带一部分武装到桐柏的毛集镇去接他。我接到他，一见面他就感慨地对我说："我几十年的老朋友和关系，从此以后是完全丢掉了！"我说："虽然旧的老朋友和关系完全丢掉了，但是你今后要认识许多的新朋友和很多的新同志。"我陪同李德纯一起到了竹沟，一天晚上，省委在院子里为他开了个小型的欢迎会。

我从 1938 年 9 月认识李德纯，到 1939 年 4 月接送他到竹沟，虽然总共才七八个月时间，但感受颇深。我党通过李德纯和信阳县政府的合法名义，为顺利挺进四望山并很快站稳脚跟、开展信应地区的游击战争、建立这一地区的根据地，是起了很好的作用的。信阳挺进队进驻四望山以后，一方面使我们能够迅速地将豫南地区地下党员各自分散发展的小股武装，如张裕生、任子衡、周映渠以及孙石、李应权等人组织的游击队，会合到四望山，发展成为一支强大的军事力量。李先念同志率领部队南下以后，这支队伍打出新四军的旗号，号召力增大了，发展加快了，更是威名远播。另一方面我们对余镜清、崔仁甫等当地土霸游杂武装以县政府名义也收编进挺进队，他们固然是听编不听调，但是他们一时采取中立态度，也有利于我们赢得时间尽快发展壮大队伍、巩固根据地。后来在他们成了汉奸、顽固派时，我们也有力量把他们消灭掉。

二

我送李德纯到竹沟之后，就很快回到了尖山。临行前，朱理治对我说，要掌握武装、保护干部，尽量与马显扬缓和关系，必要时向四望山靠拢。

这时信北的形势已开始发生变化。因为马显扬接替县长以后，将县政府设在距离尖山只有二三十里的他家古城。他已拥有上百人的武装，在当地又有比较深厚的社会基础，坚决反共。不过，那时国共关系还没有达到十分紧张的程度，他还不敢轻举妄动，贸然地向我们进攻。但是他对我们的敌对态度已日趋明显：一是他积极地在他家古城修筑寨子、碉堡，这显然是为了对付我们的；二是他开始撤换我们地下党员和进步人士担任的保甲长、联保主任；三是他暗地里对我们掌握的武装进行瓦解、拉拢。当时最让我们担心的是我们掌握的这300多人的武装，在马显扬的拉拢下会有相当多的人靠不住。因为这个队伍的成分十分复杂，其中如严文生，带有百十人的武装，他本人虽曾在延安抗大学习过，但不是党员，他也是平昌关一带的人，跟马显扬也有关系。在我们掌握的武装中，还有一部分是争取收编的原桐柏地区的土匪，一部分是当地的武装，我们真正能够掌握的是少数。如不及时采取对策，将对我们越来越不利。为此上级决定，由我和县委委员黄云樵两人，将这300多人的武装迅速集中起来，带到了四望山。到达四望山后，根据这些武装复杂的实际情况采取了区别对待的办法：把成分比较好、我们能掌握的编入了新四军部队；对成分复杂、不可靠的就采取缴械的办法（缴械工作是由胡林主持进行的），缴械以后对其中成分好的，愿意留下的留下，不愿留下的发给路费遣散回家。这项工作进行得非常顺利。

这部分武装处理完毕以后，黄云樵同志就回尖山县委去了。组织上决定将我留在四望山，到七十七军桐柏山区工作团（简称"七七工作团"）任政治处主任。夏初，日军向襄樊进犯。根据新的形势，四望山地区党组织在任质斌同志的主持下，决定扩大抗日武装力量。7月间，将七七工作团和信阳挺进队的一部分，编为新四军豫鄂挺进游击支队第三团队，朱大鹏任团长，任质斌任政委，我任政治处主任。到1939年秋天，我党成立了信应地委，由刘子厚任地委书记，我任信应地委副书记。任质斌回省委任省委副书记。

1939 年，我党、我军在以四望山为中心的信应地区，积极打击日寇，开展对国民党友军的统战工作，相互配合，共同抗日，使我们党的组织和部队有了很大的发展。这一年，我党在信应地区建立了信南县委、信罗边区委、信随工委、应北县委。军事工作方面，发展组建了新四军豫鄂独立游击支队第二团、第三团、第五团，这三个团都是有三个营编制的大团。各县也发展了一些地方武装。各地相继建立了政权和群众组织。1939 年是信应地区抗日力量大发展的时期，也是这个地区革命的高潮时期。

1940 年初，形势恶化，国民党发动第一次反共高潮，大举向边区进攻，同时向信应地区进攻。国民党第五战区鲍刚率领顽军一个纵队，进犯并占领了四望山，我们从维护统一战线、争取他们共同抗日这一大局出发，被迫从四望山撤往信南、应北和信罗边地区。我们党控制的地方开始逐步缩小了。我们撤出四望山以后，鲍刚残酷迫害我地方干部和群众，我出于激愤，写了一篇揭露顽固分子暴行的报道，登在《前线》杂志上。

此时日军已在信阳周围和铁路、公路沿线设立了许多据点，不断地对我活动地区进行"扫荡"和"清乡"。我们处在敌伪顽夹击之中。在这种情况下，我们一面积极打击日寇、汉奸和顽固派的进攻，一面大力加强对根据地的建设工作：第一，发展和巩固各地党的基层组织、发展党员，建立乡村党的支部。第二，在我基本区通过民主选举，建立县、区、乡各级抗日民主政府。第三，发展扩大各地武装，做到县有大队，区有中队，乡有分队，大量建立民兵组织。第四，建立农救会、青救会、妇救会等各种群众团体，维护群众利益，保护群众安全，广泛动员各界群众参军、参战，进行各项抗日支前活动。第五，发展经济保障部队供给。开始是捉汉奸罚款，没收汉奸财产，但这种办法不能长期采用，后来又靠募捐、摊派，但也不是长久之计。自 1940 年以后实行减租减息，领导群众生产，政府收取公粮；同时，保护和发展工商业，实行收税，这样，军政供给就有了合理可靠的保证。此外，还兴办了各类小手工业工厂和作坊，力争做到军民的一般日用生活品基本自给。经过大量艰苦、深入细致的工作，我们党和军队与人民群众紧密团结，一起战斗，一起生活，克服各种困难，使得根据地的建设日益加强。正因为这样，我们可以一次又一次地粉碎顽固派的进攻和日寇的"清乡""扫荡"。如 1940 年秋，鸡公新店的日军要向信应地委机关常驻的明家老湾、台子畈、大王冲等地，即当时被称作"基本区"的地方，搞一次大规模的军事"扫荡"，地委获得情报后，立即做了布置，各区、乡分别建立反"扫荡"临时机构，动员民众把粮食和衣物藏匿于山中，实行"空室清野"，地方武装和农救会连夜把所有通向根据地中心的道路掘成一道道鸿沟，形成一场轰轰烈烈的反"扫荡"运动，迫使敌人行动归于失败。如果不是亲临其境，根本无法想象人民战争有如此大的威力。

除了大力加强根据地的建设，我们还进行了两方面的工作。一是加强对伪军、伪政权的打击、分化、瓦解和争取工作。对于伪军政人员，凡是死心塌地地为日本人服务、甘愿充当汉奸者，我们坚决予以消灭。同时积极争取那些有爱国心、不与我们为敌，当时被称为"身在曹营心在汉"的人为我们服务，因此那时信应公路和铁路沿线的伪政权中都有我们的耳目，有的同志形容这是"白皮红心"，它表面上是日本人的组织，而实际上是为我们工作。鸡公山上是日伪特别区，有个出名的医生，是南方人，经常下山为我们看病，做了不少有益的事情。总之，要尽量地争取敌人营垒中一切可以争取的人，团结一切可以团结的力量，最大限度地孤立日寇。这样做以后，敌人就像瞎子一样。我们设在距离日军据点仅一山之隔的医院、机关从未发生不测；我们的干部在敌人的据点和集镇里边可以出入活动；我们可以随时搞掉那些坚持与人民为敌、毫不悔改的汉奸、特务，使他们没有立足之地。这项工作做得极其出色，当时由张裕生带领的手枪队都是由当地人组成的，对于汉奸特务的行迹了如指掌，不到半年时间，凡是反对我们的汉奸维持会长几乎都被打光了。其中比较出名的汉奸，如谭家河的高鹏飞、西双河的董茬青等都被处决。手枪队那些人神出鬼没，本领大得很，是在当时的那种形势下造就出来的一批英雄。

再一项工作，是对国民党部队广泛开展抗日统一战线的工作。对他们当中坚决抗战、同我们友好的部队，我们就帮助并相互密切协作，共同打击日寇；对他们当中持中立态度的部队，我们就友好相处，并随机做好争取工作；对他们当中消极抗日、坚决反共的部队，我们坚决予以回击。

为做好我党的统战工作和对敌伪工作，地委很注意培养和发挥地方干部的作用。如信南县的领导成员周映渠、蔡韬庵、颜醒民等，都是本地人，可以通过多渠道沟通与各界人士的关系及伪组织内部的联系。尤其是把那些在地方上小有名气的人物选入乡保政权或参议会中，这样的行为收到了较好的效果。如明家老湾有一个地主兼商人叫明耀宇，喜欢交朋友，热心为共产党办事，他把家中最好的楼房腾出来给我们当办公室，还联络本地和外地商人在信阳、武汉等地为我们购买药品和油印机、手电池之类的紧缺物资。我们在信南进行减租减息，没有遇到多大阻力，与这里的统战工作有直接关系。

经过党和军队及人民的艰苦奋斗，我们得以保有信阳南部的这一小块根据地，它东边挨着平汉铁路沿线残暴的日寇，在信应公路西边是国民党顽固派，四周有敌伪顽的包围渗透，就是在这一点点的地方，在这一条带形的敌伪夹缝当中，我们坚持了7年时间，一直到抗战的最后胜利。当时如果没有坚强的密切联系群众的共产党和钢铁般的人民军队，以及党的群众工作、对敌伪工作、对友军的统战工作，是不可能坚持得住的，是根本无法生存的。我们依靠这一小块根据地，不断地输送兵员到主力部队，输送干部到边区各条战线，主力部队在频繁的战斗中到达这里可以安全通过，安全休整。这里还是豫鄂边界两省战斗前进的桥头堡，是边区联系中原国民党统治区地下党的有力纽带。

三

1940年底，我参加了豫鄂边区军政代表会议，会议决定成立豫鄂边区军政联合办事处（即边区行政公署的前身），由许子威任主任，我任副主任。到任不久，在1941年1月发生了震惊中外的"皖南事变"，同时豫鄂边区也遭到了国民党军的大举进攻。中共中央对皖南反动暴行进行了针锋相对的斗争。边区党委和新四军豫鄂挺进纵队司令部决定要我再回信南，率领部队向国民党后方反击。因为在"竹沟惨案"前，我们在豫南各地，特别是桐柏山各县都有党的组织，1939年11月国民党制造"竹沟惨案"以后，党的组织几乎全被破坏摧毁了，我们这次出击的任务就是到国民党后方去，恢复和联系被他们破坏、打散了的我们党的组织和党员。

我于1941年1月回到信南后，和刘子厚同志具体研究了我们进入国民党后方行动的方案，确定由我和胡仁同志率领信应游击总队比较精悍的五个连向北边出击。当时我们考虑过从信南以西出击，但是那里国民党顽固势力比较集中。所以最后我们商定从平汉铁路以东的信罗边地区越过信潢公路，向淮河以南地区出击。我们进入这个地区后，看到由于日寇实行"三光政策"以及国民党土顽的统治和盘剥，这里的不少村庄都已被烧掉，到处是一片荒凉景象。当时这一地区还没有我们党的力量和工作，我们立即展开对顽固势力武装的进攻，首先消灭了顾店地区顽区政府，活捉了区长张某，俘虏顽区武装近百人，接着又展开对淮南地区土顽联保武装的打击，其中有的被我们消灭，有的向我们投降，大部分逃到淮河以北去了。那个顽区长张某被带回信南，刘子厚同志亲自对他进行了争取教育工作之后，又把他放回去了。这些行动和工作为我们后来开辟淮南创造了一定的条件，之后在这个地区建立了淮南县委和县政府。

我们到淮南以后，在淮北国民党统治区地下工作的中共汝南地委书记王景瑞从淮北赶来跟我们接头，他建议我们越过淮河进入汝南、正阳地区，把那里几股坚决反共的土顽消灭掉。我们考虑那一带是平原，除土顽以外，还有国民党的一个纵队，渡河去淮北，困难很多，不利于作战。我们决定向西行动，从日寇在平汉铁路线上最北边的一个据点，即长台关以北，渡过淮河，越过平汉铁路，进入信北地区。到了信北，原想在晚上奔袭到古城，消灭马显扬的县政府，但他闻讯早已逃走。

接着，我们又从古城进入信阳、桐柏、确山交界的山区开展活动。当时在几个县都驻有国民党的正规部队，白色恐怖十分严重，他们得到消息以后，就从几个方面向我们合围。而我们这个既不大又不小的几百人的武装部队，远离根据地，在敌我力量悬殊的情况下，不容易站住脚，无法打开局面，我们很快撤出了这个地区，后来就改变了活动方式，派出小股便衣武装，配备干部，秘密隐蔽地进行活动。

我们撤出桐柏山区开始往回走，从桐柏、信阳交界处，进入到信阳的西北部和信南公路以南睡仙桥一带活动。这块地区当时是顽固势力控制着的，在这里我们消灭了两个顽乡政府和几十人的顽乡政府武装，我们将两个乡长俘获，向他们提出只要他们答应不反对共产党，对我们来到这里的干部予以保护、不加伤害的条件，我们就可以释放他们，把枪还给他们，让他们继续在原地担任原来的职务。当然他们这时已经成了俘虏，于是就很感激地接受了这个条件。之后我们派出干部在这一带开展工作。

我带领部队结束这次行动回到信南和刘子厚同志会合，大概是在1941年5月间，不久，边区党委决定派我到鄂中地委任地委书记，我就到鄂中去了。

1942年秋，由于情况的变化和领导干部的调整，刘子厚同志已调边区行政公署任副主席。党组织决定撤销信应地委，改设信阳中心县委，由段远钟任中心县委书记，划归鄂中地委领导。因此我又有机会到信应来。每一次回到这里我都感到非常亲切，我对这里的人民，甚至一山一水、一草一木，都有着特别深厚的感情。

这个以四望山为中心的豫南信应抗日根据地，在抗日战争时期和解放战争时期都发挥了很重要的作用。它是驻在确山竹沟的中共中央中原局和河南省委进入豫鄂边区敌后的一条主要通道；它是鄂豫边区军民抵御日寇的进犯、抵御国民党的进犯，几次出兵进入中原的前沿基地；它是活动在中原的八路军和新四军，像王树声的嵩岳军区的部队、王震的三五九旅以及豫鄂边的新四军第五师等几个主力部队在抗战胜利以后会师的场所，我们在这个地区组建成中原野战军和中原军区，并依托这个地区对国民党反动派的进犯给予了有力的反击。解放战争时期，中原部队突围以及李先念同志所率领的北路部队向陕南突围，都是通过这个地区粉碎敌人的封锁和包围，比较顺利地突围到了外线。这里的人民群众在革命战争岁月里，前仆后继，英勇奋斗，付出了巨大的牺牲，做出了卓越的贡献。他们向革命部队输送了大量兵员，数以千计的革命者抛头颅、洒热血，以身殉职。他们在自身生活条件还极其艰苦的情况下，仍然节衣缩食，为部队出钱出粮，全力支援抗日、解放战争。每当我想起他们的革命精神和光辉业绩，总是备受鼓舞。我们要永远牢记：创业为之艰难，胜利来之不易，人民英雄永垂不朽！

1988年6月于北京

（严诗学 整理）

原载刘德福主编：《红色四望山》，河南人民出版社，1988年，第107～120页。

关于信应地委成立情况的回忆

◎ 刘　西

中共信应地委是 1939 年 6 月成立的。这一点我记得比较清楚。

1938 年 5 月，徐州沦陷，开封吃紧，国民党政府纷纷西迁。我是随河南战时教育工作团（简称"战教团"）一起南下，途经许昌、漯河、驻马店等地来到四望山的。我们这些青年学生满腔热血，抗战热情很高，沿途演剧、唱歌，以各种形式宣传抗日、发动群众，影响很大。四望山地处豫、鄂交界，与大别山、桐柏山紧紧相连，东邻京汉，西达襄樊，山势连绵，能进能退，回旋余地很大，是开展抗日游击战争的有利地形。河南省委准备以四望山为基地，放手发动群众，开展武装斗争，建立根据地。因为抗日战争刚刚开始，在四望山一带我党的力量还很薄弱。根据工作需要，我和刘东、樊里（王光力同志的爱人）等一批年轻人就被留下来搞地方工作。

1939 年 5 月，我得病住进了黄龙寺医院。当时樊里同志也在住院，我们俩住在一个屋里，光力同志作为领导经常来看我们。没几天，光力同志根据上级指示，前往应山接了一批干部档案，说是准备成立地委（开始称豫鄂边地委，不久改为信应地委——编者注）。他从应山回来后，到医院来看我们，还给我们带了几个梨子，大家有说有笑，好不热闹。

6 月初，我的病情刚有好转，就急着出了院。当时我们住在离黄龙寺约 3 里远的一个山湾（村）里，这个湾子较大，有几十户人家，我们和周围的农民相处得很融洽。一天上午，天晴得很好，光力同志来到我们的住处，通知我去开会，说是成立地委，让我作会议记录。会议地址就设在我们住的那个湾里的一个农民家里。参加会议的有刘子厚、文敏生、王光力、张裕生等，记得还有郭纶同志。会议由刘子厚同志主持。他先讲了当时的国内外形势，接着宣布了中共河南省委关于成立地委的决定。地委领导班子由刘子厚、文敏生、王光力和张裕生组成，刘子厚任书记，文敏生任副书记兼宣传部长，王光力任组织部长，张裕生任军事部长。地委成立不久，任质斌同志受中共河南省委派遣从竹沟来到四望山，加强了地委的领导力量。任质斌同志在四望山组织举办了一期党员训练班，我和樊里同志参加了学习。训练班为期半个月。结束后，我们就分头深入到各乡宣传发动群众，开展地方工作。8月，我们成立了信西县委，书记是王伦耕，我和陈彤深等同志为委员。

"竹沟惨案"后，蒋介石掀起了第一次反共高潮，国民党豫南游击纵队鲍刚部乘机进攻我四望山。为了顾全大局，争取主动，上级命令我们马上撤退。1940年初，我记得正好是农历腊月初八这天，北风呼呼作响，小雪纷纷扬扬，漫山遍野白茫茫，寒气袭人，山路泥泞难走，我们怀着依依不舍的心情，踏着积雪，沿着崎岖的山道撤离了四望山。

（陈宏斌　整理）

原载中共河南省委党史资料征集编纂委员会编：《豫鄂边抗日根据地》，河南人民出版社，1986年，第235～236页。

战斗在信随边

◎ 郭 纶[①]

位于河南省南部和湖北省北部的信阳、随县地区，是抗日战争时期豫鄂边区抗日民主根据地的重要组成部分。我在这一地区活动的时间虽不太长，但激烈频繁的战斗，错综复杂的敌、友、我三角斗争，艰苦的地方工作，至今仍在我脑海里留下深刻的印象。

初上四望山

1938 年 2 月，一场春雪之后，我和几位同志从武汉八路军办事处分配到竹沟新四军八团队留守处，随即彭雪枫任命我为教导大队第三中队中队长（时名郭思源）。5 月间，我和教导队政治干事邹竖等来到信阳鸡公山下的第一战区豫南民运指导专员办事处任民运指导员，先后到信阳、遂平两县做民运指导工作，在信阳的西双河、杨柳河、冯家庄和遂平县的嵖岈山，都办过农民训练班。

1939 年初，我和一些同志随李先念同志从竹沟出发，深入豫鄂边区敌后，开展抗日游击战争，建立抗日根据地。第一站，我们从竹沟南下到信阳尖山。那时尖

---

① 本文作者曾在豫鄂边区先后任中队长、指导员、教导员、团政委、中心区委书记、县委组织部长、县委书记、地委委员兼宣传部、组织部副部长等职。

山已成立我党的秘密县委，地方党组织给予我们很多方便。不久，我们顺利地到达四望山。当时，四望山已成为我们党领导边区抗日斗争的重要基地。我们到达四望山后，参加了干部会议，听了李先念同志关于六届六中全会精神和开展边区游击战争、开创抗日根据地的报告。李先念同志反复强调"猛烈扩大"新四军，这个词我听来新颖，印象特别深。会后，我被分配到新成立的军政干部训练队任指导员。队长为原七十七军工作团（以下简称"工作团"）的一位军事干部蔡祥彬同志，副指导员是从战教团调来的孔化同志。因为信阳沦陷后，我们党已在信阳、应山、随县边界建立了不少地方抗日游击武装，需要加强训练；同时，我党还急需扩大部队，为在边区建立一支由我党掌握的独立自主的抗日武装力量做准备，但政治、军事干部都很缺，急需抓紧训练一批干部，所以，当时豫南领导机构决定建立一个干部训练队，以训练、培养一批连、排干部。我们招收了四望山周围的积极要求抗日的青年学生和部队抽调来的班、排干部及优秀战士共一100多人，集中进行训练。集训结束后，绝大多数人被分到部队工作，只有少数人主要是女同志被分到地方工作。

集训队结束不几天，当时豫南主要负责人危拱之同志找我谈话，分配我到危惠民所在大队去做教导员。（危惠民是危拱之的哥哥，大队副是我原在西双河办训练时结识的原西双河小学负责人席启秀）在该大队，我的主要工作之一是发展党组织，席启秀即被发展为党员。但为时不久，危拱之又将我调回四望山，这是因为当时形势发展很快，军队搞起来后，地方工作也要跟上去，需要把四望山的群众工作和党组织工作开展起来；再者我身体有病，体力很差，随武装部队活动有困难。危拱之指示我们要以四望山为中心，逐步向四周发展，组建四望山区委，让我任区委书记，王伦耕同志任副书记，马光庭（女）同志任组织委员，刘东（女）、王汝辉（女）、陈彤深（女）等同志均为区委成员。区委成立后，以四望山为中心开辟周围的地方工作，在很短的时间内，我们的工作范围，北到杨家寨、白马山、婆婆寨、黄龙寺，东到仙石畈、谭家河，南到余家河、浆溪店，西到朱店一带。我们秘密地发展了一批党员，建立了一些基层党组织，组织了农救会、妇救会、青救会等抗日群团组织。

大约4月末，危拱之同志通知我到工作团去负责地方工作，王伦耕同志接替我任四望山区委书记。我随危拱之同志到了随北草店楼子湾，见到了工作团团长朱大鹏同志，危拱之向他讲了建立随北区委并由我任区委书记的事。这个工作团，名义上是国民党下属的工作团，实际上是我党领导开展地方工作的工作团。他们在信随边分设若干工作点，开展地方群众工作和统战工作。我到工作团时，工作团的政治面貌已经在群众中明朗了。当地群众都知道工作团不是国民党反动派所掌握的工作团，而是与新四军合作的工作团。当时任七十七军副军长的何基沣，是著名的抗日将领，与共产党关系密切。何基沣领导的七十七军，当时属于第五战区管辖，驻襄樊、老河口一带。顾剑萍同志去见过他，他拨给我们一批钱和衣物。第五战区司令长官李宗仁是广西军，受蒋介石的排斥，七十七军原是冯玉祥旧部，被国民党视为杂牌军，同样受到蒋介石歧视。因此，尽管李宗仁对我党领导的工作团的一切活动看得非常清楚，也是睁只眼、闭只眼，只求过得去就行了。这就给工作团开展工作创造了有利条件。

工作团所有人员分成两摊子：一摊子搞扩军工作，一摊子搞地方群众工作。在扩军工作上，当时工作团本身就建立起一个营的武装部队。以后这个部队就与我们的军分区部队编在一起共同行动，工作团团长朱大鹏同志是军分区副司令员。做地方群众工作的有 30 余人，我们首先在德光寺之后又在楼子湾举办了两期抗日青年训练班，由丁兆一、潘勇、马奎等同志负责，先后培养和训练了一批党员。接着，建立了分区委。我们把队员和少数骨干组成 10 余个地方工作队，深入发动群众，开展地方工作。后来，我们的活动扩展到信阳、应山、随县边界的一大片地区。工作团不仅做群众工作，也做地方统战工作。

1939 年 6 月间，以任质斌为书记、刘子厚为副书记的信应地委成立。原中心区委经地委定名为信随工委。我任工委书记兼组织委员，李酉山任宣传委员，王汝辉任群运委员，之后有张怀望、刘子佩等同志参加。7 月，信应地委组织部长王光力同志到工委检查工作，他与我一起回四望山参加地委扩大会议，县委、工委书记，中心区委书记都出席了这次会议。记得当时四望山也改建为工委，由陈彤深任书记，会议研究了组织抗日武装和建立政权问题。会后，我们对信随工委下属的区委进行了调整，下设了一些分区委，工作重点放在二道河至朱家店一线的山林区。另外，工委根据信应地委指示在二道河建立了一个交通站，由尹任侠、余振英同志负责，陈子凤当交通联络员。

1939年冬"竹沟惨案"后，我们在二道河街上设了个交通站，派一个秘密党员，开个豆腐店，外带小馆子，负责来往人员的具体联络工作。交通站的主要任务是直接与地委联系，提供情报。后来，交通站移交我负责，由我兼任站长。不久，又交给了地委。当时，我是以工作团民运科长的公开身份出面工作的。开始我与工作团团部住楼子湾，地方比较偏僻。二道河就在去四望山的交通口上，是从后方到前方的交通要道。从二道河到朱店抄小路，翻山越岭，也可直到四望山，与地委联系很方便。当时情报工作有两条线：一条是我们工委，派出工作组下去搞情报，向四望山地委报告；另一条是二路河交通站，与地委直接联系，主要是了解敌人军事动态，也了解国民党军队过往调防情况。在草店，国民党军鲍刚部队也成立了一个服务社，是他们的情报机关，专门与我们作对，斗争非常激烈。同时，国民党军鲍刚部队一个支队司令部设在王子城街上罗家药铺里面，罗家父子为人正直，对我们态度友好，他们经常给我们提供情况、透露消息。此外，我们隔壁住有一个小学教员路一程（女），与柯家寨大恶霸地主柯介之有亲戚关系，来往密切。当时路一程思想上倾向我们，参加了我们的工作。她经常了解敌伪情况，掌握敌情。柯家寨是汉奸、国民党特务活动的集中据点，了解他们的动向对我们很重要。路一程给我们提供了不少重要情报和一些敌人的活动情况。后来，我们向四望山撤退，路一程毅然随我们一起到四望山，参加了革命。

王国华、张旺午同志率领的竹沟突围部队和干部准备去四望山，路过王子城寨外时，准备暂时休息。当时，我正在王子城寨，发现国民党的军队在寨子四周布岗。罗家药铺的人告诉我，驻在那里的支队部正在用电话调动部队，要对我突围部队下毒手。我赶紧潜出王子城，找到王国华、张旺午同志，建议他们急速离开，王、张当机立断，命令部队紧急集合，立即起程。我远远尾随他们，看着他们过了二道河，转往安全地带，庆幸这支经历艰辛的突围部队，避免了一次凶险的灾难。

"竹沟惨案"发生后，国民党顽固派又对我们工作团下毒手，强令我们从驻地搬出，否则采取行动。我们紧急向地委汇报。地委书记刘子厚迅即指示，让我们立即向四望山转移，只留下少数人转入地下。我们立即集合，撤离到信、应、随边界山。地委考虑我在工作团身份已公开，以离开为宜，于是派王振东（即王一凡）

接替我任秘密党组织书记，我把他安置在高庙下的一个山村里。

1939年底，我们撤到四望山。此时，信应地委由刘子厚同志任书记，文敏生同志任副书记，他们拟让我留在新成立的信西县委工作。但不久，即1940年初，国民党军鲍刚的游击纵队趁日寇进攻我军之机，占领了四望山，我们随即转入敌后信阳、应山、随县边界一带活动。

信随根据地的发展

此后两年多，我在信应地委先后负责宣传部和组织部的工作。1942年秋，当时的信应地委依中央精兵简政精神改组为中心县委。中心县委书记初为段远钟，后为娄光琦（段为副书记），我任组织部长。中心县委成员尚有蔡韬庵、周映渠、杨玉璞等。

1945年春，任质斌同志带领主力部队挺进豫南，赶走了侵占我四望山一带的土顽崔仁甫等部。小林、草店一带，我大军云集，准备把根据地向外扩展，巩固豫南，发展豫中，缩毂中原。当时，前线部队最急需的就是粮食，任质斌知道我曾在这一带工作过，便打电报要我火速赶到，尽快筹集10万斤粮食送往前线。我急速赶到，担任信随县委书记兼县长。但此时原先在信随工作的同志，已跟随地方武装暂时离开，进入桐柏山区坚持游击战争，支援我主力部队开辟豫南战役。我先到草店、二道河，与原来的地方党组织取得了联系，很快就集合了一些地方党员和原在工作团干训队的学员，并利用我原先的地方统战关系，举行了一次地方人士会议，首先讲明形势，具体布置了10万斤军粮的征集运送任务，同时讲明只能向地主、士绅等富有者筹借，不准向群众摊派；少数较富裕的群众自愿献出粮食，也得按市价付款。我们决定由地方人士周燕川等人出面，由原训练班的若干学生和地方党员大力协助完成这一任务。周燕川等召集了三四十个有名的士绅和保长开会，使筹粮任务完成得非常及时，供应了野战部队几千人的需要。刚刚成立的信随县委，成了随军的后勤服务团，对主力部队巩固豫南、开辟豫中，起到了后勤上的保障作用。

在筹粮工作任务完成后，我们即以草店为中心，逐步向四周扩展，开展新的工作。我们迅速地扩充地方武装，恢复和扩大原有的工作地区。当时，整个形势很好，根据地委（此时又由中心县委改为地委）和边区指示，准备向外积极扩展，特别是向根据地北面的河南地区发展。

地委指示我们尽快恢复地方政权，充分发动群众，备足军粮，为向河南发展做好一切准备工作。我们抓紧恢复和建立区、乡政权的工作，不久就建立了区委会、区政府和区中队。信阳县游河以东包括骆驼店，原是老区，建立了一个区政权，罗新民、霍明轩、梁仁玉（女）分别为区委书记、副书记。还在杨家河、冯家庄一带建立了一个区政权。随北、桐东南的一部分地区也建立了区、乡政权。在不长的时间内，东到信阳的铁路线，包括游河、吴家店、骆驼店一带，南到应山浆溪店一带，西到随北的天河口、江头店、刘家河一带，北到桐柏县的月河店，方圆150余里，都建立了区、乡政权。

在恢复政权的同时，我们还大力发展了武装力量。在各区中队、乡分队的基础上，吸收当地人参加信随游击大队，嗣后让区、乡武装逐级升级，组建了信随独立团。到六七月份，信随独立团已扩大到四五个连队五百余人枪，受到地委的赞扬。

我们除做好上述工作外，也做了一些统战工作。首先，我们与老的地方统战对象刘仲融一家保持良好的关系，以影响地方士绅支持我们的工作。1939年工作团住双楼子湾（刘仲融的寨子）时，我与刘仲融就比较熟悉。这个人在小林、祝店、草店、朱店一带有些威望，他家人多、家业大，有家室之忧，故对我军表现还好。我们撤到四望山后，尽管他当了国民党这一带的区长和县参议员，也没有坏我们的事，对我们的情况睁只眼、闭只眼，地下党员和抗属均未受到损害。这次我们回来后，他本人不在家，他的几个堂弟表示拥护我们，并出面协助我们工作。他的堂弟也传达了我和刘仲融之间的问候和示意。我们对刘仲融本人及其一家，只在于争取他们不反对我们、不与我们为敌就行了。当然，能为我们办些有利的事更好，别的没有抱更多期望。

为了支援主力部队开辟豫中地区，信随县委的干部人员配备在地委的关怀下也是比较整齐的，都是在较短的时间内陆续到任。为了有利于工作开展，地委又把原属信阳县委的信西北工委，连同区、乡干部一起划归我们，作为开展信随工作的依托。上级决定我任县委书记，最初兼任县长，舒仲鸣原为信西北工委书记，调任副县长，加入县委，吴厚民任县大队长。之后，地委相继调杨耕愚任组织部长，张××（对他总以"胡子"相称，本名已忘）任县长。再后，李游（即李正冠）任副书记，张和智任军事部长、县指挥长。张调走后，张波接任军事部长，之后又由陈韧、曹志坚担任正、副县长。县政府下设民政、财政、建设、教育四个科，周燕川任民政科长，傅子英任财政科长，周子郁任建设科长，谢伯渊任教育科长，翟怀诗、刘祖生先后任县公安局长，徐月卿任县税务局长，陈琳、徐毅等是助理员。县委和县政府机关根据工作需要时常迁动，在杨家河、骆驼店、草店、朱家店、岩子河都住过，住得时间较长的是骆驼店、杨家河和祝家店的塔坡寨。

1945年七八月间，从国民党大后方下来了一批大学生，边区分了近20名到我们县，我们让他们参加地方区、乡政权工作。当时，地方工作的重点有三：一是狠抓财政收入，克服经济困难。当时边区财政收入已达到极度困难，地委指示要地方扩大财政收入，积极支援边区。我们信随地区，主要是在吴家店、黄家寨、杨家河、车云山等地方政权较有基础的地区，广泛发动群众，开展交公粮的宣传教育工作。当时边区党委也从党校抽调来20位县、团、营级干部，参加我们的筹粮活动，结果除了本县经济自给，还大力支援了边区和部队。二是千方百计地做好支前工作，其中包括地方部队先后两次升级到正规部队，在人力、物力、财力上确保部队向河南发展；后来程道荣纵队的起义部队，就是取道信随进入边区的。三是加强地方政权建设，开展大生产运动，发动群众搞生产自救，组织群众自愿协作的变工队，实行减租减息，先搞试点，后全面铺开。在人员少、事情多的情况下，县委、县政府人员分工负责，经常深入基层，使各项工作都进行得比较顺利。

日寇投降后，国民党反动派的部队步步向信阳进逼，地委书记方正平要我们将信随独立团立即改为信随游击纵队，由张和智和我任纵队长、政委，并要我们写出门板大的布告张贴出去，大造声势，还要我们不惜一切代价，立即行动，集中全力攻打冯家庄，袭击平汉铁路以西的重要据点，密切配合我军主力开辟河南。冯家庄在信阳西40里，坐落在一个大平畈里。信阳沦陷前，我曾在那里办过农民训练班，对当地地形较熟悉，并知道是敌人力量较强的一个重要据点，要想攻打下来是不容易的。地委和军分区的指示，是叫我们把敌人牵制住，不让它朝别的地区运动转移。于是，我部主动出击冯家庄，虽未攻下，但起到了配合我军主力作战的作用。

随主力部队突围

1945 年 10 月,我中原野战军根据党中央指示,发起了回击国民党挑起内战的桐柏战役。我主力部队势如破竹,先后攻克了桐柏、唐河、新野、枣阳、湖阳、平化等重要城镇,扩大了边区,大大有利于中原整个战局,受到党中央和毛主席的通电嘉奖。

11 月初,我军在襄阳东 90 里的双沟镇遇敌大军阻击,双沟战役失利,我主力部队分两路向鄂东转移,北路转移部队在转移途中于祁仪又遇敌人阻击,我军伤亡较多。地委命令我们县委所有干部竭尽全力安排好伤员,能转走的就转走,不能转走的就地安置。县委立即召开紧急会议,将工作布置下去,组织人员全力以赴地转运伤员。我们先后在十余天内,转走了十几批伤员。后来,主力部队陆续撤走,局势日渐紧张,公开转运十分困难,我们就将伤员化装成老百姓,分散转运。最后,敌人沿途设卡、严加搜查,为了伤员的安全,我们决定将他们留下,就地安置治疗,送来一批就安置一批。我们在玉皇顶的山脚下桐桥畈建立了临时医院。经上级同意,留了少数医护人员,对伤员进行治疗和护理,所有伤员都分散在老百姓家里,由地方党组织设法把伤员保护好。

12 月,夏忠武、黄林同志从桐柏方向过来找到我,传达上级指示,告诉我中原主力部队要转移,但信随县委和地方武装要留下坚持游击战争,不随主力部队突围转移,要我和吴厚民带领三个连的部队,在平汉路西北至确山、南至应山和随县的广大地区活动,要我们做好坚持三年游击战的思想准备,迎接三年后大反攻的到来。据此指示,信随县委集中各区、乡干部和信随独立团的干部计 100 余人,在高庄村一块空地里召开了动员大会。我在动员大会上作动员报告,讲明斗争的紧急形势,要求大家在主力部队转移后,要有志气,就地坚持游击战,并号召同志们以陈毅同志为榜样,学习他坚持游击战争的精神和经验。这时,从桐柏方向来的国民党部队已侵入到河店,离我们县委、县政府所在地的高庄只有 30 里路。我们放出了流动哨以警戒,但地方上的反动地主武装仗势活跃起来。为了应付特殊情况,我们立即进行紧急动员,将所有人员分成两部分:一部分同志火速把伤员分散隐蔽在高庄以外的老百姓家里和山洞里，其他所有地方干部和地方武装在天黑时集中起来，开往吴家店、小林店以北的一片丘陵地带的树林里隐蔽起来。次日拂晓，就从高庄传来了密集的枪声，敌人袭击了高庄，但扑了个空。事后，为了增强部队的战斗力，我们对部队实行轻装，对一部分同志就地作了安置。

夏忠武、黄林同志传达上级党指示，由我和吴厚民等领导三个连的兵力，分别组织若干个武工队式的流动工作组，开展游击斗争。

1946 年 1 月初，黄林同志又通知我到沿铁路线的信南县委，接替段远钟同志担任县委书记。信随县委由原副书记王维新同志接任县委书记，吴厚民等同志仍留原地坚持斗争。我们一行带了一个班的武装部队，正向信南进发的途中，忽然传来了"停战协定"的消息，并遇上了从宣化店返回的大部队和领导机关。夏忠武同志说："你不要再去信南了！"我们重返信随，恢复工作局面。2 月初，地委召开各县县委书记参加的扩大会议，讨论"停战协定"后全军实行精兵简政，中原部队要积极准备和平转移或突围，会上决定复员一批同志；另一些以病员或护理人员名义准备搭火车转到华北；留下的人员一部分为主力部队，一部分就地坚持游击战争。会后，我立即回到信随县委，我们进一步恢复区、乡政权和日常工作，积极做坚持长期斗争的准备。此时，我们在经济方面非常困难。把县、区、乡干部都动员下去，从事征税、筹粮、扩大武装的工作。武工队在通往信阳和随县县城的要道上，设卡收行商税，没收了不少顽、伪军政特务人员经营贩卖的烟土。3 月，敌人趁我主力不在之际，又向我根据地进行大规模"扫荡"。应山两个师的国民党部队向北进犯，我们积极阻击敌人。打了几次恶仗，由于兵力悬殊，没有阻挡住敌人的进攻。为了变被动为主动，信随县委决定，把地方干部与武装力量集中起来，在岩子河以南的出口，狠狠反击敌人，反复较量了几次，虽然我们未受到损失，但是仍未能阻止敌人的继续进攻。4 月，敌人向我们"围剿"得更加厉害，战斗接二连三，局势愈来愈紧张，斗争日益困难。5 月，地委指示："立即把区、乡干部和武装都集中起来，统一整编，统一行动。"当时每个乡多者有 10 余人枪，少者也有七八人枪，每个区武装一般均有二三十人枪。全县共集中 300 余人枪，一面就地开展反"围剿"斗争，一面组织学习，认清内战是不可避免的，要随时听候上级的命令。不久，黄林同志传达了上级决定："做好一切准备，随军突围去延安，能走的武装、干部统统都走。"这一决定具有绝密性质，在进行动员时，我以到敌人后方打游击为动员口号，紧急地进行突围准备。

6月中旬，黄林同志在草店石家湾分区司令部通知我，叫我把县委所有干部和部队立即集中，组成干部团听候通知。我们马上通知县、区、乡干部及地方武装，到草店集中，编成干部团。不几天，从河南的遂平、确山、桐柏和湖北的应山，也撤下一批县、区、乡干部和武装，都在草店附近集中待命。

在干部集中时，我布置区委将原已集中起来的一批枪支，好的发给地方干部准备带走；不太好而且带不了的300多支枪，指定几个人趁夜间藏在玉皇顶山脚下桐桥畈一带，100余支枪藏在附近的一个秘密山洞里，200余支枪沉没在一个湾子门口的堰塘里，作为密秘物资，待来日启用。7月初，我们干部团和黄林同志率领的军区独立旅，主动出击国民党主力，掩护我北路主力部队胜利突围。7月6日，所有的地方干部和武装都集中在草店北十余里的宋湾山冈上，召开了誓师大会。会上宣布正式成立信随干部团，随独立旅北路主力部队突围。整个干部团500余人枪，编为三个干部大队，各大队下边以区的干部和武装建立中队。领导机关由信随县委成员组成。当时由我（县委书记）、何文庆（县委副书记）、陈韧（县长）、谭大来（组织部长）、曹志坚（副县长）等几个人组成干部团核心领导小组，我任组长。各中队以区委的成员为中心领导。说是一支武装部队，实际上还是地方行政建制。当日部队集合出发，次日渡过淮河，挺进到南召，继而进了伏牛山。

这时，司令部向全军宣布了去延安的突围目标。曹志坚同志当即写了一首新诗《迎接延安大会师》交给我。我读后，深感此诗具有动人的想象力和感染力，我请他当众朗诵，同志们听了都很感动，精神振奋。

在准备突围的同时，军区和地委决定留下一部分部队和干部继续坚持游击斗争，并收拢未能集中的同志和武装。吴厚民留随北，牛得胜留桐柏，宁淮留淮南，张波留应南，分别收拢未集中的人员，继续坚持斗争。

在突围途中，我们干部团由军区司令部统一指挥行动。我们核心小组只做一些部队思想工作和解决行军中的具体事务。但是做干部的思想工作量很大。部队越过伏牛山，到达陕南竹林关附近，干部团与同行部队遇上正在行进中的敌正规部队（后知是敌整编第三师），我团处于不利地形，被包围了。战斗从拂晓打响，一直打到日落。在部队突围时，我在紧急情况下，就近拉住两个班，不顾敌人炮轰和机枪扫射，沿着陡峭难行的山崖，拼命抢先一步，占领了东北角上的一个山头，控制了一个突破口，掩护了200多名干部和战士由此突出重围，并于当晚渡过丹江。两日后，又追上了司令部。事后清点整个干部团和同行部队，原有1000余人，突围后，陆续找来与黄林部队会师的有800余人。我们到达陕南和豫西交界地区。一日，黄林同志告诉我，已接到党中央电报指示，命令停止向延安前进。因为已有胡宗南等国民党大部队在陇海路构成严密封锁线对我阻击。北上延安已十分困难，指示我们要就地开展游击战争、开辟根据地。这时我们以原信随县委成员和区、乡干部为基础，在卢氏以西、灵宝以南和洛南的东半部三个县的边界地区，建立卢（氏）灵（宝）洛（南）县委，我任县委书记，张威任副书记，陈韧、曹志坚任正、副县长，霍俊亭任指挥长，并配备了区、乡干部，从而开始了新的更为艰苦的斗争。

（任月良　整理）

原载中共河南省委党史资料征集编纂委员会编：《豫鄂边抗日根据地》，河南人民出版社，1986年，第357～372页。

我党在国民党第五战区
抗敌青年军团的活动

◎ 王希克　张景华

一

1937 年 12 月，国民党第五战区司令长官李宗仁为扩大桂系势力，号召抗日、网罗青年，根据进步民主人士王深林等人的建议，于徐州成立第五战区青年战地训练班，后扩大成为第五战区抗敌青年军团。李宗仁任团长，张任民中将任副团长，潘宜之少将任教育长。下设五个大队、一个女生队。约于 1938 年 3 月间，成立艺术队，由各大队爱好文艺的学员参加，集中在信阳附近鸡公山训练。整个军团号称5000 人，实际上约 3000 人。1938 年 1 月，青年军团开赴河南潢川进行训练。青年军团的学员大都是苏、鲁、豫、皖流亡青年，其中主要是学生、中小学教员和教育行政人员。山东第三路军司令韩复榘被枪毙后，第三路军政训处的政训员和一部分教官也并入青年军团。教官大都是聘请来的，也有从山东第三路军政训处转来的，教官中有匡亚明、许德源、张百川、安翰华、温朋久、佟子实、郝惊涛、许大川等人，另有少数东北军、西北军军官任军事教官。政训处长刘士衡，政训处宣传科长王深林。在宣传科工作的有臧克家、王寄舟、王景鲁。王深林对我党和民先（即中华民族解放先锋队）的活动，做了掩护和支持。各大队的中队长都是桂系军官。左秀泉任女生指导员。

青年军团在潢川训练约 4 个月，训练结束后，组成实习队，分配到苏、鲁、豫、皖各省，进行战地工作。

1938 年 3 月下旬，根据李宗仁的决定，组成第五战区抗敌青年军团山东大队和江苏大队，4 月底又派出安徽大队（后来撤到河南）。当时，青年军团主要力量分配在豫东南八县，每个县一个实习队，由第五战区直接领导，全称是"第五战区司令长官部政治部抗敌青年军团×× 县实习队"，总队设在潢川。约于 6 月间，八县实习队均改为政治队，全称是"第五战区司令长官部政治部第 ×× 大队第 × 中队"。

1938 年七八月间，敌人进攻武汉经过豫东南各县时，各队有不少人离散，队员人数有所减少。1939 年夏，李宗仁决定撤出河南各政治队，集中经营安徽。他命豫东南各政治队到安徽立煌集训，由属桂系的二十一集团军司令兼安徽省政府主席廖磊领导，缩编为三个政治队，集训 3 个月。9 月间，政一队派赴阜阳，政二队派赴皖东，政三队派赴寿县。1939 年冬廖磊死后，李品仙继任安徽省政府主席，桂系日益反动，1940 年初，在反共高潮中桂系再次集训各政治队。那时，在安徽的各政治队由我党领导，用各种方式秘密组织各队撤至我抗日民主根据地。

二

抗日战争开始，我党曾决定在山东韩复榘部开展工作，淞沪战役爆发后，动员大批平津流亡学生留在以余心清为处长的第三路军政训处。在济南集训时，党的负责人是邹育才。1937 年 11 月在济南南关外第二次集训时，邹育才调走，交杨司法负责。1937 年 12 月政训处人员撤到济宁时，杨司法调走，交王愧中（王希克）负责。王愧中当时介绍陈兰征（陈北辰）入党，并负责这里的民先工作。

1937 年 12 月末，政训处人员撤到曹县时，杨司法来向王愧中、陈兰征传达山东省委的决定：韩复榘已被枪毙，政训处内党员与民先队员立即全部秘密撤出，转到徐州李宗仁办的第五战区抗敌青年军团中去工作。王愧中、陈兰征带领全部党员、民先队员十余人化装夜奔陇海路柳河站，偷攀李宗仁从开封回来的专车到徐州。

王愧中、陈兰征到徐州，经杨司法通知与山东省委负责人张霖之接头。张指示除派马聘德（马承法）、余××到五十一军做兵运工作，魏佑铸到山东单县参加建立游击根据地工作外，全部党员和民先队员到第五战区抗敌青年军团，并介绍青年军团政治处宣传科长王深林是党的可靠朋友，除组织关系外，什么都可谈；青年军团到潢川后，由河南省委领导，并给王愧中交代接头的暗语。

1938 年 1 月间，青年军团迁到潢川，留在山东曹县的第三路军政训处教官与政训员全部参加了青年军团，其中有北平学生赵湘泉（赵敏）、徐绵宜（徐勉一）等人。原在政训处的濮思澄（濮澄）和派到五十一军去的马聘德等人也先后来到青年军团。组织上派遣到青年军团的党员与民先队员有濮思澄、陈兰征、马聘德、赵湘泉（女）、徐绵宜（女）、王愧中、林梦森、马凤栋、余琦、何其、王立言（女）、杨文毓（女）、田竟存（女）、孙伦（女）、赵君哲约十六七人，除少数党员外大都是民先队员。民先队员到潢川后，大都先后入了党。这批平津流亡学生的党员和民先队员，是在青年军团中开展党的工作的骨干。

1938 年 1 月，青年军团到潢川不久，山东省委派曾在第三路军政训处的党员魏震来与濮思澄、王愧中、陈兰征接头，决定：王愧中带来党的关系交濮思澄；濮思澄负责党的工作，尽量隐蔽活动；王愧中、陈兰征负责民先工作，陈兰征任民先队长，公开活动更加广泛一些；民先队员中发现可以入党的对象，介绍给濮思澄去发展。

魏震带来的党员名单，除与王愧中同来的平津学生陈兰征、马聘德、余××、林梦森、马凤栋、杨文毓、孙伦、余琦、何其等人外，还有徐州来的佟子实、丁兆兰（丁曼君，女）等，共十余人。于是组成党的总支部，总支书记濮思澄，委员佟子实、沈××。而后逐步在各大队和女生队建立了党支部。第一大队党支部由濮思澄、沈××负责；第二大队党支部由李鸿渠负责；第三、第四、第五大队也分别指定了党支部负责人，女生队党支部由杨文毓负责。

2 月，河南省委派苗勃然来潢川与濮思澄接头，而后成立豫东南特委：书记苗勃然，委员濮思澄、周晓乐。6 月，苗勃然传达特委布置的任务：准备建立豫东南游击根据地，保卫大武汉，在青年军团内大量发展党员和民先队员，为建立根据地做准备。那时，从青年军团到实习队，以及后来改称为政治队的党的领导骨干，在思想上是明确的：就地坚持，为建立敌后游击根据地做准备。与此同时，民先也与在武汉的民先总队部建立了联系。

青年军团结束训练后，豫东南特委改组，苗勃然为书记，濮思澄、徐智雨、周晓乐、冯纪新为委员，分配在豫东南八县的青年军团各实习队的党组织，仍受豫东南特委领导。各县党的工委（后改为县委）大多依靠青年军团实习队（后改为政治队）中的党组织开展工作。

三

青年军团内政治斗争很复杂，各党各派均有活动，各种政治倾向（如托派、改组派）都有，主要的则是三大势力：国民党桂系、国民党中央系和我党。

桂系在行政上是主导力量，李宗仁曾幻想像蒋介石办黄埔军校一样办青年军团。他曾说：蒋有中央干训团，共产党有抗大，我有青年军团。由此可见他的政治意图和创办青年军团的用心。因之他对青年军团下了很大本钱，除自兼团长外，派了一个中将（张任民）为副团长，一个少将（潘宜之）任教育长，大队长中也有少将。除女生队外，中队长以上均是桂系军官。政训处主任刘士衡常以"左倾"面貌出现，政治课则是以宣扬广西的民主政治和"三自政策"（自治、自卫、自给）为主要内容。但当时正处在抗日高潮中，为笼络迎合青年情绪以兼蓄并容为号召，还聘用一些进步教授和有"左倾"思想的政治教官，如匡亚明等人任教，还用了一个靠拢我党的民主进步人士王深林为政训处宣传科长。桂系那时主要怕国民党中央系插手，但对我党的活动也有防范，如不许张贴拥护抗日民族统一战线的标语，说这是共产党的口号。3月间，第五战区的参议刘某秘密约见陈兰征、王愧中（未暴露党员身份）要求解散民先，说李司令长官对各种思想，包括马克思主义都开放，但对任何组织，不论共产党还是国民党中央系都绝对不能容忍，如黄公度是他的亲外甥，因有组织活动的嫌疑，也被枪毙了。

学员中的国民党中央系也有活动，如原铜山县教育局刘某，宿县的中学校长刘秉初、教员张美生等，都是原教育界的国民党CC系分子。他们宣传一个党、一个主义、一个领袖，污蔑国共合作是向共产党投降。他们既反共，也反对桂系，并在各种学生活动中与我党争夺领导权。

开始时我党党员和民先队员不足 20 人，虽然力量很小，但在豫东南特委的领导下，很快与来自各地的进步青年（包括失掉关系的党员）结合起来。经过组织读书会（读书会的领导成员组成采取三三制，有共产党员濮思澄、王愧中、陈兰征，进步人士刘斗奎、刘公望和国民党中央系的胡秉初、张美生等 7 人）、介绍进步书籍、召开各种座谈会以及组织新文化研究会（濮思澄负责）等活动，特别是经过个别串联，在学员中积极介绍进步青年参加民先，我党很快在学员中形成了领导力量。

值得一提的是个别串联的作用。如通过政训处宣传队张景华掌握了这个宣传队的领导权（这个宣传队是由淮阴与上海一批进步青年组成的，他们的思想比较纯洁），通过山东济宁的宋鸿翔、李德观、宋启鹤、李鸿渠等人结识了济宁来的一些青年，经过徐州的马广智（李扬）、贾士珍、李其祥、李祥生、李震海、卢雨道（卢炎）等人结识了丰县、沛县、萧县、砀山的一些青年，通过刘斗奎（北大流亡学生）、张时雨（张炎）结识了宿县来的一批青年，经过庄坤（庄重）结识了海州地区来的青年。这些人都是先加入民先而后入党，成为我党在青年军团中开展进步活动的骨干分子。

还必须提到的是当时的进步教官，如匡亚明、张百川、安翰华、许德源、温明久等人对我党和民先活动的支持。除了讲课的影响，他们的住处都是我党与进步青年串联活动的重要场所。还有民主人士王深林，对我们的支持很大，我们需要青年军团领导解决的事，都是通过他去疏通的。

鉴于当时桂系与国民党中央系的矛盾很大，我们在青年军团极力排斥学员中蒋系的活动。党组织在政治上采取利用蒋桂矛盾和桂系暂时的"开明"争取桂系、打击国民党中央系、在学员中争夺领导权、扩大我党的影响、发展进步势力的方针，在组织上则采取秘密活动与公开活动严格分开、党组织绝对隐蔽、经过民先积极领导学员中各种进步活动的方针。桂系当时觉察到民先的活动，但始终未觉察到我党组织的存在。直到 1940 年我党领导青年军团仅存的三个政治队完全撤退到根据地之前，他们即使对我党活动有所怀疑，也未完全肯定。最后我们得以全部安全撤退到根据地，就说明了这一点。

青年军团成立不久，我党在学生活动中即取得了支配地位。如 1937 年二三月间，青年军团请梁漱溟来讲演，其内容荒谬，当天晚上我们在学员中进行串联，第二天讲话刚开始，就把他轰下台了。又如徐州会战后，李宗仁路过潢川，亲自接见学员代表，发表讲话。到场的多数是我党党员、民先队员或进步分子。青年军团结束前后，我党对学员分配的意见都能经过宣传科长王深林被采纳。而后，桂系在学员中作为干部提拔的，也都是我党党员。可见，桂系在青年军团中所依靠的力量，实际上是我党的骨干。到青年军团结业时，党员发展到四五十人，民先已发展到近 300 人，民先的队员大多数被吸收入党。应说明一点，在发展党员和民先队员时，我们警惕性很高，特别对和桂系有关的人，不敢轻易信任。另外，与进步教官如匡亚明、张百川、安翰祥等人虽然来往密切，但也不发生组织关系。对年龄较大的有社会经验的人，也不轻易发展。综观青年军团直到后来的实习队、政治队，其中的党员虽有不坚定的，但未发现有坏人混进来。我党组织比较纯洁，始终未受到破坏，这是重要原因。

四

1938 年 3 月，青年军团结束前，李宗仁决定派出山东和江苏两个大队。当时，党决定主要力量留在河南和安徽，因此派到山东大队去的只有几个民先队员，没有党员。江苏大队根据本人的要求，只派了俞铭璜、许家屯和沈絮等少数党员。山东、江苏两个大队离开潢川后，均与青年军团的党组织断了联系。

1938 年 4 月 30 日青年军团训练结束时，军团决定去安徽一个大队。党组织决定王愧中、刘斗奎等人去安徽大队（到安徽后编为省动委会四个工作团去皖北各县）。徐州失守后，安徽大队撤回河南，党员骨干王愧中、刘斗奎、陈雨田（陈雷）和涡阳动委会指导员杨思九等 14 人加入了固始队。

青年军团的主要力量留在豫东南八县，每县组成一个青年军团实习队，我党决定将党的主要力量留在这几个县，按几个重点县分配了党的力量。如商城队，中队长为佟子实，队员有马广智、朱冯翔、贾士珍、李震海等人。固始队，中队长为王立行（党员），队员有马聘德、张景华、马文干等。信阳队，中队长为郭濯岸（第三党），队员有濮思澄、李其祥、庄坤、张传栋、宋启鹤。息县队，中队长为张百川（靠党最紧的教官），队员有陈兰征、何其、李鸿渠、崔苏等人。女生队的主要骨干赵湘泉、杨文毓、李德观等分到潢川、经扶。光山、罗山队去的党员、民先队员较少。每个队有四个助理。助理从学员中挑选，党员骨干濮思澄、陈兰征、张景华、马文干、马广智等人都是所在队的助理。

青年军团分配到各县后，党的骨干仍保持互相联系，党的关系均转到各县。县是没有党组织的，由青年军团中的党员组成县委的组织，上面统一受豫东南特委的领导。濮思澄参加特委为委员，息县周晓乐兼县委书记，陈兰征参加了县委。固始县没有党的组织，由青年军团实习队中党员组成县工委，后改县委，马聘德任书记，张景华任委员。马聘德去延安后，王愧中任书记，刘斗奎、张景华和新发展的当地党员阮崇山、李山衡任委员。

1938 年七八月，日军突然窜犯豫东南各县，国民党军队、政府仓皇逃窜，青年军团各实习队（后改为政治队）受到冲击，也大部分失散。各队的党组织则按上级以前的指示精神，尽可能团结可以团结的人，坚持留在敌后，为建立根据地做准备。日寇退走时，我党领导各队都先后与国民党政府回到各县城，恢复秩序，开展工作。由此，我党便成为各实习队（政治队）的中坚力量，各队表面上仍是桂系建制，实质上我党已经完全掌握了领导权。党的力量不强的光山、罗山队，基本上被冲垮。

此后，各政治队的党组织除做一般的抗敌动员工作外，有的队还争取了国民党的地方政权和军队的部分权力。如固始队除取得第三区从区长到区员的全部任职外（刘斗奎任区长），又完全掌握了县公安局（党员牛××曾任局长）和游击队政治部的领导权（中队副白宝任主任，王愧中、张景华任副主任）。在党的建设方面，刘斗奎在三区发展四五十名农民入党，其中恢复了苏区时入党的阮崇山、王绍武等的党籍。其他区也发展了一些党员，县城中发展了学生李士衡为党员。固始队撤离该县到立煌集训时，建立了阮崇山为书记的地下县委，继续坚持工作。日军窜犯豫东南时，固始队辗转于立煌关王庙、双河、麻河一带活动，党组织同以新四军兵站为掩护的豫鄂边党组织取得联系。由此固始县委归豫鄂党组织的直接领导。在这之后，县委书记王愧中参加了豫鄂边区党委扩大会。会上郭述申传达了六届六中全会精神，郑位三做了学习晋察冀边区、建立大别山抗日民主根据地的报告，并通过了相应的决议。此后在豫东南各县活动的各队党组织，即按这个决议精神进行工作。

自从接受豫鄂边区党委直接领导后，固始县委和固始队以及其他各队经常传达边区党委的指示，党员的思想水平和组织纪律性都有所提高。我们还经常将党费、个人捐款以及可以掌握的固始队一部分行政费用（因中队长是党员，队费全由党掌握）支援边区党委。同时，开始将不宜继续在国统区活动的一些同志，如杨思九等撤到根据地。另外，边区党委把张景华、张时雨等调到安徽省军事训练团做秘密工作。

五

由于桂系考虑到豫东南八县政权属于河南国民党中央系，企图放弃河南，全力经营军政大权都掌握在桂系手中的安徽，同时怀疑政治队内有共产党的活动，故决定调豫东南各县政治队到立煌集训。这时，二十一集团军司令部和安徽省政府都设在立煌。

为应付集训，防止桂系的怀疑，各政治队事先在党内做了安排布置，进步书刊和文件一律隐藏。过于暴露可能引起麻烦的党员，如赵湘泉等同志直接转移到我皖东根据地。

各队到立煌集训时，整编为三个中队。商城队（原政一队，事先已调到阜阳）与固始队（原政二队）合并为政一队（这个队包括在豫东南沦陷时由息县队来的一些人和后来由濮思澄带来的信阳队庄坤、宋启鹤、张传栋、梁绪修等二十余人以及少数光山队、罗山队的骨干），这个队人数较多。息县队、潢川队、经扶队合并为政二队。因政三队人数较少，党的力量较弱，故将固始队陈雨田、王子英等十余人，充实到政三队。

集训期间，第一大收获是整顿了党的组织。这时豫鄂边区党委决定成立青年委员会（青委），负责领导各青年团体中的党组织，书记汪胜文，委员郑少东、郑忠，负责广西学生军的党的组织，还有曾某（负责省动委会所属各工作团）、×××（负

— ★ 275 ★ —

责安徽军事训练团内党的组织）、王愧中（负责各政治队内党的组织）。各政治队成立党支部，政一队刘斗奎、政二队陈兰征、政三队李德观任支书。各支部着手解决党内团结、党与群众的团结等问题，并个别发展一些党员，同时也传达学习了豫鄂边区党委有关指示，总结前一段工作经验，党员的思想组织水平有所提高。

第二大收获是重新取得了桂系的信任。一方面由于党组织活动更加谨慎保密，很重要的另一方面是集训班的主任何德润（贺希明，广西人，过去曾参加过党领导的进步活动，在青年军团政训处工作过，得到桂系上层的信任）给了很大支持，他根据我们的建议，将活动量大的一个CC系分子调离集训队，特别是一再向桂系领导反映政治队内没有共产党。因之，廖磊到集训班讲话时说："有人说你们里面有共产党，我就不信，就是有共产党，经过我的训练，也会听我的。"表示对我们的信任。

经过这次集训，我党的战斗力有所增强，桂系对政治队增加了信任。在一般人的心目中，青年军团政治队是仅次于广西学生军的桂系嫡系，对尔后开展工作甚为有利。当时，社会上流传着这样的话：工作团（指省动委会所属工作团）见到乡长、区长平起平坐，青年军团见到县长、专员也平起平坐。国民党中央系的各级党部对我们更是无可奈何。

在集训期间，根据豫鄂区党委要求，从政治队内调出不少人到重要岗位。如政二队队长张百川任安徽省政府参议，后来任大别山日报社社长，调政一队成员马广智任编辑。林梦森、丁兆兰先后调省动委会所属工作团任团长，张承方任妇女战地服务团长。在此之前，张时雨调安徽军事训练团。

9月，集训结束后，政一队被派到阜阳专区各县，政二队被派到皖东，政三队派到寿县，何德润任寿县县长兼大队长。各队的领导权，实际上完全由我党掌握。

六

各队到达驻地后，豫鄂边区党委决定：政一队王愧中代表青委领导各政治队党组织，同时负责安徽省动委会所属在皖北的几个工作团和妇女战地服务团中党的工作。各团的团长都是该团党的负责人。政一队党支部书记为张景华，政二队党支部书记为李德观，总支书记为刘斗奎。王愧中负责领导的政一队、政二队和各工作团，在组织上属于豫鄂边区党委，在工作上则接受豫皖苏区党委的领导。政治队和工作团在各县工作时，指定一人与该县委联系，在工作上取得配合。

王愧中由于有政一队负责人的公开身份，活动比较方便，经常去豫皖苏区党委，向彭雪枫、吴芝圃汇报工作，听取指示。王愧中还常到各县进行联络。1939年3月，豫鄂边区党委指示各政治队和各工作团撤退到我根据地，这项撤退工作是由王愧中统一传达部署的。

政一队到达阜阳后，王愧中与豫皖苏区皖北特委书记周季方接头。周季方极表欢迎，并传达区党委对皖北工作的指示：皖北党的总任务是，一旦皖北被敌人占领后，坚持敌后斗争，建立由我党领导的根据地，与豫皖苏边区连成一片。为此，当前主要是配合地方党，建立与发展秘密党组织，宣传党的主张，扩大党的影响，争取群众，特别是争取青年和进步人士，靠拢我党。同时，尽可能打入国民党政府和军队，抓政权，抓武装。皖北的重点：一是亳县，那里靠近我豫皖苏边区；一是临泉，那里地方党比较强；一是阜阳，为皖北政治中心，是国民党专员公署所在地。此时，我们的组织关系经过豫鄂边区党委，正式转到豫皖苏区党委。经与周季方和政一队党内骨干反复研究，确定了我们的任务。

（1）抓党的建设。派政一队成员朱鸿翔任阜阳县动委会指导员，下有县属工作团；贾士珍任临泉县动委会指导员，后又调陈雨田任寿县动委会指导员。朱鸿翔实际是阜阳地下县委书记。分在各系统工作的党员，均有发展党组织的任务。在临泉、亳县和阜阳，都发展了一些党员。

（2）抓武装。经与桂系阜阳专署专员郭××交涉，派张凤鸣（张哲梅）等人到郭兼司令的游击队纵队政治部工作，张任宣传科长；派宋启鹤等五六人到该纵队的一个支队和所属各大队任指导员，在涡阳、蒙城一带活动。

（3）主动到国民党政权任职。经与郭专员交涉，派农超谋（原政一队区队长）任亳县县政府秘书，纵食力任亳县二区区长，刘文灿任三区区长。两个区的区员，均由我们派出。杜宝镜、方志、刘冠五等人在县政府工作。任慎修任临泉一个区的区长，佟庆昌等任区员。王静溪（女）、杨光群（女）等在亳县保甲人员训练班任教，刘若华（女）在临泉保甲人员训练班任教。还派人在阜阳县四五个乡任乡长。

（4）做好各校青年学生工作。重点是阜阳抗战中学，校长任崇高是有名的爱国民主人士，我们派徐绵宜等数人到该校任教。其次是亳县中学，派王静溪、杨光群等人在保甲人员训练班任教后到该校工作。

（5）为开展和掩护地下党活动，进行争取上层和争取进步军人支持的工作。如我们经常与桂系阜阳行署郭专员和郭兼司令的游击纵队参谋长覃异之来往，给覃看《大众哲学》，向他了解桂系军政动向。国民党对我们活动有何反应，都是通过覃异之了解到的。我们还曾派张景华到国民党五十一军在阜阳的新兵团办过教导队。在阜阳城内，我们贴过抗大四分校招生广告。颍上县县长谢骙、寿县县长何德润是和各工作团一同撤到根据地的。

（6）为扩大党的影响，出版刊物和张贴墙报。政一队到阜阳后即不断出大型墙报，轰动一时。还曾秘密传播新四军四师《拂晓报》和其他进步书刊。最主要的是用很大精力出版了十六开本刊物《淮流》，共出版八期，发行量逐步增加到近2000份，发行范围从皖北扩大到蚌埠附近，在皖北青年中有一定影响。《淮流》主编是濮思澄，编辑是张景华、庄坤。不久濮思澄去皖东根据地，张景华还有其他任务，唯有庄坤全力以赴，从编辑、校对、印刷到出版发行，一包到底。王愧中、刘斗奎、张景华是政论文章主要撰稿人，庄坤、徐绵宜是文艺作品主要撰稿人，张景华还为刊物搞些木刻。特委书记周季方很重视《淮流》，说它就是特委的机关刊物，要各级党组织阅读它、宣传它。

七

1939年冬，安徽省政府主席兼二十一集团军司令廖磊死后，桂系李品仙继任。由于桂系日益反动，豫鄂边、豫皖苏区党委指示，在国统区过于暴露的共产党员，可相机秘密撤到根据地。1940年春，李品仙决定将第五战区所属各政治队和安徽省动委会所属各工作团调立煌集训，以肃清共产党。豫鄂边区党委指示王愧中布置各政治队、工作团以及与我们有联系的进步青年和民主人士撤到根据地。政一队和皖北各工作团撤到豫皖苏根据地，政二队、政三队撤退到皖东根据地。

撤退的顺序大致是：政二队由陈兰征与皖东党组织联系，先带走全队人员百人左右。在颍上活动的省动委会工作团团长狄庆楼（狄克东）和工作团与阜阳距离较远，也较早撤退，随团撤退的还有国民党桂系县长谢骙。

其次是靠近皖东根据地的寿县政三队。该队队长兼县长何德润虽然事事主动支持我们，但因我们当时认为他是广西人，年龄较大，社会经验丰富，嘱咐李德观和陈雨田部署撤退时，完全背着他。但何德润很精明，他事先装糊涂，让全队撤离寿县，然后带两个县中队武装，以追赶政三队为名，直到根据地附近，令两个县中队回寿县，他自己尾随我们到了根据地。在根据地，他加入中国共产党，历任县长、专员等职。政三队带走全队近百人枪。

再次是通过姚毓慧等布置，带走在临泉的4个工作团（每团20人），撤至豫皖苏根据地。

较晚的是靠近我根据地在涡阳的妇战团，由郁志带走全团20人；在亳县的二十九工作团由高奕鼎（邓岗）带走全团20人，撤到豫皖苏根据地。

由于政一队处于皖北国民党政治军事中心的阜阳，且分散在皖北各县，牵一发而动全身，影响较大，撤退早将暴露我党意图，不利其他单位撤退，而且队长尹莘野虽然靠拢我党，但因第五战区司令长官部政治部主任韦永成是他的舅父，对桂系抱有幻想，特别是上尉中队副潘自治，是国民党中央系的顽固派，撤退的事必须设法瞒过他们。因此政一队是分批地或单人以探亲探家等各种名义，秘密撤退到豫皖苏区的。刘斗奎是以去外地视察为名义；张景华是以办理原固始队长王立行丧事为名义，带一部分多余枪支秘密到边区；庄重则是将《淮流》第八期编完，带一部分《淮流》和枪支到边区。

由于《淮流》第八期停刊词《告别读者》公开揭露安徽省桂系当局消极抗日、积极反共，考虑到桂系发现后会影响政治队的撤退，故延迟到政一队人员基本上撤退完毕时，于3月25日始由邮局发出。王愧中于次日以动员队员去立煌集训为名，陪尹莘野先后到亳县县政府与亳北等地，直到我豫皖苏边区附近，才公开动员他去边区。尹莘野到边区后，彭雪枫同志亲自接见他，鼓励他为人民好好工作，并委任他为边区行署教育处长。他执意要回阜阳办理琐事，路上被国民党扣留。王愧中还多次动员阜阳抗战中学校长任崇高到边区，任当时未看清国民党反动实质而未来。之后，我党派人秘密接他到边区担任临时中学校长。

为应付队副潘自治，我们让他带11个倾向国民党的队员离开，而后政一队其余人员 100 余人、枪 120 支撤到我根据地。

政一队撤退时的唯一损失，是在亳县二区、三区工作的队员遭到国民党特务组织的暴徒袭击，二区地下党区委书记马文干、区长刘文灿牺牲，三区区长纵食力被俘。

总之，根据豫鄂边区和豫皖苏区党委的指示，经青委部署撤退到根据地的，计政一队百余人、政二队百人左右、政三队近百人，在立煌集训结束时经交涉每人发的一支步枪，都带到了根据地；六个省属工作团、一个妇战团 140 余人；阜阳县动委会工作人员及县属工作团一二十人。我党带走国民党县长 2 人（寿县何德润、颍上县谢獒）、县政府秘书 1 人（亳县农超谋），到边区后均任民主政府县长；还有县动员委员会指导员、民主人士任崇高。

这三个政治队共 300 余人，可以说是青年军团由组织保留下来的精华，除个别人外全部到了抗日根据地，为我党我军输送了一批干部。这是我党在青年军团和政治队三年工作取得的比较突出的成果。

应当补充说明，青年军团成员，除上述集中撤到根据地的 300 余人外，在青年军团我党组织的支持或影响下，零星地经过一些曲折而到我根据地的尚有多人，很难计算。

总之，青年军团中的党组织开始由山东省委派出，而后在河南省委豫东南特委领导下，在青年军团中扩大了党的影响，发展了党的组织。青年军团结束组成实习队、政治队时，党组织先后在豫东南特委、豫鄂边区党委、豫皖苏区党委领导下，在豫东南各县、皖北和皖东各县与地方党结合起来，做了一些扩大影响、发展党的组织的工作，在一些地方留下了革命种子。最后，陆续把青年军团保留下来的三个政治队带到根据地，为我党我军输送一批干部，这是一点成绩；但在当时的有利形势下，组织工作远远没有跟上，这是因为我们党的骨干都是 20 岁刚出头的年轻人（郭述申 1939 年过河南潢川时，曾开玩笑说我们是一批娃娃干部），热情很高，政治水平不高，斗争经验很少。

原载中共河南省委党史工作委员会编：《抗战初期河南救亡运动》，河南人民出版社，1988 年，第 329 ~ 344 页。

抗敌青年军团固始实习队的回顾

◎ 王希克　张景华

关于国民党第五战区抗敌青年军团的前前后后，我们在《我党在国民党第五战区抗敌青年军团活动的一些回忆》中已经做了详尽的叙述。1938 年春，抗敌青年军团训练结束后，按照李宗仁的命令，组成第五战区司令长官部政治部实习队，后改为政治队，分赴豫、皖、苏、鲁、鄂五省。现就抗敌青年军团固始实习队的活动情况，做如下回顾。

一

1938 年 4 月底抗敌青年军团训练结束时，除先已派出山东大队、江苏大队外，又派出安徽大队。抗敌青年军团的主要力量也就是我党的主要力量，当时分配在豫东南八县，称为抗敌青年军团八县实习队，总部设在潢川，隶属于第五战区司令长官部政治部。

在分配实习队时，我党组织以商城、固始、信阳、息县为重点安排党和民先（即中华民族解放先锋队）的骨干。固始实习队有 100 余人，队长王立行（原东北军少校军官），队长助理马承德、张景华、马文干等均为中共党员。

1938 年 5 月初，青年军团实习队到固始，因当时县里没有党的组织，根据豫东南特委的指示，由固始实习队中的党员组成中共固始县工作委员会，马承德任书记，张景华为委员。张景华同志具体负责民先的组织和领导工作。

王愧中和刘斗奎原去安徽大队负责党的工作。到安徽六安（当时国民党安徽省政府临时迁在此地）后，安徽成立了省民众抗日总动员委员会（以下简称"动员会"），这是一个党指导下坚持抗日民族统一战线的群众组织。在动委会领导下，安徽大队编成九个工作团，王愧中带的工作团去怀远，刘斗奎带的工作团到涡阳，其他工作团也随之分赴各地，开展抗日救亡运动。5月中旬，徐州失守后，安徽大队即各工作团撤回河南。王愧中与刘斗奎带的工作团共40余人，全部并入固始队。

王愧中与刘斗奎带回的队员有陈雨田（后经王愧中介绍入党，曾任安徽省商业厅厅长）、王子英（女，现在新华社工作）、易祯祥（安徽义征人），还有常宁等。刘斗奎带回的有原涡阳县动委会指导员杨思九（后经刘斗奎介绍入党，现任中央纪委副秘书长）及张时雨（现名张炎，在长沙铁路局工作）等。王愧中、刘斗奎到固始后即参加县工委为委员。

由此可见，固始实习队（不久改为政治队，即第五战区司令长官部政治部第二政治队，简称"政二队"）始终由我党掌握着领导权。

二

1937年9月日寇攻陷固始之前，工委曾决定，一旦日寇占领固始，便将全队人员集中到固始南部山区，就地组织群众，发动游击战争。9月6日固始沦陷，部队转移到郭陆滩西十余里的一个村庄，王愧中与刘斗奎在郭陆滩西的一个小寨上计议沦陷后的行动方案。当王愧中、马恒元到队部与王立行队长联系时，队伍突然被日寇冲散，经周旋，次日才仓促聚会，当即决定部队经商城往安徽金家寨西北部一带会集。此时，张景华同志从武汉汇报工作回来途经商城，恰巧与部队会合。

1938年9月，政二队由商城越四十八台阶到金家寨西部关王庙。集合队员30余人，其中还有固始的农民党员阮崇山、王绍武，学生党员李士衡等。在关王庙县工委召开了会议，到会的有马承德、王愧中、刘斗奎、张景华、马文干，还有阮崇山等。会议决定将县工委改为县委。马承德因病去武汉治疗，由王愧中主持县委工作，任书记。事后王愧中将这次会议的情况向以新四军兵站为掩护的鄂豫皖区党委作了报告，得到了区党委的批准。从此中共固始县委即直接受鄂豫皖区党委的领导（当时因敌人冲击，我们与豫东南特委失去联系）。不久，豫东南特委也由中共河南省委划归鄂豫皖区党委领导了。根据区党委的指示，固始县委和政二队即在当时立煌县的双河、麻河一带做群众工作，为建立大别山根据地做准备。

自从接受鄂豫皖区党委直接领导后，固始县委和固始队经常传达区党委的指示，他们关于党的思想水平有所提高，组织纪律性有所加强。此时，我们经常将党费、个人捐款以及可以掌握的固始队的一部分经费（因队长是党员，固始队活动经费全由县委管理使用）支援区党委，同时也开始将不宜于继续留在国统区活动的一些同志撤到我根据地，如杨思九（杨到皖东根据地后曾任盱眙县县长）等。另外区党委从固始队抽调干部，充实和加强其他方面的工作，如张景华、张时雨（即张炎）调到安徽省军事训练团做秘密工作。

三

1938 年冬，日寇撤出固始，政二队先于国民党县政府回城，安定秩序，开展群众工作。根据区党委的指示和政二队自己的经验，单纯做群众工作收效甚微，必须抓政权，抓武装。为此，经与国民党县长汪宪交涉商定：（1）由刘斗奎任三区（即郭陆滩区）区长，区工作人员和武装人员由我党选派，计有十余武装人员。这样三区的领导权完全掌握在我们手中。（2）由县长汪宪兼任司令的国民党第五战区第三游击支队（由原县游击总队改编而成）的政治部全部由我党派出负责人和工作人员。固始队队副白宝真挂名政治部主任，王愧中、张景华任副主任，政治部工作人员有王静溪、杜保镜、杨光群、黄慧贞。支队下属三个大队的指导员亦从政二队派出。（3）全部包办了县警察局。派党员牛仁周任局长，党员桑枝润等人任局工作人员。另配有十余名武装警察，是我党从农民群众中选派的。（4）除三区外其他各区的指导员均从固始队中派出，由国民党固始县政府任命。

1939 年初鄂豫皖区党委召开扩大会议，郭述申同志传达党的六届六中全会精神和毛主席在会上作的题为《论新阶段》的政治报告和《战争和战略问题》《统一战线中的独立自主问题》的结论。郑位三同志作了《学习晋察冀模范根据地，为建立大别山抗日根据地而奋斗》的报告，会议一并作了相应的决议。中共固始县委书记王愧中参加了这次会议，回来后在党内作了传达。此后县委和政二队即按这次会议精神部署工作。那时确定的工作：一是秘密发展党的组织，扩大党的力量。二是抓武装。刘斗奎领导的三区和牛仁周任局长的县警察局20多名带枪的武装人员都是党组织选派的，枪是由固始队调配的，枪杆子牢牢掌握在我们手里。固始第三游击支队中的政治工作人员积极开展兵运工作，把分化、瓦解和争取这一支部队作为行动的目标。三是打入国民党政权内部，除三区的政权完全为我掌握外，其他各区的指导员都由我党党员担任。当时计划，一旦日寇再次入侵固始，我们便趁混乱的机会把各区政权接管过来。后来由于日寇没有再来，因此我们没有做出大的行动。我们掌握的部分政权，对于扩大党的影响、掩护地方党的工作、掌握敌人动向、为根据地提供情报起到了积极的作用。

政二队在固始的成绩最主要的是在建党方面，留下了一些革命种子，特别是阮崇山同志，始终坚持下来了。在秘密建立地方党的组织方面，刘斗奎起了重要作用。

县委把三区作为重点，县委领导同志经常去该区检查工作，县委委员刘斗奎兼任区委书记，政治队员也较强。张时雨、徐绪宜、张承云、赵天祥等都在这个区工作。

在三区，刘斗奎首先发展了在苏维埃运动时期曾入过党或受过党的影响的阮崇山、王绍武入党，以后又发展农民党员四五十人。新发展的党员中，有一个家住郭陆滩的基督教徒，叫曹质彬，经过启发教育，懂得不少革命道理，加入了革命队伍。其他各区也发展了少数党员。阮崇山任组织委员时，化装成货郎，到各区巡视工作。城市中发展了学生党员李士衡等人。

四

1939年夏，固始队调离固始去立煌集训时，报经鄂豫皖区党委批准，重新成立了固始县委，任命了书记阮崇山、委员李士衡等。王愧中在固始东关花园亭召开了党员会议，宣布了鄂豫皖区党委的上述决定。

固始队在党的领导下，以第五战区的面目出现，宣传党的抗日路线，扩大党的影响，在许多方面做了大量的工作，采取了演话剧、教唱抗日歌曲、出墙报、开座谈会、深入群众调查访问、上政治课、作形势报告、个别串联等多种形式。

在三区，我党经过同群众座谈和调查研究，了解到过去苏维埃运动的情况以及当时的阶级关系等。王愧中、刘斗奎参加了这些活动。郭陆滩靠近山区，阶级矛盾很尖锐，王愧中曾同张承云、赵天祥到许家瓦房大地主许家。许家住在一个水围子里，一大片瓦房，其佃户都分散住在水田边上的小破草房里。许家瓦房所住的大都是地主或大地主，地主的爪牙当联保主任。每个主任上台，就免掉与自己有关系的地主豪绅的田赋。经调查，该区有良田近千石（亩），但真正交纳田赋的只有 130 多石（亩）。农民负担沉重，而地主，特别是大地主许家，一点田赋也不出。

县委决定在三区发动群众搞"合理负担"，即所有田地均应交纳田赋。这样富农以下都可以减轻负担，群众非常欢迎。为此，王愧中事先找县长汪宪说明意图，汪宪表示，此事很难办，但办此事他赞成。

王愧中和刘斗奎遂组织政治队员进行发动，并找地主谈话，地主大都表示，许家瓦房许家办他们也办；王愧中随同张承云、赵天祥到许家，许家说樟柏岭凌家办，他们即照办；当找到凌家，凌家说，只要国民政府有命令，他们就照办，三区区公所说的他们不能办。为此事，王愧中找到县长汪宪，汪宪说凌家上边有人（指凌子煌，在中央立法委员会任职，凌冰是国民党政府驻古巴大使馆的公使），他这个县长管不了。为此事，地主们也曾各处告状，说固始队有共产党，在三区搞共产主义。当然，那时的河南省政府和国民党省党部还管不到，只有汪宪管此事。汪宪找王愧中说了这个情况，因事先得到他的同意，他进退维谷，既不好指责我们，又怕得罪上司，便劝我们此事不要再搞了，别让他为难。"合理负担"这项工作没有搞成。

与此同时，在三区我们还办了些比较合理的、对贫苦农民有利的事情，尽管当地的地主豪绅几次告我们的状，因为我们打有国民党第五战区司令长官部政治部的招牌，县长汪宪也未予理睬。

据此，县委经过讨论，认为在国民党政权内，在当时的情况下，即使我们抓住了一点政权，要为贫苦农民办一些事情，但一旦触动了地主阶级的利益，很难办成。因而决定，以后的工作重点是大力发展党的组织，广泛开展抗日宣传工作。

五

1939年三四月间，我党从内部获悉国民党河南省党部怀疑政二队内有共产党的活动，可能要进行稽查，为防止意外，我党遂决定让县委宣传委员将一些重要文件和部分党员名单藏起来。事后，有一位与我们有联系的士绅（赵尹龙）陪同县长汪宪在城墙上散步，警卫在城墙砖缝中发现一本"书"，拿出交给汪宪。我们得到这一情报后，在政治队内查问谁丢失了"书"或文件。李士衡（当时他已参加政二队）报称，他藏了一本"书"，内有地方党员名单。据此，县委将可能暴露的党员迅速转移到我皖东根据地。

事情发生后，我们及时向鄂豫皖区党委作了汇报，区党委决定给当事人李士衡党内严重警告处分，县委书记王愧中也受到了警告处分。但经多方了解，汪宪对此"书"并未注意（为保密起见，党员名单中有真有假，有的是代号，别人一般看不出是何用意），国民党对我们没有采取任何行动，党组织也未受到任何破坏。不久，区党委作出了撤销王愧中、李士衡处分的决定。

六

中共固始县委利用政二队公开合法的身份，开展了党的抗日民族统一战线工作，工作范围很广泛。

当时固始县虽然属于河南省，但豫东南八县划归第五战区即桂系李宗仁管辖。政二队是属于第五战区司令长官部政治部的，而李宗仁又把青年军团当作自己可以信赖的力量，因而县长汪宪、国民党县党部、各界士绅以及其他有影响的人物，对政二队不能不恭而敬之。我党处处都以政二队名义开展活动，因而工作很快在全县范围内打开了局面。统战的主要对象是实权人物汪宪。汪宪当时为了维持自己的统治地位，不得不把第五路军即国民党第五战区作为靠山，所以对固始队以礼相待，表现得比较开明。我们与汪宪的关系在豫东南来说相处得是比较好、比较密切的。固始队所提出的问题，一般都能通得过、行得通。如我们在日寇沦陷前要求从固始队选派几个区长，他答应三区区长由我们选派；汪宪任司令的第五战区第三游击支队由我们派指导员，他同意了。固始沦陷后，我们回县比他们早，原政权已经乱了，我们要求包办三区，其他区也派区长、包办警察局，他同意三区和警察局包给我们，其他各区可派指导员（各区派的指导员均为我党党员，可以负责该区党的工作）。他将原县总队扩编为国民党第五战区第三游击支队，我们要求政治部由我们包办，各大队由我们派队长和指导员，他对派队长未同意，但同意政治部及各大队指导员由我们选派。

至于一般的抗战宣传、动员群众等活动，他都不加限制，有些还得到他的支持。

我们在三区，由于掌握政权，办了许多事，都是地主豪绅反对的，告状的事常有，有的事情他没管，有的事情如"合理负担"，他也只讲办不通，没有对我们采取什么行动。

国民党固始县党部是 CC 派，属于顽固势力，在固始没有实力，对我们虽不满意，但也无可奈何。

第三游击支队的副司令汪一平，对实习队态度不甚好，我们派去指导员对士兵进行抗日爱国和统一战线教育，他不满意，向汪宪报告，但由于汪宪的态度暧昧，他也不敢公开反对我们。

固始县城内的士绅，一般和我们都打过交道。交往比较多的是住南后街的开明士绅赵尹龙。他曾请我们去做客。他儿子赵理阳（原固中学生）常到政二队来，我们积极争取他，后来他参加了抗日救亡宣传活动，任固始县抗敌青年协会理事长。我们离开固始时，曾带他到立煌，安排在大别山日报社工作，他因恋家又回去了，后来堕落成国民党特务，镇反时被处决。有个女大学生，名叫张玉瓒（在上海美专上过学），她的姐姐在新华女子学校当校长，我们和她交往也比较多，她对我们在城关（一区）的一些宣传活动大都给予了支持，但行动谨慎，不愿公开露面。除此之外，我们还交往了一些有影响的人物，为我们的工作提供了很多方便。总之，我们在城乡发动群众，组织群众，进行抗日救亡活动，一般都尽可能事先通知县政府，也尽可能与当地士绅取得联系，以减少工作阻力。因此，我们进行的公开活动受到的阻力不大，收到了较好的效果。

政治队队员在各区、乡的活动，都既注意发动基本群众、开展抗日救亡运动，又特别注意走访、接触当地士绅（实际是地主或有势力的人物），化消极因素为积极因素，以便建立广泛的抗日民族统一战线。

七

在固始队工作的党员及民先队员（民先队员后来绝大多数加入了共产党），现在能回忆起来的有：

王立行，党员，政二队队长。辽宁省人，在东北军中工作过，1940年2月在潢川病逝。

马承德，县工委书记，原任国家冶金部副部长，曾任冶金部顾问。

刘斗奎，县委委员兼任三区区委书记。曾任空五军干部部长，中国科学院历史研究所党委书记，1965年逝世。

赵天祥（刘斗奎的爱人），曾在固始三区许家瓦房所在乡工作。

张时雨，在固始三区东南乡工作过，曾任济南、桂林、南宁铁路局长和政委，长沙铁路局长。

杨思九，在固始三区与刘斗奎一起工作过，1939年到我根据地，曾任中央纪委副秘书长。

徐绵宜（徐勉一，女），在固始三区东南乡工作过，曾任安徽芜湖师院党委副书记。

刘若华（刘若风，女），在固始三区和徐绵宜一起工作过。

马文干，任固始队助理，负责财务工作，1940年3月末在亳县任三区党委书记时，因反动分子暴乱而牺牲。

刘冠武，在固始工作过，1939年在亳县县政府工作，日寇袭击时牺牲。

王静溪（女），在固始游击支队政治部工作过，曾在中国人民解放军八一电影制片厂工作。

杜宝镜（女），安徽省霍邱县叶集镇人，在固始游击支队政治部工作过，曾在农业部任职。

林梦森，在固始工作过，曾任中央某部建筑公司经理。

杨光群（女），曾在固始游击支队政治部工作过，曾在地质出版社工作。

陈雨田（陈雷），在固始游击支队任过指导员，曾任安徽滁州地委书记、安徽省商业厅顾问。

王祥端（王瑞平），在固始工作过，1939年6月固始队到立煌集训时，留在豫东南工作，任我党秘密交通（即联络员）。在执行任务去潢川的途中被国民党以汉奸嫌疑逮捕，关押在固始县政府监狱。党组织曾设法营救，他未暴露党员身份，后被释放。

张承云（女），在固始三区许家瓦房所在乡工作过，1941年在华东局鲁迅艺术学院（江苏盐阜区）任代理教导员，日寇"扫荡"时牺牲。

林毅（林放，女），曾在固始县游击支队政治部工作。

林越（林毅的哥哥），曾在河南省工业系统工作。

巨土哲（郭石），在固始三区工作过，曾在江苏工作。

牛仁周，任过固始县警察局长，后来腐化堕落，脱离党的组织。

张承雯（张承云的妹妹），1938年9月离固始队去延安，现在北京。

李毅（李淑英，女），1938年9月离固始队去延安。

王秋霞（女），1938年9月离固始队去延安。

执笔人：王希克（王愧中）

校正人：张景华

1983年8月

原载中共固始县委党史资料征编委员会编：《蓼城风云——固始党史资料》（1），内部资料，固始县印刷厂，1985年，第140～151页。

我所知道的省动委会

◎ 朱蕴山

卢沟桥事变发生时，我正好在北平协和医院动了手术。不久，就从天津搭船到青岛，过济南，到南京。当时国民党政府已下令退却，迁都武汉。我当即去中共办事处，会见了董必武、叶剑英。他们告诉我，现在团结抗日救国要紧，赞成我赶快回到安徽发动抗日工作。和董、叶二老匆匆分手后，会见了李济深。李邀我同赴衡山大本营，我没有同意。当时李宗仁为第五战区司令长官兼安徽省政府主席，他也邀我去安徽。他说："你去安徽，群众会跟你起来的。"我说："要我去，有个条件，就是五路军要和八路军合作，联合起来，共同抗日。"李答应了这个条件，我才决定去安徽。我还建议，希望在第五战区发起组织抗日民众总动员委员会，这个建议，他也接受了。

李宗仁还未去徐州就职，就约我同到六安县城，筹建第五战区安徽省民众总动员委员会（简称"动委会"）。当时国民党CC系特务方治、邵华等由安庆退到六安，仍挂着国民党皖省党部牌子。李宗仁和他们有矛盾，在就任安徽省政府主席时公开发表谈话，攻击方治、邵华等人。他说："国民党对不起安徽人民，党内不良分子一向把持地方，谋个人利益，脱离群众。当前抗日没有民众起来帮助是抗不成的，所以我要求安徽方面前辈先生们，大家出来发起组织一个安徽民众总动员委员会，不分党派，团结起来，一致抗日。如方、邵两位委员能留在江淮，和大家合作，很好。但要尊重动委会前辈们的意见，不要妨碍他们，要虚心。不久，我就要去徐州抗战，动委会由老先生出来主持。"

听李宗仁说完这番话，方治、邵华就走出会场，回到"一品斋"店主夏悦斋住宅（即他们的临时办公处），不高兴地对夏说："李宗仁来六安就职，朱蕴山同时回来了，我们就让他们干吧。"不久，方、邵就把夏宅让与动委会，他们转移到皖南，靠近第三战区，成立党部特务机关。

动委会成立后，主任委员由李宗仁担任，我任总务部长，沈子修任组织部长（后由周新民担任），光升任宣传部长（后由狄超白担任），朱子帆任后勤部长。李宗仁不久离六安去徐州，留我对动委会负一切实际责任。

董老秘密路过六安时，要我利用动委会，为党秘密地培养干部，并出示毛主席的《论持久战》，对指导我们工作帮助很大。董老来之前，就已先派周新民（党员）到我这里来。这次，他来皖西，又介绍中共党员詹运生和李相符来我处，到第五战区工作。

董老来六安时，还召开过一次会议，参加会议的约20人，其中有我、许杰、彭康、孙以谨、狄超白等。这次会议主要讲推动抗日的问题。

李宗仁到徐州后，省动委会在六安驻不到半年就搬到立煌（金寨）县去了，共计坚持了一年多。徐州失守后，李宗仁退襄樊一带，不久，又败退老河口。李宗仁退走时还打电话给省政府，要我全权领导动委会。我当时不好答应，把事情摆下来。后来，省政府就由廖磊主持了。

对动委会，廖磊是不支持的。廖的秘书长朱佛定与我关系好，一次亲口对我说，廖说在皖西就要防着我。所以廖接手后，就反对动委会。就桂系来说，军队在白崇禧手里，廖磊是白崇禧的人，廖到安徽来就是防共的。一次他在英山召开会议，白到会上讲话，说你（指廖磊）在安徽就要防着朱蕴山。廖言听计从。

动委会表面上是由桂系领导的，公开提出要组织动委会的是李宗仁和白崇禧。后来我党根据董老讲话精神，利用动委会这一组织形式，为我党秘密地培养干部。像周新民、张劲夫、孙以谨、蒋岱燕都是共产党员。在前期，共产党员和不少进步分子都到下面去参加实际工作。动委会成立后一年，一共搞了七十几个工作团。工作团的主要工作是宣传抗日、武装民众。

动委会内部的路线斗争是很激烈的。白崇禧、廖磊提出要防共，我们的态度是，你防共，我就防"国"（指国民党）。当我知道廖是来防共的消息后，我就称病，不参加他们的会议，不出省府一步。光明甫（光升）也不参加他们的会议了。廖没办法，只好同他的民政厅长一起到我家来"解释"。我当面对他们讲："你带广西人来排挤我不行。我跟前的周新民、朱子帆、光明甫、狄超白到你广西都能做个厅长，你带的这些人最多只能当个县长、科长。你把周新民派去当了个什么安徽省驻渝办事处主任，你把他排挤了，不行。我到安徽来，与李主席有个条件，五路军与八路军要合作，不然，我不干，我不是做官的人。"廖听后，只得假惺惺地说，不要相信挑拨。那次，我与廖磊谈翻后，又看桂系把抗日的余亚农军长的枪械缴了，愤而辞去动委会所任职务。当时，原决定赴襄樊同李宗仁商谈，希望恢复他在皖时的团结抗战的局面，然后转重庆向周恩来、董必武等请示方针，再回大别山。我离开不久，廖磊病死，李品仙接任安徽省政府主席。他仍继续执行白崇禧的反共政策，局势更为恶化。这促使我做出留在西南搞民主运动、不再回皖的打算。

我去重庆前，把想法告诉了彭康、孙以瑾等人。彭康、狄超白等也决定离开，不久率工作团总部到新四军去了。这次撤退工作做得很好，没有损失一个干部。我们走后，动委会只剩下中间派和反动派了，无形中失去了号召力量。

动委会解散时，孙以瑾、蒋岱燕想以妇女民先队名义发一个宣言，被我制止。因为那时桂系正找借口抓人，一发宣言就走不掉了。她们听后没发，安全撤退了。

后来，我到重庆红岩村八路军办事处找周恩来，周恩来同志不在，在那里我见到了叶剑英同志。他叫我不要走，就在那儿管长江（指长江流域有关省份）的事。这样，我就留了下来，分管统一战线工作，负责上海、南京、安徽、江西等地。

（本文根据 1979 年朱蕴山谈话记录整理，并经本人审阅）

原载中共六安地委党史工作委员会编：《皖西革命回忆录：抗日战争时期》，安徽人民出版社，1989 年，第 28 ～ 31 页。

抗战初期舒城党组织之特点

◎ 林　轩

　　抗战初期，舒城党组织有很大的发展。其特点是快、多，且注意加强建设。

　　我第一次到舒城是 1938 年春节后，随新四军四支队去的，后来到潜山工作了一段时间。1938 年 10 月又到舒城，一直工作到 1939 年九十月才离开去滁县。

　　我第一次到舒城时就见到了鲍有荪同志，她那时已在那里工作，还组织许多童养媳搞了个妇女服务团，干得很热火。

　　我第二次去时，县委已经成立，设在四支队司令部附近。鲍有荪是书记，徐平是组织部长，我担任宣传部长，其他主要活动分子也多是女的，如徐波、石雪书、曾子坚等。当时省委刘顺元同志也经常在西港冲，直接领导舒城的工作。我当时的公开身份是二十二工作团团长。在动员委员会——统战组织（见《毛泽东选集》第 389 页）工作的党员有李竹平、石雪书、石竹、徐波、郝子、董启翔、胡泽润、华兆江、高山、廖量之、惠自华、谢良等。我们利用这种形式发动群众，组织群众，在各种组织中发展进步势力，开展党的宣传工作。

　　关于党组织的建设，我们抓好了两件事：一是发展，二是整顿。

　　舒城党组织发展很快。1939 年已成立起好几个区委，如：晓天区委，书记是石雪书，后为徐平、华兆江；东沙埂区委，书记是陈先朝；秦家桥区委，书记是袁国柱；干汊河区委，书记是吴匡伯；沙河观区委，书记是姚成山（或陶国强）；东西港冲区委，书记是僧祥龙；毛竹园区委，书记姓名忘了。当时党员很多，有的讲有两千，有的讲有三千，我也没有精确统计，不过在我印象中人数的确是不少的。

但是，有的是他们自己搞起来的，组织上没有承认。

舒城党组织为什么发展得这么快？原因是1937年以前这里是老游击区，党和红军在这里影响较大，有广泛的群众基础。二次国内战争后期，这里受残害最厉害，老党员和赤色群众被杀的被杀、自首的自首。国民党反动派在这里普遍地搞群众性自首，小孩子、老太太都得去自首。这里面除少数真正叛变自首的外，大多数党员和群众是随着一般老百姓一道履行群众性自首登记手续的。他们本着"人自首，心不自首"的信念，盼着红军回来。因此，我们和四支队到了舒城后，他们一听说"高部"（指高敬亭领导的原红二十八军）回来了，就纷纷组织起来叫县委承认，好多地方派来了代表。乍看上去是个普通的中年农民，但一说起党组织和革命斗争，都讲得头头是道，很有水平。他们一递上花名册就是几十人、一百多人。另有一种情况是，我们有时派几个人到某些地方去看看，摸摸情况，准备发展党组织。可是他们去之后，就自作主张在那里发展组织，建立支部。那些支部负责人自己又自动发展扩大组织，建立区委。王志贵（王进臣）就是这么干的。本来我叫他下去看看，发展组织要严格按照组织要求办，可是，他下去后，自己到处活动，一下子组织了许多人。后来舒无地委组织部长谢飞为此还提出过批评。

上述情况，难免使党组织有不纯现象，于是，县委就决定举办党训班，训练一部分党员骨干下去进行组织整顿。我在舒城时办了四期党训班，一个星期到十天为一期，每期20人左右，对象都是农民党员。我跟他们讲有关党的知识的条条款款，教他们怎样分期分批审定自动发展起来的党员。规定贫雇农不要候补期，佃中农要有三个月候补期。这样通过训练把党的基本知识贯彻下去，并对党组织进行了整顿，因而得以保证当时党的工作、群众工作和落实武装工作的进行，并积极支持了新四军四支队工作。

同时，我们很注意在知识青年中发展党员。在知识青年中发展党员都是由县委直接掌握的，本来要求就比较严格，一次一次地谈话，还有六个月的候补期，所以一般质量较高。只有钟正是败类，后来叛变了。

舒城党组织还有一个比较特殊的情况，就是当时国民党省政府办了个政训班，舒城县也办了一个，我们利用这个机会派一部分同志参加进去，以合法手续掌握其基层政权。但国民党要求在训练班中发展国民党党员。为此，县委决定同意参加训练班的同志在不暴露共产党员身份的情况下，可以办理集体参加国民党的手续，但不承担义务，并征得了舒无地委的同意。曾子坚同志就是我们派去政训班工作、负责保护我党党员、具体指导党员活动的。这是在特殊情况下做出的特殊决定，是县委批准、地委同意的。这次集体参加国民党的同志本人是没有责任的，不应把这个问题视为他们的政治历史问题。（此事在《毛泽东选集》第 752 页中提到过）

我们党动员、组织群众开展各种抗日活动，主要是通过动委会去做。当时县长兼动委会主任委员陶若存与我们配合得比较好，他的配合就在于能协同行动。如办报，他就拨款；办训练班，他也支持；委任区、乡长，我们提名他都同意。陶对我们未设过什么障碍，也未刁难过。所以当时的动委会基本上是由我们党掌握的。舒城抗日活动开展起来的步骤大致是这样的：首先是发动群众（包括发动童养媳组织妇女服务团），接着组织了两个工作团，然后工作团下乡在各地建立抗敌协会。

在建立武装方面，开始我们没有足够重视，工作团下去给国民党搞保甲制度，后来反而捆住了我们自己的手脚。1939 年二三月间，我从舒城赶到立煌白水河去听郭述申传达六届六中全会精神，才知道王明右倾路线受到了批判，在统战中要坚持原则性和独立自主。这次传达会明确提出要搞自己的武装，方毅同志已经在鄂东组织了武装，并介绍了这方面的经验。根据这次会议精神，我们的做法是：一方面通过各地党组织在农村中建立和掌握巡逻队，同时派遣党员参加县里和省里办的政训班，掌握区、乡政权，利用合法政权搞武装；另一方面是动员青年参加新四军四支队。舒城群众参军的特点又与别处不同，他们是成批地参加，四支队在这里发展了好几百以至上千人。

我在舒城工作期间，县委领导成员沿革情况是：第一届书记鲍有荪，组织部长徐平，宣传部长是我，全是女的；第二届，鲍有荪调走了（1938 年 11 月），书记徐平兼宣传部长，我任组织部长；第三届，徐平调走了（1939 年 4 月），严佑民（岳炎）任书记，我还是组织部长；第四届，我和严佑民调走了（1939 年 10 月），书记徐建楼，徐一直工作到 1940 年大撤退结束后才离开舒城。

（李用言　整理）

原载中共舒城县委党史办公室编：《舒城县革命史资料（抗日战争时期）》，内部资料，舒城印刷厂，1985 年，第 28～31 页。

抗战初期东西港地区党组织的回忆

◎ 僧祥龙

1938年正月初二，我回到钝斧庵参加共产党组织，开展地方工作，并和王谋成、王进臣三人成立党小组，我任小组长。

4月间，在钝斧庵召开了支部成立大会。参加大会的有王谋成、王进臣、我、周衍西、涂习贵、涂习才等。我担任支部书记，王谋成担任组织委员，王进臣担任宣传委员。全支部党员有30多人，下面分3个小组：西港冲小组、汪家冲小组、桃花冲小组。

5月间，新四军四支队司令员高敬亭驻到西港冲。他很支持我们。1938年冬季，党员发展到60多人，组织了地方游击队，王谋成任队长。

1939年2月，党内成立中心支部，在钝斧庵召开了成立大会，到会60多人。中心支部书记是我，组织委员是王谋成，宣传委员是王进臣。下面有小街、五桥、西港、东港、汪家冲、桃花冲、徐湾七个支部。小街支部书记是刘士明；五桥是王谋成去活动的，支书是华××；西港支书周衍西；东港支书朱先益或朱先法，记不清了；汪家冲支书涂习贵；桃花冲支书是一个和尚；徐湾有一个姓佘的教师是支部委员，姓佘的是由县委决定参加国民党行政组织当保长的，以了解国民党情况。当时成立中心支部是县委林轩宣布的，支部书记、委员名单也是她宣布的。林轩，女同志，浙江人，1939年2月到西港冲老华家，高敬亭的留守处也在那个地方。

1939年农历四月间，省委派来一个人，姓名记不得了，是山东人。他来检查工作，一查党组织的发展情况，二查党内军政结合情况，指示大量发展党内组织，大量扩展武装，在中心支部干部会上，给六人（支部干部）上了一次党课。他同林轩等在一起，一两个月后就走了。

1939年5月间，在西港冲钝斧庵召开区委成立大会，到会有,30多人，都是各支部委员。由林轩作报告并宣布区委干部名单：区委书记僧祥龙，组织委员王谋成，宣传委员王进臣，武装委员周衍西、涂习贵等。西港冲两个支部，一个支书姓李，一个支书是高道德。

1939年7月，西港冲一带成立中心区。县委徐××（六安来的）和县委组织委员曾××来成立的，姓沈的也来了。他住在舒城小园上，是吃斋的沈二师娘的侄子，当时是舒城县抗敌动委会负责人，是地委分派来的。中心区范围比国民党梅河区大，叫舒城第四区，干部还是原来的区委干部。

1939年9月，国共分裂时我们统计党员有330多人。10月，地委调我到地委党训班（校址先在大马槽东汤池，后迁到无为竹西桥）学习。这时县委曾××到各支部开会叫隐蔽下来，停止发展，以巩固党的组织。王谋成到寿县吴山庙去做漆匠隐蔽了，县委以后也走了。我和王谋成、王进臣走后（王进臣同我一道去地委党训班学习），县委决定由朱先法担任四区区委书记。后来朱先法两次到地委要我回来，地委周新武说："他已红了，你要他回去能不能保他生命？"结果没有要回来。原来在我未走之前，华子仁、韦化南报告县长陶若存说："僧祥龙是舒城'红匪头子'。"县长未理他俩，他俩又打报告到立煌给国民党省长，说我是"红匪头子"。县委发觉了这一情况后，才调我到党训班学习的。

这时，地委书记是周新武。管辖范围包括舒城、桐城、庐江、无为等县。

1939年9月底，县委徐书记在钝斧庵召开区委党训班会议，时间共七天。到会的有区委书记和委员16人，如陶国强、袁国柱、小张裁缝、韩书记、程麻子、王进臣等。地委周新武书记也来参加了会。会上他报告了国际国内的形势和国共合作破裂的情况，指示：（一）我们要始终坚持统一战线，坚持和平；（二）我们要预备舆论，对付敌人，预备隐蔽环境，最后预备牺牲；（三）说明抗日胜利最后是我们的。他还要求我们不要暴露目标和泄露秘密，不要召开支部大会，有事可召开党小组会等。

1939年,舒城党内区划是：我们是第四区（西港冲一带）；舒城小园上为第二区,区委书记是袁国柱（袁矮子）；沙河观、桑树井、刘家院、转水湾为一个区,区委书记小张裁缝（住桑树井）；曹家河为一个区,区委书记韩××（住曹家河,也到无为学习）；春秋、南港、深寨冲、西汤池为一个区；干镇为一个区；小涧冲、山七里河、晓天是一个区。

武装情况是：1939年春季,恢复革命武装,组织游击队,有王谋成、朱裁缝、涂习贵、涂习才等30人,队长王谋成。1939年夏季发展为一个游击大队,310多人,编到新四军第四支队,是由各支部动员来的。大队长王进臣,我任大队副,搞党内的事。走时,大队长姓华,住西港小湾,是组织上决定的。

（李用春　整理）

原载中共舒城县委党史办公室编：《舒城县革命史资料（抗日战争时期）》,内部资料,舒城印刷厂,1985年,第116～119页。

舌战廖磊

◎ 后奕斋

抗战开始后，我遵照党组织的指示来到皖西，活动在青年和国民党地方中上层人士中，历时近两年。

在工作团

1937年秋，日寇占领北平，我结束了自己在北平从事的学运工作辗转到达安庆，很快和这里的共产党员方琦德、刘复彭（现名刘丹）接上了头。我们三位党员团结来自北平、上海、南京和安徽各地的部分大中学生，在安庆街头和郊区进行抗日宣传活动。南京沦陷前夕，我们趁着当时国民党成立"安徽省抗敌后援会"的机会，联络一些上层人士，组织"抗敌后援会各县流动工作队"，吸收积极抗日的40多名知识青年到皖西，开展抗日宣传工作。我们带着不少革命书籍和油印机、收音机，沿途经过桐城、舒城到达霍山。

初到皖西，人地生疏，经费又少，工作开展和对外联系都有许多困难。听说国民党安徽省政府迁到六安，章乃器任财政厅长。章于1936年组织救国会时，我在全国学联工作，相互认识，我就和方琦德一道到六安找章，希望能得到点资助。章乃器热情地接待了我们。当时另有一位青年在座。我们辞别章乃器出门时，那位一言未发的青年却赶来向我们轻声招呼说："后文瀚（我原名）同志，那位是方琦德同志吧？"

方琦德肯定地点了点头。我好生奇怪地问："你是谁？"

"我是张劲夫，代表长江局来安徽开展工作的。你们流动队党的组织关系已在汉口接上了，都在我这里。以后你们的工作和我联系，章乃器要你们到六安来也是可以的，这样便于集中力量，打开局面。"

到六安后，我们40多人除了少数人到武汉外，其余编为省直属第十九、二十工作团。当时安徽长江以北大部分县城已经沦陷或遭日寇侵扰，大别山区也只有立煌、霍山、岳西三县日寇尚未到。由于这3个县战略地位重要，党组织决定调我们两个工作团到霍山县工作，决定我任中共霍山县工作委员会书记，公开身份是县动委会指导员和省动委会第十九、第二十工作团团长。我便带着工作团再次来到霍山。

舌战廖磊

1938年秋，国民党安徽省政府和省动委会在金家寨召开各直属工作团长和各县动委会指导员会议。第二十一集团军总司令兼安徽省政府主席、省动委会主任委员廖磊到会致辞，我经与会人员推举上台致答词。国民党桂系特务就向廖磊密报：共产党都集中在动委会里，参加会的有些是共产党，刚才在会上致词的后文瀚就是共产党员，要乘这个机会把他们分散，并开了一批名单给廖磊。由于我地下党员陈慕高、廖玉才（均是广西人）早已打入省政府当秘书，组织上很快得悉这一情报。张劲夫同志立即找我谈话："廖磊可能要找你，须加注意。若调动你的工作，不要还价，以防暴露。他要分散我们的力量，我们就来个将计就计，把力量撒开一点，来扩大我们的队伍。"我便按照张劲夫同志的指示准备着如何对付廖磊。

果然，第二天省政府民政厅长陈良佐通知我说："廖主任找你谈话。"

我来到民政厅长陈良佐的住处，不一会儿廖磊来了，他一见面劈头就问："后文瀚，你是共产党？"

"报告总司令，我不是共产党！"

"你前天在会上讲话很厉害呀！讲得有条有理嘛，怎么不是共产党？"

"总司令，这话从何讲起呢，难道说讲话有点条理就可以跟共产党画等号吗?"

"你不是共产党为什么当工作团长、当指导员?"

"为了跟总司令一道抗日。总司令千里迢迢来安徽，我是安徽人，年纪轻，又是个大学生，更应当抗日!"

"你真不是共产党?"

"不是。"

"你不是共产党我就派你一个差事。"

"坚决服从。"

"现在大别山的一些县城都失守了，比较大的市镇是立煌县的麻埠镇。这个地区很重要，我派你去当区长，要立即去!"他说着转脸告诉陈良佐，"快打电话给苏云辉（苏原是廖的卫队营长，时任立煌县长），就说我给他派了个区长到麻埠。"接着，又回过头来对我说，"你快点去，区长当得好当县长，县长当得好当专员嘛，嗯!"

"是，谢总司令栽培!"我打着官场腔调。

离开廖磊，我立即向张劲夫同志汇报。党组织对我的工作作了新的安排。当时，正赶上国民党安徽省保安司令部学兵队学员毕业分配，张劲夫同志交给我 20 名武装人员，要我把他们保存下来。我把这批武装人员带到霍山，作了安排。接着，我便带着一名工作团员和张劲夫同志介绍给我的一位秘书前往麻埠赴任。

去麻埠

麻埠是皖西重镇之一。桂系第一三八师师部驻在这里，军纪败坏，把这个城镇搞得乌烟瘴气。赌博、吸毒、宿娼、贪污、贿赂成风，社会风气极坏，秩序十分混乱。地方土豪劣绅仗着国民党桂系军队的支持，横行霸道，联保主任也有权杀人。人民群众常为兵匪流氓所害，到区署鸣冤告状。作为区长，我目睹这罪恶的社会现实，心里十分憎恨，总想找个机会，狠狠打击一下这帮坏蛋。同时，我也意识到斗争的复杂性和任务的艰巨性。按照组织上的安排，我在麻埠只同张劲夫同志保持单线联系，不和当地党组织发生关系。我到任后，麻埠商会会长、地方士绅以及驻军头目，纷纷登门拜访。虽然他们看到新区长是个二十来岁的毛头小子，都觉得蹊跷，但听说我是廖磊直接委派的，来头不小，纷纷和我交朋友，请吃请喝，为我捧场。我却盘算着怎样利用这块招牌来为党为人民多做些事情。平时，我除了应付日常公事，就是接待、安排过往的抗日部队和青年，遇新四军来就多准备些粮食，并优先照顾。中共鄂豫皖区党委机关（对外称新四军四支队兵站）设在百里之外的白水河大山里面，不属麻埠区范围，我经常筹集粮食和其他物资，派可靠人暗地里送去。

为了整顿社会秩序，我深入调查了各个联保枪支，掌握了地方武装情况，准备在麻埠实行禁赌禁娼，打击作恶多端的地方土劣和各种坏分子。

1939年春节快到了。第一三八师要将麻埠古建筑拆下来搭台演戏，我想借此机会来教训他们一下，就打电话到省政府说："有要事报告廖主席！"廖磊亲自接电话，我特意把事态加以渲染，提高语气说："……麻埠镇有人拆古建筑搭戏台，准备唱大戏。抗战期间，一切从简，能否唱大戏，请总司令赐教！"廖磊回话说："那不行，抗战期间哪能唱大戏？"我接这一"圣旨"，立即起草布告：

"奉廖总司令电谕：抗战期间，一切从简，禁止铺张演戏……"

盖上区署大印后，布置区署人员和警察到处张贴。又抓了一批赌徒、流氓、老鸨游街示众。押送人员高呼口号："军民一致抗日！""伸张军纪国法！打击歪风邪气！"一连数日，震动很大。桂系军队的嚣张气焰不得不暂时有所收敛，广大群众拍手叫好，齐声称赞。

转 移

1939年春，国民党顽固派将政策重点转移到反共反人民方面。统治安徽的桂系势力开始积极准备公开地反共反人民。由于我在麻埠的行动势必遭到反动派的报复，经张劲夫同志安排，我便辞去麻埠区长职务，通过章乃器，到了省财政厅。先在财会人员训练班当指导员，不久，便遵照党的指示，以"财政厅视察员"的公开身份，去皖中地区活动，整理和视察地方财政，做这一地区国民党上层人士的工作，配合我党我军的活动。

1939 年冬，国民党顽固派掀起了大规模的反共高潮。党组织告诉我，国民党通缉的 30 多人名单上就有我的名字，要我不要再回金家寨了，我便从无为撤到定远县藕塘。此后，我根据中共皖东津浦路西区党委书记刘顺元同志的指示，通过和县国民党县长的关系，改了名字，当上了国民党和县白渡桥区的区长，开始了新的战斗征程。

原载中共六安地委党史工作委员会编：《皖西革命回忆录：抗日战争时期》，安徽人民出版社，1989 年，第 116 ～ 121 页。

在信南帮助贸易工作的回忆

◎ 王锡璋

1942 年 11 月，我和蔡康志离开敌占区新乡，辗转到达汉口。在汉口因为等车，停了一段时间。1943 年初车一通我们就离开汉口，从鸡公山下的新店，进入我豫鄂边区的信南县，完成了向根据地转移的任务，结束了"长期埋伏"的生活。

到信南后，我们才确知蔡康志的父亲蔡韬庵是共产党员、信南抗日民主政府的县长。于是我们就向他汇报了在豫西南工作的情况和"长期埋伏"的过程，请他帮助我们恢复工作。蔡韬庵同志告诉我们，豫鄂边区党委已决定调他到洪山公学任副校长，一过春节他即前往大悟山找区党委报到。他要我随他到区党委，蔡康志则暂留信南工作。因为当时我们的孩子还在吃奶，她需要给孩子断奶，并找一个保姆看管。

1943 年春节过后不久我就到达大悟山，区党委组织部把我介绍到行署，行署分配我在物资统制总局工作，担任调查统计科科长。物资统制总局的任务是统制和管理边区的各种物资，掌握边区的进出口贸易并负责税收工作。它上属行署，由财政处具体领导。各地区设有它的分局，县有县局，大集镇设有税卡，信南是个分局。

1943 年夏，我由物资统制总局被调到行署财政处任调查统计科科长，在财政处我经常被派往各地。

1945 年夏天，行署财政处派我到信南，帮助豫南对敌贸易物资统制局（简称

"豫南贸易局")工作。当时豫南贸易局的局长是聂绍五,他年岁较大,是一位民主人士,抗战前他就经商,在信阳,特别是在信阳南部一些集镇的商人中很有声望。他的儿子聂耀三也在豫南贸易局工作,记得豫南贸易局机关里有十几个干部,除聂氏父子外,还有郭淑菀(副局长兼管税务)、黄应南(副局长兼人事科长)、周继勋等,他们也都是本地人。豫南贸易局没有固定的驻地,就在谭家河附近的一些湾子里来回流动打游击。豫南贸易局除领导信罗边、淮南等地税卡(亦称税务局)外,还领导鸡公新店、李家寨、柳林、东双河几个车站和谭家河、台子畈等集镇的合作社或商店。商店的业务主要是代客买卖,属行店性质,有时也买客人一些东西,等需要时再卖出,一般商人称作"屯迟卖快",我们则是为了调剂市场供求。豫南贸易局还建立了一些纸棚和锅厂,纸的原料是山上的树皮,当地人叫作"皮纸",销路很广;锅厂是在河里淘出铁沙,经过冶炼,铸成铁锅、农具等,由商店或合作社经销。

豫南贸易局驻地谭家河一带是我们的基本区,比较巩固,敌人不敢轻易来犯。它北通信阳,南通湖北的应山,过往商贩很多,信南在铁路以西的土产如皮油、食油、木炭、茶叶、铁货等多从这里集散;山区需要的食盐、煤油、细布等则由商贩运到这里销售。除谭家河的商店以外,豫南贸易局还通过东双河、柳林、李家寨、鸡公新店等铁路沿线集镇的商店或合作社来开展对敌占区的贸易,用我可居之货,换来根据地需要的紧俏物资。那时我们根据地的食盐奇缺,采取各种方式购进食盐保证部队和群众的食盐供应,是豫南贸易局的重要任务之一。我到信南后就在豫南贸易局和聂绍五一起活动,帮助聂开展工作。对上边,我除和行署财政处联系、向财政处报告工作情况外,还和豫南专署联系,向专署报告工作。这时豫南专署和第六军分区在四望山一带,记得有一次我到专署汇报工作,专署把部队作战中缴获的一批特货交给了我,让我在谭家河设法换成食盐。我回谭家河后与聂绍五进行了研究,顺利地完成了此项任务。

豫南贸易局曾有一段时间资金周转不灵,向上要"边币"也很不容易,我就和聂绍五等人商量发行临时流通券。决定之后就设计版面,并从谭家河找了一位刻字工人,让他在豫南贸易局刻制了两块木板,印了一部分所谓"土票子",指定在谭家河商店负责兑换收回。由于我们商店的信誉比较好,加上根据地民主政府的支持，票子发行后没有出什么问题或拒收现象，解决了临时困难。过了不久，我们就逐渐地把这一部分自制的流通券收回了。

是年秋，接财政处通知，要我去枣阳搞财政工作。于是我就离开信南又到枣阳，在枣阳县政府当了一个来月的财政科长。

原载刘德福主编：《红色四望山》，河南人民出版社，1988 年，第 193 ～ 195 页。

抗日战争时期的减租减息

◎ 陈幼卿

　　1938 年 10 月，日寇侵占蕲州后，农民除受地主阶级、封建势力的剥削压迫外，又惨遭日伪的肆意蹂躏和搜刮，负担日重，困苦不堪。为了争取民众，组织抗日力量，赶走日本帝国主义，国共两党提出了减租减息的口号，这是减轻农民负担、削弱地主阶级剥削的一项决策。但在国统区，政权为地主阶级所把持，只是口头叫喊，无意实施。只有我们共产党领导的根据地，才真正实行了减租减息，辖区内的地主、债主虽是一般照办，但斗争仍很剧烈。

　　1942 年，我任菩堤坝区总支书记并兼菩堤坝、黄土岭、栗木桥三个乡的乡长时，为了正确执行党的减租减息政策，地委组织部长、五军分区负责人陈金明同志在我们区主持召开了区以上的干部集训会，学习"双减"政策，研究"双减"措施。当时蕲春农民受地主阶级的剥削极为严重。农民一亩佃田，除交租谷两石外，还要办稞酒一席，交稞鸡一只、稞蛋十个、稞糯谷五斤。风调雨顺年景，一亩田可收谷四石，如遇水、旱、虫灾，人力、种子、肥料等投资都得赔进去。农民无法只有靠借债维持生活，可是地主又以"大加一""大加二"等高利进行剥削，真是民不聊生。经过学习，大家都认识到租、息非减不可。

　　同年 11 月，我们在菩堤坝方园外召开减租减息大会，蕲广边县委书记杨知时同志出席了会议，地主豪绅中蕲州的张仲君、王崇斋、王平斋，堤菩坝的张静君、张静凡等也参加了这次大会。会议由我主持，当我讲到实行减租减息、团结抗日时，

　　　　　　　　　　★ 307 ★

地主张静君却站起来反对，胡说什么"我的稞是祖宗传下来的，是用钱买的，有盖上大印的契约。种田交租，是自古以来的规矩，怎么是剥削呢？"我心平气和地列举稞租和稞酒、稞鸡、稞蛋、稞糯谷五种剥削，并挖了这些剥削的根源，驳得他张口结舌，无言所答。接着，我强调减租减息的政策一定要不折不扣地执行。首先是减租：凡上年以前积累下来的稞租和债钱的尾欠一律废除。从今年起，每亩租由 200 斤减为 150 斤，即每 100 斤减 25 斤，取消稞酒、稞鸡、稞蛋、稞糯谷等额外负担。至于钱粮，只找田东，不找佃户，每亩收钱粮按等级分别收二元或一元多。其次是减息：年息不超过 25%，即借款一元，一年还本息一元二角五分，废除"大加一""大加二"等高利剥削；长期借款,本息不得超过 100%。对不执行者，农民可以到边区报告，先由乡政府监督执行，对再次违犯的，依法罚款直至判刑。这样，其他地主都默不作声，减租减息的局面打开了，领导满意，贫苦农民热烈欢迎。群众说："减租减息，国民党光空减，因为减到官老爷头上去了，只有共产党才能办得到。"

原载中国人民政治协商会议湖北省蕲春县委员会文史委员会编:《蕲春文史资料》（第一辑），内部资料，蕲春县印刷厂，1987 年，第 47 ~ 48 页。

五师十三旅的烽火历程

◎ 周志坚　方正平

在抗日战争的烽火岁月里，十三旅始终作为新四军五师的一支英勇善战的战略机动部队，战斗在武汉外围、平汉路两侧的广大敌后抗日根据地。它高举抗日旗帜，在豫鄂边区纵横驰骋，粉碎了敌伪顽夹击，为豫鄂边区抗日根据地的创建和巩固，为夺取抗日战争的胜利，做出了重大贡献。

一

豫鄂边区抗日根据地创建于 1939 年春。这里是土地革命战争时期的老苏区，有光荣的革命斗争传统。在这个区域开展抗日游击战争，建立根据地，东可与皖北游击区、北可与晋冀鲁豫根据地遥相呼应，西可与正面友军配合，直捣武汉三镇，其战略地位十分重要。

1938 年 10 月武汉沦陷。

在中国共产党领导下，豫鄂边区人民同敌人展开了不屈不挠的斗争。当时，豫南、鄂中、鄂东、鄂南到处活跃着一支支抗日游击武装，点燃了抗日救亡的烽火。1939 年 6 月，为适应豫鄂边区抗日斗争的发展形势，中共中央中原局决定，首先将豫南、鄂中、鄂东的共产党和爱国志士组织的抗日力量，统一整编为新四军豫鄂独立游击支队。下辖 4 个团、1 个总队和 1 个挺进团，即湖北游击大队、应山游击大队、钟祥游击队及竹沟留守处第二中队编为一团，信阳县大队、七十七军战士工作团、谭家河游击队及竹沟留守处第一中队编为二团，应（山）钟（山）游击支队编为三团，天（门）汉（川）游击支队编为四团，应城游击队编为应抗总队，许金彪、相子明所率游击大队编为挺进团。由于斗争形势发展很快，部队成立不久，便迅速发展到 1 万余人。1940 年初，中共中央中原局决定将这支部队扩编为新四军豫鄂挺进纵队，下辖 6 个团、2 个总队。

这时国民党顽固派发动的第一次反共高潮甚嚣尘上，猖狂向豫鄂边区抗日根据地发动进攻。日军更是气势汹汹，向豫鄂边区频繁"扫荡"。为回击敌顽的夹击，保卫抗日根据地，边区党委决定组成一支机动作战部队，形成一个拳头，在全区范围内与敌人作战。于是，1940 年 4 月，十三旅的前身——平汉支队在艰苦危难的斗争环境中光荣地诞生了。

平汉支队下辖 3 个团，即由鄂东的五、六大队整编为一团，由孝感的湖北抗日游击大队和钟祥、京山的游击大队、竹沟第二中队整编为二团，由豫南信阳挺进队和确山抗日游击队及竹沟八团留守处第一中队编为三团。

平汉支队成立后，光荣地担负起创建鄂中、鄂东、豫南抗日游击区的作战任务。部队就像一把锐利的钢刀，南征北战，机智灵活地驰骋在江、淮、湖、汉之间，转战于山区、丘陵、平原，在辽阔的豫鄂边区，哪里的斗争需要，哪里就有平汉支队将士们冲锋陷阵的身影。

1941 年初，蒋介石制造了震惊中外的皖南事变。这一事件激起了中国共产党和全国人民的极大愤慨。1 月 20 日，中央军委发布命令，重建新四军军部，决定将华中部队整编为 7 个师。豫鄂挺进纵队编为新四军第五师，下辖十三旅、十四旅、十五旅。平汉支队改编为十三旅。

十三旅下辖 3 个团，原平汉支队一团调出编入十四旅四十团，二团改编为三十七团，三团改编为三十八团，原纵队五团改编为三十九团。

从此我旅作为五师机动部队在抗日反顽、创建和保卫豫鄂边区抗日民主根据地的战斗中，打了许多仗，在烽火硝烟里逐步发展壮大起来。

二

宝剑锋从磨砺出。十三旅是一支能打善拼的抗日武装，它是在战斗中诞生、发展和成长起来的。

1939年初夏，豫鄂独立游击支队刚刚在平汉路西的四望山地区整编完毕，便奉命向平汉路东敌后挺进，在武汉外围地区广泛开展敌后游击战争，创建抗日根据地。豫南的盛夏，烈日炎炎，暑气蒸人，天气闷得让人透不过气来。部队冒着酷暑，昼夜兼程。8月13日，部队进抵大别山北麓的罗山朱堂店。次日拂晓，400余日军对朱堂店进行了"扫荡"。我二团在朱堂店地区巧妙地布下了一个"口袋"，把日军引到"口袋"中。而后，集中我军所有轻重武器，依托有利地形，向敌猛烈开火。日军伤亡惨重，慌忙集中炮火狂轰我军阵地，并向我军阵地施放毒瓦斯。敌人是在毒气的掩护下仓皇逃跑的。这次战斗是豫鄂新四军以劣势装备首次战胜日军的进攻。此次战斗毙伤日军80余人，缴获92式重机枪1挺、子弹数万发、战马多匹及大批军用物资。

朱堂店战斗后，平汉路两侧广大群众的抗日情绪为之一振。日军则把新四军视为眼中钉，绞尽脑汁要吃掉我们。10月上旬，驻鄂中宋河的敌人窥探到新四军在京山大山头一带活动的消息后，秘密调集300多日军和400多伪军，偷偷摸摸地向我军袭来，妄图杀我一个措手不及。

当时驻守大山头新街的游击支队一团，即后来的十三旅三十七团指战员们迅速做好了战斗准备。次日凌晨，敌我接上火。驻防在街上的三大队担任阻击，他们接连打退敌人两次冲锋。部署在敌人侧翼的二、三中队也先后向敌人发起攻击。一团指战员从东、西、北三面逼近敌人，将敌人一直压到黄家台子祠堂边的一处洼地里。后二团二大队前来增援，战斗一直进行到天黑以后。这时数路敌人赶来解围，才使得被困之敌在焚毁大批尸体后狼狈不堪地逃回宋河据点。新街战斗使敌伪伤亡数十人，从此，新四军在鄂中威名大震。白兆山中的国民党军报纸也以特大号字体登载了这一捷报。

在此之前，也就是9月21日至22日，豫鄂独立游击支队第一团、应抗总队在支队司令员李先念的亲自指挥下，与三团相配合，以秋风扫落叶似的凌厉攻势，经两天一夜作战，一举扫清拥有 3000 余众通敌反共的李又唐部，从而使鄂中应城、云梦、孝感几块敌后抗日根据地连成一片。

斗转星移。1940 年 1 月，新四军豫鄂挺进纵队建军，立即在武汉外围敌后战场实行战略展开。4 月平汉支队成立。作为纵队的铁拳，迅即在平汉铁路两侧穿梭往返，回旋作战。4 月中旬，平汉支队奉命挥师东进，胜利地发起了大、小悟山战役，很快打开了鄂东抗战局面，为在大悟山建立边区抗日指挥阵地，做出了自己的贡献。5 月，当日军集中 7 个师团兵力，发起宜昌战役，在国民党正面战场进攻之时，平汉支队又挥师西进，配合正面战场国民党友军作战。6 月，平汉支队在兄弟团队配合下，一鼓作气歼灭了盘踞在白兆山之枢纽——坪坝镇一带的顽伪丁巨川、谢占奎两部，一举解放了坪坝重镇，从而使我白兆山与大山头两块根据地连为一体。

我军掌握坪坝后，犹如在敌人心脏里插入一把尖刀，切断了雷公店、三阳店、宋河等敌人据点之间的联系。对此，敌人如坐针毡，昼夜不安。为铲除心头之患，日军在不到 4 个月时间里，先后拼凑近 4000 人马，携带山炮、专门器材等武器装备，3 次向坪坝进犯，企图在夺取坪坝后，建立永久性据点。为粉碎敌人阴谋，平汉支队和纵队六团等部队，在当地群众支援下，担负起保卫坪坝的光荣任务。

日军第一次进攻坪坝是 1940 年 7 月。敌人集中 1200 多人向坪坝进犯，我支队一团、二团奋起反击，将其击退。

日军第一次进攻坪坝遭受我军痛击后，不甘心自己的失败，又分别于九十月间两次集结重兵，再犯坪坝，但均未逃脱失败的下场。坪坝三捷保障了白兆山南方门户的安全，便利了白兆山与大山头及其他抗日根据地的交通联系，使敌人妄图摧毁坪坝抗日根据地的梦想彻底破灭。

我军在三次坪坝保卫战中，共计毙、伤日军 400 余人。指挥进攻的日军第三师团联队长奥津起三郎败逃后自杀。我军不仅夺取了大批武器武装了自己，而且在实战中提高了指挥员的指挥艺术，培养和锻炼了广大指战员英勇顽强的战斗作风，部队战斗力明显增强了。

经过这些初战的胜利，平汉支队这支由几支细小游击队组成的抗日力量在战斗烽火中巍然挺立起来，它纵横驰骋，威震江汉。那时，日军听到它的名字，便心惊肉跳，昼夜不安。

三

1941 年仲夏，豫鄂边区抗日斗争形势又有了新的发展，抗日烽火由广大山区、农村蔓延到武汉近郊的汉阳、汉川、孝感、黄陂等广大平原和湖区。

汉、孝、陂是日军的设防重点，为武汉之敌的西北屏障。倘若我军打开汉孝陂，便可控制平汉铁路和汉水流域，形成对武汉之敌的战略包围态势。为在汉、孝、陂建立抗日根据地，也为解决我军财政经济困难，我旅三十七、三十八团各一部，奉命向汉、孝、陂地区开进。

根据当时汉，孝，陂的斗争形势和敌我态势，我们采取了分散机动、逐点拔除的战法。在短短的时间里，便拔除了敌人设立的多处据点，收拾了一些伪军和黄学会、红枪会等封建反动地方武装，解放了大片地区，打开了汉、孝、陂的抗日局面。这时，龟缩在武汉的敌人见门户起火，气急败坏地率兵前来"扫荡"。为粉碎日军"扫荡"，我们制定了奇袭孝感城的作战方案。

孝感城是武汉以北 90 公里的重镇，县城紧挨着平汉铁路线。日军占据武汉后，即在孝感城内派驻兵力，修筑仓库，储备物资，把它作为军需补给站。当时据情报得悉，城内驻有 500 多个伪军，另外，在距县城不远的火车站上，还驻有 1000 多个日军。我们分析了敌情后决定，以三十七团二营抢占县城 3 座城楼，设立警戒线，封锁由车站和飞机场方向来援的敌人。

一切准备就绪后，部队于 8 月 8 日晚向孝感城疾进。这天夜晚显得格外宁静，一路上除指战员们急速奔袭的沙沙脚步声，只听到田野里栖息的青蛙和昆虫的阵阵欢叫。

当晚 8 时许，部队隐蔽集结在孝感城下，随即在夜色的掩护下，闪电般地向各自目标发动奇袭。这时，城里宣抚班的日军正三人一群、五人一伙地在驻守的大院门口乘凉。三十七团四连战士猛扑过去，向毫无防备的日军甩出了一排手榴弹，随着轰轰几声巨响，多数日军顿时见了"阎王"。侥幸活着的敌人，连滚带爬地龟缩进院内，关起大门试图顽抗。四连指战员哪容敌人喘息，迅速搭起人梯，翻墙而入。这时，从惊恐中清醒过来的日军见此情况，狗急跳墙，端着刺刀哇哇叫着向战士们扑来。顿时，敌我双方在院内展开了一场惊心动魄的白刃战。黑暗中枪刺的碰击声咔咔作响，一个个敌人被我军撂倒。经过几番厮杀，宣抚班被我军全歼，但我军亦有伤亡。

与此同时，旅手枪队等部队也冲进伪县政府和保安队的住宅，三下五除二便解决了战斗。随后我军和当地群众奔向敌汽车站及仓库，一把火烧毁了敌汽车站，烧毁汽车10余辆，并打开全部盐仓、货仓，掩护群众运出大批食盐、布匹等物资。

孝感城内的火光和枪声，划破了夏夜的沉寂，惊动了火车站上的敌人。敌人发觉粮草库被劫，急得像热锅上的蚂蚁，慌忙调1个大队的日军由旅团长亲自指挥赶来救援。途中遭我阻援部队的迎头痛击，双方激战4个多小时，敌人未能前进一步。

拂晓前，我军主动撤出战斗。在晨曦的映照下，指战员们押着俘虏，背着缴获的战利品，抬着负伤的战友，消失在茫茫的晨雾之中。

新四军奇袭孝感城的胜利消息传开以后，汉、孝、陂的人民欢欣鼓舞，奔走相告，纷纷赞扬说："新四军打得好！"对此，国民党电台和报纸，也作了简要报道。

1941年11月，日军在准备发动太平洋战争的同时，率兵再犯长沙。为策应正面战场作战，五师首长抓住敌抽兵南进、后方空虚的机会，指示十五旅开辟（汉）川、汉（阳）、沔（阳）地区。

川、汉、沔为武汉重镇的西南屏障。这里人民饱受敌伪铁蹄践踏之苦，渴望解放。当时，由于日军将主力调往长沙，川、汉、沔地区驻兵不多，主要是靠伪定国军刘国均部守备。

刘部下辖两个师，伪一师汪步清部5000余人，为该地区伪军实力最强者。该敌盘踞在汉阳的侏儒山、桐山头、永安堡和汉川的南河渡一带。伪二师李太平部则盘踞在沔阳沙湖、彭家场一带。

按照作战意图，十五旅率先对盘踞在侏儒山一带的伪一师汪步清部发起进攻。经连续打击，消灭了汪部大量有生力量，解放了侏儒山在内的大片地区，使武汉之敌受到直接威胁。日军见情况不妙，忙由汉、沔拼凑兵力一部进驻沙湖，力图为伪军撑腰打气。鉴于这种情况，五师首长决定增派十三旅开赴川、汉、沔参战。

我旅进抵襄南后，随即配合十五旅部队及天（门）汉（川）地方武装，向敌伪发动攻势。在战斗中，我军频繁出击，连连获胜，一直把汪部残敌压缩在沙湖附近的王家场、余家场、何家场一带。翌年 1 月 28 日，为歼灭汪伪残敌，我军分两路向其发起总攻。

王家场、余家场、何家场一带处于长江与汉水之间，河港湖汊交错，湖泊水塘星布，湖区的芦苇茂密。战斗打响后，我军奋勇向前，对龟缩在各据点之敌实施分割围歼。在穿插迂回中，指战员们不顾寒冷，蹚着没膝深的泥水，顶着呼啸的弹雨，向守敌发起冲锋。面对新四军的强大攻势，伪军一触即溃，纷纷溃逃，遗弃的装备遍地皆是。

这次战役，我军歼灭伪定国军第一师，击溃第二师，毙伤日军百余人，生俘伪一师头子汪步清及部下百余人。汪伪政府设在西流河的兵工厂亦被我军全部缴获，获得成箱的枪支弹药。至此，武汉之敌的西南屏障被我军摧毁，川、汉、沔抗日游击活动区扩大了。

侏儒山战役胜利后，日军为夺回侏儒山地区，调兵遣将，驻扎在各据点的敌人分七八路，向川、汉、沔地区猛扑过来，试图寻找我军作战。

为避敌锋芒，我旅奉命向襄河（即汉水）以北转移，待机歼敌。1942 年 2 月 2 日黄昏，部队开到沔阳彭家场安家台子地区宿营。傍晚后，下起雪来，大地披上了一层银装。突然，从村子南头急急火火地跑来几个老百姓，神色紧张地对我三十八团哨兵报告说：离这里不远的胡家台子到了二三百个日本鬼子，正在那里抢老百姓的东西。我们即刻派侦察员前去摸清了情况，决定乘敌尚未发现我军，吃掉这股敌人。

夜幕降临后，我们率三十七、三十八团各 1 个营，顶着纷纷扬扬的飞雪向胡家台疾进。此刻整个原野万籁俱寂，异常宁静。半个小时左右，部队已进抵胡家台村北头。这时，我们借着雪光，看清了胡家台的大致轮廓。胡家台是一个不大的村子，坐落在一片湖田围绕的堤埂子上面，村里约有五六十户人家。除村南头有一幢祠堂是砖瓦房外，其余都是茅草房。另外，在胡家台西边堤埂外有一条小河，河的对岸也有一个村子，名叫曼家台。两台隔河相望，宛如一对姐妹。

根据这一地形，我们决定以三十八团七连由村南佯攻，断敌南逃之路；八连占领曼家台阵地，以全部火力封锁胡家台的敌人，勿使其出击；九连由村北主攻，南北夹击歼灭敌人；三十七团二营作为战斗预备队，随时投入战斗。

受领任务后，各部迅速而隐蔽地向敌运动。担任主攻的九连摸到村北边时，发现有一个鬼子哨兵正缩着脖子端着枪，在一间草房边溜来溜去，枪上的刺刀在雪光的辉映下闪着寒光。这时九连几个战士以迅雷不及掩耳之势向那个鬼子哨兵扑去。这个家伙也挺机警，听到动静回头一看，见有人迎面向他冲来，吓得"啊"的一声，扭头拔腿就往村里逃，并边跑边向空中放枪。顿时，从梦中惊醒过来的日军慌忙从草房里蹿出，扑在堤埂上就地顽抗。但九连战士攻如猛虎，敌人一看抵挡不住，便调头向村南拼命逃窜。我军紧追不舍，并逐屋搜索，解放出被日军抓去的民夫50余人。

正当我军逼近村南胡家台祠堂时，突然从祠堂里冲出一伙日军，其中为首的一个军官，手持一把军刀挥舞着，嘴里哇哇叫着，率领10多个犹如恶狼的日军向我军反扑过来。片刻间，敌我便在堤埂上展开了一场短兵相接的搏斗。当时黄林副旅长也在其中。在双方交战中，那个日军军官十分疯狂，挥着军刀，朝我们的战士又劈又刺，突然刀锋一转向黄林杀来。在这危急时刻，九连指导员潘友哥大吼一声："开枪干掉他。"话音刚落，战士手中的枪就响了。只见那家伙像个醉汉似的"扑通"一声倒在地上，两腿一蹬不动弹了。日军见头子命归西天，军心大乱，夺路逃进了胡家台祠堂，慌忙关上了大门，妄图继续顽抗。后来，我们得知被击毙的那个日军军官是个大队长，大队部就设在祠堂里。

胡家台祠堂是一幢坐东朝西的砖木结构的庭院，它东西房各5间，南北房各2间，四周房屋，中央是天井。此刻日军已在祠堂四周布置了火力点，胡家台祠堂易守难攻。为了瓦解敌人，我们找来会讲日语的战士向敌喊话："缴枪不杀""新四军优待俘虏"。一连喊了几遍，果然有七八个日军先后跑出祠堂向我军投降。但仍有一伙敌人拒不投降，妄图凭借火力上的优势，依托祠堂与我军对抗。为消灭顽固之敌，我军曾几次组织攻击，但都因敌人火力太强而未能奏效。

见此状况，三十八团冯仁恩团长命令部队先退下去，决定以一部兵力由祠堂北边爬上祠堂屋顶，居高临下先消灭掉天井里的敌人，形成关门打狗之势。这一招果然很灵，日军被炸得死伤惨重，拼命地往外冲，但拥到门口又被河对岸我军92式重机枪火力堵了回去。日军见突围无望，便再次紧闭大门，妄图死守待援。

为尽快消灭敌人，我们将部队进行了调整，把三十七团五连拉了上来。随后，迅速组织火力，向祠堂守敌发起进攻。但由于敌人在祠堂四周的墙壁上挖了许多枪眼，连续不断地向外射击，五连进攻受阻，无法接近祠堂。正当大家焦急不安时，突见紧靠着祠堂北边的几间茅草房被战火打着了。片刻间，火势冲天而起，烈火浓烟扑向祠堂，很快蔓延到北屋，整个祠堂被笼罩在浓烟烈火之中。这时在里面的敌人，被火烧得哭爹喊娘，发出绝望的哀号。祠堂变成了敌人的一座坟场。

不知不觉中战斗已经进行到翌日黎明。天亮时分，东边的天空中忽然传来了一阵阵嗡嗡的飞机马达声。转眼间，一架日军的战斗机出现在胡家台上空。敌机在上空盘旋了一圈后，便降低高度，机身擦着祠堂的房顶飞了过去。同时，从飞机上投下几张纸片。我们拾起一看，其中大意是告诉祠堂内的日军，援兵即刻赶到，令他们向沙湖方向突围。鉴于这种情况，我们决定撤出战斗，向襄河以北转移。天亮后，我军顺利地撤出战斗，甩开双腿向襄河北挺进。当我军进抵到襄河南岸西马口附近时，不料与一股日军遭遇，想要避开已经不可能。当时，敌人是以4路纵队沿公路前进，并未发现我军。我们先下手为强，迅速将部队展开，并集中10余挺轻重机枪向敌人射击，顿时敌人被打乱了，到处乱窜，伤亡较大。战斗一直打到黄昏。我军在给敌人以重创后，悄然离去，安全顺利地返回到襄北抗日根据地。

胡家台一战，是我旅与日军打的一场激烈的硬仗，打出了新四军的军威，战斗中毙日军大队长以下百余人，缴获轻机枪1挺、掷弹筒1具、38式步枪数十支。

四

1942年春，在豫鄂边区已经出现了几块较稳固的抗日根据地，抗日游击区亦遍布长江南北、汉水两岸。面对日益强大的抗日力量，敌人惊恐万状，更加疯狂地向抗日力量频繁"进剿"。

这年春末至冬季，我们边区曾经过一段风狂雨暴的战斗历程。我旅为粉碎敌人的"扫荡"和打退顽固派的进攻，曾跳跃回旋于平汉线两侧，马不停蹄战斗了8个多月，部队经受了艰难困苦的考验。

战斗首先是在鄂东打响的。4月22日，敌人从平汉线上的王家店、小河溪等据点，集结了步骑兵400余人，携带火炮数门，向大悟山根据地"扫荡"。三十八团在水关冲进行阻击。三十七团坚守万福山阵地，同敌人激战一整天，打退了敌人5次猛烈进攻。傍晚当敌人撤退时，我军又在孙家河打了一个漂亮的伏击战，保卫了五师的指挥阵地。

与此同时，积极反共的国民党顽固派却乘日军"扫荡"之机，向我豫鄂边区各地发动"进剿"。6月，国民党调集一二七师和暂编一师向我鄂中白兆山根据地进犯。顽暂编一师竟悍然窜入我随县南中心地区——圣场镇，妄图夺取整个白兆山抗日根据地。对此，我军忍无可忍，奋起反击。我旅和十五旅四十五团互相配合，给顽军以迎头痛击，歼灭暂编一师第二团，缴获大批美式装备，收复白兆山地区被蚕食的抗日根据地。

对大悟山这个豫鄂边区的抗日指挥中枢（边区党委、五师领导机关和抗大十分校的所在地），日军虎视眈眈由来已久。特别是太平洋战争爆发以后，日军为强化"后方"，几乎不间断地对豫鄂边区实行反复"清乡"和"扫荡"，其中大悟山地区始终是敌人"扫荡"的重点区。因此，对大悟山地区我军的动向，日军特别地关注和敏感。

这年初冬，由于汉奸告密，日军了解到十三旅屯兵大悟山整训，并得知新四军已在滚子河地区修筑了一个飞机场（实际是一个大操场）。为彻底摧毁五师抗战力量，日军忙于12月15日以第三师团、第四十师团和伪十一师各一部共1万余人，携带各种火炮80余门，分14路沿平汉铁路、河汉公路及伏河一线向大悟山区实行"铁壁合围"，妄图把五师领导机关和主力部队一网打尽。

道高一尺，魔高一丈。趁各路敌人尚在运动之中，五师首长果断指示部队掩护群众分多路向平汉路西和陂安南等地区突围。为牵制敌人，掩护主力跳到外线，我旅奉命留三十七团1个营和十五旅四十五团一部在大、小悟山就地坚持游击战。

16日黄昏，我旅掩护五师机关和当地群众数路突围。当时，敌我都在运动中。因此，我军在突围中多次与敌遭遇，有时敌我之间几乎是前后相间，左右并行。在与敌人的遭遇战中，指战员们面对数倍于我的凶神般的敌人，表现得十分英勇。如三十七团三营掩护师供给部向（黄）陂、（黄）安南突围，不料在五斗田山岭与

4 路日军遭遇，当时情况十分危急。但我军临危不惧，勇猛冲杀，打垮一路敌人，胜利突出合围。与此同时，三十七团二营掩护五师司、政、后及区党委向东运动中，在夏店杜家畈与数倍于我之敌遭遇。经过一番激战，我军冲破敌人包围。17 日拂晓前，五师领导机关和主力部队完全摆脱敌人，胜利突出重围，转到外线作战。

随即我军内外配合，左右策应，打得日军顾此失彼，焦头烂额，像只受伤的野兽东奔西窜，疲于奔命，在两天内便死伤 200 余人，不得不于 17 日晚灰溜溜地退出大悟山区。至此，日军妄图消灭五师抗日力量的阴谋，又一次竹篮打水——一场空。

在万余日军闯入大悟山我"八卦阵"的同时，驻安陆、应城日伪军 600 余人，分两路向应城杨家河、高庙地区"扫荡"。于 16 日晚行军到达杨家河宿营的三十八团遭敌袭击。当时敌人已占领东北高庙山地的制高点。三十八团以二营两个连固守高庙西南一线阵地，以三营两个连主攻高庙东北方向的敌人，以一营坚守高庙东南阵地。战斗中，我军与敌人反复争夺阵地，前后进行了 8 次肉搏战，终于打垮了敌人。这次战斗，共毙伤日伪军 100 余人，活捉伪军 10 余人。

12 月 18 日，在大悟山反"扫荡"中突围出来的五师机关、部队都安然无恙地返回原来的驻地。巍巍的大悟山上，又飘荡着十三旅战士最喜爱的《新四军里真快乐》的雄壮歌声。

五

在抗日战争时期，盘踞在豫鄂边区各地的国民党顽固派主要是程汝怀、刘梅溪、刘亚卿、杨希超、曹勖、曾宪成等。他们在整个抗战期间，破坏团结抗日、制造反共摩擦的活动，始终没有停止过。对此我们一面从政治上揭露其假抗日真反共的阴谋和罪行；一面严守自卫原则，对顽固派的进攻予以必要的还击。我旅对顽作战，亦取得卓越成绩，至今仍记忆犹新。

1940 年 2 月间，在国民党顽固派的第一次反共高潮中，鄂东顽军程汝怀乘我主力到外线作战之机，向我大、小悟山留守部队发动袭击，残杀我留守人员和医院伤病员 400 余人，并烧杀抢掠，无恶不作，使大、小悟山一带的群众惨遭蹂躏。顽固派的暴行，激起了边区军民的强烈愤慨。我军迅速集中了平汉支队等部队，向顽固派实施了自卫还击，击溃了顽军的进攻，痛歼刘梅溪部2000余人，收复了被顽军蚕食的大片土地。

1941年初，抗日战争进入了最艰苦的年代。在敌人的连续"清乡"和"扫荡"下，根据地面积缩小，抗日力量亦有较大削弱。在这民族危亡空前严重的时刻，国民党顽固派反而更加丧心病狂地向新四军及其抗日武装频繁进犯，蚕食我抗日根据地，屠杀抗日民众。6月，为反击顽军进犯，开辟（黄）安麻（城）抗日根据地，我旅集中主力，对占据江、朝、二之顽保一旅残部实施反击。该顽曾被我旅于二道桥歼灭1000余人。江、朝、二一战，我军歼灭其旅部及第三支队2000余人，从此开辟了（黄）安麻（城）抗日游击根据地，并巩固了以陂、安南为中心的抗日根据地。8月，国民党第五战区暗令进驻鄂西北的国民党军一二七师一部向白兆山地区的贯庄店、洛阳店、二里店一线"驻剿"，令京山以北的顽军六纵队不断向石板河、曹武街、张家菜棚及京（山）钟（祥）公路以南、宋（河）应（城）公路西侧深入。

为了恢复京（山）安（陆）应（山）天（门）汉（川）沔（阳）根据地，切断顽军南北联系，我旅奉命越过平汉铁路，进抵京山地区。9月19日，我们向深入京山以北丁家冲的顽军六纵队一部反击，歼其1个大队。旋即我军挥兵南下，向伸入我天（门）、京（山）、潜（江）地区的国民党一二八师发起反击，恢复了天、京、潜地区。

位于鄂东礼山（今大悟）北部的顽保四旅，一向与我军为敌，经常袭扰大、小悟山根据地，是一个十足的顽固派。为保证大、小悟山根据地的侧翼安全，我军决定除掉它。1942年仲夏，我旅奉命与师部特务团配合对占据奉家店、王家店、汪洋店一带的顽保四旅发动进攻，一举全歼该旅部及第二、第三团和礼山县3个中队，生俘旅长蒋少瑗以下2000余人。9月15日，新四军首长特来电嘉奖："此次实行自卫作战，将进攻之顽保四旅全部歼灭，缴获甚众，顽敌胆寒，尤属可嘉。"

1944年4月，我旅遵照边区党委确定的"以巩固为中心"的工作方针，屯兵大悟山进行整训。但是，国民党桂顽第七军向我大、小悟山根据地发动进攻。在反击桂军的战斗中，我军打得很顽强、很壮烈。有时一个阵地敌我反复争夺，几经易手，战斗多次呈现出白热化。尽管桂顽的攻势凶猛，但仍被我军击退。

4月18日，日军发动河南战役，豫中、豫南30余座县城沦入敌手。为拯救沦陷区人民，打通边区与华北兄弟部队的联系，由我旅三十九团和信应4个连、信罗2个连组成了豫南游击兵团，在黄林率领下北上河南。部队挺进豫南后，连续打垮了几股顽军武装，使得顽固派闻风丧胆。制造确山惨案的祸首之一张明太，率部500多人，盘踞在竹沟爬头寨。这个刽子手勾结敌伪，作恶多端，活动十分猖狂，当地群众纷纷要求歼灭该顽。10月中旬，我军在群众支援下，将匪巢爬头寨包围。经一昼夜激战，除张明太带少数亲信跳崖逃窜外，其主力全部被歼，并拯救出被抢妇女数十人。战斗结束后，群众欢呼，人心大快，就连年逾花甲的老人也亲自送饭到山寨，慰劳新四军。

六

1944年抗日战争已经进入反攻阶段，日本侵略者的失败已成定局，但万恶的敌人仍不愿放下屠刀，妄图垂死挣扎，挽救灭亡的命运。

8月29日，黄林率领豫南游击兵团胜利渡过淮河，随即以远距离奔袭，一举解放了河南正阳胡冲店，打开了汝（南）、正（阳）、确（山）的敌后抗战局面，为我军进一步开辟河南创造了前进阵地。接着我军挥师西越平汉线铁路，以确山竹沟东南的孤山冲为中心，建立了抗日根据地。

10月中旬，河南挺进兵团（即豫南游击兵团）又挥师北上，挺进豫中。沿途和敌伪军作战数十次，初步建立了以嵖岈山为中心的豫中抗日游击根据地。

翌年3月，我旅三十八团沿平汉铁路东侧北上，插入河南敌后，很快与河南挺进兵团会合，3月26日，即投入尹集战斗。尹集是河南西平、遂平、舞阳三县交界处的重镇。这里沦陷后即为伪和平建国军第一师的第一旅所盘踞。战斗在白天打响后，三十八团以勇猛神速的动作，歼灭伪军1个团大部。入夜后，三十九团在柏庄寨击溃伪军另一个团，从而夺取了尹集外围阵地。次日，困守尹集的伪军残部害怕被歼，突围而逃。我军随即解放了尹集。半月以后，我军又乘胜进击西平县合水镇，全歼伪和平建国军第二师，俘伪师长张国威，使合水镇重新回到人民手中。

1945年9月2日，日本帝国主义签字投降。从此，伟大的抗日战争取得了最后胜利。据不完全统计，我旅在抗日战争中，对日伪主要作战100多次，毙伤俘敌近万人，对顽自卫还击主要作战40余次，毙伤俘顽1.7万余人，出色地完成了各项作战任务，为抗日战争胜利做出了重大贡献。

七

新四军五师十三旅所以能够从开始时的几支细小武装，发展到后来拥有5000之众、在豫鄂边区叱咤风云、震撼敌胆的抗日劲旅，是与党的正确领导、人民群众的大力支援分不开的。

1940年4月当平汉支队刚刚组建时，党中央就从延安给我们选送来大批优秀干部，使我们这支年轻的部队有了栋梁。记得当时平汉支队营以上主要领导干部都是身经百战的老红军。这些红军干部是我旅成长、发展和壮大的基石。在部队建设中，他们吃苦在前，退却在后，身先士卒，始终在第一线作战。哪里工作最艰苦、战斗最激烈，干部就出现在哪里。我旅能打善拼的顽强战斗作风，就是靠这些优秀干部在枪林弹雨中带出来的。不少优秀的指挥员血洒疆场，英勇捐躯。据统计，在抗战中我旅有二十几位营以上干部为国捐躯，其中有王友德、梁天云、谢平、宋斌、肖刚、朱仿、熊德泉、杨振山、余芳云、陈相国、米国兴等。

1940年初，党中央根据抗战形势的发展，提出在抗日根据地实行党的一元化领导体制，五师部队绝大部分编入各个军分区，却保留我旅建制不变，作为边区战略机动力量。在它整个的成长过程中，五师首长和边区人民倾注了大量的心血，在武器装备的更新等方面都给予了大力支援，使部队始终处于最佳的战斗状态，保证了各项任务的完成。

人民军队为人民，人民热爱子弟兵。那时军民之间鱼水一般，情同手足。记得有一次，李先念师长在给我旅全体指战员作报告时，曾赞扬说：你们十三旅在边区斗争中是有功的，名气大得很，在边区连3岁的娃子都知道新四军五师里有一个十三旅。的确，当时部队在人民心目中是有很高威望的，赢得了人民的拥护和爱戴。即使斗争形势十分险恶，人民生活苦不堪言，但为了保证部队吃饱穿暖打击侵略军，群众忍饥挨饿、节衣缩食支援子弟兵。那时每逢部队有重大行动或战斗，群众总是主动为我们当向导、送情报、烧水送饭、看护伤员，直至参军参战。

当时由于战争环境的限制，部队伤病员几乎都是隐蔽在群众家中治疗，有的医院和被服厂、枪械修理所甚至就设在敌人据点下。为对付敌人的搜查，群众运用各种巧妙的办法，蒙骗过敌人的眼睛。在人民群众的掩护下，我们的一批批伤员很快康复重返部队，各种武器装备及时安全地输送到我军手中。因此，每当部队指战员提起这些感人的事迹时，总是深情地说："到群众家里就像在自己的家里一样，处处感到温暖和安全。"

记得 1942 年秋，我旅利用作战间隙，在礼山（今大悟）陈家大湾组织了一次盛大的全旅体育运动会。当时，陈家大湾距日军据点仅几公里，这使得被邀出席运动会的美国援华飞行员莱威士等人深感惊讶。他们不解地问："你们在这种环境下开运动会，不感到有威胁吗？"陪同的同志笑着说："我们有人民做耳目，敌人的一举一动都在我们的监视之中，所以，我军感到绝对安全。"听完我们的解释后，莱威士等人不断地点头，并竖起大拇指连连称赞："新四军了不起，是真正抗日的。"

在斗争中，我旅模范地执行党的统一战线政策，为维护统一战线做了大量工作。1940 年秋我旅挺进汉、孝、陂地区，向当地群众和各界人士大力宣传中国共产党的抗日主张和政策方针，宣传新四军是抗日队伍，是人民的子弟兵。还与当地一些封建地方组织的掌门人以及商业人士坐下来谈判。在谈判中，我军申明如下主张：第一，我军是抗日武装，是为打鬼子而来的，我军保障人民生命财产安全；第二，为抗日需要，我军要在这一地区设卡收税，为抗日筹集资金，希望你们有钱出钱，有力出力；第三，帮助新四军提供敌人情报，代购医药、布匹等抗日物资。只要你们遵守上述条件，我军保证你们经商自由和人身权益不受侵犯。

经过谈判，双方达成了协议。不久，建立起党的汉孝陂工作委员会和行政办事处。至 1940 年底，我军在武汉近郊的茅庙集、四汉河、北经嘴、黄花涝、东山等地相继建立起税收点，对来往于武汉的船只进行收税。这样一来，我们每月可收得税款几万元（法币），使汉、孝、陂地区成为豫鄂边区抗日斗争中的重要财政来源地之一。1941 年 5 月上旬，日军对鄂北发动局部攻势，向应山、随县、枣阳一带的桐柏山、大洪山地区推进。为支援驻大洪山友军从正面反击敌人，我旅在兄弟部队配合下，在安陆、天门、潜江、黄陂等广大地区，先后向敌出击，连连得手，使日军攻势宣告失败。我们对顽固派的斗争，也是有理、有利、有节的。国民党军鄂东第十九游击纵队支队长刘亚卿曾被我军三擒三纵，这在当时被边区人民群众和各阶层人士广为传颂。

伟大的抗日战争取得胜利已经 40 多年了。回顾十三旅抗战历程，我们深深缅怀那些曾和我们并肩战斗、生死与共、为胜利而英勇牺牲的烈士。他们是人民英雄，是中华之魂，他们用自己的鲜血和生命，在中华民族抗击外来侵略的光辉史册上，谱写了壮丽的一章。

在抗日战争中英勇捐躯的十三旅英烈们永垂不朽！

1987 年 4 月定稿

原载中国人民解放军历史资料丛书编审委员会编：《新四军·回忆史料》(2)，解放军出版社，1990 年，第 275～289 页。

五师十四旅纵横驰骋在鄂东鄂南

◎ 熊作芳

抗日战争时期，有一支驰骋回旋于鄂东、鄂南的抗日武装，它就是新四军第五师的主力之一——第十四旅。它诞生于鄂东，在伟大的民族解放战争中逐渐发展壮大，与兄弟部队相配合，英勇打击敌伪，战斗足迹遍及鄂、豫、皖、湘、赣5省30余个县，为赢得全民族的抗战胜利做出了杰出的贡献。

一

鄂东地处平汉铁路以东的大别山南麓，原是鄂豫皖苏区的组成部分，是一块滋润着革命的土地。著名的黄麻起义就发生在这里，红四方面军、红二十五军（重建）、红二十八军都诞生在这里。这里的人民早与中国共产党及其领导的人民军队有着血肉相连的关系。

1937年10月，我奉命从延安回到红安七里坪。这时，根据党中央的指示精神，红二十八军准备改编为新四军四支队东进。1938年3月，四支队改编成3100多人的队伍开赴皖西前线杀敌，党在七里坪成立了四支队留守处。为了警卫机关和后方，留守处将30余名红军干部和便衣人员、28条枪组成了警卫排，排长罗厚福，政治指导员张体学。那时，国民党军队在日军的进攻面前仓皇溃退。他们在溃退途中，丢弃了大批枪支弹药。这本是我们发展武装、开展抗日游击战争的大好时机，但当时由于受王明右倾投降主义错误的影响,有的同志害怕会破坏统战关系,不让警卫排战士捡枪,捡了枪要送到国民党乡公所。这段时间我们这支武装的发展受到限制。与此同时,中共黄冈中心县委根据湖北省委的指示,将工作重点转向农村。7月下旬,正当日军的铁蹄逼近中原大地时,即以坚持大别山三年游击战的红色便衣队为核心,成立了有二三十人的武装。10月24日(黄冈县城失陷后的第二天),正式树起抗日大旗,在黄冈张家湾编为"鄂东抗日游击挺进队"。不久,中共鄂豫皖区党委主动与国民党第五战区第二十一集团军(桂系部队)谈判,将挺进队编为该部独立游击第五大队。部队很快扩展到730多人,张体学任大队长,丁宇宸任大队副,段亚杰(文祥)任政治处主任。

武汉沦陷后10天,四支队留守处警卫排和鄂东特委星夜转移到白马山隐蔽坚守。12月,新任鄂豫皖区党委书记郭述申来到白马山,传达了党的六届六中全会精神,会上决定:放开手脚,立刻拉起抗日武装,大胆开展敌后抗日游击战。鄂东特委以四支队留守处警卫排为基础,组建了新四军游击第六大队。大队有180余人,罗厚福任大队长,我任政治委员。

第五、六大队一创建,即按红军的办法建军,设立政治机关,发展党员,中队成立党的支部。第五、六大队在建军的同时,把作战目标直指日军。1938年11月,第五大队首先袭击淋山河敌据点,打响了鄂东敌后抗日第一枪。1939年2月,第六大队挺进平汉铁路沿线敌后打鬼子。出发的那天,大队长罗厚福还命令架起土炮连放了3发礼炮。接着,就出奇兵夜袭了李家寨车站的日军据点,还在车站刷了两条抗日大标语,张贴了油印的日文宣传品。次日又凭险击退前来报复的日军200余人。第五大队在人民群众的帮助下,一举攻克敌据点宋家墙,歼灭日军1个小队,接着又收复方高坪敌据点。"鬼子挨打了,赶走鬼子有指望了。"鄂东人民相互传说,抗日的热情得到极大鼓舞,第五、六大队的名望随之四扬。

1939年3月间,李先念来到平汉路东,向第六大队领导再次传达了党的六届六中全会精神,指示第六大队向南发展,坚决深入敌后,联系人民群众,开展抗日游击战争,创建抗日根据地。第六大队随即南下,活动于黄安地区。5月3日,日军从礼山夏店、黄安河口出来"扫荡",紧紧咬住了驻余家河的国民党礼山县大队,驱散了赶集的群众。枪声传来,第六大队立即抢占了曹家坳西侧制高点。只顾追赶的日军遭迎头打击，乱作一团，仓皇撤退。第六大队从山上冲下来，一气追击10余里至余家河。黄昏时，鬼子拖着伤兵和尸体缩回据点。国民党礼山县大队安全脱险，群众取回了被敌人抢劫去的耕牛、衣物等。我在这次战斗中负了伤。许多群众亲眼见到了鬼子挨打，第六大队的名声传遍鄂东。第五、六大队一出师就打鬼子，受到群众支持，许多青年要求参军。很快，第五大队发展到11个中队（内含1个机炮中队）1300余人枪，第六大队发展到4个中队400余人。这两个大队已壮大成为鄂东抗日的先锋。

余家河战斗后，第六大队进至孝感青山口以南，与西征而来的第五大队之三中队会合。为了开辟黄陂、孝感地区的抗日工作，决定联合歼击盘踞在黄陂蔡店的拥有3000多人的伪八军李汉鹏部。根据侦察到的情况，第六大队兵分两路奔袭李家湾之敌，第五大队三中队配合进攻蔡店之敌。在夜色掩护下，部队出发了。奔袭李家湾的尖兵班俘获伪八军两个逃兵，得到伪军当夜口令。大队长罗厚福当即决定，冒充伪司令部特务连，直逼敌指挥部。当敌人还在做梦时，我们已完成了包围。打掉敌人"心脏"后，伪军官才从梦中惊醒，但只剩逃命、交枪的份儿了。正在赌博的伪旅长、团长颤抖着双手做了俘虏。中心打响，四面开花。外围的敌人已成为无头羊群四处逃窜。我军乘胜追击，拂晓前结束战斗。是役俘虏伪官兵300余人，缴迫击炮3门、重机枪9挺、长短枪500余支，伪八军自此不复存在。这次战斗创造了以少数兵力奇袭大股伪军、自己无一伤亡的战绩。拔除了障碍，黄陂的抗日局面打开了。很快，黄陂蔡店成立了第八大队，中共（黄）陂孝（感）县委成立。缴获的武器改善了第五、六大队的装备，第六大队建立了重机枪连，同时还装备了第七、八两大队。在创建鄂东抗日根据地中，这一仗起到了奠基作用。七七事变两周年之际，第五、六大队再次并肩作战，俘虏伪二十五师赵光荣部旅长以下官兵200余人。在我连战皆胜的威慑下，黄陂泡桐树店伪二十二师不打自乱，数日自行崩溃。

鄂东抗日形势正在发展时，国民党于1939年秋发动了第一次反共高潮。驻在鄂东的顽固派加紧反共活动，一时甚嚣尘上。9月1日，湖北省第二区行政督察专员兼鄂东游击总指挥程汝怀部在桂军一七二师两个团的配合下，制造了亲者痛仇者快的夏家山事件，第五大队机关和一中队、机炮中队遭受重大损失，我军百余人被杀害，50余人被俘，第五大队主力在战斗中胜利突围。

1940年1月3日，鄂东、鄂中、豫南的抗日武装正式整编为新四军豫鄂挺进纵队。第五、六大队编为纵队一团队，团长罗厚福，政治委员方正平，副团长张体学，参谋长吴林焕，政治处主任冷新华；鄂东及应山地方武装一部编为纵队的鄂东游击总队，鄂东地委书记程坦兼政治委员，我任总队长。

鄂东顽固派程汝怀在夏家山事件后，继续与我为敌。纵队即根据中原局指示，反击顽固派程汝怀，创建大、小悟山根据地，建立我军在豫鄂边区的指挥阵地。鄂东的大、小悟山位于大别山脉的西部，曾是鄂豫皖苏区的主要根据地之一。它南临武汉，西扼平汉铁路，军事地理位置极为重要。在纵队首长率领下，一团队同二、三团队于1月中旬、2月上旬、4月中旬进行了大、小悟山战役。纵队控制了大、小悟山并使之与（黄）陂、（黄）安南连成一片，使我军坚持鄂东抗战有了立足之地。随后边区党政机关和纵队司令部进驻黄家冲和姚家山。

一团队在战斗中不仅壮大了自身，同时还向兄弟部队输送了战斗力量。1940年3月，一团队的三、八、九连与鄂东、信南地委各一个连组织了鄂东独立团，团长吴林焕，政治委员张体学。5月间，张体学率独立团第二大队与鄂东总队及安（陆）应（山）地方武装一部编为纵队第九团队，团长吴林焕，政治委员李人林。不久，挺进到黄冈的原独立团一部与纵队手枪团、黄冈地方武装编为新的独立团，团长熊桐柏，政治委员张体学。

在纵队第三次打大、小悟山后不久，日军以7个师团的兵力发动了宜昌战役。边区军政委员会决定以纵队主力向西作战略展开，牵制日军，配合正面战场作战。6月21日，一团队与二团队进军京（山）北坪坝重镇，控制了安（陆）、京（山）、随（县）的枢纽地带，使白兆山与大山头两块根据地连为一体。鬼子企图夺回这一要地，于7月、9月、10月三次反扑坪坝。一团队与兄弟部队英勇机智作战，胜利保卫了坪坝，控制了大洪山的东南门户。

第五、六大队在与日伪的战斗中成长壮大起来，不仅成为新四军豫鄂挺进纵队的主力之一，而且成为新四军第五师第十四旅的主要前身和基干力量。

二

1941 年 1 月，震惊中外的皖南事变发生。针对国民党反动派取消新四军的反共行动，中共中央军委发布命令重建新四军军部，决定将新四军原各支队、八路军南下部队整编为 7 个师。豫鄂挺进纵队整编为第五师，下辖十三、十四、十五旅。十四旅诞生的日子是在战斗中迎来的。

还在 1940 年 5 月，顽程汝怀之十六、十九纵队协同桂军一七一、一七二师，乘日军发动宜昌战役我军西征时，逼我撤离大、小悟山。皖南事变后，纵队首长决定以主力 一、二、三、九团队向占据大悟山的顽十九纵队还击。2 月 17 日，一、九团队从陂安南出发，由苎麻岭进入大悟山，先后控制了大马义、曾家冲等大悟山东线阵地。一团队首先向白果树湾、新屋畈歪歪寨进攻，当日上午即克歪歪寨，将顽二支队歼灭。随后，与其他团队协同作战。经过 3 日激战，纵队攻克顽军全部阵地，从而恢复了大悟山抗日根据地，巩固了我军在武汉外围作战的指挥阵地。

战斗结束后，九团队继续东进鄂皖边，打通与新四军军部的联系，改变了长期孤悬敌后的局面。1941 年 3 月，九团队到达浠（水）蕲（春）边彭思桥地区，随即向桂军指挥的河南部队第二纵队沈光武部展开统战工作。在两军对峙下，九团队坚持进行火线统战，终于达成抗日协议，丰富了在战斗中开展统战工作的经验。下旬，又在黄梅县的吴强歼灭阻拦东进的地方顽军 4 个中队。九团队在东进中还沿江创建了几块根据地，恢复和重建了浠（水）蕲（春）边、蕲（春）广（济）边、黄（梅）宿（松）边 3 个县委和宿（松）太（湖）边、浠（水）东两个工委，建立了 8 个独立营和广济独立团、黄梅独立团。4 月 22 日与新四军七师挺进团在陈汉沟胜利会师，自抗战以来首次沟通了与军部的联系。

收复大、小悟山的战斗胜利了，东进鄂皖边的任务完成了，十四旅诞生的日子迎来了。1941 年 4 月 5 日，新四军第五师整编完毕。4 月 15 日，十四旅召开了庆祝建军大会。师长兼政治委员李先念亲临陂安南二房湾祝贺。在庆祝大会上，李师长宣布建立十四旅的命令：旅长罗厚福，政治委员张体学，副旅长吴林焕，政治部主任夏农台。一团队编为四十团，团长黄宏伸，我任政治委员。黄冈地方武装合编为四十一团，团长漆少川，政治委员罗通。九团队编为四十二团，团长熊桐柏,政治委员聂庆泰。接着,李师长揭露了皖南事变的真相,分析了全国和鄂豫边区抗战的形势,讲了重建新四军军部的重要意义,肯定了十四旅在前几年敌后抗日中的成绩,最后对十四旅的建设和作战提出了要求和希望。战士们穿着一色的灰军装整齐地坐在台下,聚精会神地听着李师长的讲话,并不断报以热烈的掌声,高呼"坚持抗战,反对投降;坚持团结,反对分裂""打倒日本帝国主义"等口号。二房湾及周围的群众也自动来到会场祝贺和联欢。一时间,鞭炮齐鸣,锣鼓喧天,团、连宣传队纷纷登台演出节目,军民欢歌笑语,二房湾沉浸在欢快的节日气氛之中。

十四旅在战斗中诞生,又以战斗的步伐踏上了新的历程。

陂安南根据地是大悟山指挥阵地的东南屏障。十四旅在当地党组织和群众支持下,抗日工作伸到日军据点下。敌据点间的联系时常中断,生活给养时常陷入困境,日伪昼夜不得安宁。从 1941 年 5 月开始,日军以分进合击的战术对陂安南进行了 三次"扫荡"。5 月的一天早晨,部队正吃早饭,侦察员和群众先后跑来报告,13 个据点的鬼子向陂安南进犯。我们放下饭碗,按当即确定的战斗部署开始了行动。四十团一、二营迅速占领了黄安红寨、马鞍山、傅家寨一线,先敌开火,把各路敌人的注意力和兵力吸引过来。三营掩护鄂东地委、专署机关和群众从合围的缝隙顺利跳出了包围。一、二营坚守阵地到下午。这时,天空阴云密布,狂风骤起,大雨从天而降,能见度极低,我们决定乘机突围。战士们风趣地说:"老天爷替我们打掩护,为鬼子哭丧,可真向着我们啊。"一、二营借大雨向敌接合部猛打、猛冲,一口气打破合围,转移到外线。天黑之后,大雨不绝,伸手不见五指。我们地形熟,群众关系极好,占天时地利人和,决定杀鬼子一个回马枪。于是派手枪队和二连摸到院子湾和姚家凹。采取小股多处偷袭的战术,各小组向鬼子的住处、马棚神速突击,快速撤离,闹得敌人一夜心惊胆战,通夜开枪壮胆。第二天一大早,13 路日军抬着尸体和伤兵各奔自己的据点。群众回到村里,见那么多日军一夜间全溜了,便自发来慰问我们。13 路日军一无所获地败退,群众和战士们唱道:5 月里来麦儿黄,13 路鬼子来"扫荡",新四军占领红毛寨,打得鬼子不敢上,老天爷助神威,雨夜奇袭鬼子窝,打得鬼子心慌慌……7 月,敌人改变战术,采取修建据点和公路的办法"蚕食"陂安南。针对敌人的企图,群众白天消极怠工,晚上就在我武装掩护下加紧破坏,同时我们又派游击小组每晚骚扰敌人,使鬼子心神不安。在我封锁、围困和袭扰下,第二次占领陂安南的日伪军垂头丧气地撤兵。11 月,日军又纠集 3000 余人,分 9 路"进剿"陂安南。我们运用前两次成功的战斗经验,使日伪军修筑的公路屡修屡破,所安的据点一日数惊,所需的给养时常中断。日军一筹莫展,终于相继撤退。在十四旅的战斗保卫下,大悟山指挥阵地的东南屏障更加坚固了。

1941 年 9 月,正当日军进攻长沙之际,桂顽第七军 3 个师及地方顽军却大举进攻我新四军二师。为配合二师反击作战,我四十二团再次东进鄂皖边。10 月间,四十二团进到多云山地带。这时,黄梅孔垄镇日军一个中队到油铺街"扫荡"。团长熊桐柏当即决定在多云山设伏。敌人走进伏击圈,立刻被突如其来的火力打乱,于是他们边打边退。我一、二营紧追不舍,将敌逼至一个小河沟里。敌人开始垂死挣扎。熊团长马上派二营四、五连从一侧迂回,将敌紧紧压制在河底。经两小时激战,歼灭了顽抗之敌。就在胜利时刻,一颗冷弹突然打来,熊团长光荣牺牲了。熊桐柏同志曾是红二十八军有名的"小营长",为民族和人民的解放事业身经百战。噩耗传开,全体指战员同声痛哭,断食哀思。他的战友赵辛初当时为他写了两首挽诗,其中一首诗云:

战争未罢失同俦,
惆怅临风泪暗流。
壮志未酬遗恨在,
江山无语白云浮。
多年战绩传吴楚,
一片丹心贯牛斗。
寄语九泉休怅惘,
丰收留与后人收。

四十二团掩埋了战友的尸体,继续东进,11 月初与旅部进入鄂皖边,配合新四军二师的反击顽军进攻的作战。皖西形势好转,旅部和四十二团返回鄂东。这时,四十团编入特务旅为一团,罗厚福调任该旅旅长。吴林焕任十四旅旅长,我任副旅长兼参谋长。另将广济独立团编为四十团。

三

从 1942 年开始，十四旅在保卫鄂东抗日根据地的同时，逐步向鄂南发展，跳跃回旋于长江两岸作战，战斗也更加频繁。

1942 年初，桂系为排除蒋系程汝怀在鄂东的势力，驱使其向我鄂东根据地进犯，视其成败相机吞并。程汝怀就范，开始部署"围剿"在长江北岸浠广一带活动的十四旅。为了打乱、粉碎程之部署，十四旅于 1 月 19 日歼灭了反共急先锋浠水县政府自卫队。2 月 10 日，又移兵广济，在十三旅一部配合下，南北夹击歼灭驻广济的顽军，然后，迅速跳到外线，使程顽企图落空。3 月，四十一、四十二团对屡次进犯彭思桥的沈光武部进行了反击，战斗中四十二团政委聂庆泰牺牲。十四旅为巩固鄂东抗日根据地，一面坚持打击日寇，一面反击顽军的进攻，在敌顽夹击中求生存、求壮大。黄冈是跨越长江的桥头堡，汪家集是黄冈的中心。1942 年初，日军以 300 余人"扫荡"黄冈。四十一、四十二团主动出击，从中午打到黄昏。敌人见势不妙，施放毒气弹后撤退。不久，日军又从团风出动到陶店抢劫。四十一团二营得到群众报告立即出击，毙伤日军二三十人，营长刘清云在肉搏战中英勇牺牲。

5 月，日军开始进攻浙赣线。为牵制敌人新的进攻，开辟江南抗日根据地，使之与鄂东、鄂中、豫南各抗日根据地连成一体，实现自南线包围武汉的战略态势，四十一团一部和鄂南地方武装共 400 余人奉师部命令，组成西路部队，在罗通和鄂南中心县委书记李平率领下，于 5 月 9 日先遣过江，顺利到达江南鄂城一区，数日后到达咸宁的西岭、挂榜山地区。就在西路部队过江的同时，旅党委召开了会议，认真领会了师部的指示，分析了鄂南的形势及开辟江南抗日根据地的行动方案。会后，吴林焕、夏农台向部队传达了师部指示，进行战斗动员。部队听说打到江南去，很有信心，"开辟江南，保卫鄂东""打到江南，坚持抗日"的口号成为大家的誓言。为了保证旅主力顺利渡江，我带领侦察队到江边了解情况，征集船只。广济湖区的船夫与我们很熟悉，很快选定了渡口，准备好了 80 余条船。5 月 14 日，东路部队（旅直一部，四十二团一、三营千余人）在吴林焕和我的带领下，从蕲州和田家镇之间的银山垅黄桑口夜渡长江，拂晓前占领松江南岸要点筼山。这时，据守在大王殿、太子庙的名为国民军实为伪军的程金门部靠拢了大冶、铁山的日军据点，准备伙同日军消灭我部。得知这一情况后，我们决定在敌出动前主动出击，当夜歼灭了程金门部大部。果然，大冶、阳新的日军马上对我进行报复，向我部驻地袁家湾进攻。四十二团与敌人激战4小时，毙伤日伪军30余人，打退了敌人的进攻。随后，我东路部队进到长乐园一带，一边设法打听西路部队，一边宣传群众，并与当地士绅、保甲联络，进行统战工作。两天后，又转移到龙角山。龙角山曾是彭德怀闹革命的地方，当地群众知道我们就是当年的红军时，倍感亲切。群众带着我们去看彭德怀住过的草房，讲述彭德怀闹革命的事迹，控诉了日伪军的暴行。听着群众的讲述，我们更加深切地感受到人民对我们的爱戴和期望，体会到拯救人民于水火之中的民族重任。住在龙角山，靠近了驻守刘仁八、傅家山的田维中部。为了联合抗日，我们先派当地群众送信，田却将人扣留。我部遂绕开田部驻地向梁子湖方向寻找西路部队，同时再次写信给田维中，呼吁以抗日大局为重。与西路部队派来的人联络上以后，我东路部队返回龙角山。就在此时，田维中竟以1500余人向我偷袭。四十二团高度警惕，凭高据守，将其击退。为了抗日大局，我部没有乘胜追击。事后，又一次写信，指责了田维中，并再次希望他能一致抗日，不要一意孤行。7月下旬，东、西两路部队在咸宁高槎桥会师。田维中见我主力南下会师，倾巢出动2000余人向我留守在大王殿、太子庙的部队进攻。东、西两路部队在返回大王殿、太子庙途中随机决定打击田维中后方，从而迫使其退回。7月27日，师部决定加派师特务团过江，配合四十一、四十二团作战。8月1日，特务团从黄冈与巴河之间的长潦过江。田维中部多次拒绝我联合抗日要求，接连出击我过江部队，我们决定予以还击。8月2日，四十二团1个营从龙角山向田部驻地刘仁八进攻，特务团主攻傅家山。两路部队南北对攻，彻底摧垮了田部，扫除了开辟江南的又一障碍。从缴获的文件中得知，田部早与日军、伪政权有秘密"协定"。拔掉田维中这颗钉子，我部在江南有了立足点，十四旅跳跃长江两岸有了依托。

十四旅的活动区域由江北发展到江南，我们采取时散时聚、时南时北的机动灵活的作战方式，既保卫鄂东，又坚持在鄂南发展，为十四旅创造更大的机动回旋余地。1942年8月上旬，国民党第九战区的部队3个师（川军）自南而北向我部压来，妄图将我部消灭在沿江地区。为了避免与国民党军作战，我部留四十二团三营在阳（新）、大（冶）地区分散坚持；以特务团一营和四十一团二营向大幕山挺进，转入外线活动；四十二团一、二营，特务团二、三营大步跳回江北。我部刚上北岸，就与200余名伪军遭遇。四十二团二营迅速占领有利地形，抢先开火。特务团二营从一侧出击，营长许连云上前指挥，把敌人追击到江边。就在战斗将要结束时，许连云不幸中弹牺牲。8月中旬，日军以3000兵力"扫荡"咸宁公路两侧，川军3个师立即缩回湘鄂赣边的山区。我江北部队和刚组成的鄂南工作团乘机转回南岸，不失时机地开展了扩大鄂南抗日根据地的工作。8月下旬至年底成为鄂南抗日工作发展的第一个黄金时期。地方党和政府以我部为军事后盾，先后建立了以麻洋垴为中心的鄂一区、以龙角山为中心的阳（新）大（冶）、以西岭和挂榜山为中心的咸（宁）武（昌）鄂（城）等抗日根据地；成立了鄂南政务委员会和10个工委或县委以及30多个乡政权；开展了统战工作，团结了中间阶层，孤立和打击了顽固势力；组织群众，发展了民兵，开办了各种训练班；加强了对敌伪组织的瓦解工作。鄂南抗日的局面终于打开了，十四旅南北机动回旋的余地更大了。1943年初，梁子湖的伪军1500余人企图掐断我过江通路。四十一、四十二团迅速从江北至江南，将敌击溃。这时，鄂东顽军程汝怀的第十七纵队乘虚侵入鄂东根据地。四十一、四十二团枪不下肩，马不卸鞍，挥师北上，配合十三旅进行自卫反击。四十二团利用夜暗首先攻下了顽十七纵队的主阵地浠水白石山，居高临下控制了山下顽军各部。拂晓前，我军发起总攻，反顽战斗取得胜利。

十四旅坚守在江南的部队也积极开展了敌后游击战，活动区域不断扩大。尤其是在1944年6月，我鄂南总队夜袭了武昌青山机场，震惊了敌人重兵把守的指挥中心。武汉数日戒严搜捕，城市居民暗中欣喜，神话般地传颂我夜袭机场的战斗。

日军一直视我武汉外围的新四军为心腹之患，从1944年3月下旬起，反复"扫荡"平汉路两侧。5月22日，伪十一师师长李宝莲率师直和三十二团配合日军共2000余人，从黄陂六指店进到陂安南的龙王山，企图安据点，步步为营。师部命令集中四十、四十二团消灭李宝莲部，保卫根据地。天黑之后，我们开始合围疲惫之敌。拂晓前将驻龙王山的伪军师部咬住。李宝莲害怕被我合围全歼，派300余人向外突围。我四十、四十二团轻重机枪一齐扫射，手榴弹纷纷投入敌群，顽强顶住了突围之敌。此后，敌人的多次突围均被压回。激战至黄昏，敌人开始作最后挣扎。我们将预备队调上，乘打退敌人最后一次突围时冲击，将敌追至李家寨，大获全胜。这次战斗在一、四军分区协助和地方武装配合下，毙伤伪官兵 90 余名，击伤伪师长李宝莲，俘日顾问渡部八次郎和伪营长以下 32 人，缴获迫击炮 1 门、轻重机枪 6 挺、长短枪 150 余支、电台 1 部。大股敌人在鄂东失败，再次证明鄂东抗日根据地是牢不可摧的。

在日军威逼鄂东根据地时，国民党顽固派却借"反攻"之名，从 1944 年 2 月至 8 月 3 次进犯我大悟山指挥阵地。5 月 8 日，桂军六五五团突然向我第五师进攻。十三旅顶住了进攻，形成僵持。这时，四十二团协同一军分区自卫一团向黄安七里坪出击，迫使顽军撤退。8 月 2 日，桂军五六五团配合地方顽军 10 个营的兵力向大悟山童子岩、歪边咀、七里岗一线奔袭。这时，张体学率四十二团、我带四十团由陂安南出动，向其侧后迂回，一路进击了华家河、黄陂站、丰家店等地，打掉烧毁碉楼 50 余座，缴获物资一批，再度迫使顽军退至丰家店一线。

江北根据地日益巩固，江南根据地日渐扩大。1944 年初，四十一团主力一部和鄂南总队在罗通、李平率领下，机智地跨越粤汉铁路，在嘉鱼董家岭击溃遭遇的日军，接着又打退伪皇协军刘尔顺残部，胜利穿过黄盖湖。然后与奉师部命令前来配合的三分区洪湖独立五团会师于古战场赤壁山。在相互配合下，进一步打开了嘉（鱼）蒲（圻）临（湘）的局面，使鄂南与洪湖两块抗日根据地连在一起。这样，新四军第五师便像一个巨人，用手中的铁链将盘踞在武汉的敌人紧紧锁住。

十四旅活跃于长江两岸，开创和保卫了鄂东、鄂南抗日根据地，建立了大江南北两岸的滩头阵地，对敌寇视为命脉的长江中段（汉口至九江）以及平汉、粤汉铁路造成了威胁。在很长一段时间内，所谓的长江天险已不险了，我军不仅小部队可以随时横渡，就是成建制的团队在白天也可以摆渡自若。这就为以后八路军三五九旅南下提供了有利条件。

四

1944 年，国际反法西斯战争已取得决定性胜利，日本帝国主义在太平洋战争中节节败退。8 月，党中央根据全国抗战形势的发展，决定派王震、王首道率三五九旅组成南下支队，挺进华南。十四旅担任了护送南下支队全军过江的重任。按师部指示，张体学在长江两岸准备，我负责陂安南准备工作。在陂安南，我们准备了给养，保证了南下支队5000人马吃、用、住；同时侦察和监视敌情，向南下支队详细汇报，为他们选择进军路线提供了可靠依据。十四旅指战员和当地群众都以能护送从延安党中央、毛主席身边来的部队为荣，各项工作格外认真和顺利，凡南下支队途经我基本区，当地党和群众都热烈欢迎欢送。南下支队每日行军，都有我部先遣迎送。长江两岸严密封锁了消息，聚积了300多条船和千余人的船夫、民工队伍，万事俱备，只待大军过江。1945年2月19日至23日，南下支队从黄冈、巴河间和蕲春、田家镇间分两路顺利渡江。

四十、四十一团随南下支队渡江后，继续配合向南挺进，先后随同南下支队参加了攻克谭家桥、阳新三溪口、大田畈的日军据点以及打伪军周九如部等战斗。在与南下支队共同作战中，十四旅向"八路老大哥"学到了许多东西。

四十、四十一团及鄂南地方武装，一方面配合南下支队打击敌伪，一方面积极协同地方党和政府瓦解敌军，扩大新区，巩固根据地。先后歼灭了暗通日军的马钦武部、伪和平救国军第一师成渠部，击溃第三师刘尔顺部，争取了伪军袁四正（袁杰）千余人反正，建立了13个县的抗日民主政权，扩大了民兵、自卫队、武工队。至此，赣北彭泽以西、湘北岳阳以北、长江以南地区大部解放。十四旅的活动范围西至洞庭湖，东至鄱阳湖口，北至武胜关，南至大幕山。这是一片广大的根据地，为夺取抗战最后胜利打下了坚实可靠的基础。

1945年8月15日，日本帝国主义宣布无条件投降。在全国人民欢庆胜利中，十四旅奉命迅速向敌伪据点挺进，开展了受降和收复失地的工作。四十二团在地方武装配合下，迫使驻河口镇的伪黄安县政府及伪军300余人全部投降，计收缴轻机枪9挺、重机枪3挺、迫击炮8门、长短枪200余支。在受降过程中，国民党一面限制我军受降，一面加紧酝酿新的内战，派重兵逼近我解放区，中原地区危机四伏。面临新的斗争形势，我十四旅开始集结待命整编，准备迎接新的战斗。这时，南下支队奉党中央指示，于1945年10月上旬北返鄂东大悟山。十四旅再次与当地的党和人民热情迎送了南下支队，为他们准备了吃、住、钱款，还为他们准备了过冬的被服。南下支队北返后，根据党中央的指示，中原军区正式建立，十四旅的一部与反正的袁四正部编入野战纵队的十四旅，另一部为鄂东军区的独立第二旅，两个旅总计万余人。这两支部队在揭开解放战争的序幕"中原突围"中发挥了重要作用，并在以后解放全中国的战斗中屡建功勋。

抗战期间，十四旅的战斗历程是光辉不灭的，它前进的每一步都洒有革命烈士的鲜血。我作为一个幸存者，借此机会，向为十四旅的创建、发展、壮大而献出宝贵生命的烈士们表示深切的哀思和真挚的怀念。

1987 年 4 月定稿

原载中国人民解放军历史资料丛书编审委员会编：《新四军·回忆史料》（2），解放军出版社，1990 年，第 290 ～ 301 页。

新四军豫鄂挺进纵队成立前后

◎ 刘少卿

1939 年 6 月，我在延安中央军委任作战科长时，中原局书记少奇同志找我谈话，派遣我去河南竹沟任中原局军事部的参谋长，指示我组织一批干部报他审批后，由我带往中原地区工作，给我的主要任务是：开展敌后抗日游击战争，创建敌后抗日根据地。我开列了百余人名单，由少奇同志批准随我同行。出发前，少奇同志指示我们：到敌后要发动团结广大人民群众奋起抗日，要坚决贯彻执行党的抗日民族统一战线政策，要不断扩大抗日武装，发展抗日根据地。我们离开延安经西安八路军办事处，于 1939 年 7 月 13 日到达河南确山竹沟镇。这里是河南省委和中原局的驻地，由中原局委员兼河南省委书记朱理治主持全面工作，对外统称新四军第四支队第八团队后方留守处。

竹沟是桐柏山区确（山）、泌（阳）、桐（柏）、信（阳）四县边界的一个小镇，其地理位置十分重要。它原是王国华（人称王老汉）、周骏鸣领导的豫南红军游击队的根据地，又是延安通向华中的交通枢纽，抗战初期发动中原敌后游击战争的战略支撑点。这里群众基础好，人民富有光荣的革命传统。当时，许多进步青年从四面八方奔向竹沟参加革命队伍。河南省委在这里开办有党校、军政教导队和各种训练班，先后培养了各类干部 3000 余名，对开展敌后抗日游击战争、创建敌后抗日根据地，做出了重要贡献。

我到竹沟工作时，先念、少敏同志已挺进武汉外围敌后，成立了新四军豫鄂独立游击支队。大约是 9 月里，根据国际国内形势的变化，少奇同志再次由延安来竹沟，组织中原局转入敌后，部署中原地区党和军队准备应付国民党顽固派发动突然事变,进一步推动中原敌后抗日游击战争。我奉命带两个连到舞阳县境迎接他，随同少奇同志来的还有徐海东、刘瑞龙、向明等同志。记得是少奇同志到达竹沟后的 10 月初，他在竹沟寨外的太阳底下，召集朱理治、我和王国华等人开会。他向我们讲了国内外新形势，传达中央决定中原局机关转移敌后，国民党统治区的党组成新的河南省委，转入地下秘密开展工作。另将豫南、鄂东、鄂中三个地区的党组织合并，统一组成豫鄂边区党委，整编党领导的武装，统一组织，统一指挥。并告诫我们，要高度警惕国民党顽固派破坏团结抗战的行为，对他们制造的反共摩擦，要进行针锋相对的斗争，注意团结一切可以团结的力量共同抗日。要我们率领竹沟机关、部队的大部分人员迅速撤离竹沟，挺进四望山与先念同志会合，进行整编。他已电告陈大姐来竹沟接我们去鄂中。

说话间，陈大姐来到竹沟，少奇同志笑着对我们说："说曹操，曹操到。"只见大姐齐耳短发，一身灰军装，打着灰绑腿，显得端庄严肃和干练。说实在话，与其说她是位大姐，不如说她很像西北军的军官，这是我初见陈少敏大姐的印象。少奇同志把向我们讲的话又对陈大姐说了一遍。大姐问新党组织叫什么名称，少奇同志说："就叫豫鄂边区党委。"这就是豫鄂边区名称的由来。后来成立的豫鄂边区行政公署，行文、布告等，都盖着刻有这个名称的大铜印，发行的钞票（边币）上，也印着豫鄂边区银行的名称，直到抗战胜利后，都没有改变过。少奇同志向大姐介绍了我的简历和职务，开玩笑地说："陈大姐在鄂中工作，干部多半是九头鸟，现在再给你一个九头鸟参谋长。"逗得大家哈哈大笑。这次会议后，我们就立即投入了挺进敌后的准备工作。

当年 10 月中旬，我们欢送少奇、徐海东、刘瑞龙等同志东进华中后，留下王国华等坚持留守竹沟，我和朱理治、陈少敏等也率党委机关、部队向豫南四望山进发，在四望山我第一次见到李先念同志。11 月 16 日，我们召开了四望山会议，讨论贯彻少奇同志的指示，研究党组织合并、统一整编武装等问题。参加这次会议的有朱理治、李先念、陈少敏、我和任质斌、刘子厚等，有些负责同志因环境、情况不允许，未与会。讨论整编后部队番号时，我直率地提出就叫豫鄂挺进纵队，经商量，大家一致同意这个番号。根据中原局和少奇同志指示，陈少敏任区党委代理书记，李先念任纵队司令员，朱理治任政治委员兼纵队委员会书记，我任参谋长，任质斌任政治部主任。会议结束后，我们分别率部挺进鄂中。从此，豫鄂边区党委和纵队领导重心完全转入敌后。

1940年1月3日，豫鄂挺进纵队在京山八字门正式建军，司令部下设参谋、军需、军医等处和作战、教育、侦察、通讯等科，政治部下设组织、宣传、锄奸、联络、民运、敌工等科和挺进报社。部队编成5个团、3个游击总队和随营军事学校。应城伪军郭仁泰部起义，又成立了第六团，全军约7000人。经过一段调整、整顿，部队工作逐渐走向完善，我这个参谋长，也成了纵队战略指挥中心的成员之一。

我从延安出来时，从军委作战科带了两份豫鄂两省的地图。先念司令员指着地图向我介绍鄂中的形势，显然我们是处在敌伪和国民党军队夹击之中，我们必须在这个夹缝中求生存、求发展。根据一段工作、作战实践经验，我坦率地向司令员建言：纵队指挥机关活动地区长期放在八字门、大山头、马家冲是不利的，特别是八字门，外面是丘陵，西边是汉水，北面山区驻有国民党两个集团军，东边是宋（汀）应（城）公路，南边是京山县城，进出只有一条通道，敌人一封锁，我们转移就很困难。先念司令员赞同我的见解，遂同我商量如何转移指挥阵地和活动地区。我认为部队在哪儿都好说，指挥机关最好放在平汉铁路东边的大、小悟山，那里靠近大别山老苏区，群众基础好，消息灵通，进可攻退可守，是战略中心之地。他对我的意见十分重视，并予采纳。

当时大、小悟山地区，盘踞着多股伪顽武装，不肃清他们，我们是进不去的。为此，我们一面将东进大、小悟山的意见呈报中央和中原局审核，一面调查研究分析敌情。了解到大、小悟山周边的小河溪、白杨岭、范家燕窝一带，驻有国民党鄂东游击总指挥部所属的十九游击纵队的刘梅溪、杨希超、尹昌彦、赵光荣、胡翼武等部，共约三四千人马。他们明里打着抗日招牌，暗地里却和日伪勾勾搭搭，反共残害人民，实质是伪顽两面派武装。我们决定先打弱者。先念司令员说，他初到鄂中时，在云梦、安陆一带，一个晚上就摸垮了13个司令。这些人各自为头，有二三十人即自封为什么鸟司令，都是些乌合之众，不堪一击。上述的杨、尹、赵、胡四股，都是被他摸垮后跑到小悟山来的。其中的胡翼武、刘梅溪是我纵队二团队副团长许金彪的孝感中和乡同乡，胡和许还是拜把兄弟。我们派许金彪做他俩的统战工作，把他们分割开，不能互相支援，便于我们各个击破。恰好此时中原局来电，指示我纵队向东发展，开辟新的抗日根据地。我们就立即命令部队投入战斗，一个上午就把这四股散兵游勇全部摧垮，俘敌2000，缴枪1500来支。这一仗不仅取得了军事胜利，锻炼了自己的部队，更重要的是扩大了共产党、新四军的政治影响，人民群众纷纷传颂：新四军扫清了这帮汉奸流寇，为我们老百姓除了大害！这为我们战略指挥中心的转移，打下了基础。用先念司令员的话来讲就是："我七个营打垮敌人数千，缴获的枪支改善了我军的装备，这是十分值得的一仗。"

从新四军豫鄂挺进纵队成立开始后又改变为新四军第五师到日本投降，整整六年的抗日战争生涯，我都和先念司令员在一起，我们共同打了许多胜仗，发展扩大了第五师部队，扩大巩固了边区抗日根据地，在敌伪顽夹击的险恶环境中，把第五师锻炼成孤悬武汉外围敌后的一支劲旅。第五师全体指战员以坚忍不拔、不怕牺牲、艰苦奋斗、不畏困难的革命精神，用自己的鲜血和生命，为夺取抗战胜利做出了不可磨灭的贡献。第五师的爱国主义精神光耀千秋。

原载马焰等：《驰骋江淮河汉》，解放军文艺出版社，2001年，第1～5页。

信阳挺进队始末

◎朱 军[①]

　　信阳挺进队是我党豫南特委（驻确山县竹沟镇）同国民党信阳县县长李德纯[②]进行抗日统一战线工作中于 1938 年 12 月建立起来的一支抗日武装。

　　信阳挺进队开始有这样几部分：一是信阳县政府常备队，一个连[③]，驻信阳县北王岗；二是孙石[④]部约一个连，是豫南特委刘子厚、王盛荣、王海山三同志带到北王岗的；三是我带领的"七七工作团"，驻在桐柏县毛集镇，有百十条枪。除这三部分武装力量外，还有范文澜率领的河南省战教团的男女团员数十人。当挺进队进驻信阳县西南四望山地区时，与张裕生组织起来的抗日武装取得联系。张部近 200 人，编为一个大队。后来，又收编崔仁甫部数百人。信阳当地的小股武装，如李应权部等，也编入了挺进队。

　　据我所知，信阳挺进队组建的经过是：1938 年 11 月中旬，我正从湖北谷城

---

① 本文作者曾任"七七工作团"团长、信阳挺进队副司令员和新四军豫鄂独立游击支队第三团团长。

② 李德纯，又名朱毅，湖北省汉阳人。青年时，就学广州公医医科大学，曾团结进步同学反对军阀陈炯明。北伐战争中任十四军军医院院长。1928 年，曾在日本明治大学专学政治经济。九一八事变后回国。1938 年春，被任命为信阳县县长。他思想进步，主张抗日。

③ 刘子厚回忆有 3 个连（每连 80 多人枪）。

④ 孙石，泌阳牛蹄人。抗日战争爆发后，孙将他家佃户和附近贫苦农民组成一支武装，因受另一地主武装排挤，与我党取得联系。该部编入信阳挺进队，孙任大队长。

的石花街国民党七十七军何基沣副军长处回到毛集镇，竹沟派危拱之同志来调兵。危拱之详细谈了同信阳县县长李德纯的统战工作，拟成立信阳挺进队，进军信南四望山，建立抗日游击根据地，并打算从"七七工作团"调部分武装去参加。"七七工作团"是我党通过对国民党七十七军的统战工作组建起来的。这支部队有我党的支部，归豫南特委领导。我们在桐柏县，得到县长朱锦帆的大力协助。我们原想进入桐柏山区活动，由于山中土匪猖獗，工作团力量单薄，人地生疏，未敢轻进，只好在固县、毛集①一带活动。此地一则接近竹沟镇，便于接受党的领导；二则可与信阳县尖山一带的地下党靠拢，同竹沟构成掎角之势，以便互相策应。今有机会进山，所以我愿意随危拱之前往。行前，我提出将"七七工作团"交由上级党派来的政治处主任方德鑫领导。危拱之同意我的意见后，我就同她带着一个排的兵力去北王岗。在北王岗，我见到了刘子厚、王盛荣、王海山、范文澜等同志和信阳县李德纯县长。

信阳挺进队成立时，由李德纯兼任司令员，我任副司令员，王海山任参谋长，危拱之任政治部主任。刘子厚以县政府一科长②名义，同李德纯一起活动。王盛荣参加党的活动，没有公开职务。

信阳挺进队成立之后，立即向四望山进军。经过湖北省随县北部的草店、信阳县的三道河，进驻至黄龙寺、杨家老屋等几个村庄。在黄龙寺附近，战教团除政治部的人留下外，其余同志都分遣到附近山湾去做群众工作。此外，还派人去找我地下党领导的武装，很快联系上了张裕生率领的部队，并开拔到黄龙寺附近集中。

部队集中后，信阳挺进队编为三个大队。从北王岗来的部队编为第一大队，冯仁恩任大队长，余孝礼任教导员；张裕生在谭家河一带组织起来的部队为第二大队；李应权（非党人士，信阳人）的部队为第三大队③。后来，在信阳地方士绅的联络疏通下，崔仁甫部约200人来归，也开到黄龙寺附近的杨家老屋。崔仁甫原是冯玉祥部骑兵第五师第六旅的排长。1938年徐州会战后，崔仁甫利用老西北军

---

① 固县、毛集均在桐柏县城东北。

② 应为"第一科科长"。

③ 刘子厚回忆：三个大队分别为李应权、孙石和一位老红军领导。王海山回忆：编为两个大队。

的关系，把他们五十九、六十八军的散兵游勇编为两个大队。崔部来归后，编为信阳挺进队的第二支队，崔任支队长。与此同时，将冯仁恩、张裕生、李应权三个大队编为第一支队，由我兼任支队长，张裕生为副支队长。

为了开展统战工作，我们以县政府名义，由李德纯在黄龙寺召开乡、保长和士绅会议。那时的乡、保长和士绅手中都握有或多或少的武装。在这次大会上，到会士绅二三十人。会议的目的是宣传抗日，组织起来，保卫家乡。同时，也想借此机会，认识这些士绅，看他们对抗日、对我们的态度，以便决定对策。例如三道河西寨的黄大队长，据寨自固，地处我们与竹沟联系的交通要道，态度较好，成为我们争取的对象；地处四望山东口的余家寨，寨主余镜清思想比较顽固，对我党存有戒心，后来时常与县府作对，抗交粮税，是我们打击的对象。通过这次会议，我们交了几个朋友，尽管有些人与我们保持关系的时间不长，但对我们在四望山地区站稳脚跟，还是有所帮助的。

我们为着开辟地区，壮大武装力量，曾进行了一些小的战斗。刚到黄龙寺时，据报在应山县浆溪店以北一个山湾里，盘踞着十几个土匪，就派冯仁恩同志率第一中队夜间去围歼。对方坚守在室内顽抗不降。几经谈判，才缴枪7支，并带回二三个人。第二天中午，浆溪店镇公所派人持信前来，证明他们是农民保家武装，并非土匪。我们说初到此地，情况不明，容易发生误会，便把人枪让他们带回，并建议双方建立联系，共同抗日。后来，浆溪店也成为我信南根据地的组成部分。

还有一次，接到群众报告，在信阳、应山两县边界，黄龙寺南某山湾里，有一个反动头子愚弄群众，利用封建迷信，建立了黄枪会。当时，我们分析了形势，决定派我带四五人去那里大力宣传我党政策，争取群众。在路上，遇到了一些去参加黄枪会的人，我们边走边向他们做工作，晓以抗日救亡大义，宣传我们部队热爱人民的宗旨，加上我军良好的纪律在群众中的印象，这种宣传起到了一定的作用。我们到了那个山湾时，有些看热闹的群众用惊奇的眼光看着我们。我们大摇大摆地进去，直接找头头谈话。根据他说的组织黄枪会的目的是防匪盗、保家、抗日等，我们理直气壮地晓以大义，说明他们所说的建会目的，完全可以由我们军队承担；在抗日根据地内，不允许以封建迷信的方式，蛊惑群众。说得他理屈词穷，最后商定由他召集前来入会的数十名群众开会，宣布解散黄枪会，各地乡亲今后要支援军队抗日，保证今后不再进行活动。我也作了即席讲话，宣传我军抗日主张，讲了抗日的迫切性与重要性，军民要团结一致抗日。同时，还表扬了这个头头深明大义，自动宣布解散黄枪会是很好的，希望群众各回自己山湾，从事劳动生产，切莫听信谣言滋事。会后，我们亲眼看到大家高高兴兴地回家去了。

1938年12月中旬的一天，我们部队由北王岗南下，路经草店时，天已黑了。我们打算在这个寨宿营，该寨闭门不纳，李县长出示了县府大印，该寨仍拒不开门。我们只好又行军十余里，到达信阳三河道宿营。这时，已接近半夜了。因此，我们认识到控制草店的必要性。于是，我们将留在毛集附近的"七七工作团"全部调到草店及其附近的楼子店、王家店等村庄，并在该地举办青年训练班，招收附近农民子弟，一方面培养本地干部，一方面发展同当地群众的联系。我们控制草店后，便保证了通向竹沟后方的安全。

1939年元旦刚过不久，李先念同志从延安经过竹沟，并从竹沟带了一连武装来到黄龙寺，向我们传达了党的六届六中全会精神，并研究了创建豫鄂边抗日根据地的方针。在那次会议上，确定派我去湖北谷城县见七十七军副军长兼一七九师师长何基沣，向何说明我是共产党员，说明"七七工作团"是我党领导的部队；同时观察何的态度，如果态度好，便由我负责介绍他为中共特别党员。我到谷城见到何基沣，一切顺利，按党组织的决定，吸收他为特别党员，由邱小亭（静山）同他单线联系。何基沣同志又给了些经费和步枪子弹。

我在楼子塆"七七工作团"团部住了一夜，即赴前方。此时，信阳挺进队司令部已移驻到四望山脚下的老爷庙，部队已逐渐向东、向南发展，进入湖北的应山和随县两县北部的朱家店、浆溪店、天河口和平靖关一线。在这一线上，只有东面的余家寨被土顽寨主余镜清把住山口，危害人民。为了发展抗日游击战争，我军决定解放余家寨。由于我们部队人地不熟，加之包围不严，余镜清带着武装和家属跑了。我部队进入余家寨后，对余氏宗族未加迫害，对余镜清的财产未予没收，目的在于争取他共同抗日。今日回忆起来，当时的处理还是适当的。

李先念同志在四望山停了一段时间后，决定组成新四军豫鄂独立游击支队，向湖北省安陆、云梦一带挺进。所有部队编为三个团队，第一团队团长周志坚[1]随李先念同志挺进鄂中，第二团队团长王海山、政委钟伟率部队越平汉路东到信阳、罗山南部山区，开创抗日游击根据地。留在四望山的部队仍以信阳挺进队的名义进行活动。

1939年4月间，国民党河南省政府主席刘峙撤销了由其前任程潜任命的信阳县县长李德纯的职务，另派马显扬接任。马显扬很快率部队到黄龙寺接印。是抗是交，交又如何交，李县长的去向及安全等问题，都摆在我们面前。经过党组织与李县长共同研究确定：由刘子厚以县政府一科长名义办理交接。我们要求马显扬率领他的部属去北王岗，我们则以县政府信南办事处的名义进行抗日活动。在办交接手续之前，由我率一个班战士，经楼子店、越河店、固县镇和毛集等地，护送李德纯县长去竹沟，同行者还有县府秘书陈守一。以后，李又被护送到皖北彭雪枫同志处。

李德纯县长走后，信阳县政权已不在我们手中，信阳挺进队改为新四军豫鄂独立游击支队第三团队[2]，我任团队长，刘子厚、任质斌前后任团政委。从此，这支部队在豫鄂边区积极开展抗日游击战争。

原载中共河南省委党史资料征集编纂委员会编：《豫鄂边抗日根据地》，河南人民出版社，1986年，第221～227页。

---

[1] 应为张文津。

[2] 挺进支队整编时，已有第三团队，团长为蔡松云。因豫南特委不知这一情况，故将留守四望山的部队编为第三团队，为有别于蔡松云的第三团队和以后肖远久的第三团队，称之为"信南老三团"。

从四望山升起的曙光

——忆抗战时期的信阳挺进队

◎ 王海山

一

1938 年 10 月，信阳、武汉及其外围大片国土相继沦于敌手，我党独立自主地开展敌后抗日武装斗争，进入了关键时刻。

当时，我正在河南省委所在地确山竹沟新四军第四支队第八团留守处工作。

10 月中旬的一天上午，省委组织部长陈少敏同志把我叫去，关切地问道："伤好了吗？"我急忙回答："完全好了，又可以上前线了。"我是一个多月前在豫东前线负了伤，回竹沟治疗，彭雪枫同志同意我一面养伤，一面工作。

接着陈大姐就把省委调我到豫南去参加筹建抗日武装的决定正式向我传达，问我有什么意见。我心里早就想上前线了，还有啥意见呢！我说："只希望早点出发！"

陈大姐看我着急的样子，笑着说："干吗这么急？先研究一下情况吧！"于是，她向我分析了豫南山区的情况：

豫南山区纵横 200 里；平汉铁路贯穿南北；大别山和桐柏山绵亘东西；中心是桐柏山脉末段的最高峰四望山，海拔 900 多米；北边是一望无际的豫中平原；南面有美丽富饶的江汉平原；高山平原之间，南北都夹着一段丘陵地带。历代兵家南征北伐，都以占据这一带为取胜的基点。当时，日本侵略军占据这一带可以西进南阳、北取郑州、南保武汉。国民党的军队退守大别山、桐柏山两大山脉的腹地，也必须控制这一段作为东西联络的枢纽。我党我军控制这一带，不仅有利于包围信阳及其附近的敌据点，而且可以保持中原战略支点——竹沟与鄂东、鄂中的联系；从长远的观点看，它是进取武汉和发展河南的前进基地。这个地区的战略地位，决定着我们争夺它的必要性。

日本帝国主义在信阳及铁路沿线和外围据点有重兵把守。国民党的正规军虽然不敢在信阳外围活动，但是在其卵翼下的地方顽固势力、惯匪头目和国民党流散军官已纷纷拉起队伍，自封"司令"，危害人民。仅在铁路西大庙畈、仙石畈、四望山一带即有以国民党散兵为主体的崔仁甫部和一贯反共的余镜清部等大大小小十多股。他们的力量小股成百，大股上千，总数竟达5000人。敌顽夹击的环境，一开始就决定了我们在这一带开展抗日武装斗争的艰巨性。好在这里的人民具有光荣的革命传统。大革命和土地革命时期，我们党都在这里领导群众进行过斗争；七七事变后，党领导的豫南民运办事处、河南省战时教育工作团（简称"战教团"）等进步的救亡团体，曾到山区做过抗日宣传，这些团体中的党组织还在地方发展过党员，播下了革命火种。

更有利的是，信阳沦陷之前党已在这一带掌握了几支武装，它们是：中共尖山区委组织的自卫队，通过统战工作建立的信阳县政府常备队和泌阳抗敌自卫队；通过秘密党的兵运工作建立的"七七工作团"，通过地方党发动群众组织起来的谭家河"信南人民抗日自卫大队"。

此外，当地还有些进步的知识青年，自发地搞了些抗日保家的武装，也是可以争取的力量。

陈大姐在分析情况之后说："我们一定要以最快的速度，搞起一支统一的坚强的人民武装，打开局面，确立我党在豫南敌后抗战的领导地位。"

受领任务以后，省委从警卫连拨了一个排的武装随我南下。这个排三十来人，尽是年轻小伙子。他们一听说要到前方去，个个都高兴得很。

11月初的一天早晨，太阳刚刚从东方升起，金色的阳光照耀着环抱竹沟的群山，流过城南的沙河在阳光下泛起粼粼细浪。河对岸一条马车道沿着山脚伸向无尽的远方。我们这支小部队顺着这条明晃晃的大道出发了。经过两天的急行军，我们到达信阳北部的邢集、北王岗一带，与党掌握的信阳县政府常备队会合了。中共豫南特委根据河南省委的指示，决定首先汇集豫南地方党所掌握的各路武装，统一编制，统一指挥，形成一个拳头，并确定以四望山为中心开辟一块抗日根据地。

这支队伍，定名为"信阳挺进队"，名义上隶属于国民党信阳县政府，暂不公开打出新四军的旗帜。当时党所能掌握的武装，数原信阳县政府常备队的实力最强，有200来人、100多条枪，本来只两个中队，后来很快扩大为三个中队。党之所以能够掌握它，全凭信阳县县长李德纯的关系。李德纯是国民党中的爱国进步人士，早在信阳沦陷之前，党就派文敏生、余英等同志到他那里工作。他当时认识到我党的抗日救国主张是唯一正确的主张，因而真诚地拥护我党的抗日民族统一战线政策，愿意与我党合作抗日。信阳沦陷前夕，国民党河南省政府令他将部队编给第五战区，他拒不服从，并说："我是信阳县县长，不能丢下父老兄弟让敌人蹂躏，我坚决要留在县境坚持抗战，誓与民众共存亡！"于是，他把常备队的大部和一部分警察带到靠近我竹沟地区的北王岗一带，邀请我党派干部去协助他继续掌握军政大权。为了利用这个县政府的合法名义，更广泛地开展统一战线工作，团结更多的上层人物与我们合作抗日，我们把这支武装全纳入信阳县政府的节制，并由李德纯兼任司令员。我们对部队的内部建设则又完全按照八路军、新四军的制度办事，普遍建立政治工作制度，设政治部、教导员、指导员等政治工作体系，以三大纪律八项注意教育部队。副司令员、参谋长、参谋、教官、大队长、中队长等职务绝大多数都由共产党员担任，这样就保证了党对这支部队的绝对领导和人民军队的性质。

我党在信南的抗日武装，之所以能够迅速发展，并能在信南建立较巩固的根据地，李德纯先生是有功劳的。

二

信阳挺进队的建军方案确定以后，附近的各路部队先后来到邢集参加整编。其中有信阳县常备队、朱大鹏同志带领的"七七工作团"的部分同志、孙石带领的泌阳自卫队。此外，河南省委领导的救亡团体战教团的40多名男女知识青年，在著名教授范文澜的率领下也由南阳来到邢集。他们的到来大大充实了干部队伍。

11月中旬，信阳挺进队在邢集召开了成立大会。大会由危拱之同志主持，朱大鹏同志宣布了部队建制和干部配备：李德纯兼司令员，朱大鹏同志任副司令员，危拱之同志任政治部主任，我任参谋长。由于部队未到齐，开始只编为三个中队，番号是第一、四、七中队，连司令部、政治部在内，一共300多人。

信阳挺进队成立不久即向四望山挺进。我们一路走，一路展开抗日宣传活动。部队每到一处，都按三大纪律八项注意办事，宿营帮群众劳动，出发前上门板捆稻草。危拱之同志亲自带着服务队挨家挨户检查部队执行纪律的情况，搜集群众对部队的意见。这一带的老百姓多年来没见过这样好的军队。当我们离开宿营地时，他们往往自动聚集在村头路口欢送我们。

部队来到四望山北麓的集镇黄龙寺，信南谭家河地方党支部组织的信南人民抗日自卫大队170多人也奉命赶来与我们会师，编入信阳挺进队。这支部队的领导人是张裕生、周映渠和任子衡等同志。

到黄龙寺不久，已届隆冬季节。我们决定在这里一面整训部队，一面清剿土匪，安定社会秩序，创建根据地。

谭家河自卫队的到来，使信阳挺进队人数猛增到500多人，武器计有长枪200余支、手枪50支、轻机枪4挺、掷弹筒2个。部队中的党员也增加到30多人。

人多了，枪多了，我们将部队编成两个大队、七个中队。

当时，部队的生活很苦，数九寒天没有棉衣、棉被，我们的党员干部就跟战士一起滚稻草窝，跟战士一样打赤脚穿草鞋。有时搞来点被服，总是先让给最困难的战士。部队的伙食费每人每天除斤半大米外，只发三分钱菜金。有好几次三分钱的菜金都发不下去了，许多党员同志便把个人仅有的钱交给军需处，维持部队的生活。由于党员的先锋模范作用，部队在艰苦的环境下始终保持着旺盛的士气。

在黄龙寺的整训中，党在部队中吸收了一批先进分子入党，在各中队建立了党支部。这时，我们公开向全体指战员宣布："信阳挺进队是共产党、毛主席、朱总司令领导的队伍，同八路军、新四军是一样的革命队伍。"这么一讲，战士们的情绪更高了。于是，附近的老百姓也流传说："八路军到四望山来了！""当年的红军回来了。"

信阳挺进队的出现，像一缕曙光从四望山升起，照红了豫鄂边陲的千山万壑。

三

在加强部队建设的同时，我们积极开展了对敌斗争。采取的方针是：一不放过机会打击敢于来犯的敌人；二要严惩罪大恶极的汉奸，为坚持长期的敌后游击战争创造条件。

12月下旬的一天上午，侦察员报告，由西双河出来一支日本兵，快到南王岗了。不大一会儿，又接到地主武装余镜清部来信说该部在南王岗包围了一股几百人的土匪，要我们出兵配合围剿。我们当然只相信侦察员的情报，肯定是日本人。当即以两个连的兵力从20里以外跑步迎击敌人。到南王岗附近一看，果然是地地道道的日本人，正从东北方向开来，先头部队快进街了。余镜清的部队并没有包围什么土匪，只是在距离南王岗好几里路的山头上乱放枪。日本人根本不理他们，还是大摇大摆地朝南王岗前进。我们立即把部队布置在敌人侧翼，占领有利地形。等敌人进到有效射程以内，机枪、步机一齐开火，打得敌人措手不及。日本鬼子经过一阵慌乱和喘息之后，才占领我们对面的山头，摆开架势，接连三次以火力掩护向我们反扑。每次反扑都被我们打退。我们这两个连是头一次同日本人作战，一无重武器，二无刺刀，不能同敌人硬拼，只得守住阵地阻击敌人。打到黄昏，敌人不敢恋战，撤回据点去了。这一仗毙伤敌十多人，我方仅伤3人。

从军事上看，这次战斗只是个小胜仗，但政治影响可大了。在这一带，中国军队像这样真刀真枪地同鬼子打，还不多见。我们把鬼子打退了，保护了乡亲们的生命和财产，四乡的群众都非常高兴。胜利的捷报很快传遍了远近几十里的村村寨寨。第二天，战场附近的群众自动来慰劳我们，有的为了慰劳我们还准备杀耕牛。他们说："这牛是挺进队救下来的，不是他们拼着老命打，还不是叫鬼子宰啦！让我们杀个把表表心意吧！"我们知道群众要宰杀耕牛的消息，马上派出地方干部去再三劝阻，结果才没杀。

这一仗也震惊了那些土杂武装的"司令"。他们之间历来互相倾轧，"大鱼"总想吃掉"小鱼"。我们打了这次胜仗，"小鱼"就敢拍起胸膛对"大鱼"说："老子要编，也不受你的编。我要找挺进队那个硬后台老板！"

开展对敌斗争的另一手，是严惩罪大恶极的汉奸、土匪、恶霸。我们有一批本地干部，像原谭家河自卫队的领导人张裕生、周映渠、任子衡等同志都是本地人。他们情况熟，在群众中威信高，还有一个二十来人的手枪队，队员也都是本地人。他们不但群众关系好、胆子大、武艺高，而且对哪个汉奸罪恶大、死心塌地，了如指掌。为了坚决镇压首恶分子，我们的手枪队常常摸到敌据点，在日本人的眼皮底下，把汉奸抓出来杀掉，并且指谁抓谁，要他今天死，绝不留他到明天。

铁路东当谷山有个姓喻的维持会长，无恶不作，老百姓对他恨之入骨。任子衡同志带着几个手枪队员到铁路沿线的当谷山、李家寨、柳林、鸡公山一带活动时，先在当谷山召开群众大会，宣布那个家伙的罪状，同时公开警告："不出十天一定要干掉他！"群众听了拍手称快，但也有不少人将信将疑。哪知道，不等话传到汉奸耳朵里，一个外号"熊大炮"的手枪队员只身摸进了柳林车站，通过群众侦察到那位会长要乘火车上信阳。熊大炮预备好一条绳子，守候在火车站上。不大一会儿，喻某来到火车站，熊大炮装着与他同路，紧挨在他身后，乘其不备便闪电般地抛出绳子，套住了会长的双臂，像反背着死猪一样就往外跑。会长未弄清是怎么回事，只是嗷嗷乱叫，周围的群众开始也莫名其妙，一听是维持会长的声音，明白了八成，不仅没哪个出来救人，而且都纷纷让路。这里离日本鬼子和伪军的岗哨又远，熊大炮从从容容背着会长下了小路，走出里把地才放将下来，牵回根据地。第二天任子衡同志又召开公审大会，宣判了喻会长的死刑，当场枪决。这隔前一个群众大会才三天时间。

还有西双河的维持会长董莪菁、谭家河的大汉奸高鹏飞等都是我手枪队摸进敌据点，从日寇伪军的窝子里抓出来或当场打死的。

把几个罪大恶极的汉奸一杀，日本人找谁当维持会长谁都不干。被逼得实在没法、非干不可的，则要先暗中找我们说明白，自动立下保证，还接受我们交给的任务，才敢上任。这么一来，信阳南部的几个敌据点，表面上是日本人统治，暗地里却是我们手枪队员的天下。他们可以到里面进行抗日活动，要情报有情报，要抗日经费，分文不少，要购买什么军需品，按时送到，甚至我们的伤病员还被安置到敌据点附近养伤。我们的孩子剧团可以在离据点3里路的地方演打敌寇捉汉奸的戏。

四

经过几个月的艰苦斗争，信阳挺进队在豫南山区站稳了脚跟，以四望山为中心的豫南抗日根据地也初具规模。但是在前进的道路上还有许多困难。

日本侵略军经常在这里集结重兵。他们为巩固信阳这个战略据点，占领信阳不久，便将魔爪伸向信阳外围、铁路两侧大小集镇，在西双河、杨柳河、柳林镇，直到谭家河，都建立了据点。在据点与据点之间，还修起了公路，企图把我们活动的地区分割成若干小块，然后加以消灭。国民党的土杂游击队，仍然在我们身边捣乱，不断制造摩擦。敌顽夹击的形势越来越严重。

在这种情况下，信阳挺进队还能不能发展？豫南这块根据地能不能巩固？这是摆在我们面前的重大问题。

正在这个关键时刻，奉党中央之命南下的李先念同志，从竹沟来到四望山，向我们传达了党的六届六中全会决议，并再三叮嘱：一定要大力发展抗日武装，广泛开展统一战线工作；在统战工作中一定要坚持"既要统一，又要独立自主"的方针。

此后，我们便大刀阔斧地干起来。对于周围的土杂武装，我们根据不同情况，或者采取大胆联合，或者采取坚持斗争的办法，把前进道路上的绊脚石一个一个、一步一步地予以搬掉。

我们首先把较大的两股武装暂时收编，以便争取其团结抗日。一股就是前面提到的崔仁甫部，有三四百人；另一股是信南的地主武装，为首的是反共老手余镜清，有六七百人。通过李德纯先生以合法县长的名义亲自做工作，他们答应编入信阳挺进队，但受编不受调。为便于争取他们的部属，我们同意原封不动将崔、余两部分别编为我信阳挺进队的二、三支队。我原信阳挺进队的基干队伍编为一支队，张裕生同志任支队长。

其次，我们还将四望山的一支90人的地方抗日自卫武装正式收编，这支部队是当地进步青年黄绍九同志在信阳沦陷后组织起来的。我们一到四望山，他就与我们合作无间。但为了便于通过他团结当地的上层分子，我们没有过早地将他的部队编入挺进队，而让他们独立。后来经他本人坚决要求，遂将其队伍正式编入挺进队的建制。

接着组织命令我带领一支队的两个连，到铁路东侧的当谷山一带去联合那里的几股地方武装。

首先遇到的是蔡韬庵的部队，计有200多人。开始由于双方互不了解，还发生过误会。他不肯同我们合作，带着队伍跑，我们就追，追着屁股缴了他八九十人的枪。他一气跑到灵山冲找到李先念同志，说"挺进队是国民党的队伍，凶得很，我要编给新四军，不编给挺进队"。我们跟踪追击，也到了李先念同志那里。李先念同志才告诉他，挺进队不是国民党的队伍，就是新四军，"你们是大水冲了龙王庙——自家人不认自家人"。于是，我们握手言欢，消除误会，他同意将他的部队编入挺进队为特务大队，我们任命他为大队长。蔡韬庵原来是个教师，接受过党的影响，思想进步，同地方党还有联系，后来成为优秀的共产党员。

接着我们又到当谷山，碰上了张牧云、李鹏飞、郭景阁、聂跃山等几支队伍。我们一去，他们还是跑，把队伍拉到当谷山的上山，我们住在下山。这回我们就谨慎从事，一不追，二不打，派任子衡同志单枪匹马去谈判。

任子衡同志原来都认识他们，一见面就把几个头头找到一起，开门见山提出要他们与信阳挺进队联合抗日。开始他们有怀疑，提出："你们究竟是哪个党的人？要是国民党，咱井水不犯河水，各干各的。要是共产党，我们听候编制。"

组织上原来有交代，在搞统战时，都不暴露挺进队的真面目。遇到这几位先生硬要盘根问底，可难为我们的代表同志了。不露底吧，就有可能联合不了，要丢掉这几支队伍；交得底来，又不符合上级规定，而且对方若是说的假话，露底后有可能被扣留。为了扩大抗日武装，任子衡同志不顾个人安危，当机立断回答："朋友们说话可算数？"

"君子一言，驷马难追！"对方异口同声地答道。

于是，任子衡同志就讲明挺进队本来就是共产党领导的军队，并邀请他们下山，见我们的领导人商量具体事宜。

他们倒也爽快，立即下山来见我们，一经交谈，就答应受编。我们根据其人数多寡，委任张牧云为大队长，其余几人为中队长。这一下我们的队伍又扩大了四五百人。

这几支部队为什么这样容易就收编了呢？原来他们当中的张牧云、李鹏飞，在土地革命时曾参加过革命活动，1938年春河南战教团到当谷山一带活动，又同他们建立了密切联系。其余也都是有正义感的知识分子。

收编以后，除将蔡裕昆部继续留在路东由地方党的负责人贺建华同志领导以外，其余新老部队一起返回铁路西根据地。

刚到铁路西，就遇到日本人"扫荡"。敌人已经进到了黄龙寺附近。我们把新编部队开到四望山整训，只带了两个连的老部队去阻击敌人。我们赶到，见敌人快进黄龙寺了，立即把部队布置在敌人的右翼，顶着打了三个钟头，打到太阳落山的时候，敌人跑了，我们撤回四望山。

这时已是1939年的3月。我们这支年轻的队伍，在极其艰苦的条件下度过了寒冬。我们的基干队伍（一支队）已扩大到14个连，共1200多人。原来那些各式各样的武装力量，有的靠拢我们，有的投降日寇当了伪军，有的还继续打着抗日旗帜，暗地干反共害民的勾当。至此各派武装力量的政治面目已非常清楚。信阳挺进队的基干队伍已成为豫南山区坚持抗战的中流砥柱；那受编不受调的崔、余两支队则是阻碍抗战的绊脚石。

五

豫南山区抗日游击战争的迅猛发展，震慑了敌人，吓坏了国民党顽固派。这一年的3月，国民党河南省政府竟下令免去李德纯的县长职务，委派反共老手马显扬来接替，并勒令李德纯交出军队，交出县印。李德纯先生识破了国民党的阴谋，他不但不交军队，而且把县印交给了我们。他认为有了印就有权，有了军队就有力量。李德纯先生这一系列的爱国行动，为我党在豫南山区发动敌后抗日武装斗争提供了极其有利的条件。但国民党却视他为"叛逆"，必欲置之死地而后快。这时，为了保护他的安全，河南省委决定送他到新四军军部去工作。

李德纯被国民党免职，是一个危险的信号。国民党顽固派要对我们下毒手了，公开摩擦即将到来。马显扬慑于我党在信南的力量，不敢到信南来，而带着一二百人在北王岗另立县政府，与我们分庭抗礼，同时明里暗里加紧勾结崔仁甫、余镜清，利用这两个家伙首先发难。崔、余两部变本加厉同我们捣乱，他们把部队拉到仙石畈、祖师垱一线，卡住我们通往铁路东、南下湖北的交通孔道，与马显扬互相配合，对我们形成南北夹击之势。他们在我根据地内大肆抓丁派款，捆绑吊打我地方干部和群众，在其部队内部散布流言蜚语，仇视我一支队，甚至公然扣押我通讯员。我挺进队司令部召开会议，他们拒不参加。有一次，崔仁甫勉强来了，还带着30名卫队，向我们示威。在这种形势下，如果丧失警惕，不仅我们党辛辛苦苦在信南山区点燃的抗日烈火有被扑灭的危险，而且竹沟与鄂东、鄂中的联系亦将被截断，其后果不堪设想。在这危急存亡之际，我们不得不奋起自卫。我们决定以武力解决崔仁甫部。崔的部队是些乌合之众，不堪一击，战斗一打响，缴枪的缴枪，投降的投降，大小官员作鸟兽散。崔仁甫自带了不足百人的残余部队，一口气跑出百十里，到湖北应山郝家店一带躲藏，不敢来四望山了。这一仗我们俘获百余人，缴获长短枪50余支，军马20余匹，另外还捉了几个官太太，崔仁甫的老婆也在里面。我们对俘虏完全按党的政策办事，愿抗日的欢迎留下，愿回家的一律欢送，至于家属则全部释放。

原来我们以为打了崔仁甫，余镜清能够从中吸取教训，改邪归正。不料事与愿违，他公开声称要独立，不再受挺进队的编，并暗中向国民党第五战区打报告，诬我们"游而不击"。更不能容忍的是暗中派一中队长投降日寇充当汉奸，以便他与日伪军勾结共同来打我们。对这个与民族为敌的反革命两面派，我们别无选择，也只好干掉他。

5月初，根据地的农民在挺进队的武装保护下，投入了春耕大忙季节。战士们帮助仙石畈的乡亲插完了秧。我一支队两个大队，经过余镜清的司令部门前，浩浩荡荡向东开去，摆出要到铁路东去的架势。余镜清暗自高兴，以为我们一走，他可以在四望山地区称王称霸了，没想到自己的末日即将来临。

我们走出30余里到杨柳河宿营后，即派任子衡同志到余部去找一个名叫秦景堂的连长。这个人自从受编以来，一直表现良好，对余镜清的倒行逆施极为不满，经常与我们暗中联系。我们对他做了不少工作，他表示要同挺进队真诚合作。任子衡同志这一天去找他密谈，要他协助我们讨伐余镜清。秦景堂满口答应，并把余部夜间用的联络口令告诉了我们，约定打响以后立即带着他这个连作为内应。谈妥，任子衡同志一路小跑，回来作了汇报。我们决定当晚杀他个回马枪，搬掉这最后一块绊脚石。

漆黑的夜晚，又下着瓢泼大雨，战士们踏着泥泞的道路，向余镜清部盘踞的祖师垴进发。这是白天才走过的一条老路，不用路标战士们也不会走岔路，只因天气不好，影响行军速度，天黑出发，拂晓才打响。我一大队首先占领祖师垴东面的两个山头。特务连由指导员孔化同志带着插进祖师垴山脚下的村子里，直捣余镜清的司令部。另外两个连占领西面山头，原计划先搞掉其司令部，再来个中心开花，一举歼灭。但因我西翼部队过早暴露，老奸巨猾的余镜清带着一个连登上祖师垴，据险固守。打到晌午，祖师垴还未攻下来。我们因无重武器掩护，不宜强攻，遂撤出战斗。这一仗虽未完成预定计划，却也把余部搞垮了。秦景堂那个连，遵约倒戈，余部大部逃散，余镜清只带残部百把人，落荒而逃。

至此，豫南人民抗日征途中的绊脚石被我们扫除，为豫南抗日民主根据地的建设和发展铺平了道路。

六

正当盛夏来临的时候，一个激动人心的喜讯从鄂中传到四望山：新四军豫鄂挺进支队成立了。信阳挺进队奉命整编为豫鄂挺进支队的第二团队，由我担任团队长，钟伟同志任政委，娄光琦同志任政治部主任。支队司令部命令我们迅速整编完毕，开到湖北与兄弟部队配合作战。我们立即将挺进队所属部队集结在南王岗一带，编成了一个有三个大队、十个中队（其中一个警卫队）连同团直机关共计千余人的大团。整编后，还余四个中队的兵力，留在豫南作信（阳）应（山）的地方武装，不久，又以这四个中队为基础扩编为第三团队。

7月底，二团队由南王岗出发，经柳林越平汉铁路，东进到罗山朱堂店一带驻防，准备在这里补充给养以后再南下湖北。

到朱堂店的头两天，当地群众一听说我们是新四军，都非常欢迎，纷纷给我们腾房子、送军粮。到第三天，情况突然发生变化，群众一个也不来送粮了。经过调查，原来是国民党的顽固分子罗山县县长梅治朝下令禁止老百姓给我军送粮。

与此同时，驻信阳的日本鬼子又向我们挑战了。在我们进驻朱堂店的第三天，从柳林方向出来400多个日本鬼子，到朱堂店十多里的高山上骚扰一阵又撤退了。根据这一情况判断，敌人是出来侦察的，很可能是向我军进攻的前奏。我们召集大队干部开紧急会议，分析研究了情况。大家一致认为这个判断是正确的，都认为这一仗非打好不可。不打好，就不能在这一带立足，国民党的顽固分子更要撵我们走；不打好，就有损我党我军的威信。会上我们做了还击敌人的部署。

果然不出所料，次日拂晓，敌人来了。敌人进到离朱堂店只有三四里的地方还未展开，更未打枪，看样子是想偷袭。哪料我方早有准备，我们派出警戒线以外的游击小组发现敌情，首先开火。枪一响，我各大队即按计划进入阵地。一大队在正面守朱堂店和左翼阵地，二大队守右翼阵地，三大队做预备队并掩护机关。骄横无忌的敌人，战斗打响以后竟蜂拥而上直扑我正面阵地，向我团指挥机关攻击。我一大队当即以猛虎下山之势，从正面反攻，我二大队从侧翼压下去。在我军英勇猛攻下，鬼子顶不住了，连机枪都来不及架，掉头后撤。敌人被压到一个水塘周围的低洼地带，依着塘坎、田埂负隅顽抗。这时天已大亮，我们这才看清楚敌人有五六百人，绝大多数都是日本人。敌人被围困后，曾多次反扑，妄图夺路突围，都未得逞。我军由于弹药不足，几次攻击，均未奏效。打到下午两点，仍呈僵持状态。我同钟伟同志商量，我们已打了大半天，子弹消耗太多，硬攻不行，必须改变打法。我们抓住敌人怕打夜战的弱点，决定把敌人围困到黄昏的时候，再闪开一条路让他们逃跑，在其归途中设伏，采用夜间伏击的战术再予以沉重打击。

大约下午7点钟，夜幕徐徐降临。我二大队教导员黄德奎同志带的部队，已到几里以外敌人的归途中按指定地点设伏妥当。我们正面部队开始总攻击，全团几十个司号员同时吹响冲锋号，所有部队齐声喊杀。敌人慌了手脚，使出最后绝招，施放催泪瓦斯作掩护，向西突围。敌人进入我军伏击圈，被我军打得不知所措，丢下重机枪和许多弹药，狼狈逃走。这一仗，计毙伤敌人80余人，缴获重机枪1挺、步枪20支、子弹数十箱、战马4匹以及其他军用物资数百件。这次战斗中，我们也伤亡近80个同志。

朱堂店战斗检阅了我们部队的战斗力，证明这支部队不愧是党领导的勇敢善战的革命军队。这次战斗在豫鄂边区抗日战争史上开创了在敌我力量悬殊的条件下敢于正面抗击训练有素、装备精良的日本侵略军并克敌制胜的先例。这次战斗大大提高了新四军的军威。当地群众不顾国民党顽固派梅治朝的威胁，又纷纷给我军筹粮筹款；连周围的几支国民党第五战区的游击武装也不得不对我军表示钦佩，主动派代表来向我们表示愿意联合抗日。

　　朱堂店战斗后，我们在这一带驻了个把月筹足了粮款，即挥师南下到湖北礼山的大悟山地区与兄弟部队并肩战斗。

　　由四望山创建的信阳挺进队发展起来的第二团队，皖南事变后又编为新四军第五师第十三旅第三十八团，成为第五师主力团之一，英勇顽强地转战在豫鄂边区。

（曾言　整理）

原载刘德福主编：《红色四望山》，河南人民出版社，1988 年，第 121～135 页。

信南抗日风暴

——忆谭家河自卫大队①

◎ 任子衡

1938 年 10 月，日本侵略军占领了豫南重镇信阳城。在这前后，我们谭家河的党组织紧紧依靠人民群众，经过艰难曲折的斗争，创建了一支人民武装，点燃了信南山区的抗日烽火。

这支队伍在暴风骤雨中诞生，在惊涛骇浪中成长。

野火春风

"野火烧不尽，春风吹又生。"

我的家乡信（阳）南，是一个具有光荣革命传统的地区。第一次革命战争时期，党在谭家河、台子畈、大庙畈一带建立过农救会、儿童团等革命群众组织；北伐军攻打信阳城时，这一带群众出动了几千人参战。1927 年，蒋介石叛变革命后，大肆屠杀共产党人和革命群众，白色恐怖笼罩着山区，革命一时处于低潮，但信南人民并没有屈服，1930 年，在党的领导下又举行过农民暴动。由于敌我力量悬殊，不少党员和农民积极分子惨遭杀害，革命再次受到挫折。谭家河的张裕生和我，还有西双河的周映渠，都在农民暴动的前一年加入了中国共产党。暴动失败后，

---

① 本文作者曾任信南人民抗日自卫大队政治部主任。

组织上迅即令我和张裕生撤离本地，到鄂豫皖苏区学习；周映渠同志因为没有暴露身份而继续在西双河、谭家河隐蔽。学习结束后，张裕生和我都被派往平汉铁路线上的孝感、广水白区秘密工作。不久，由于国民党"围剿"大别山苏区，红四方面军主力转入川陕，切断了我们同上级党的联系。我们经过多方努力，费了一年多时间，也没有找到组织，不得不回家乡暂时隐蔽。我和张裕生到苏区去学习时，家乡人只知道是外出做生意，我们又都出身于当地声望较高的家庭，地方反动派不敢纠缠我们。回到家乡，我们也只从事些公开职业，暂时停止政治活动。我在白区工作时学会了织线袜子的手艺，回到谭家河还是干这一行，人们更相信我外出的一两年确实是在做生意。在家乡隐蔽期间，张裕生、周映渠和我虽然都没有组织关系，但还常以朋友关系相互联系，暗中也谈些政治。

没娘的孩子最知娘亲，与党失去联系的同志，最懂得没有组织的苦。我们三个一碰头，总是谈论怎样去找党的事。听说大别山还有红军游击队，却又不断传来使人痛心的消息，在"左"倾机会主义路线的影响下，苏区搞肃反扩大化，有些白区党员，历经千辛万苦回到苏区，不幸冤死。但是，我们坚信黑暗终将过去，黎明一定会到来，早晚总要回到党的怀抱。

1937年七七事变后，在我党的努力下，赢得了国共两党合作抗日的新局面。接着八路军首战平型关，全歼日寇精锐旅团。这些胜利消息像春雷一般，震撼着祖国大地，激励着一切不愿做奴隶的人们。

"联合起来，跟日本鬼子拼！"谭家河这个偏僻小镇也沸腾起来，到处发出这样的怒吼声。

驻信南的国民党二十六路军孙连仲部也以抗日的名义，强迫民众受军训。正在这个当口，一天晚上，张裕生把周映渠和我邀到周映渠开的那个小袜店里去密谈。经过一番计议，我们商定，就利用孙连仲办民众军训的机会参加进去，团结一批青年，拉起一支队伍，准备打游击，再派人寻找党，把队伍拉去投八路军。

我们几个在当地青年中都有一定的号召力，经过暗地串联，很快就团结了几十个青年学生，结成了一个团体。当时没取个什么名儿，没制定个章程，也没选谁当头儿，反正凭着我们三个的社会影响，这些学生叫来就来，叫散就散。

孙连仲的部队没驻扎多久，就开走了。接着，豫南民运指导处的一班人马来到谭家河做抗日救亡宣传工作。他们经常开群众大会，讲时事，讲抗日救亡的道理，教唱救亡歌曲，还分别举办农民、妇女、儿童识字班，很受群众欢迎。他们来不两天，就发现张裕生和我们几个青年是积极分子，让我们参加各种救亡活动，帮助搭台子、召集群众会、刷标语、搞油印，我们越干越起劲。那时已是隆冬季节，山区经常积雪不化，寒风刺骨，我们不分白天黑夜地跟着他们忙进忙出，有时饭也顾不得吃。指导处的负责人对我们的工作很满意，赞许说："有你们几位，我们的工作好搞多了！"

干了几天，我们从他们那艰苦朴素的生活作风和对群众的态度上看出，他们跟国民党的官员不一样，蛮像共产党的作风。再看看他们经常读《新华日报》《全民抗战》这类共产党和进步人士办的报刊，张裕生、周映渠和我一起悄悄议论："莫非他们是党领导的救亡团体？"但还不敢公开去问，因为那时候的党还处于秘密状态。我们懂得，在秘密环境中，寻找组织的途径主要是靠自己的革命行动，只要工作有了成绩，党会主动来联系的。

经过两三个月的共同战斗，我们同豫南民运指导处的负责人唐滔默同志已成了知心朋友。我们出于迫切找党的心情，便主动把当地的情况、个人的政治经历以及今后的打算都向他谈了。他也向我们表明了政治身份——是党派到民运指导处来工作的。他对我们深表同情，并热情支持我们的要求。不久，他们就通知我们说："组织上对你们的要求做了研究，因为脱离党的时间久，只能重新入党。"我们考虑，只要找到了党，抗日就有了依靠，我们找党是为了革命，又不是为了争资格。于是，我们都欣然同意组织上的决定。我们向党表示："请组织上放心，为了党的事业，要豁出命来干！"我们三人在1938年2月的一天晚上，同时举行了入党宣誓。

我们举行入党宣誓的时候，街上正燃起欢度春节的爆竹，家家户户的大门上都贴上了"大地回春""万象更新"的春联。我们也怀着激动的心情，庆幸着新生活的开始。

从此，中国共产党谭家河党支部成立了。沉睡多年的谭家河，即将在党的领导下苏醒过来，以崭新的姿态屹立在四望山麓。

入党前，我们把准备拉队伍去投八路军的事向组织汇报时，组织上充分肯定了这一行动，要我们继续干，准备在日寇打来以后，就地坚持抗日游击战争。

有了党的领导，我们信心更足了，劲头更大了。党支部一建立，便把拉队伍的事作为中心工作来干。

我们首先分析，在这里拉队伍的有利条件很多。前几次革命虽然都失败了，但在人民群众中留下了对旧势力的反抗精神；国民党、地主豪绅对劳动人民的残酷压迫和剥削，闹得民不聊生，逼得穷苦人走投无路，他们曾以各种形式进行过斗争，培育起勇敢剽悍的性格，许多人家都藏有一两件看家武器；抗战爆发以后，日本强盗对沦陷区野蛮蹂躏的暴行不断传来，激起了民众的深仇大恨；国民党军队节节败退，日寇猖狂进攻，眼看不堪设想的灾难迫在眉睫。在这种情况下发动抗日，大有干柴烈火之势。当然，不利因素也不少，主要是国民党顽固势力干扰和破坏；其次是我们自己缺乏经验。

我们商量，拉队伍，一要有人，二要有枪。为了不引起国民党顽固势力的注意，同时也考虑到群众觉悟程度，我们开始就沿用了旧社会流行的一种形式，以结拜"把兄弟"的名义来联络人。上级党很支持这个旧瓶装新酒的办法，还表扬我们有点"策略性"。

在那时局动荡的情况下，人们都想找几个乱世朋友，以便患难相助。我们这个办法果然灵验，开始联络的是青年人，叫作"把兄弟"，后来一些老人也要求参加，因为是在本地，互相之间不是亲戚，就是同宗，按亲戚辈分总有高有低，不便以兄弟相称，于是又改称"老少兄弟会"。加入这个组织，也用旧办法举行仪式——烧香叩头，喝雄鸡血酒。我们还编了个新不新旧不旧的誓词，现在还记得有这么几句："……有福同享，有祸同当；同心同德，抗战到底，永不变心；如有不忠，天诛地灭。"用这个法子，一下子发展到 200 人，其中大多数是农民，少数是失学青年，还有个别开明士绅。因为张裕生、周映渠和我是发起人，不论按年龄排到老几，谁都听我们的话。

有了人，接着又动员各家各户准备武器，有枪拿枪，没有枪的，自己花钱找铁匠打把梭镖、大刀，实在没办法，空手也可以。

人和武器都有了，要带兵打仗可就没门儿啦。要准备打游击，怎么个打法呀？我们着急了。支部一商量，先派人出去学学本领，再来编队。我们只知道延安有党中央、毛主席、朱总司令办的抗大，到那里一定什么本领都能学到。党支部决定派周映渠和我到延安去。豫南民运指导处的党组织也很支持，写信介绍我们先到确山竹沟找新四军第四支队第八团队留守处，再转延安。

1938 年 6 月的一个早晨，我们两人背上行装，迎着朝阳向竹沟进发。

一到竹沟，正好碰上危拱之同志。她是信阳人，从前我们都认识，知道她是老革命、红军女干部。她见到来自家乡的革命青年，非常高兴，立即领我们去见河南省委组织部长陈少敏同志。陈大姐热情地接待我们，问明我们的来意后，又仔细地询问谭家河的情况，然后笑着说："鬼子快打来啦！还去延安干啥？快回去领着人准备干吧！"

我们回答："干是要干，就是不懂军事，想学点本事再回去干！"

"学学当然好，问题是鬼子不肯给我们学习时间呀！我看……"陈大姐想说服我们，话说到这里忽然停住，思忖一下，转身对着危拱之同志，炯炯发光的眼里带着征询的神色说："让他们到教导队去学几天，时局变化很快，拣迫切需要的学一点，早点回去把部队拉起来再说！"危拱之同志当即介绍我们进了教导大队。

紧张的学习才一个多月，蚌埠、合肥相继失守，敌人的矛头指向豫东南的固始、潢川，有直取信阳、从北翼迂回包围武汉的意图。陈大姐把我们叫去，扼要地讲了一下战局发展，然后用恳切而严肃的语气向我们交代："敌人硬是不让你们学习！你们需要很快回信阳去，把部队组织起来，能拉多少就拉多少，越多越好；支部要把它紧紧掌握在自己手里。没有上级党的指示，天王老子要也不给。以后上级党会派人与你们联系的！"

陈大姐交代任务之后，又亲切地说："你们回去，暂时还是独立作战，担子不轻啊！支部几个同志遇事要多商量，多动脑子！"

当时我们还未理解陈大姐最后这几句话的深刻含义。我们把带领一支部队看得过于简单，心想已经有了底子，鬼子一到就乒乒乓乓跟他们干呗！没问题。因此，当陈大姐最后问我们有什么困难的时候，我们只干干脆脆地回答："保证完成任务！"什么困难都没提，就辞别陈大姐和危拱之同志，离开了竹沟镇。

一树战旗

回到谭家河，党支部决定把原先联络的那些青年组织起来，正式定名为"信南人民抗日自卫大队"。一号召，立刻集合了170多个小伙子。张裕生任大队长，周映渠任警卫队长，我任政治部主任。

编成自卫大队以后，对原来那些"把兄弟"中的老年人，或因其他原因不能编入部队的人，我们仍然继续保持联系，成为自卫队的有力支柱。不仅如此，我们还继续扩大组织，在自卫大队中又选择优秀分子发展党员。不到三个月时间，吸收了4个新党员，联络的基本群众增加到400余人。

这样一来，我们的声势搞大了，国民党看着眼红，打主意想吞并我们的队伍。10月初，国民党信阳县党部书记长重育民亲自到谭家河来，请我们去谈话，先是甜言蜜语地把我们恭维一番，什么"年轻有为"呀，"血气方刚"呀，拣好听的话说了几箩筐。接着又许给我们一大堆官职，还说要拨给我们经费。一听这个势头，就是"黄鼠狼给鸡拜年——没安好心"。果然不出所料，他把话锋一转，就落脚到要我们把队伍编给县政府的国民兵团。

"……支部要把它紧紧掌握在自己手里，没有上级党的指示，就是天王老子要也不给。"这时，陈大姐那严肃而恳切的叮嘱，即在我们的脑海里回荡着。

"国民兵团是什么东西？简直是活土匪！"乡亲们对国民兵团的怨恨声，也在我们的耳边响起。

"不行！"我们三个几乎异口同声，给了他响亮的回答。

重育民见收买不成，就一翻脸色，说什么"成立队伍是大事，没有合法名义，县政府会派'国军'来干涉的"，想威胁我们就范。

张裕生同志理直气壮地说："天下兴亡，匹夫有责，我们组织抗日自卫队，抗日保家有什么罪？犯了哪条哪款？"

周映渠同志接上去说："如果说这是犯法，那我们也犯定了。水来土掩，兵来将挡！"

"这个……这个……"重育民理屈词穷，无言对答。

随重育民来的有个姓易的地方士绅，为人颇为圆滑。他见势不妙，便赔着笑脸说："反正日本人来了，咱们都在这一带联合抗日，编不编都好说。"算是给重育民搭了个下台的梯子。

这场舌战之后，为取得群众的支持，扩大我们的影响，也给那准备派兵来干涉的老爷们一点颜色看看，我们把声势搞得更大，将"信南人民抗日自卫大队"改成"信南人民抗日自卫团"，做了一面大红旗，把司令部也立起来。司令部就设在我家，我家在谭家河街的正中心，房子宽敞，又免得占别家的房子。把大旗往门上一插，司令部的牌子一挂，蛮像个样子的。

四乡老百姓到处传说着："张裕生他们的队伍更红火啦！"另外，我们也不麻痹，随时提防着重育民真的派兵来打我们。防了十多天，一点动静也没有。后来才弄明白，原来重育民回去不几天，信阳吃紧，日本人还未到，国民党的驻军就不战而逃。县政府、县党部自然也跟着逃走，根本顾不上来"干涉"我们了。

初战告捷

10月初，敌人的飞机天天在信阳上空嗷叫，一来就是七八架，把信阳这座古城炸成焦土一片。逃难的人流涌向四方，国民党的溃军也像潮水一般由东向西川流不息地逃窜。谭家河这个小镇，到处挤满了扶老携幼的难民，啼饥嚎寒的凄惨情景令人不忍目睹。日寇的凶残，同胞的呻吟，激起了战士们复仇的怒火。

行动！行动！立即行动！

党支部发动我们的弟兄，用一切办法把国民党溃军的枪收缴起来武装自己，准备同敌人搏斗。

我们从那些狼狈不堪的溃军手里，搞了很多枪支弹药，把原来的河南本地造换完还有多的。

中秋节在硝烟弥漫中来临，信阳城就在这一天被鬼子占领了。

消息传来，我们一面分头到四乡去集合自卫队员，准备迎战；一面组织家属和群众往山里疏散。

第二天黄昏，30多个日本鬼子的骑兵，从西双河向谭家河窜犯。我们立即把自卫队拉上街东北的山头，顶着打起来。因为是夜间，鬼子摸不清虚实，还了几枪就缩回西双河去了。

这次初战，大大鼓舞了我们的士气。看起来日本侵略军并不像国民党溃军所形容的那样可怕。于是，我们决定要学八路军大战平型关的榜样，狠狠地揍他们一顿。

谭家河南面十多里地有个平靖关，是通向湖北的交通孔道，地形险要，关口在两座高山相连的垭口上，关下是一条峡谷，通往湖北的大路在峡谷中蜿蜒而上，真是个"一人当关，万夫莫开"的地方。估计敌人次日白天还会来挑衅，我就带着街上的自卫队员（百把人）先去抢占平靖关，控制有利阵地。张裕生和周映渠到乡下集合队伍，集齐后也赶来把守平靖关，我们约定在山顶的大国寺会合。

果然，第二天中午，鬼子的100多骑兵来了，这时周、张两同志集合的部队还未到达。鬼子兵未发现我们守关的部队，在进入峡谷以前，先朝我们守的山上打了几梭子机枪，进行火力侦察。我们的战士都是才扛起枪的老百姓，沉不住气，没等下命令就乒乒乓乓地乱放枪。我们这百多条枪一齐开火，听枪声还蛮像回事的。鬼子见山上有中国兵把守，没敢贸然进攻，掉转头撤走了。这样一来，我们的战士可高兴啦，说："小日本也不咋地！跟癞皮狗差不多，人越怕它，它咬得越凶，你要是一猫腰，做个捡石头的样子，它就夹着尾巴跑开了！"

第三天，鬼子又来，还是百把人，放几枪，我们还击一阵，他们又退了。

就这样，鬼子跟我们磨了三天。我们也不懂得改变打法，还是守在这里。

到第四天，鬼子一反常态，上来就是小炮夹机枪，猛射一阵。敌人在火力掩护下，直往我们阵地冲。我们有前几天的经验，也学聪明一点了，不瞄准，不打枪。几个猎户出身的战士显了真本领，弹不虚发，把冲在最前面的敌人，撂倒好几个，迫使敌人又退了回去。

鬼子经过四次窥探，似乎摸清了我们的底细。第五天，一下子出动200多人，向我阵地猛攻，机枪子弹打得我们阵地上的树枝直往身上砸，炮弹炸得碗口粗的树一棵棵倒下。我们的战士也守得沉着，打得顽强，用排子枪、手榴弹向冲上来的敌群狠揍，接连打退敌人两次冲锋。敌人还不罢休，第三次发起冲锋，攻到离我们阵地只有几十步远，眼看就要攻进我们的阵地。忽然，从敌人的指挥阵地上响起了一阵退却号音，冲锋的敌人呼呼拉拉往后滚，全退下去了。

这是咋搞的？我正朝四面山上眺望，想看个究竟。忽见敌人右侧的山上出现一大队人马，分辨得出那是中国人，牵成线向西开。前面看不到头，后面看不到尾，少说也有几千人，比进攻我们的鬼子要多若干倍。这才明白，原来鬼子是害怕被包围而仓皇撤退的。

这一大队中国兵又是什么部队呢？从哪里来，到哪里去呢？是不是赶来援助我们的呢？

我一面派人去联系，一面整理我们的部队，让战士们收拾收拾服装，擦擦武器，休息片刻再下山搞饭吃。

再竖战旗

鬼子刚撤走，我们还未下火线，派去联络的人来汇报，那吓退鬼子的大队人马，原来是从武胜关中华山一线溃退下来的国民党桂系部队。说话之间，一部分广西佬已经来到面前。看样子这支败兵已疲惫不堪，一个个破衣烂衫，满身是泥，行走蹒跚，一上来就东倒西歪地躺得满山都是。

一个军官模样的人走到我跟前，自称是师政治部主任。见面先把我们的队伍大大吹捧一番，并慷慨地送给我们一批枪支弹药。那时，我们都是"初出茅庐"的青年，被他这一着弄糊涂了。当他提出，请我们把队伍分散到他们各部队去当向导，配合他们在这一带抗日时，我们未识破他的阴谋，满以为他们真的要在此打日军，丝毫不防备，便满口应承。谁知道，我们的人一分散到他们那里，全部被逼着为他们带路往老河口方向逃跑，根本不在这一带停留，我们的100多人枪被裹胁得一干二净，只剩下我们几个光杆党员。

费了几个月时间，花了很大力气才创立的这支抗日人民武装没被日本鬼子打垮，却被国民党用欺骗手段，不费一枪一弹就搞散了。上了这个大当，才想起当初陈大姐叮嘱的"支部几个同志遇事要多商量，多动脑子"这句话多么宝贵！不怪天，不怪地，只怪我自己警惕性不高，真后悔莫及啊！

我怀着十分沉痛的心情，带着剩余的几个同志，到曾家老门找到了五天来失去联系的张裕生和周映渠同志。一见面，大家的心情都非常沉重。他俩首先介绍了情况，原来鬼子一到，乡下的自卫队员都同群众一起逃散，集合不拢，因而未应约到大国寺会合。我也把几天来的情况做了汇报，并做了自我检讨。但我们三个都不泄气，一致同意要重整旗鼓。于是我们又把"信南人民抗日自卫团"的大旗在曾家老门竖起来，选了间宽大的地主房子做司令部，大门上又贴上"信南人民抗日自卫团司令部"几个大字，同时分头到各乡各村去动员人。

幸好，我们原来的"老少兄弟"中，还有多半没被广西军拐走，他们都积极拥护我们再干。被广西军拐走的同志，走出百十里地，一看情况不妙，不约而同地几乎是在同一时间都逃跑回来。几天工夫，我们的自卫团不仅恢复了原样，而且还扩大了，发展成200多人。可惜的是，被广西军拐去的人都未能带回枪来。

广西军的阴谋诡计，给我们上了一堂课。

这时，溃逃的广西军还陆续从这里经过，后面的溃军比前面那些更混乱。我们学会了"以其人之道，还治其人之身"。这回他不请，我们也主动派人去带路，目的是搞枪支弹药，明要暗夺，遇到零星散兵，就干脆硬缴。不几天，就把我们的200多人重新装备齐全，清一色的捷克式步枪，外加4挺轻机枪和52支二十响的驳壳枪。不少战士都配上了一长一短两大件。队伍拉得可威武了！

信阳沦陷后，豫南民运指导处便转移了，这一段拉队伍的事，全是我们党支部几个同志商量着干起来的。今后到底怎么办，心中还是没个数。我们殷切地盼望着上级党派人来联系，给我们指出道路。白天盼，夜晚盼，总不见人来，心中十分焦急。

路东找党

为了找上级党，我们支部决定，把活动范围扩大，把名声搞得更响，到平汉铁路东的当谷山地区去，寻找战机跟日寇干几仗。

在一个月色朦胧的夜晚，我们带着队伍从柳林的附近越平汉铁路到达当谷山。这里驻扎着国民党的信阳县第四区区长蔡济民，他带有200多人的武装，独立为王，鱼肉人民。

我们一到,他就想撵我们走。我们当然不走。抗日嘛!我们在哪里都有权住下。这家伙见撵不走我们,就想方设法企图"吃掉"我们,好几次借口"配合行动",想趁机对我们下手。我们有了在铁路西的经验教训,处处小心,使他的阴谋都未能得逞。后来,他见我们对他有戒备,武器也好,知道一时难以下手,于是改变方针,对我们来软的,又送粮,又送钱,装出一副十分亲近的样子。我们心中也有底,钱、粮我们收下,一概不打收条,任何条件都不答应。后来,他又想出了"借刀杀人"的诡计,说是靠近罗山边界的杜家畈有股土匪,杀人越货,危害人民,要我们配合他去剿灭。但据我们侦察,杜家畈只有国民党罗山县长梅治朝的队伍经常出没,他要我们去"剿匪",实是给我们设的陷阱。只要我们一去,他们就可以两面夹攻,把我们"吃掉"。我们识破了他们的阴谋,当晚乘其不备,带着队伍离开这个是非之地,到铁路西的大王冲去了。

胜利会师

大王冲离铁路只有 20 多里,四周距敌人和地主武装都不远,我们仍然处于危险境地。上级党也还未联系上,今后部队究竟怎么办的问题还是未得到答案。为了找上级党,我们到大王冲以后,又派了几个人秘密返回铁路东当谷山,去把隐蔽在蔡济民队伍里的两个党员接来跟我们行动。一个是段远钟同志,他原是河南战教团的;一个是于秀民同志,原是开封邮政青年工作团的。他们两人几个月以前到谭家河来过,跟我们熟,两个都是党员。他们来了,也说未与上级党联系上。

在这种情况下,党支部研究,不能再等待上级党派人来,而要主动去找。我们当时缺乏经验,干部战士都带着家属行动,行起军来拖儿带女一大串,遇有情况还得分兵掩护家属队。因此,我们决定把家属安置妥当以后,带着队伍到竹沟去,并派于秀民同志先到竹沟去向陈大姐报告。

干部战士都带惯了家属,猛然要丢下老婆孩子远离家乡,我们担心思想做不通。战士和家属都哭哭啼啼,那才不可收拾哩!在支部的决定公布以前,几个领导先分头去找了些战士的父亲商量,讲清道理,说明利弊。万万没想到几位老人都举双手赞成我们的意见,非常诚恳地说:"我们早就在合计,拖儿带女咋能打仗,仗打不好，老老小小跟着拖来拖去，也把人拖苦了。就这样办，都是本地人，谁都有三亲六戚，哪里不能安顿家属呀？你们带着队伍，一心一意打鬼子去吧！"

支部摸清了群众思想，我们几个领导人首先带头把自己的家属送走，再一一普遍动员，只花了五天时间，便顺利地把几百口子家属在大王冲一带安置妥当。

这时已是隆冬季节，我们留了两天时间补充了棉衣。在一个大雪纷飞的早晨，战士们辞别亲人，往竹沟进发。

临行时，可热闹啦！家属们把各式各样的慰劳袋递到亲人手里，鼓鼓囊囊装满了连夜赶制的衣衫鞋袜。有的把煮熟的鸡蛋和馒头塞进战士的衣兜里，一个个笑逐颜开。以往行军时那种大的哭、小的嚎的声音，一点也听不见。代替它的是一片亲切的勉励和叮嘱："放心打小日本去吧！家里的事别操心！""别忘了常给家里捎信来，等着你们打胜仗的消息！"……歌词中那"母亲叫儿打东洋，妻子送郎上战场"的美好词句，变成了我们生活中的现实。

与亲人们分手后，部队踏着冰雪，迎着寒风，翻山越岭，经过两天行军，来到南王岗。在这里，我们遇到从竹沟回来的于秀民同志，他带来了振奋人心的喜讯。老远他就高兴地喊着："好消息！好消息！"

我们赶忙迎上去。他把上级写的一封信递了过来，至今我还记得那信的原文：

　　裕生、映渠、子衡同志：

　　　　你们辛苦了！同志们辛苦了！

　　　　接信后，马上将部队带到四望山与兄弟部队会合！

接到这信，我们就像快要见到久别的娘亲一样，高兴得没法儿说。战士们听说要与八路军（在他们心目中，凡是共产党的队伍都是八路军）会合，也都高兴得很，不断来大队部要求赶快前去。

其实，我们几个领导人也同战士们的心情一样，巴不得马上到达目的地。哪知道，前行途中的祖师垴守着一支几百人的地主武装，头目是靠反共起家的国民党区长余镜清。他早就打主意吞并我们。这次据侦察员报告，他已严密封锁了山口，看样子我们不打是过不去的。我们研究了作战部署，准备第二天硬冲过去。

次日清晨，部队正要出发，四望山又派专人赶来送信。信中指示要我们随来人绕过余部防区，由黄龙寺进四望山，以避免不必要的损失。上级考虑得太周到了。

遵照指示,跟着派来的向导,部队安全到达黄龙寺,与其他几支兄弟部队胜利会师。拱之、子厚、海山等同志也在这里。他们住在一座破烂的大庙里,听说我们的队伍到来,都走出大门来迎接。吩咐住定后,让我们几个负责人做了汇报,又向我们传达了河南省委的指示,将我们这个大队编为信阳挺进队的第二大队。从此,我们这支信南人民的子弟兵,结束了孤军奋战的处境,步入了新的发展阶段,在信南人民和边区人民的大力支持下,很快发展成新四军的一个主力团队,以英勇顽强的姿态转战在豫鄂边区的敌后战场。

随着人民抗日武装的发展,信南这个地区也发展成豫鄂边区巩固的根据地之一,成为我新四军部队南下湖北和回师河南的一个重要基地。

（曾言　整理）

原载中共河南省委党史资料征集编纂委员会编:《豫鄂边抗日根据地》,河南人民出版社,1986年,第 268 ～ 285 页。

向武汉外围挺进

◎ 周志坚

············

挺进！挺进挺进！

让我们高唱着抗战之歌，

沿着汉江两岸，豫鄂之边，

驱逐日寇出中国境！

每当我哼起这支《豫鄂边区挺进进行曲》，就会想起我们当年跟随李先念司令员向武汉外围敌后挺进的情景。

勇闯龙门关

1938 年 10 月，华中重镇——武汉沦陷于日军铁蹄之下，抗日战争转入相持阶段。日本侵略者为了长期占领武汉这个战略要地，并控制其外围，除了在武汉和各主要城镇驻以重兵，还组织伪军和伪政权，沿着交通要道设立据点，"扫荡"敌后抗日武装。而参加武汉会战的 40 万国民党正规军，以及 10 余支地方游击队，则溃散在武汉外围的群山深处；地主反共游杂武装蜂起，"司令"多如牛毛。他们盘踞在农村，危害乡里，鱼肉人民。

在那民族灾难深重的时刻，武汉外围的党组织和共产党员，纷纷起来组织抗日人民武装，开展敌后游击战争，点燃起抗日的星火。根据形势的发展和党的六届六中全会精神，急需把这些力量汇集起来，组成一支强大的抗日武装力量，在武汉周围建立起牢固的敌后抗日根据地，以便更有效地配合正面战场，坚持持久战，争取最后胜利。

先念同志就是在这种情况下，肩负着民族解放的重任，带着党中央和中原局的指示，来到豫南竹沟的。

1939 年 1 月 17 日，一场大雪刚刚停息，漫野银白，寒风凛冽。先念同志率领着我们新四军独立游击大队，从竹沟出发南下，冒着严寒，踏着冰雪，向武汉外围敌后挺进。

我们这支队伍，是由竹沟新四军第四支队八团队留守处的两个连队 70 余人和 60 余名干部组成的，武器只有 1 挺轻机枪、90 多支步枪和几十颗手榴弹。先念同志原为红四方面军的有名将领，因为部队太小，怕一时声张，有碍行动，故化名李威。组织上决定我担任参谋长，作为先念同志的助手。

进军的第三天下午，北风呼啸，太阳隐没在灰蒙蒙的云层里。我们到达了四望山麓的龙门新店。进到龙门新店，只见群峰耸立。一条必经隘道蜿蜒，两旁悬崖峭壁夹峙。隘道入口处，有一道镌刻着"龙门"两个大字的石门，地势十分险峻。同志们跨进石门，走不多远，进入了一个有 20 户人家的小村。刚进村，忽然发现两个持枪的哨兵站在一座地主庄园高大的门楼前面，紧接着走出来一个少校军衔的国民党军官，他左手叉腰，右手高举，恶声恶气地高叫："站住，哪一部分的？"

"新四军。"我们边回答边继续前进。

"哪里去？"

"到敌后打日本鬼子！"我们理直气壮地答道。

"站住，不然就开枪了！"

一听这话，我的火"腾"地一下蹿到脑门顶上，随即从腰间拔出手枪："你敢！为了抗日，中国的地方我们都可以去。谁也拦不了！"

我们的战士摩拳擦掌，子弹上膛。

"队伍停下！"李司令员冷静地命令道，"我们是新四军，打算通过贵军防地去打鬼子，请给予协助。"

"你们稍候片刻，我去通报一声。"说罢，那个少校转身进屋。

在当时那种混乱的时候，国民党散兵游勇遍地都是，三五十人或百把人就拉起一支队伍，占山为王，落草为寇，不打日军，专干残害百姓的勾当。"司令""队长"真是多如牛毛。原来我们遇到的是国民党的一支杂牌"游击队"，司令名叫吴少华，手下有好几百名士兵，在我们到来之前，就事先拉到山上，剑拔弩张，摆开了阵势。也许他们以为我们也是一支散兵游勇，想来个大鱼吃小鱼，把我们吞并掉。

不一会儿，那家伙出来说："你们谁是司令啊？"

"我们没有司令。"我怕暴露李司令员，脱口答道。

先念同志从容不迫地走出队伍："我就是司令，有何贵干？"

那少校一见，声气小了许多。他满脸堆笑，双手往里一让，毕恭毕敬地说："我们吴司令有请。"

简直就像变戏法，这家伙刚才那副凶神恶煞的模样，一下就变得如此恭顺谦卑。

同志们都担心先念同志的安全。我说："司令员，这虎穴还是不闯好。"

李司令员镇静地紧了紧皮带，又摸了摸风纪扣，说："不要紧，我去一趟，你在外面好好掌握部队，相机行动！"说完，带着警卫员大步跨进院门去了。

随着那朱色的大门"咣当"一声关上，我们的心猛地收紧了。同志们屏住呼吸，盯着那紧闭的大门，脸上流露出焦虑的神色。

不一会儿，大门口突然摆上6道岗哨，12个哨兵亮出寒光逼人的刺刀。正在这时，那个少校又出来了，他神气十足地喊道："参谋长到！"

一个身穿黄呢军服的烟鬼子出来了，他傲慢地环视了我们一下，口出狂言："你们是非法的，不许通过！"

"什么？"刚刚压下去的火又升了起来，我嚷道，"什么叫非法？我们是堂堂正正的国民革命军新编第四军，是抗日的队伍，哪一点非法？你不许我们过去打鬼子，你就是破坏抗日！"说着，我甩掉身上穿着的棉衣，拔出手枪，挥手命令部队，"马上展开，一排把机枪对准大门，二排占领左边高地，三排占领右边山包，给他点颜色看看。"

战士们闪电般地把吴少华的司令部包围起来。

大烟鬼一看势头不对，那副傲慢相顷刻全无，脸色煞白，慌忙掉转屁股，钻进屋去汇报。我们的战士怒吼起来："赶快把我们的司令送出来！不然就砸你们一个稀巴烂！"

先念同志带着警卫员走进吴少华的司令部后究竟发生了什么情况呢？后来据警卫员告诉我说，当先念同志不慌不忙地走进去时，那位吴司令正翘着腿佯装没看见，坐在那里摆臭架子。先念同志沉着而威严地将棉衣一敞，露出胸前"国民革命军新编第四军"黄杠三朵花的上校符号。吴司令见状，这才站起来让座，又命令勤务兵倒茶，还装模作样地说："不知阁下光临，有失远迎，望李司令多加原谅。"这家伙的态度之所以改变，也许是因为他胸前佩戴的是黄边一杠二花的中校军衔，先念同志正好压住了他。国民党军队里就是这样，官大一级压死人。

"武汉沦陷，敌后空虚。我军挺进敌后，是为了发动群众，开展游击战争，打击日伪汉奸，配合正面战场的作战。"先念同志笑了笑，首先开口，"不知这里是贵军防地，未曾先取得联系，还要吴司令谅解哪。"

彼此又寒暄了一番之后，先念同志严肃地说："我看贵军在我前方道路两侧的山上摆满了士兵，莫非是……"

"不！不！那，那是我们的军事演习，不必多虑。"吴司令狡诈地辩白说。

先念同志站起来："那好，请吴司令派人送我们出警戒线吧！"

"当然可以，不过……"吴司令眨了眨那双流露出狡黠目光的小眼睛，又道，"李司令初来乍到，鄙人备了些薄酒素菜，为我们初次见面干上一杯，如何？"

话音未落，他们的参谋长慌慌忙忙进来咬着他的耳朵嘀咕了好一阵。我们战士的怒吼声也清晰地传进了他们的司令部。吴司令脸色都变了，忙站起来说："李司令，这，这是干什么？"

"不！"先念同志斩钉截铁地说，"我们公务在身，要赶往敌后抗日，时间紧迫，不便久留，吴司令的盛情我们领了。"

吴司令见状，只得悻悻地命令他的王副官主任护送我们。

肥头大耳的王副官主任陪着李先念同志走出大门。他赔着笑脸向我们喊道："新四军弟兄们，别误会，请集合队伍走吧。鄙人奉命护送贵军出防地。"

我把部队集合起来，并派了两个战士盯着王副官主任身后，让他走在我们队伍的中间。他一边走一边不断向两侧山头上喊："别误会，这是新四军，到敌后抗战打日本，吴司令派我送他们出境，不许开枪。"

山上的士兵趴在掩体里，眼巴巴地看着我们通过，仿佛是给我们行注目礼送行。

就这样，我们顺利地通过了绵延数里的山间小路，把他们的警戒线抛在身后。

"谢谢你！"先念同志站在山垭口的一块磐石上，对完成护送任务的王副官主任说，"回去告诉你们的吴司令：希望今后互相联系，以大局为重，团结抗战，把民族敌人赶出国土！"

王副官主任向李司令员恭恭敬敬地敬了个军礼，点头哈腰地退转去了。

三战三捷

离开了龙门新店，我们进入了绵延在豫鄂边的四望山。

几天后的一个下午，我们在白雪皑皑的四望山，和豫南特委及其领导的信阳挺进队会合了。这些坚持敌后斗争的同志，因为远离上级领导机关，正急切地期待着上级党的指示。先念同志的到来，使他们喜出望外。

在四望山北麓的信阳黄龙寺，先念同志向他们传达了党的六届六中全会决议和中共中央中原局少奇同志的指示，明确指出：豫南的党组织应该把组织和扩大抗日武装、保证党对部队的绝对领导作为自己的首要任务。他还同特委的同志一道，对豫南敌后抗日游击战争作了具体研究和部署，进一步推动豫南敌后游击战争迅猛发展。

信阳挺进队和我们会合后，又将竹沟警卫大队一中队编入我们大队。这样，我们便扩大成为一支拥有 200 人枪的队伍了。

我们在这里住了几天，大家只知道鄂东、鄂中有我们党所领导的抗日游击武装，但不知在什么地方活动，都很焦急。1 月下旬的一天，李司令员把我找去交代任务说："志坚，组织上决定派你带领部队，跨过平汉铁道，插进大别山，到信（阳）罗（山）边进行一次侦察性游击活动，联系那里的党组织和党领导的武装。蔡韬庵是地方党的负责人，找到他就行。"

在一个连星星也看不到一颗的寒夜，我带着部队，悄悄地跨过了平汉铁路，插进了大别山。我的脚一踏上大别山的土地，就像孩子又回到了母亲的怀中，心里感到无限温暖。我透过朦胧的夜色，用眼睛搜寻着我记忆中的大别山的青松、绿竹，搜寻着那住着红军妈妈的低矮农舍……然而，我所见到的却是些秃岭荒山、断壁残垣。国民党的摧残，日寇铁蹄的践踏，使大别山完全改变了模样。

深夜，我们在离铁路15里的新街宿营。经群众帮助，很快找到了蔡韬庵同志。不久，又联系上"二七"平汉铁路破坏总队（下称"破坏总队"）这支以铁路工人为主的抗日武装。

破坏总队的附近有一支伪军——甘润民大队，共有170多人，经常为虎作伥，残害人民。破坏总队的负责人要求我们把那股伪军消灭掉。经过一番调查和作战准备，我们很快就把那伙民族败类消灭了。这次战斗，缴获了3挺轻机枪、120多支步枪、3支手枪，为大别山人民除了一害。

完成了任务，我们决定返回四望山向先念同志汇报。

下午4时多，天空布满乌云。我们从杜家畈出发，沿着原路向四望山进发。尖兵排正过着铁路，突然从南边隐约传来一阵隆隆声，只见远处一辆鬼子巡道车从柳林车站开来。我命令大家在铁路两边埋伏下来。

敌人的巡道车像一头蠢猪闯来了，车上满载着戴钢盔的日本兵。眼看着车子钻进了我们的火力网，我一声喊"打！"战士们手中的机枪、步枪一齐咆哮起来。一颗颗手榴弹朝着车上飞去。车上刚才还在谈笑的鬼子，顷刻就抱头嚎叫起来，有的负伤倒在车上。巡道车拖着败兵，狼狈地向北逃去。

当时，在这一带沦陷区敢打鬼子，确是一件大事。我们来到这里以前，人们都说日本兵厉害，有人还把他们形容得像"神兵"一样，国民党军队见了就跑。然而，我们新四军的游击队居然揍了他们，群众心里很高兴。打了这一仗，我们部队的士气更加旺盛了。战士们说："原来日本兵是些假老虎。""就是真老虎我们也敢打！"

跨过铁路，堆满乌云的天空，淅淅沥沥地下起雨来，寒风夹着冷雨，扑打着指战员们冻得青紫的脸，但大家心里像裹着一团火。入夜，部队在青石桥的一座古庙里住了下来。

第二天黎明，挨了揍的敌人果然追上来了。一颗从东边山上发射的炮弹，落在我们宿营的庙后爆炸了，机枪也在同一方向打响了。

我们立即转移。敌人还在原地盲目地射击。

已经是中午了，我们到达了信（阳）应（山）公路边。沿着公路竖立的一根根电线杆，依着地势的起伏，高高低低地排成一行。劲疾的北风，把电线刮得嗡嗡鸣叫。我想："割断电线，把敌人调来，打他一个伏击多好啊。"于是部队选好地形，埋伏起来。几个战士在一片开阔地段，把电线卡断了。

这法子真灵。不到一小时，10多个日本骑兵带着器材、工具赶来了。当他们跳下马，正动手修复电线时，我们狠狠揍开了，把他们打得人仰马翻。当场打死敌人3名，击毙4匹战马，其余敌人狼狈逃回信阳县城去了。

回到四望山中的浆溪店，我们向李司令员汇报了这次执行任务的情况。他高兴地说："好啊！你们这次双倍地完成了任务！"同志们听了首长的表扬，感到特别兴奋。

春节前夕，我又奉命带领部队，沿铁路西侧南下，到应山地区去联系那里的党组织和党领导的抗日武装。

当我们到达应山县城西北的余家店时，又同日军干上了。

那天上午10时许，天空又是乌云翻滚。我们正驻扎在余家店南面山头上的罗家庙，等候派出去的人与地方党联系的消息。忽然几十发炮弹向余家店飞去，轰击那里的国民党广西军和游击武装。

"鬼子兵'扫荡'了，准备战斗！"

我一面命令，一面带着司号员，跑到庙前一棵松树下，用望远镜一看，只见100多个鬼子，配合着几十名伪军，正向西"扫荡"。驻在余家店附近的国民党桂系军一个营，像一群胆小的兔子，亡命奔逃着。我一面观察一面想：用枪声联系地方党的同志，这倒是个好机会，也可做出个榜样，给这些只知道逃跑的家伙看看。就在这时，"嘘"的一声，一颗炮弹落在土地庙后爆炸了。我伸手抱住司号员，两个人一翻身，滚到一个土坎下。几乎同一瞬间，又一发炮弹打来，将我们刚才做隐蔽的松树拦腰炸断。司号员和我的身上，都盖上了一层土。

"狗娘养的，太猖狂了！"我愤怒地骂了一声。司号员说："打吧，参谋长！"

我返回驻地，布置战斗。

冲锋号响了，我们的部队迅速冲向敌人。敌人受到突然的攻击，慌忙缩回余家店镇里，负隅顽抗。一中队队长、老红军张日新同志，带着他的中队从右翼迂回到余家店东，转入街北，向敌人发起猛攻。二中队由中路向街南口进攻。敌人撤到镇外，钻进东边一片高地上的丛林中死守待援。战斗整整打了一个下午，黄昏时，敌人20多具死尸摆在阵地上。

战斗结束后，中共应山县委的领导同志果然循着枪声来了。从他口中得知，应山地方党经过艰苦努力，已经建立了一支游击队，他们随时准备与主力会合。

余家店战斗，是我们新四军独立游击大队踏上鄂中敌后战场以来，第一次打着新四军的旗号，摆开阵势打击日军。战后，方圆百里的群众，都纷纷传颂："共产党领导的新四军，是真正抗日的队伍！"许多群众赶来慰问，许多爱国青年跑来要求参军，不少国民党游击武装也主动找我们联系。

曙光照耀大别山

春节刚过，先念同志亲自率领我们挺进大别山。

大别山，是先念同志战斗过的革命战场。他这次回到大别山，碰见群众，就拉着问长问短：问红军长征后老苏区遭受的苦难，问日本侵略者给老苏区带来的灾难。灵山寺狮子口的一个老赤卫队员，拉着先念同志的手说："早就盼望着你们回来呀！回到大别山，重新摆战场。"李司令员说："是的！我们一定不辜负大别山人民的希望。"

在铁路东侧的新店，先念同志会见了我们已经联系过的信（阳）罗（山）边地方党和破坏总队的负责同志。他又详细地向他们传达了党的六届六中全会精神。在他的指示下，信罗边成立了党的中心区委，主要任务是进行群众工作，独立自主地发展抗日武装。

不久，我们在九里关附近，和新四军游击第六大队会合了。这支队伍的骨干全是坚持大别山游击战争的红军战士。会合那天，我们看见他们还是穿着黑色的红军服，背着红军常戴的斗笠帽。听说他们还把缀着红星的红军帽，珍藏在自己的背包里。

在狮子口，先念同志又向罗（山）礼（山）经（扶）光（山）中心县委书记贺建华和新四军游击第六大队的负责人罗厚福、熊作芳等同志传达了六届六中全会精神。

贺建华和罗厚福、熊作芳等同志一道，在鄂豫皖区党委领导下，依靠红军留下的火种和坚持斗争的革命群众，战胜了重重困难，组织了新四军游击第六大队这支武装。贺建华同志向先念同志汇报了以张体学为大队长的独立游击第五大队的情况。那支武装是从无到有建立起来的，拥有数百人枪，活动于黄冈、麻城一带。先念同志听了十分高兴。眼看着敌后许多的革命星火，马上就要同我们会合，多么让人兴奋啊！

我们两支部队就要分开行动了。先念同志拉着贺建华等同志的手，亲切而严肃地说："党中央和毛泽东同志号召我们深入敌后，开展游击战争，建立抗日根据地。实践证明：深入敌后，只要取得人民群众的支持，就可以立于不败之地。告诉张体学、程坦他们，一定要见缝插针，遍栽杨柳，千万不要缩手缩脚，把自己陷在一个小窝窝里，特别是不能陷在顽军的窝窝里。那样，不仅不能发展，反而会被吃掉！这意见一定要向鄂东特委的程坦及其他同志传达到，向独立游击第五大队的同志传达到！"

贺建华同志动身离去时，先念同志又把他叫转来，再一次严肃地叮嘱："我的意见一定要传达到呵！"

联曹打胡

1939 年 4 月，我们继续向南挺进。

在孝感中和乡，我们和许金彪领导的湖北省抗日游击大队会合。许金彪是从延安南下的红军伤员，回到家乡后，一直没和党组织接上关系。日军的铁蹄践踏了他的家乡后，他组织了抗日自卫队，用国民党军队溃逃时丢掉的武器武装自己，并建立了一块抗日根据地。

不久，部队转移到铁路西侧的厉家店。为了发展路西根据地，先念同志决定：组织一次"联曹打胡"的战斗。

曹，就是曹省三的地方游击队，这支部队曾与许金彪同志的部队有过统战关系，他们拥有 300 多人枪。

胡，就是驻在花园西面白沙河的胡翼武部。这是一股地主游杂武装，早同日本侵略军勾结，无恶不作，是这一带地方开展敌后游击战争的绊脚石和捣蛋鬼，人民群众非常痛恨他们。

战斗打响的时候，曹省三从路东出发，跨过平汉线，直捣驻在白沙河的胡翼武司令部。先念同志带我们进抵马家店南的栗林店时，即分兵两路：一路向南配合曹省三部，直攻白沙河；一路从栗林店出发，经枣林店、西湾房、庙湾房向沙子岗进攻。

我带二大队及二中队向沙子岗前进。在西湾房战斗打响后，敌人慌忙逃跑。我们追击到王龙庙北的周家湾，活捉了 100 多个敌人，缴获轻机枪 2 挺、步枪 100 多支。

上午 10 时左右，云梦的伪军贺成慈部赶来增援，向我沙子岗、潘家松林阵地进攻。二中队坚守了两个多小时，终于把进攻的敌人打垮，又缴获机枪 1 挺、步枪数十支。

这次战斗的胜利使中和乡抗日根据地得到了进一步巩固和发展，并且还为开辟安（陆）应（山）孝（感）新根据地创造了条件。

歼灭胡翼武部战斗结束后，湖北省抗日游击大队除留后方机关和部分人员坚持中和乡的抗日斗争外，主力随先念同志一起，进驻安陆的赵家棚。这里是安（陆）、应（山）、孝（感）三县边界地区的中心集镇。这个地区，东靠大别山，西接大洪山脉，南临武汉近郊，北依桐柏山脉。境内丘陵起伏，物产丰富，人口众多，能进能守，自古称为鄂北咽喉、中原门户，确是开展武汉外围敌后游击战争的又一块好战场。

为了统一指挥、提高战斗力、创建新的抗日游击战争的根据地，我们进驻赵家棚后，把两支部队整编为新四军挺进团队，许金彪任团长，我当政委。

这时，李先念的名字正式公开了。在赵家棚，他以新四军游击支队司令员的名义，召集附近的国民党地方游击队司令、各区区长、开明士绅和安陆、应山等县国民党县党部负责人开会，阐明我党团结抗战的政治主张，商讨合作抗战事宜。从此，我党在鄂中地区，独立自主地树起了领导敌后抗战的旗帜。

武汉外围赤旗漫卷

武汉沦陷后的第一个夏天，在炮火纷飞中来到了。

我们从竹沟南下后，随着冬去春来，穿过了豫南、鄂东的敌人后方，现又战斗在鄂中敌后战场。在这次征途中，我们深切感受到，在武汉外围的辽阔地区，到处燃烧着我们党点燃的抗日烽火：豫南有信阳挺进队，鄂东有新四军游击第六大队和独立游击第五大队，鄂中有陶铸和鄂中特委组织起来的"应抗"等游击武装，孝感铁路边有许金彪部。此外，在襄河西，在鄂南，在汉川，在随（县）、枣（阳）地区和应山，都有我党领导的小型抗日武装。就在这个季度里，我们与这些遍布于武汉外围敌后的抗日武装一个一个都联系上了。

6月6日，陈少敏同志带着信阳挺进团2个中队南下赵家棚。下旬，鄂中区党委在京山养马畈召开了一次重要会议。陈少敏和李先念两同志主持了这次具有重大意义的会议。会议期间，刘少奇同志发来电报指示：目前鄂中党的中心任务，是在最近期内，创立一支5000人以上的党直接领导的新四军，只有完成这一中心任务，才有可能应付各种事变，确立我党在鄂中之地位。……目前新四军刚到鄂中，应积极活动，打击汉奸伪军及零星日寇，以便扩大影响，巩固统一战线。会议按照这一指示，首先统一了豫南和鄂中党的武装，建立了新四军豫鄂独立游击支队，下辖4个团及应抗总队，李先念任司令员，陈少敏兼任政委。

这支由中国共产党领导的游击兵团的诞生，立即使武汉外围敌后的抗日游击战争跨入了一个新的发展阶段。它所属的4个团队，分别深入鄂中、豫南、汉水和淮河两岸的敌人后方，广泛而猛烈地开展机动灵活的游击战。

1939年8月，王海山和钟伟两同志带领二团队，在大别山北麓的河南罗山朱堂店首战告捷，一举歼灭日本侵略者80余名。1939年10月13日，张文津和我带领的一团队，在二团队二大队的配合下，在鄂中京山的新街镇，严惩来犯的日军，打得敌人弃尸数十具，仓皇逃窜。我们在追击中，缴获轻、重机枪各1挺，步枪几十支，战马6匹，军用物资一批。这一仗，使鄂中敌伪为之震惊，使那些在抗日阵营中动摇的中间势力向我们靠拢，接受我们的领导。鄂中沦陷区的人民群众更是欢欣鼓舞，就连大洪山内的国民党报纸，也用特大号字标题报道了这一战扬军威的胜利消息。

在此战前，蔡松荣和杨唤民同志率领三团队，在湖北应城魏家河痛打了伪军马筱甫部；李人林和罗通同志带领的四团队飞跨汉水，在武汉附近汉阳蔡甸镇严惩了伪和平救国军第九十二师熊光部；活跃在豫南的信南三团队，消灭了一股流窜在信阳柳河的土匪，为建立豫南敌后抗日根据地扫除了障碍；奋战在鄂东敌后的新四军游击第六大队在独立游击第五大队 1 个中队的配合下，在全面抗战两周年纪念日——1939 年 7 月 7 日，歼灭了伪二十五师赵光荣部，活捉伪旅长以下官兵 200 余人……

从此，在统一战略部署和统一指挥下，新四军在华中敌后抗日战场上的重要战略阵地——武汉外围敌后抗击日伪的战斗序幕，就这样威武雄壮地揭开了。

1987 年 4 月定稿

原载中国人民解放军历史资料丛书编审委员会编：《新四军·回忆史料》（1），解放军出版社，1990 年，第 306～317 页。

回忆灵山寺会议

◎ 鲁彦卿 [1]

1939年2月底，大雪还没有完全消融，一支100多人的抗日武装，冒着严寒离开了信阳四望山来到信罗边，这就是李先念同志率领的新四军独立游击大队。队伍由竹沟新四军第四支队八团队留守处一、二两个中队和六十几名干部组成，武器只有一挺轻机枪、九十多支步枪和几十颗手榴弹。

我们这支部队的任务，就是根据党的六届六中全会制定的"发展华中"的精神，在这"九省通衢"的华中重镇——武汉周围，开展敌后游击战争，建立抗日根据地，坚持持久战，争取抗战最后胜利。

1月下旬，李先念率部队从竹沟出发到达信阳四望山，与中共豫南特委和信阳挺进队等抗日武装会合。在黄龙寺，李先念同志向信阳挺进队传达了中共中央中原局刘少奇同志的指示：豫南的党组织应把扩大抗日武装，保证党对军队的绝对领导，作为自己的主要任务。他和特委同志一道，对豫南敌后抗日游击战争，作了具体研究和部署，从而把豫南敌后抗日游击战争推向一个迅速发展的新阶段。

2月底的一天，天还没有放晴，北风凛冽，寒冰铺地，李先念同志又率领独立游击大队离开四望山往信罗边进发。过铁路后，天渐渐黑了，我们就在当谷山

---

① 本文作者曾任信罗边中心区委副书记。

吴家祠堂住了一夜。因吴家祠堂离铁路近，住在那里不方便，第二天，我们又出发到达涩港莲塘大寺口，住在灵山寺里。

灵山，位于罗山县城西南约90里，这里层峦叠嶂，峭壁耸立。山上有一座古庙，迎面山门石额上刻有"敕建圣寿禅寺"几个大字，这便是远近闻名的灵山寺。寺院分三进，东西各有偏殿，后边是大雄宝殿。此时正值年关，没有人进庙求神拜佛。

独立游击大队住进灵山寺最后一栋房子后，李先念同志即派人到礼山与新四军第六游击大队及罗（山）礼（山）（黄）陂孝（感）中心县委联系。没过几天，罗厚福同志率领的第六游击大队和罗礼陂孝中心县委负责同志相继来到这里。他们见到独立游击大队的同志们，亲热地拉着手，问长问短，像见到久别的亲人一样。这些坚持在敌后的同志，远离上级领导机关，正期待着上级党组织的指示，李先念同志的到来，对他们来说真是"雪中送炭"。

一个星期后，李先念同志主持召开了"灵山寺会议"。会址就在大雄宝殿，会议开了三天。李先念同志传达了中共中央六届六中全会精神。他首先讲了党中央确定的向敌后发展的总方针。他说："中央已排除了王明右倾机会主义路线的干扰，坚持统一战线中独立自主的原则，放手发动群众，大力发展抗日武装力量和扩大抗日根据地。"接着，具体部署了豫南敌后游击战争的任务。

会上，罗厚福同志和罗礼陂孝中心县委负责同志汇报了坚持敌后斗争的情况。李先念同志指示第六游击大队要南下，沿平汉铁路两侧发展游击战争；还要积极联系活动在孝感的第五游击大队，互相配合，为进一步向武汉外围挺进创造条件。

为了加强对信罗边区的领导，会后不久，我们在灵山寺建立了信罗边中心区委，段远钟同志任书记，我任副书记。同时，建立了留守处，对外称"新四军独立支队留守处"，娄光琦同志任留守处主任。留守处的主要任务是：组织发动群众，发展抗日武装和抗日统一战线。留守处下设一个工作团和一个大队，工作团团长于秀民，大队长蔡韬庵，娄光琦兼大队政治委员。工作团下设四个工作组，即九里关工作组、朱堂店工作组、当谷山工作组和左家店杜家畈工作组。

"灵山寺会议"后，在党的六届六中全会精神的指导下，豫南的抗日武装很快发展壮大起来。留守处的武装，在短短两三个月内，便发展为一支拥有

200余人枪的游击大队。第六游击大队和罗礼陂孝中心县委的武装也增加到三300多人枪。

（罗荣家　整理）

原载中共河南省委党史资料征集编纂委员会编：《豫鄂边抗日根据地》，河南人民出版社，1986年，第373～375页。

回忆朱堂店战斗

◎ 王海山　　熊振华

　　1939 年正当盛夏来临的时候，一个激动人心的喜讯从鄂中传到四望山，李先念和陈少敏等同志率部到达鄂中地区。6 月中旬，李先念、陈少敏在京山养马畈会议上传达了党的六届六中全会精神和中原局指示，统一整编豫南、鄂中的武装力量，组建了国民革命军新编第四军豫鄂独立游击支队。我们信阳挺进队整编为第二团队，团长王海山，政委钟伟，政治处主任娄光琦。6 月底，我团所属部队集结在南王岗一带进行整编，编成 3 个大队 10 个中队（其中 1 个警卫队），连同团直机关共计近千人。整编后，留少数部队在豫南信（阳）应（山）一带，坚持平汉路西的游击战争，巩固根据地；主力部队调平汉路东的罗（山）礼（山）经（扶）光（山）一带，与鄂东的张体学、罗厚福的第五、六游击大队配合作战，以利集中优势兵力打击敌人，建立和扩大豫鄂边区敌后抗日民主根据地。

　　我们第二团队整编后不久，挺进到罗、礼、经、光地区开创抗日的新局面。8月 10 日，我们提前吃了晚饭，团司号员"嗒嗒嗒"地吹起了集合号，整个部队立即行动起来，大家以敏捷的动作打背包、扫房子、上门板，很快地背起枪，全副武装列队在禾场上，团长王海山同志给部队讲了话。在夜幕降临的时候，部队离开南王岗向东挺进。

　　入夜，同志们头顶星月，用急行军的速度沿着蜿蜒曲折的山间小道，人不停步，马不停蹄，誓在拂晓前越过平汉铁路。部队经受了一夜的疲劳和饥饿，急行军百余里，到达杜家畈。吃过早饭，部队在该地休息了3个多钟头，便启程向朱堂店进发。我们预料到敌人会来侦察我军兵力和行动去向，所以有意把便衣侦察班留在后面，观察和防止敌特探我军军情。部队离开杜家畈不久，果然不出所料，有两个人跟随我军后尾，鬼头鬼脑，东张西望，有时交头接耳。我军便衣队员觉得可疑，加快脚步追了上去，问他们是干什么的，他们不理睬。其中一个家伙见势头不对，向另一个家伙打个手势后，便冲进山林。我们的便衣队员飞步追了进去。为了抓活的，弄到活情报，便衣队员没有开枪，穷追不舍，一一擒住了他们。我们的便衣队员押着两个家伙，赶上了大部队。经我们反复严厉地审问，他们才招供是驻柳林的日本人派来侦察我军军情的，以待摸清情况后，再集中力量来袭击我们。

第二天，部队到达朱堂店。朱堂店位于罗山县城西南，是一个约有100家店铺的小镇。方圆几十里的山峦、溪涧、丛林围着这座小镇，每逢集日，四周的农民都来赶集，显得非常热闹。战士们精神抖擞，步伐整齐，高唱《抗日救亡》和《三大纪律八项注意》的歌曲，浩浩荡荡地穿街而过。镇上的老百姓见自己的部队来了，都不约而同地拍手欢迎，称赞我们的部队是一支英雄的抗日队伍。部队在朱堂店周围住下。团部和警卫队在街上火神庙，第一大队驻西北檀树嘴、短缺山，第二大队驻东北易家湾和刘家湾，第三大队驻东南保安山下。部队待补充给养后继续南下。几天来，团部和各个中队派出宣传组，分头到镇上和村庄，进行抗日宣传。同志们宣传共产党领导人民抗日救国的主张，宣传我新四军、八路军是真正的抗日部队，讲解国共两党团结抗战，"集中国力，一致对外，方能拯救民族危亡"的道理，宣传"天下兴亡，匹夫有责，有钱出钱，有力出力，共赴国难"的爱国主义精神，宣传我们的抗日战争必然要取得最后胜利的道理。人民群众纷纷给我们部队送来粮食、蔬菜和烧柴，希望我们多打胜仗，把日本侵略军赶出中国去。

我军在进行抗日宣传的同时，还派出侦察人员，了解驻扎在附近的国民党军队和国民党地方武装的情况。我们了解和侦察到一个情况是：当地国民党罗山县县长梅治朝的部队1000余人，在桂系军的支持下与我军为敌，唆使"虾兵蟹将"进行反共宣传，诬蔑我们的队伍冒充新四军，是不抗日、专门撮吃撮喝与民争食的队伍，诬蔑我们想占他们的地盘，企图挤走我们。他们还窜门到户，威胁恐吓群众，不让群众给我们送粮食和物资，通告违令者格杀勿论。在梅治朝走狗们的监视下，有的群众不敢接近我们。见了我们，不说话，绕道走，更不敢送粮送菜给部队。另一个情况是：驻扎在朱堂店东的周党畈、莽张、潘兴店、曾家店一带的国民党第五战区桂系军，诬蔑我军"游而不击"，找他们闹摩擦，进而调兵遣将，以2000余兵力摆开阵势，企图阻止我们南下。第三个情况是：信阳驻点的日军派遣两个特务侦察我们的军事行动被我们抓获后，次日黄昏又从柳林派出200多人窜到朱堂店北五六里的左店山上进行武装侦察，还派出侦察小组，深入到土门和芦家大松林用望远镜窥视我军的驻防和地形情况，妄图偷袭我军。

面对这些情况，团部召开了紧急会议，分析了形势，认为：国民党罗山县县长梅治朝，虽然有1000人马，但都是乌合之众，无战斗力，还不敢主动进攻我们。国民党第五战区的桂系军队妄图阻止我们南下，也还不敢轻举妄动，主动进攻我们。日军几次对我们侦察，我们必须做好迎击日军偷袭的准备。为了民族的利益，以事实来粉碎国民党政府和军队对我们的诬蔑，教育他们枪口对外、一致抗日，用实际行动来宣传和争取群众，对日军这一仗我们非打不可。会议针对日军可能采取的战术研究了具体的作战方案。

团部紧急会议开完后，各大队领导回驻地分头进行了动员，让指战员们都认识到我们现在面临前堵后追中间挤的形势，必须打好这一仗。这一仗的政治意义和军事意义都非常大，关系到我党的声誉和新四军的军威，关系到我军能否在罗山立住脚，关系到统一战线的巩固和发展，关系到我们下一步的南下行动。也使大家都认识到，我们取胜的条件是很多的。各中队战士们都慷慨激昂地向上级表决心。熊振华代表五班表达决心说："要打好这一仗，班排的协同作战很重要。我们班决心服从命令听指挥，叫守守得住，叫攻攻得破，坚决完成上级交给的战斗任务。"

部队从上到下都在紧张地做战斗准备。大队、中队的领导按照上级的部署，观察地形地物、研究人员、火力配备和打法。各班回住所后，也忙开了。战士们有的擦枪，有的磨刺刀，有的扎手榴弹，有的清理子弹，有的缝补裹腿布，有的在赶打新草鞋。炊事班也在赶炒干粮，准备分发到每一个人。通过一阵忙碌，一切准备工作就绪。深夜，同志们枕戈以待，决心给日军以迎头痛击。

当天深夜，风起云涌，大雨倾盆，茫茫山乡漆黑一片，狡猾的日军趁恶风暴雨偷偷出洞了。他们纠集信阳、东双河、李家寨、柳林等几个驻点的日军共 400 多人，穿着雨衣，背着各式各样的先进武器和电台，几十匹战马驮着炮、重机枪和其他军用物资，从王家店出发，经杜家畈向我驻地行进。他们到离我驻地约 2 公里的土门，停住了脚，进行兵力部署。敌人兵分两路，一路经芦家大松林向高场推进，另一路从东南向古佛山推进，组成钳形向朱堂店扑来。

　　8 月 14 日，天刚亮，日军到达刘庙。我军设在高寨的排哨发现敌人便鸣枪报警。团长王海山和政委钟伟按预定的部署，立即指挥部队。第二大队和警卫队进入短缺山和檀树嘴一带的正面阵地。第三大队以 1 个中队的兵力在左侧的山岭卡住敌人，其余的兵力到东南占领保安山负责警戒，以防顽军背后捣鬼。第一大队从右侧的易家湾山岭向古佛山方向迂回包围。

　　敌人接近我军第二大队和警卫队的正面阵地，妄图先发制人，摧毁我军工事和火力点，然后进攻。敌人首先用炮猛烈轰击，炮弹像断了线的珠子一样，一个接一个地落在我军阵地上。顿时，"轰"声一片，阵地被炸得飞沙走石，大窟小坑，树枝被炸断。我军隐蔽在山后和战坑内。炮火过后，敌人在轻、重机枪的掩护下，像疯狗一样，"吼、吼、吼"地乱叫着向我军阵地扑来。同志们抖抖身上的土块，准备同敌人近战。当敌人冲到距阵地 100 多米远时，我军的机枪、步枪猛烈向敌人射击，打得敌人东倒西歪，伤亡惨重，退下山去。日军指挥官恼羞成怒，又集中兵力，组织了第二次更疯狂的进攻。敌人的子弹瓢泼似的向我军阵地扫来，一群群的敌人成斑点形向我军阵地冲来。我军在打退敌人的第一次进攻后，斗志更旺，越战越勇。我们的机枪、步枪、手榴弹一齐向敌人开火，打得敌人血肉横飞、连滚带爬。紧接着，我军如猛虎下山，冲下去与敌人短兵相接，展开了激烈的搏斗。敌人招架不住，节节后退，我军乘胜追击，从南向北，接连攻占了几座山头，控制了制高点，压住了敌人。

　　我第一大队在对敌人实施迂回包围中，在古佛山遇到了敌人。大队长张牧云、教导员黄德魁命令第二中队攻占古佛山，第一、三中队继续向西迂回包围。我第二中队接受任务后，中队长李鹏飞、指导员杨书乐迅速指挥部队冒着敌人的炮火和机枪的扫射，沿着一条山沟，穿过敌人的火力封锁线，占领了古佛山对面的一座山头。

这座山头与敌人占领的山头相距只有三四百米，中间夹着一条田冲，田冲里的秧棵齐膝盖深。为了攻下古佛山，中队长指挥第一排用两挺机枪和其他武器，组织火力网，压住敌人，指挥第二、三排向敌人进攻。当时熊振华同志带五班，熊沛霖同志带六班首先下山，在火力的掩护下，凭借绿色屏障前进。当我们冲到田埂时，被敌人发现。敌人的机枪哗哗啦啦地扫射过来，子弹像雨点一样，打得泥水四溅，让人睁不开眼。同志们迅速前进到敌人所在的山脚下。敌人的机枪子弹在我们的头上呼啸。我们闪电似的钻进树林，利用树木和有利地形，边打边往上冲，很快接近了敌人。副班长张凤银同志冲在前面，他猛地向敌人的机枪投去一枚手榴弹，只听得轰的一声响，敌人的机枪哑了。张凤银同志也中弹负伤，一个同志急忙上去为他包扎。我们怒火万丈，从不同的位置，纷纷向敌人投去一颗颗手榴弹，炸得敌人东躲西藏。拔掉了敌人的主要火力点，部队也乘势冲上了山。我们冲上山顶，朝逃跑到山腰的敌人猛烈扫射，打得他们像萝卜似的往山下滚。我们胜利夺取了古佛山。这时，大家惦记着副班长张凤银同志，急忙找他。可是，当找到他的时候，他已经闭上了眼睛。张凤银同志家里一贫如洗，他受过地主、豪绅的压迫剥削，亲眼看到日军的奸掳烧杀，阶级仇、民族恨，激起了他抗日救国的热情，17岁就参加了革命部队。他对党对革命赤胆忠心，在战斗中英勇顽强。这次战斗，他用生命为部队开路，换取战斗的胜利，牺牲时还不满18岁。这种革命精神是多么崇高，多么可敬可佩！在战争年代里，还有许许多多这样为革命事业抛头颅、洒热血的优秀战士，抚今思昔，我们的基业和幸福，真是来之不易啊！

我第二团全体指战员，经过半天的南北夹击，东西合围，把敌人压缩到了纵横不到1公里的刘家洼一带，将他们团团包围。下午两三点钟，敌人把他们官兵的尸体堆放在一起，又把不能运走的重伤员补上一枪，然后淋上汽油和化学药剂进行焚尸。敌人阵地乌烟升起，一股难闻的腥臭味扑面而来。敌人准备突围了。他们狗急跳墙，妄图打开一个缺口，突出重围。敌人首先用迫击炮猛烈轰击我军高场一线的阵地，然后在轻、重机枪的掩护下，冲向我军阵地，我军英勇还击。过了1个多钟头，敌人再次组织突围。他们除了用炮火攻击，还施放了大量毒瓦斯，我军阵地笼罩着滚滚浓烟。同志们头发晕，流眼泪，打喷嚏。他们立即解下身上的毛巾，浸上水，捂住嘴巴和鼻子。这种办法比较灵，难受的滋味逐渐有所好转。同志们冒着弹雨和毒烟,顽强坚持战斗,一次又一次地打退了敌人的反攻。这时,天已黄昏。团部分析,由于敌人武器优良,我军缺乏攻坚的重武器,如果强攻,必然会造成大量伤亡。为了保存有生力量,以小的代价换取大的胜利,应该诱敌出洞,打埋伏战。我们研究了具体战术,指挥部队在敌人阵地的东、南、北三面佯攻,在敌人阵地的丘陵地带留下一个口,有意让敌人逃跑。同时命令第一大队教导员黄德魁带领第一、二中队迅速赶到芦家松林伏击敌人。我军的几十个号兵"哒哒哒"地吹起了冲锋号。顿时枪声在敌人阵地的三面激烈地响起,而靠西面丘陵的枪声稀少。敌人认为有机可乘,准备突围,偷偷地从阵地撤出。他们把炮推入水塘,把死亡者的枪也扔进水塘,集中人马,轻装向枪声稀少的丘陵地带突围。敌人果然中了我们的调虎离山计,仓皇向我军埋伏区逃去。当敌人逃到我们的埋伏圈时,在路两旁等待的我第一、二中队突然出现在他们面前。我军从左右夹击,一排排的机枪、步枪子弹一齐向敌人猛烈扫过去,一枚枚手榴弹投入他们中间,打得敌人人仰马翻。日军指挥官被我军突如其来的打击打蒙了头,笨猪似的束手无策,队伍像散了群的鸭,纷纷向西奔命。我军乘胜追击,重创了敌军,取得了整个战斗的胜利。

这次战斗,据不完全统计,打死打伤敌人80余人,缴获重机枪1挺、步枪20支、各种子弹30多箱、战马5匹、雨衣数十件,还有一批医药、钢盔、防毒面具、罐头等物资。

朱堂店对日作战的胜利,像春风一样,吹遍了豫鄂大地。在我军这次战斗的震慑下,附近伪军的1个中队,主动向我军投降。国民党第五战区的桂系军派一名主任带着两名军官到我们团部表示慰问,并保证精诚团结,枪口对外,协同抗战。随后,国民党罗山县县长梅治朝,也派副官到我们团部表达钦佩,愿意组成统一战线,支援我们抗日。

朱堂店战斗的胜利,鼓舞了当地各界进步团体、爱国人士和广大人民群众的抗日热情。有一位爱国人士说:"新四军、八路军必然战胜日寇,是兵家虎论,不可置疑;支持新四军、八路军抗战,是我们的天职,不可二心。"广大人民群众和各界进步团体,开展了各种形式的拥军活动。当时我们部队条件差,为了使指战员们都能穿上布鞋,特地买了一批布,当地妇救会发动群众为我们做了大批布鞋。

战士们穿上新鞋,感到无比温暖,决心要为人民多打胜仗。此外,还有许多父母送儿子参军,妻子送丈夫参军,场面很动人。

这次战斗后,李先念等领导同志高度评价我们这支部队是英勇善战的部队,在刚组建不久,就能同日军正面作战,并打了胜仗,打破了日军鼓吹的所谓"皇军神圣不可战胜"的神话。

原载中国人民解放军历史资料丛书编审委员会编:《新四军·回忆史料》(1),解放军出版社,1990年,第327~332页。

信南抗日根据地的公安保卫工作

◎ 翟怀诗

公安机关是党委领导下的一个工作部门。公安工作有它的特殊性、秘密性和相对的独立性。抗日战争时期，从 1940 年起，我一直是做公安工作的。现仅就记忆所及，谈谈信南抗日根据地的公安保卫工作的几个侧面。

一、公安机关的建立和任务

1939 年底至 1942 年初，国民党顽固派挑起三次全国规模的反共高潮，向我抗日根据地派遣大批特务，设立特务机关，搜集我军情报，进行暗杀、绑架、骚扰、抢劫等破坏活动。所以锄奸保卫工作，已成为我们各项工作中重要的一环。

1940 年 8 月 13 日，中共中央中原局书记刘少奇同志电示豫鄂挺进纵队司令部，应注意扩大军队，建立根据地，加强锄奸工作，以及准备"二五"减租。

根据中原局电示，边区党委及纵队司、政两部于 1940 年 8 月在随南九口堰召开县、团级以上军政干部会议。会议决定扩大根据地，加强锄奸保卫工作。会后在部队建立了锄奸股、保卫股。1941 年春，豫鄂边区在小花岭（边区党委所在地）建立了公安总局，在边区党委社会部领导下开展工作。当时边区党委社会部部长由陈少敏同志兼任，副部长为刘慈恺（1943 年以后是夏忠武）。边区公安总局局长娄光琦，副局长郭欠恒。总局成立之后，边区三十几个县中，凡建立了抗日民主政权而又较巩固的都相继建立了敌工科、公安科、公安局等公安机构，积极执行锄奸任务，大力开展锄奸工作。

1941年初，信南县成立了司法科，我由信应（亦称信阳）地委社会部保卫干事调任信南县司法科科长。1941年春（边区公安总局成立之后），信南县司法科改为公安科（司法工作交民政），我任公安科科长。1942年春，信南县建立公安局，我任局长。在我任信南县公安局局长之后，边区公安总局任命我为总局科员。我以总局科员的身份，还直接领导信应中心县委（1942年由信应地委改建）所辖的信南、信罗边、淮南三个县的公安工作。1943年至1945年，我从信南调任淮南县委社会部部长兼县公安局局长。1945年至1946年，又调任信阳县（也就是原来的信南县）社会部部长兼县公安局局长。中原突围时，组织决定我留下来隐蔽坚持斗争。

豫鄂边区是敌后抗日游击根据地，敌伪顽匪相当猖獗，时刻想把共产党赶走或消灭。敌人每次对抗日根据地进行"清剿""扫荡"时，都要派出大批特务刺探情报，收买内奸，以达到他们破坏根据地的目的。因此，公安工作的主要任务，对外是消灭敌伪派遣的特务和被敌人利用的汉奸、土匪以及反动的会道门，对内则是肃清内奸，防止内奸，清查异己，纯洁组织。

二、公安机关和它的外围组织

1942年春，信南县公安局成立后，下设秘书股和侦破审讯股，还有公安局直接掌握的一支武装力量——一个手枪队和一个步枪班。手枪队的任务是通信、联络、侦破办案，步枪班的任务是警卫、看守犯人。执行战斗任务时，手枪队冲锋，步枪班掩护，他们是一个强有力的战斗集体。县以下的区、乡，设有专职公安侦警，相当于现在的公安助理，由公安局直接派出。他们的任务是监督、盘查坏人，传送情报，与局直接取得密切联系。侦警为了掩护身份，避免敌人注意，穿着干部服装。他们是深入基层与各方面取得密切配合的骨干力量。边区凡有公安建制的县，多半都有名称统一的公安外围组织——"兴中会""人民锄奸团""敌后武工队"等。

"兴中会"的宗旨是消灭日伪，振兴中华。入会的条件是只要承认共产党的领导，坚决抗日，不通敌顽，不当汉奸。它的成员多半是青洪帮、三教九流一类的人物。这些人在抗日的前提下组织起来，是一个很有力量的抗日组织；如果被敌人利用，确又是一个难以对付的集团。当时敌我双方对这类人争夺得很厉害。因此，利用"兴中会"的组织形式，对这些人进行团结、争取、利用，对于公安工作来说，是开展对敌斗争的重要手段之一。

"人民锄奸团"是从抗战初期的"抗日十人团"发展而来，由公安局直接派人领导的秘密武装。它的活动范围主要是在敌占区以及敌据点内部。它的任务，顾名思义是锄奸。当然除掉所有汉奸是不可能的，打击的主要对象是死心塌地、认贼作父、有罪恶、有民愤的汉奸，以及国民党顽固分子潜伏我内部暗中进行反共、破坏抗日的特务奸细。对锄奸团的成员要求是机智、勇敢，打仗不怕死，被俘宁死不屈。

"敌后武工队"系公安机关的机动武装力量，是由手枪队组成的一个完成突击任务的坚强战斗集体，它担负着"兴中会""人民锄奸团"所不能完成的任务。要求武工队队员行动迅速，来无影、去无踪，在敌占区以及敌人内部开展反敌、反特、反奸细的斗争。奇袭三里店日军卫兵所、活捉伪十二师副师长饶杰夫、打死隐藏在日军宪兵队内部的特务头子张汉杰，敌后武工队都起了决定性作用。日本鬼子也不得不承认："山爬子（指武工队）大大地厉害！"这些外围组织是公安保卫工作的得力助手。

三、党对公安工作的领导

县公安局是县政府下属的一个局，在党内则属于党委社会部领导，业务上隶属于边区公安总局领导。在党内多以会议形式传达党的指示，汇报、布置锄奸工作及党内保卫工作；在行政上，公安总局常以公函、通令、训令和手谕等形式指导工作和传达上级命令。这种工作方法是由当时斗争环境决定的。我这里还保存有当年的几份公函、通令，可以反映出当时党对公安工作领导的大致情况。如：

豫鄂边区公安总局公函　敌侦字第一号

径启者：此次敌寇大肆扫荡，任意烧杀，殃及我抗日人民，痛念及此，无任发指，按寇贼每次扫荡规律，在扫荡之先，或扫荡之时，均有大批侦探散布我各个地区，以刺探我军情报、机关驻地，此次必属不免，特此函达：

　　贵府仰希转饬所兴各部，将此次敌寇所放出侦探人数、活动方式方法及活动地区、从何据点放出等情况，于五日内调查清楚转送本局，并希望在贵县公安局未成立以前、以后凡遇敌人扫荡，希即令饬所属，对敌侦（探）活动情形，克日进行调查转达本局为盼，是为公谊。

　　此致

信阳县县长蔡（韬庵）

豫鄂边区公安总局局长娄光琦

副局长郭欠恒

民国三十一年十二月十七日

通　令

教字第二号　　　通字第一号

民国三十二年二月五日

右令本局科员翟怀诗

（豫鄂边区公安总局关防）

　　一、《党的生活》最近大加革新，并决定设锄奸常识一栏，按期登载关于锄奸工作文章。

　　本局决定刊印《公安工作业务通讯》不定期发行，本局拟向老百姓报社商定，在该报登载关于锄奸工作文章。

　　二、此事对我边区全党全民锄奸教育、锄奸工作的推动上意义极大，更可作为公安干部业务学习主要材料之一，望我各地公安干部切实重视此事，各县公安局局长每月写文章一篇，其他公安干部亦应多写。

　　1.内容：①各地敌顽特务活动情形，以写如何破坏我党我军为主，自2月开始，各公安局局长应于每月25日以前送交本局。

　　②各地敌人在我之秘密活动、顽方在我区潜伏之党政活动情况，以及对我政治进攻等情形。

　　③各地锄奸工作经验，如逮捕敌探技术、破案经过、胜利与失败的经验教训。

④执行锄奸政策的情形及反映。

2.文体不拘，通讯、记载、故事、论文、问答、速写均可，但应力求具体客观，切勿空话连篇。

3.来稿最多不得超过三千字，由本局选登。写给《老百姓报》之稿件，应以通俗为主，最多不得超过五百字。

此令

局　长　娄光琦

副局长　郭欠恒

下面是边区公安总局副局长郭欠恒于 1942 年 1 月 6 日同一天写给我的两封手谕。

怀诗同志：

你去信阳两月之久，未见只字片纸之报告，是何道理？

特着孙承芳前来你处，务必将你回去后进行之工作，信、应、罗敌顽特务活动情况（有何特务机关组织）等详细写来为要，报告越详细具体越好，关于建立人民锄奸团的困难、心得等要详细写。

我们本拟到信阳一趟，现因有其他紧急任务，暂作罢论，你以后要多与我们联系，来信可由县委到区党委之交通转较为妥当。

此致

敬礼

郭欠恒

1 月 6 日

怀诗同志：

由信阳县府拨给大洋捌佰肆拾伍元，此款统作购买手枪、子弹之用，孙承芳等去，你至少应交五条手枪、子弹他们带回，你带之拾子连手枪亦请交他们带回。

此致

敬礼

郭欠恒

1 月 6 日

通过如此等等方法，在我党的领导下，整个边区建立起一个有力的公安体系和广泛的群众抗日锄奸网。

四、信南抗日根据地的公安保卫工作

加强公安队伍建设。边区的公安机关是从无到有，从小到大，逐步发展完善的。公安人员是从有关部门选拔的，武器多半是在对敌斗争中缴获的，也有一部分是通过关系高价购买的。为了不断提高公安队伍的政治素质和业务素质，边区党委通过各种方法加强公安队伍的自身建设。总局办过三次公安干部业务培训班。边区党委社会部于1941年秋在小花岭办过一次县以上的公安干部训练班（对外称研究班），主要由边区党委社会部副部长刘慈恺负责，参加人员主要是县以上的社会部部长和公安局局长，约20人，我也去学习了。现在能记得名字的有柳枫（张康民）、徐行、舒赛（女）、方凌（女）、樊作楷、周志华、何力等。区、乡公安干部由县局培训。凡做公安工作的同志，首先要学习有关业务，如锄奸知识、侦破技术，进行典型案例分析，学习党的锄奸政策，进行革命气节教育，了解边区敌特组织情况和活动情况等。我在边区办的"研究班"学习回来后，在信南大王冲、李家店、姚家湾等地先后办了两期区、乡公安干部业务培训班，总共40多人。到1942年底，凡建立公安机构的边区县、区、乡均有经培训的公安干警，进行着复杂的对敌斗争，担负着保卫抗日根据地的光荣使命。

紧密依靠群众，严格执行政策。1942年底，边区抗日人民参议代表大会通过的《豫鄂边区施政纲领》第八条规定："保证一切抗日人民的财权、人权、地权及言论、出版、信仰、迁徙等自由权，除司法和公安机关依法行使职权外，任何机关团体，不得对任何人加以逮捕、审讯处罚。"第九条规定："对一切汉奸分子，除罪大恶极不愿悔改者外，凡属被迫胁从或为生计所迫与一时受骗而非自愿者，不问其过去如何，一律实行宽大、教育、感化政策，并给予政治上、生活上的出路，不得加以杀害、侮辱、罚款或强迫其写自首悔过书。当然，对死心塌地阴谋破坏边区抗战的汉奸、特务，有罪恶有民愤的现行者，不论是在平时或战时，均不受此限。"公安战士严格执行政策，坚决依靠群众，1941年至1943年没有错杀过人。1943

年以后，边区形势好转，敌探、奸细也不敢轻举妄动了。我们对捕获的敌探、奸细也不是捉住就杀，而是采取教育的方针，主张"再捉再放，再放再捉"。除死心塌地当汉奸又有民愤的再捉住杀了外，大部分敌探被捉住后经教育，可以争取和利用。自《豫鄂边区施政纲领》颁布后，公安工作日趋正规，做到了有法可依、有法必依、执法必严、违法必究。边区各报纸还开辟了专栏，登载文章进行锄奸政策宣传和法制教育，充分发动群众，开展锄奸工作。当然，在特殊条件下，执法过严也是有的。战争时期敌人也谨慎，凡是真正给鬼子卖力办事的汉奸，都发有日军证件，凭证出入敌据点。由于战斗频繁，无人看管，加之群众对敌探、奸细的痛恨，敌探、汉奸一旦被捉，搜出证件，很少放回的，都杀了，没有很好地执行"再捉再放"的政策，失掉了一次争取的机会。

公安保卫工作，在对敌斗争中，有成功的经验，也有失败的教训。下面说几个例子。

奇袭三里店日军卫兵所大获全胜。三里店日军卫兵所是日军设在信阳城南三里店的一个据点，与信阳城隔河相望。浉河从用片石筑起的丈余高的城墙脚下与卫兵所之间拥挤而过，一人多高的铁丝网将卫兵所紧紧围了两层，可谓是"固若金汤"了。

卫兵所里的鬼子经常四处骚扰抢掠，对根据地人民生命财产威胁很大。卫兵所又是日军对敌探、汉奸指挥联络的一个阵地。为了打击敌人的嚣张气焰，鼓舞人民的抗日斗志，信南县公安局根据县委指示，决定奇袭三里店日军卫兵所。1942年秋，一个雨后的傍晚，趁浉河涨水，城内日军与卫兵所联系不便之机，化装成木匠、扛木料的、打鱼的等9名手枪队员，以迅雷不及掩耳之势，快速进攻，出其不意，冲进日军卫兵所，打死打伤日军7人，其中军曹（即班长）1人，缴获三八式步枪8支、歪把子机枪1挺，还有手榴弹、钢盔等不少战利品。战斗进行仅几分钟，9名手枪队队员即凯旋。这次战斗影响很大，震惊了信阳、孝感（日伪时期信阳曾属孝感管辖）的敌人。

拖垮"白天府"，争取杨长金。日军为了防止我游击队、武工队的袭击，在各地加强了特务活动。1943年，在日军特务部门领导的信阳宪兵队又增设一个以汉奸为主的宪兵队外围特务组织，名曰"白天府"（设在信阳西关观音堂庙内）。因为这些汉奸在日本特务的直接指挥下烧杀奸抢，无恶不作，老百姓深受其害，对他们恨之入骨，叫他们"白脸虎"。鬼子出城"打掳、清乡、扫荡"前离不了他们侦探，出发时少不了他们带路，对我们威胁很大。为了拔掉这个"根深枝大"的钉子，淮南县公安局决定派人打入"白天府"，长期埋伏，待时机成熟，来个釜底抽薪，打垮这个汉奸特务组织。在淮南县公安局领导下，物色了活动在信阳城附近的武工队长李××，利用关系打入到"白天府"内部，当上了一名"特务"。不到一个月，李××便拖出长枪6支、手枪1支。"白天府"不但在实力上受到削弱，而且士气低落，一夕数惊，唯恐武工队再来袭击，几乎失去了战斗能力。接着李××一人在信北五纪屯大白天又夺了伪乡长周××一支二十响手枪。这样一来，对敌伪影响很大，日本鬼子加强了对"白天府"的约束管制。汉奸特务为了报复，带着鬼子对淮南根据地的洋河、黄家院进行大肆"扫荡"，并在岱家岗抓走我们的乡长周禹门。淮南公安局闻讯派手枪队追赶，一直追到牛尾巴堰（现信阳市青龙街），人虽未追下来，特务们却吓破了胆，再不敢轻举妄动。不久，"白天府"派人来跟我们说好话，表示立即放人，并愿为新四军工作。我们抓住这个机会，对来的人进行了"统战"，交代了政策，陈述了利害，指出了出路。要他回去告诉汉奸特务头子杨长金，秘密来根据地与我们会面，我们保证他的生命安全；并要他转告各弟兄，只要不与共产党为敌，爱国，想到自己是个中国人，认清形势，留个去路就行了。事隔一天，"白天府"派来一个代表，要求我们到信阳城东北的二十里河敌占区一个保长家里和其队长杨长金见面，我们即按约前往了。我们看杨长金有点诚意，便对他说："只要你爱国，不反对抗日，暂时可以在'白天府'里干。但是，你们的心不要死在日本人身上，当一个死心塌地的汉奸，要认清形势，看清中国的前途。"对杨长金这场攻心战确实起到了一定作用。他不仅放回了周禹门，"白天府"也不再到根据地抢劫、抓人了。后来他给我们送情报，买药品、电池等紧缺物资，并带我们手枪队到城里黑泥沟（现信阳市民权路）收税，连城里买卖土地的契约也拿到根据地抗日民主政府鉴印。这是对敌特分化瓦解、争取利用成功的一例。

策反失败，锄奸未成，损失严重。1942年春，活动在平汉路东的国民党顽固派四游击纵队，经常到路西对信南根据地进行骚扰破坏、抓人抢粮，破坏我信南中学，祸首就是隶属四游击纵队的一个便衣队队长易长海，他当然是我公安部门要打击的对象。如何打击易长海呢？信南县公安局决定打入其内部，平时秘密活动，瓦解其队员，乘机打死易长海，战时做好内应。执行这一任务的是信南县委社会部部长李永堤的警卫员李锡福同志。

一个月、两个月过去了，没有李锡福的一点消息。正在焦虑之际，当谷山地下党支部书记蔡习之同志送来一份情报，其中一条消息是李锡福同志惨遭杀害。小李打入顽便衣队后，一直找不到打死易长海的机会，后被易长海发现，用锄头活活砸死。

易长海打死李锡福之后，并未罢休，还把他的亲侄子易得如派到日本人的柳林据点，借日本人的力量来对付共产党。不久易得如当上了日本便衣队队长，成为一个既能调动四游击纵队便衣队对根据地进行骚扰、破坏，又能配合日本鬼子进行"扫荡"的"双料"特务。公安局对这种专门从事反共的特务分子坚决予以打击，根据侦察了解的情况，采取在柳林据点一家商号饭馆里请客，将易得如拉进我们的圈套。在席间将易灌醉，然后捆起来带到李家店。因看守不严，易得如夜间逃跑。

易得如逃跑的第二天凌晨，鬼子就到根据地疯狂"扫荡"，一连烧了两个村子，连续"扫荡"了三次，造成了严重损失。

从这几个例子可以看出，胜利了，是由于政策执行得好，紧紧地依靠了群众，队伍精干，团结战斗。失败了，当然可以说是缺乏经验，方法简单，一时失误，但我看根本问题是没有很好执行政策和依靠群众。尤其是在公安工作中要把执行政策与依靠群众紧密地结合起来。

抗日时期的公安保卫工作，在特殊的环境、特殊的条件下，完成了特殊的任务，为巩固抗日根据地做出了贡献。因为时间太久，记忆不全，错漏之处还望健在的领导和当时担任公安保卫工作的同志指正。

1985 年 12 月

原载刘德福主编：《红色四望山》，河南人民出版社，1988 年，第 196～206 页。

我们所知道的罗礼经光第三纵队

◎ 戚 涛 狄文蔚

1942 年 4 月，日军进攻浙赣线时，国民党第五战区当局却乘武汉日军空虚之际，执行蒋介石的反共密令，部署全面对鄂豫边区的进攻。鄂豫边区党委和新四军第五师首长，为了粉碎这次敌顽的夹击和打退新的反共高潮，号召全体边区人民充分动员起来，反对内战；动员人力、物力、财力支援边区自卫斗争；号召各部队和地方加强统一战线与敌军的工作，彻底粉碎敌顽的夹击阴谋。

为了加强武装斗争和根据地建设，统一各地区党政军民工作的领导，经中央军委批准，新四军第五师在 4 月间建立了三个军分区。由地委书记兼任分区政治委员。在豫南一带则分设信（阳）应（山）罗（山）礼（山）指挥部和罗（山）礼（山）经（扶）光（山）指挥部，坚持当地斗争。每个分区都是一个独立作战单位，在师部的统一指挥下，因地制宜地独立作战。《新四军第五师抗日战争史》的记载不准确。据我们所知，当时该地区是罗礼经光第三纵队，其全称是新四军第五师罗礼经光第三纵队。第一，当时该地区为中共豫南特委（特委书记吴皓）。第二，它是在边区党委和师部直接领导和统一指挥下的一个独立作战单位。

罗礼经光第三纵队，于 1942 年五六月间在经扶（现新县）卡房（人称东大山）正式成立。司令员何耀榜，政治委员吴皓（兼），参谋长甘元锦，政治部主任张难，我们当时都在政治部工作。纵队下属有第二十一和第二十三两个团，每团 3～4 个连，400～450 人左右。一个特务连 100 人左右。第二十一团团长孙宝元，第

★ 404 ★

二十三团团长石昆山。所辖各县、区有支队和大队。

纵队活动区域范围：罗礼经光位于大别山脉的西端,东临黄安（现红安）县界,西在平汉（现京广）铁路线以东（信阳至广水）,南至黄陂、孝感县界,北至罗山、经扶、光山县境之豫南广大地区；中心活动区为礼山之大小悟山、五岳山,罗山县南的大小金拢（人称西大山）,经扶的天台山、老君山、卡房等地。在边区党委和新四军第五师首长直接领导指挥下,积极开展了豫南地区的对敌斗争、政权建设,配合新四军第五师主力部队,动员本地区广大军民,参加和支援边区的自卫战争,粉碎了敌顽的夹击阴谋,打退了新的反共高潮,取得了伟大的胜利。

根据边区党委1943年军事建设整训部队的要求,同时,为了便于统一领导和指挥,决定1943年九十月间,罗礼经光第三纵队改组为豫南指挥部,豫南特委改组成豫南中心县委,分别划归鄂东军分区和鄂东地委领导。对所属中心县原领导关系不变,仍由豫南中心县委和豫南指挥部直接领导。豫南中心县委书记何耀榜,指挥长居宗彩。

以上是我们两人在罗礼经光第三纵队工作时的一段真实情况的回忆。值此新四军第五师建军60周年、中原突围55周年之际,特将此情况作一介绍,虽然是一个小小的局部,但对《新四军第五师抗日战争史》的充实和完整,也是有所裨益的。以后《新四军第五师抗日战争史》再版时,请能给予修正补充。

原载马焰等:《驰骋江淮河汉》,解放军文艺出版社,2001年,第308～309页。

难忘的岁月

◎ 蔡义新

抗日战争胜利40周年了。在纪念这个伟大胜利的时刻，我的心情激动不已，回首往事，千头万绪，抚今追昔，百感交集。

40年前，我们的祖国在日本帝国主义铁蹄践踏下，疮痍满目，血雨腥风，令人惨不忍睹。时至今日，记忆犹新。每当我想起那些年月，就引起我对浴血奋战、英勇牺牲的战友们的无限崇敬和深切思念，激起我对帝国主义侵略者的切齿痛恨，使我更深刻地领悟到国势不振、人民不宁的道理，认识到党中央抓四化建设的战略远见，感到我们老战士的使命没有完成。

常言说："前事不忘，后事之师。"今天，我国正处在和平建设的年代，全国人民正在党的英明领导下，以巨人的步伐向前迈进。欣喜之余，我以为让青年们了解一些革命斗争史实，或许不无裨益。

一、祖国蒙难，最惨莫过于日寇入侵

记得那是1940年，我们鄂东独立游击第五大队在大队长张体学同志的带领下，在黄冈一带打游击。一天，我们打探到日本鬼子的一个装甲大队要出动"扫荡"。为了切断日本鬼子的交通要道，以打乱他们的"扫荡"计划，我们在中队长刘权德的指挥下，那天从凌晨开始，破坏敌人的必经之路。不巧，遭遇了敌人前锋侦察车。

接上火以后，我们很快将这小股敌人干掉了大部分。哪知敌人后继部队源源而至，由三辆、五辆到十辆，慢慢越聚越多。在敌众我寡的情况下，我们分散撤退。丧心病狂的敌人，见路被切断，就兵分两路，放火烧了山垫以东道河一带40多个村庄。烈焰腾啸，映红长空，浓烟弥漫，遮天蔽日，走兽震惶，飞禽莫过，人畜尸横遍野，一片惨景，不堪言状。

1941年7月，我到大悟山抗大十分校参加第四期干部整训班学习，又一次目睹了日寇屠杀中国人民的一件血案。那是在大悟山磙子河冲发生的。那天，山冲里闷热难当，饱经战争磨难的人民，在酷热天气的煎熬下，仍在山上耕作、砍柴。这时，一群日机掠山低飞，呼啸而至，炸弹、机枪弹带着毒恶的火舌，泄向了村庄、山林和来不及隐蔽的人们身上。敌机一阵狂轰滥炸之后，紧接着就是日军的骑兵杀进山冲。这群强盗，趁着飞机轰炸的余势，挥动明晃晃的马刀，在山冲里追赶逃生的人，无论男女老少，追上就是一刀。骑兵一过，鬼子步兵又蜂拥而至，他们每到一个村子，先搜人，后抢财物，再捉牲畜，最后放火。经过这次血洗，磙子河冲一带山村，变成废墟，侵略者的罪恶行径，实在令人发指。

日本侵略强盗，奸掠烧杀，百毒俱全。有一次，我们在古寨岭伏击一股作恶的日本鬼子后，就到被害村庄帮助群众消灾。一到村中就听到几个女子的低泣声。待我们寻到时，现场的情景令人心裂肺炸。只见一个老汉被绑在树上，胸部、腹部被刺三刀，已是气绝。在四五步远的地方，一个中年妇女，头发蓬乱，上衣破碎，下身裸露，倒在血泊中，周围的地上，一堆堆的新土，很明显，是作过拼死反抗的迹印。哭泣的大女孩有20岁，脸上满是灰土、油垢，着一身褪了色的旧棉青衣，远远看去，极像80岁的老妪，姑娘如此装扮的用心，是让人一见便知的。据她所述：血泊中的妇女是她的嫂嫂，被五个鬼子轮奸后用刺刀挑死，树上绑着的是她们的父亲，因要和残害他儿媳的鬼子拼命而被鬼子抓住。邪恶的鬼子并不杀他，把他绑在树上，让他亲眼看着他们作恶，临走时才把老汉扎了三刀，以致身亡。所闻所见，我们都急红了眼，大家发誓不讨还这笔血债，决不罢休。

二、我们中华民族有同自己的敌人血战到底的英雄气概

日本侵略者的倒行逆施，激起了中国人民极大的民族义愤，全国展开了一场英勇悲壮的抗敌救亡运动，谱写了一曲曲惊天地、泣鬼神的雄壮乐章。在共产党领导下的抗日军民，斗争业绩更是可歌可泣。

1942年，我们在京山平坝和日军进行了一场恶战。当时，我们抗日军队的装备十分简陋，和敌人拼火力是完全不行的。于是，我们以我之长攻敌之短，采用毛主席提出的游击战略战术：敌进我退，敌退我追，敌疲我打，敌驻我扰，牵着牛鼻子转，让它转懵了，就给它一刀。那一次，我们中队跟鬼子像捉迷藏一样巧妙地周旋了三天，使敌人的锐气消耗殆尽，退不得，打不成，军心涣散。我们见战机成熟，就从正面向敌人发起了进攻，战士们满腔怒火冲向了哇哇直叫的敌群，并同敌人展开了肉搏战。受过军国主义麻醉的敌人临死不投降，于是我们拔出短枪，瞅准间隙，向鬼子"点名"，一个个应声倒下，一会儿，除五六个受伤的俘虏外，其余30多个鬼子都得到应有的惩罚。

第二天，鬼子为了给同伙复仇，纠集了日军和伪兵三四百人，向平坝一带发动"扫荡"。我们中队一部分沿路扰敌阻敌，一部分掩护群众安全转移。狡猾的敌人一方面跟我们阻击的部队周旋，另一方面分出快速部队抄近路包围了转移的群众。一场残酷的拼斗终不可避免。当时，我带着二排战士掩护群众转移，见已被敌人包围了，战士们决心与群众共生死。于是组织群众中有作战能力的人，讲授射击、投掷和搏击的要领，以提高战斗力。同时安置好老弱孩童，稳住人心。面对这群吃人的野兽，大家都气红了眼，准备拼个鱼死网破。群众没有惊慌，没有哭喊，更没有乱跑乱窜，只有满腔的仇恨和愤怒的火焰，有武器的拿起了武器，没有武器的斩木为器。为了珍惜弹药，战士们不准乱放一枪。敌人见我们阵容整齐，不见一人乱动，更听不到枪响，他们狐疑了，不敢轻举妄动。他们放开包围圈，把兵力集中成一个弧形，企图引诱我们从放开的口子突出去，以试探我们的虚实。我们仍然按兵不动，只等夜幕降临再采取行动。黄昏时分，远处传来了时紧时松的枪弹声，很明显，那是我们的阻击部队同另一部分日军接火了。为了给自己的同伙壮胆，

这里的鬼子断断续续地打上几梭子机枪。从凌乱的枪声中，我们判断出敌人的恐慌和急躁。夜幕徐徐降临了，大家吃了干粮，扔掉大小包袱，准备一面打击敌人，一面突围。一部分战士和年轻力壮的群众，从包围口上先冲过去；另一部分战士带着行动不便的群众从敌人的营地摸过去。这一招果然奏效，敌人见我们的人从口子上走出，差不多把全部的火力都集中到那里。我们的群众摸到敌营旁边时，反而不受一兵一卒的阻击。夜幕中的鬼子，如盲人瞎马，而熟悉地形的群众行动自如。等突围的群众走远了，我们掩护的战士们又从敌人背后冲杀过去。鬼子腹背受击，不知我们有多少兵力，只得且战且退了。突围了的青壮年百姓，劝都劝不走，坚持和我们一道打鬼子。战斗进行到深夜，敌人丢下十几具尸体狼狈而去，而我们无一人伤亡。组织起来的群众，力量是巨大的。

三、共产党领导的军队有铁的纪律

我们的部队南北转战，胜仗败仗都有。我们追击过敌人，敌人也追击过我们；我们曾经常置敌人于死地，敌人也多次使我们陷入困境。共产党的队伍有铁一般的纪律，胜有群众帮助，败有群众搭救。

记得在一次攻袭日寇据点时，我的左小腿肚子被子弹穿了个窟窿，脚踝被敌人炮弹掀去一块，血流不止，我顿时支持不住，倒下了。几个战士急忙要扶我，我要他们放下我，快去打敌人。由于没有及时包扎，伤口很快化脓了，腿肿得老粗，我住进了战时医院。我们140多号伤员，分住在邻近的几个村子。一天，这几个村子突然被敌人包围了，我们这些走不动、爬不了的人，正了正衣冠装束，准备就义。很多人为了不连累老百姓，从群众的屋里爬出去，躺倒在野外。村民见了，激动不已，冒着生命危险，把伤员一一安藏起来，最后才离开村子。如果没有这些群众搭救，我哪能活到今天。前几年，我几次听到收音机播放"军队和人民，鱼水不能分"的歌，频频点头，感到确是唱到了我们的心里，产生了无穷的回味。

我们革命军队出生入死，南征北战，如果没有一个铁的纪律，没有广大人民群众的竭诚拥护和支持，没有广大干部战士高度的自觉性和献身精神，在当时群魔乱舞、虎狼肆虐的环境立足尚不可能，哪能取得一次次胜利，以至赢得江山呢？

毛泽东同志说过：我们要保持革命战争年代的那么一股劲，那么一种拼命精神。今天，我们仍然需要继承发扬革命前辈的优良传统，要维护民主，讲求纪律，始终与党中央保持一致，在不同的工作岗位上完成各项任务。这是实现四化，把我国建设成一个强大的社会主义国家必不可少的保证。

回忆这些历史片段，以悼念先烈，勉励来者。

1985 年 6 月 20 日

原载中国人民政治协商会议大悟县委员会文史资料委员会编:《大悟县文史资料》（第二辑），内部资料，1985 年，第 24 ～ 28 页。

大悟山反"扫荡"

◎ 刘少卿

活动在鄂豫皖边区抗日根据地的我新四军第五师，于 1942 年 11 月间，集中野战部队主力 8 个团在大悟山区进行冬季整训，并计划在 1943 年的元旦佳节，检阅整训的成绩，准备来春与日军再战。出乎意料，这次检阅被提前在实战中进行了。

一

12 月 16 日早饭后，李先念师长正在司令部与各旅军、政首长和司、政两部的同志开会，突然接到敌情报告：驻大悟山西北应山县之敌第三师团主力，于昨天下午进至大悟山以南的孝感县城集结；驻大悟山西北杨家寨、广水两地之敌，于昨日黄昏前分别到达大悟山西北 50 ~ 60 里的栗林店、二郎畈，并向东汪洋店（大悟山东北 50 余里）方向封锁消息和打听道路；驻扎在大悟山西南王家店之敌，也于昨日下午向南开拔，黄昏时到达平汉路上之花园集结。敌人行动企图不明。靠近大、小悟山地区的小河溪和夏店之敌在前两天略有减少。日本鬼子的野心何在？他们葫芦里卖的是什么药？李师长同大家一起走到地图边，对上述情况进行分析和判断。

李师长靠在墙上的地图边，仔细听着同志们的意见，时而在地图上的许多点线之间比量，时而背着两手走几步，时而又停在地图边察看，并用手指一指某一个地方。在大家分析了一阵之后，他才果断地说："看来，敌人的行动，极大的可能是又要'扫荡'我大、小悟山根据地。"李师长当即指示：情报处要继续抓紧查明各方面的情况，通报各军分区，赶快将各地区的敌情查明报来；在大悟山区进行整训的部队，停止整训工作，做好战斗准备。命令一下达，紧张的战斗气氛顿时充满了司、政两部机关。

从正午到下午2点钟，3次紧急情报接踵而至。情况是从昨夜开始，有七八千敌人由黄陂县出发，排成4路纵队，沿河（口）汉（口）公路北进，其先头部队已越过四姑墩，后续部队已到达河口及其以北地区；原由应山开至孝感城集结的敌伪军约万余人，也猛然回头北进，其先头部队在今日上午到达花园地区后，仍继续北进；进到二郎畈、栗林店之敌，继续向我大悟山地区靠拢。引人注意的是，敌人主力昨日向南行动，今天又突然掉头向北急进，究竟摆的什么"迷魂阵"呢？前几天骚扰我根据地的国民党广西军，不是驻在河口镇以北的黄陂站、禹王城、彭城店之线吗？算算时间，日本鬼子的先头部队早该和他们接火了，为什么没有听到枪炮声？

这时，李师长来到参谋处，斩钉截铁地说："敌人忽南忽北地摆迷魂阵，阴谋只有一个——想找我主力作战，聚歼我军于大悟山地区。他们决不会向广西军进攻，广西军也决不会和他们打上。"

话刚说到这里，情报传来：国民党广西军于今日拂晓前全部北撤到宣化店去了；进至四姑墩地区的日军，正继续向黄陂站、禹王城、彭城店方向前进。李师长冷冷地一笑，带着鄙夷而又愤怒的口吻说："在敌人进攻的情况下，广西军闻风而逃是肯定的。这只是国民党消极抗日、积极反共政策的一般表现而已。更恶毒的是，"李师长用红蓝铅笔画着地图说，"看吧，这明明是广西军给鬼子让路，想引入豺狼来吃掉我们！"接着他全面地分析了各路的敌情：到达二郎畈、栗林店之线的敌人，装模作样地向汪洋店方向封锁消息和查问道路，很显然，其目的在于迷惑并吸引我军之注意力于北面，便于东、西两边之敌夹击我于大悟山地区，而后由北向南进攻；从孝感北进的敌人，将以主力进攻小悟山地区，另以一部配合平汉线之敌向我军大悟山西南地区进攻；沿河汉公路北进之敌，将是从东面进攻大悟山的主力；靠近大悟山南面夏店和小河溪据点之敌，将担任堵击我军突围的任务。综观敌人以上部署，其企图是要从大、小悟山的东、北、西、西南四个方向，对我军分进合击。敌人狡猾地把主力摆在最便于我军向东转移的方向，试图截断我军主力东进的道路，这是敌人最毒辣的一招。但是，我们决不会上当。李师长思索着，皱了一下眉头，接着信心百倍地说："根据毛主席的战略战术思想原则，我们要以灵活的战斗行动来粉碎敌人的企图。在敌人整个包围圈完成之前，应迅速组织机关、部队分路突出敌人的包围圈，插到敌人的后方去进袭敌人，以进攻的手段破坏其分进合击的计划，借以保存自己，消灭敌人。"接着李师长指示："敌人的进攻兵力有限，其包围圈不可能有纵深，便于我们穿插。在其集中了主力行动之时，后方必然薄弱，利于我们进袭。只要大家树立机动灵活、积极主动的战术思想，我们一定可以使敌人的'扫荡'计划彻底破产，取得这次反'扫荡'的胜利！"

司令部当即根据李师长的指示，迅速下达了战斗部署的通知和命令：在大悟山地区内的所有的党、政、军机关和部队，分为5路，准备向敌后穿插；以十三旅三十七团为司、政机关的掩护部队，20时到达步竹岭会合。对穿插到敌后的战斗部队和第一、第二两个军分区，划分了袭击敌据点的任务；又留下四十五团1个营，在大悟山地区配合地方武装打"麻雀战"，迷惑和牵制敌人，保卫大、小悟山根据地和人民群众。

正在鄂东第四分区巡视工作的中共豫鄂皖区党委书记陈少敏同志，根据这一部署，即在鄂东地区动员地方上的党政干部、地方武装和群众，配合大悟山地区进行反"扫荡"。

二

一切部署和行动准备就绪，阴沉的天气转而下起毛毛雨来了。晚饭后，师部机关立即整队离开白果树湾驻地，冒着越下越大的冬雨，向步竹岭方向前进。

走了七八里路，天已黑得伸手不见五指，道路窄小泥泞，有不少人跌了跤，沾了满身泥巴，但是大家还是努力地往前走。走着走着，忽然前面咕咚一声，接着传来一阵黄安口音的笑语声。有人说："听得出，这准是师长跌了跤子。"参谋肖健章同志忙去扶他，李师长温和地说："别管我，你把路带好点就行了。"

大家手拉手地往前走，到达步竹岭时，三十七团二营营长肖刚同志已经带着几个通信员在等我们了。他报告说，因为团的主力在大悟山顶上警戒夏店方向的敌人，又加上雨夜路难走，还未能按时赶到。等了四五十分钟，他们还没来。为了争取时间，李师长决定让肖刚留下等候。师部机关做了最后一次轻装，便以师司令部参谋处处长栗在山同志率领师部侦察排为前卫，大家又手牵手地离开了步竹岭。

　　一路寒风冷雨。向东走了10余里，毛毛雨停了，天空现出稀少的星星和昏昏的月色。突然，前面的村庄有冲天的火光并传来妇女的哭声。我们赶忙登上路旁的小山包一看，见左前方不远的几个村庄都有同样的火光。又往前走了七八百米，栗在山同志回来向师长报告，前面村庄里有鬼子兵。一个上年纪的向导被敌人抓去了，还有一个青年向导和三个尖兵跑回来了。他们刚下山坡，一个尖兵的背包就被日本鬼子的刺刀捅了个洞。我便向师长说："既然前面有火光的村庄里有鬼子兵，那么，其他几个有火光的村庄，也一定有。看来，今天白天进到黄陂站、禹王城之线的敌人已经向西进了。按照敌人运动的速度和时间推断，这时他们也正好到达这一线。我们现在正是和敌人碰头了。"

　　李师长沉思了片刻，带着兴奋的语调说："对，正是这样。从几个有火光的村子一线排开的情况来看，敌人是没有后续的纵深配备，而河口镇以北至黄陂站、禹王城之公路沿线，再不会有鬼子的重兵死堵了，这正是敌人的弱点。现在敌人刚到这一线，还摸不清情况，更有利于我们行动。"接着，他征询师里几个领导同志的意见，下一步该怎样走。大家总的主张是回避敌人，但行动方向却不尽相同，各有理由，引起争议。当时的情况不容延误，我建议从夏（店）河（口）之间向南蔡店方向行动。这个建议李师长同意了。走了大约一千五六百米，一直在思索的师长又令部队停止前进。他说："不能向南行动。因为整个大、小悟山地区都是敌人'扫荡'的目标。既然进至河口以北的敌人向西拐弯，那么，河口镇以南至长轩岭线上之敌也会向西蔡店行动，'扫荡'小悟山地区。现在如果我们向南行动，对河（口）夏（店）公路的敌情一点也不了解，设若又与敌人遭遇，对我们是很不利的。说不定整个晚上还突不出去。而当前情况我已了解，敌人也还未发觉我们之行动企图，在这种情况下，应仍按原计划，从刚才发现有敌人的那个村子以北，向东插出去，力求隐蔽和动作迅速，越快越好。"李师长这个正确的判断和决定，说服了所有参加争论的人。

这时，三十七团肖刚营长率领其第六连已经从后面赶上来了。从他那里得知三十七团的主力仍未下步竹岭。师长便对肖刚营长说："你派一个干部带一个班，火速回到步竹岭去告诉团首长，三十七团的部队不要再随我们走了，就分散在大悟山地区配合地方武装打麻雀战，四十五团那个营也归你们团首长指挥。"师长又命令肖刚营长带领第六连将对面村庄之敌包围起来，掩护司、政机关通过。

毛毛雨又下起来了，天已变成黑乎乎一片，道路不熟，又看不清，怎么走呢？我们正在一个山包上察看道路，忽然从右侧棉花田里出来一个老汉，浑身泥水，冻得一个劲儿打哆嗦。他听说我们是新四军，抓住我的手说："同志，你们不能往村里走，鬼子兵现在正在村里烤火呢。"我们问他给我们带个路好吗，他答应得非常爽快："好，你们要到哪里去都行，我对这周围100多里的地方都熟悉。"

和老汉谈妥，找好道路，一声"前进"，行军队伍便轻捷而又静谧地通过了村庄之间的羊肠小道。往前走了约3里，突然听见后面啪啪两声枪响，接着村子里的轻机枪也打响了。

"这又是哪位掉队的抽烟暴露了目标吧！"李师长在这样猜问。他猜得一点也不错。我们一口气走了四五里，刚到一个村子里停下，供给处处长丘静山同志和另外两三个人气喘吁吁地从后面跑了上来。我们忙问后边为什么打枪，没有等丘静山同志开口，从他侧后挤出一个炊事员来，他一面抓下棉军帽急急地擦汗，一面抢先说："是这么回事，我们几个人在赶部队，过村庄的时候，看到有个人在十字路口打火抽烟。我们以为他是自己的联络哨。我的烟瘾也来了，装了烟就去对火。借着烟火的闪光，只见那人头戴钢盔，身着呢子军大衣，前面有两排铜扣子。枪上有很长的刺刀。哎呀，这不是个鬼子兵吗？糟糕，怎么办呢？我连个炒菜的锅铲子也没有。要是有锅铲或是扁担，我就照他头顶上给他一家伙，夺过他的枪来。可是，我手里只有这么个烟斗，没办法……"

"只好跑了！"李师长笑着打断了他的话，然后又向丘静山同志说，"你大概是沾着穿了这件大衣和皮鞋（缴获鬼子的）的光，再加脸上的连片胡须和眼镜，这一套配起来，就使那个真日本鬼子被你这个假日本鬼子混过了关。"大家一听，都笑了起来。

17日拂晓，毛毛雨不下了。可是，云雾笼罩着大地。我们迅速涉过了溾水河，从四姑墩以北通过了公路。大约早晨8点钟光景，到达了四姑墩以东的大吴家，这就是我们预定的目的地。我们马上架起电台与各部队和军分区联络，并向中央和军部报告情况。到9点钟时，收到各路部队安全突围的回电。李师长读完这些电报，高兴地说："鬼子要一举歼灭我军主力于大悟山地区的企图完全破灭了。嗯！如果鬼子的重兵进入到大、小悟山地区，必然会遇到两个对他不利的情况：一是到处受我们麻雀战的打击，其伤亡一定小不了；二是大、小悟山地势险要，林密路陡，鬼子兵的大部队难行动，展不开，只好到处挨揍，疲于奔命。"大家听了李师长这些分析之后，个个都是满面笑容地点着头，有的同志还不断发出嗯嗯的赞同声。

正说着，大悟山方向传来嗡嗡哒哒的激烈响声。

"小鬼们，这是什么声音啊？"李师长问。

"这是飞机扔炸弹、扫射。"

"你们的耳朵真灵，好好看看哪里有敌人的飞机啊！"

小鬼们一齐抬头向西方的上空望去，手指着一个方向，同声回答："那不是吗？"正在大悟山群峰上空，盘旋着3架大肚皮飞机。

"嗯！小鬼们，知道了吧？日本鬼子对大悟山地区的大规模'扫荡'正式鸣炮开始了！"李师长幽默地笑着，回头对我们说，"参谋长，栗在山同志，注意掌握大悟山情况的变化。"

三

12月17日这天，从早到晚，大、小悟山地区枪炮声、冲杀声不绝于耳。事后得知，留在山区的三十七团和四十五团1个营，在地方武装、民兵自卫队和群众的配合下，与进山的2万多敌伪军展开了灵活巧妙的麻雀战。鬼子兵扛着日本旗，穿着大皮鞋，开始来势汹汹，摆着散兵线的阵势，一个劲儿往前攻，却受到我埋伏在各山头路口的分队猛烈的火力袭击，敌人成排成排地滚下山沟。没有被打倒的鬼子，吓得像蒙了头的兔子，到处乱串，或者端起机枪、步枪，乱放一气。直到他们听不见枪声了，才又贼头贼脑像乌龟爬一样地向前搜索。有的鬼子搜索半天不见人影，勾着头刚想坐下歇一会儿，丛林里或悬崖陡壁下又突然飞出一排枪弹。当他们惊慌地寻找目标时，我们的轻机枪射手又从远处开火，打得鬼子和他们的钢盔轱辘辘地滚下悬崖。由于我军各个战斗组出没无常和灵活的动作，使出了冬季整训练兵中学到的新本事，弄得鬼子摸不着头脑，攻无目标，防无阵地，到处挨打，真是"四面楚歌"。

鬼子兵在野外找不到一个新四军，又找不到"保险地"，便跑进村庄烧房子。埋伏在山上的同志们，看准了敌人的行动方向，又悄悄地运动到村头埋伏，机关枪、步枪一齐对准放火的鬼子射击。有的鬼子拿着火把刚往屋檐上点，就一命呜呼。鬼子扔掉火把出来集合"追击"，等他们冲过来时，我军的战斗组又神不知鬼不觉地转移到另一个伏击点去了。

我军内线分散的小分队用这种"推磨战术"和"麻雀阵势"与敌人战斗到下午。鬼子死伤惨重，诡计穷了，便拉了好多大炮，摆在小（河溪）夏（店）公路线上和王家店以东地区，分别向大、小悟山地区一个劲儿地盲目乱轰。3架飞机也参加轮番扫射轰炸，哪里有枪声，就朝哪里轰击，一直轰了1个小时之久。他们妄想这样会刺激我军主力还击，以便在黄昏前集中兵力与我军主力决战。

这时，我军活动在水灌冲以西山地的一支小分队在向北转移途中，被由西向东进的伪军发现，双方展开对射。东边一股日本鬼子听到枪声，误以为我军主力出现，便像疯狗一样，狂暴地打过来。我们这支小分队看到东西两面的敌、伪军快接近了，便向西边一靠，转身给东边鬼子放了个排子枪，抽身翻过一座被密林铺盖的小山，过了小沙河，上到另一座高山上去了。敌、伪两军糊里糊涂地互相开起火来。我们这支小分队坐在山上休息，看着这场狗咬狗的戏。有同志诙谐地说："看舞台上演'三岔口'还没有看这场'三岔口'过瘾哩！"

黄昏了，被打得蒙头转向的鬼子和伪军的主力，纷纷向小河溪、王家店方向集结。这时，我军插入敌后的各旅和一、二分区的部队，向平汉铁路、河汉公路上敌人的许多据点发起攻击。方圆近200里的敌人后方，枪炮声隆隆。我三十七团夏世厚团长率领一部分兵力，从大悟山中杀到敌人背后，趁着敌人向西靠的机会，以迅雷不及掩耳的动作，杀进了鬼子盘踞的夏店镇，杀得鬼子死伤满街。在这同时，我大悟山内各路指挥作战的指挥员们，发现敌人的钢炮在无目的地乱打，估计敌人今天的"扫荡"又要告终了（这是敌人历来退却的规律），于是派了几支部队插到敌人退却必经的道路上去设置埋伏；又令所有的部队和地方武装、民兵自卫队，对将要退却的敌人发起全面袭击。这样就把鬼子退却的计划完全打乱了，逼得鬼子在山上、在沟里又饥又冷地摸黑爬行，闹腾了一整夜。

18 日早晨，鬼子趁大、小悟山区的浓雾未散，驮着伤兵，拖着尸体，急急忙忙向东、南、西三面突围了。于是"敌逃我追"的口号响遍了我军的各部队。在各路敌人退却的道路两旁，冲杀声、脚步声、爆炸声、机步枪声响遍山谷。

鬼子"扫荡"失败的消息，传遍了全师和鄂豫皖边区抗日根据地每个角落，人们对这次胜利谈笑不止。经历了两昼夜的奔驰、战斗，谁也没有疲倦的样子。李师长带着胜利的微笑指示我们说："司令部即刻返回大悟山，明天中午 12 时在磴子河召开大悟山地区党、政、军、民的反'扫荡'祝捷大会。"

19 日上午 10 点钟，大悟山地区的人民群众和党政机关、人民团体、地方武装、民兵自卫队，以及三十七团、四十五团的部队，携带战利品，唱着凯旋歌，从四面八方拥向磴子河的大操场。这正是提前举行的一次空前规模的大检阅。李师长在讲话中，对此次参加反"扫荡"的党、政、军、民的干部、战士和群众作了全面的表扬和极大的鼓励，并希望全体军民提高警惕，加强战备。他说："一切敌人和反动派，都是不甘心失败的，他们将会卷土重来的，时刻准备着吧！更大的胜利在等待着我们！"

原载中国人民解放军历史资料丛书编审委员会编：《新四军·回忆史料》（2），解放军出版社，1990 年，第 328～335 页。

威震鄂东的蕲州战斗

◎ 赵辛初

蕲州在长江北岸,上通黄石、武汉,下达武穴、九江,历称军事重镇。这里原来是国民党县政府驻地,1938 年 10 月被日本侵略军侵占,成为日伪驻蕲春的中心据点。他们坐镇州城,常常派兵四处骚扰、"扫荡",行凶作恶。1943 年 4 月,为了给盘踞在蕲州的日本侵略军一点厉害看看,新四军第五师十四旅政委、鄂豫军区第五军分区司令员张体学率部进入蕲州外围的蕲广边抗日根据地。我当时任鄂豫军区第五军分区组织部部长,正活动在这一带。张司令员同我一起计议,采用里应外合的战术打掉日寇在蕲州经办的"农产公司"(地址在今蕲州镇沿江街石牌楼),既给正在大别山疯狂"扫荡"的日本鬼子臀后一枪,又可缴获大批物资,以解决我军当时的供给困难。

战斗前三天,我派黄土岭区委书记胡树杨通过地下交通员,找到统战过来秘密为我们工作的伪军头目黄全斌,密令黄将蕲州城内外日伪碉堡、据点及"农产公司"驻地、周围环境绘一张详图于两天内转交我司令部。4 月 20 日,张体学在黄土岭施家塘长塘塆张世方家中主持召开作战会。有十四旅司令部参谋冯魁梧、第五军分区团以上干部及蕲广边县委书记杨知时和我参加了会议。会上,根据我们掌握的敌情和地图上所标明的日伪兵力分布情况作了详细分析。当时城内外日伪军约200 人,且分散在十多处驻守。经过研究,决定了这次战斗部署:以挺进十九团 6个连,分别围攻蕲州外围的 6 个碉堡;以四十二团一营主攻蕲州;由杨知时、陈幼卿、华老一率便衣队、箩筐队搬运缴获的物资。

20 日下午，召开参战部队连以上干部会，张司令员讲话："有些名为'抗日'的部队，却不打日寇，专搞摩擦，连蕲州城的影子也不敢望。这次我们决定打蕲州，给点厉害让日本鬼子看看，做个榜样给假'抗日'军（指国民党军队）看看，更让老百姓看看谁是真心抗战！"他要求各连队当夜分别召开动员会，让每个战士都明白这"三个看看"的重要意义，决心打好这一仗。

21 日傍晚，参战部队 800 余人、箩筐队 300 余人，分头出发了。挺进十九团 6 个连分别将蕲州外围东南侧的银山、打鼓台，东北侧的夜壶山、马家井，西北侧的龙峰寺、法胜寺（今蕲州莲花池西岸）等碉堡包围，隔断日伪内外兵力，使之不能相互救援。四十二团副团长孙贯子率一营攻城。由当日潜来我部的黄全斌带路，绕过打鼓台，经过高家塆，穿越莲花池，直奔新街口，在那里兵分两路，派两个连攻打东门、北门和水西门，一个连攻打北门外新街口的"农产公司"。而原定外围部队只控制敌伪碉堡，围而不打，俟攻城部队得手后再进攻。不料围控夜壶山、马家井碉堡的部队被敌伪发现，于是修改了原定计划，战斗于晚上 12 点提前打响。城内敌兵听到枪声惊恐万状，慌忙向高空连连发出呼救信号弹。一时敌舰艇、汽船由长江两岸的田家镇、黄颡口、黄石港各据点先后急促赶来，江面上顿时被探照灯、照明弹照得如同白昼一般。下午 1 点，我军已攻入"农产公司"，团部急令搬运布匹、食盐等物资。城内敌人见援军大至，窜出北门坡，架起机枪扫射。我军有两名战士牺牲，四十二团团部下令撤出战斗。因箩筐队尚未赶到，由战士们背出一部分物资，共计缴获阴丹士林等布匹 700 余匹，以及食盐、食糖、香烟等，还有银圆 500 余元，折合当时法币 7 万余元。缴获这批物资缓解了我军单衣换季和食盐缺乏的困难。

负责围攻夜壶山碉堡的战士，因战斗提前打响，破坏了原定计划，怒火中烧，他们头顶湿稻草，冒着弹雨，摸到碉堡下，剪开铁丝网，堆上柴草，用烈火浓烟熏烤敌人。碉堡内几名日寇强迫一小队伪军拼死抵抗，我军战士正同敌军打得难解难分，忽然传来后撤的命令，遂撤出战斗。当敌援军赶到蕲州江面时，我军已于 22 日拂晓 4 点撤回根据地。

这一仗，大大地震动了盘踞鄂东地区的日寇，长江中下游一带日军都说："新四军惹不得。"

捷报传来，鄂东军民欢声雷动。陈毅同志后来在《新四军在华中》一文中，曾誉这次战役是1943年春华中反"扫荡"战斗"对敌震撼之力最大"的一战。

（骆锐锋　整理）

原载中国人民政治协商会议湖北省蕲春县委员会文史委员会编：《蕲春文史资料》（第一辑），内部资料，蕲春县印刷厂，1987年，第31～36页。

虎口余生

◎ 方忠耀

　　抗日战争后期的 1943 年，我在新四军第五师第一分区鄂东游击队黄陂手枪大队任指导员，全队共有 20 多人。主要任务是保卫首长安全和开展游击活动、侦察敌情、送信联络。当时，熊作芳同志任第一分区司令员，驻地在黄安南部。张体学同志任第四分区司令员，驻地在黄冈东南部。两个分区相距 200 多里，且沿途均系日伪军侵占区，我军的驻地也全在敌人的控制范围内。两个分区的驻地时常变动，没有固定的地址，因而我军联络困难重重。所以当时的通信联络，全靠我们小股武装改扮衣着，夜行传递。

　　记得那年 4 月，有一天熊作芳司令员命令我们去给张体学送一封紧急信。接受任务后，我立即召集手枪大队的全体队员开会，从中挑了 14 名精壮的小伙子，以保证这一任务的完成。出发前，我们完全掌握了敌情。知道沿途所经过的村村店店，全由日本人控制，加之地方民团的严密封锁，行动困难很大。因此我们身着便衣，白天休息，夜间行动。第一个夜晚赶了 80 里，近黎明时分，走到仓子埠东南的一个百十户人家的陈家大湾。手枪队战士夏吉亮是当地人，对这里的地形比较熟悉，建议在这里休息。我考虑已将近天亮时间，经过长途跋涉，战士们也都疲劳了，就同意他的意见。夏吉亮说："这湾子有个日本人委派的甲长，我们就住在他家里吧。"在沦陷区敌强我弱的那个年头，借日伪地方势力作掩护，这是常事。甲长家住在湾子的后边，沿村中的一条巷子一直走到头，才到他家。甲长的屋后边，还有一层房子住有一户人家。我们来到甲长家门前,用刺刀将门撬开,叫醒甲长一家。甲长见我们每人手持盒子枪英武威严,吓得瑟瑟发抖,一个很健壮的人当时仿佛矮了许多,结结巴巴地哀求说:"我没干坏事,我没干坏事。"我说:"我们是共产党的队伍,是为穷人打天下的,凡是与人民为敌,就要镇压。今天我们路过这里,在这里借宿一天,天亮后你们全家5口人(还有甲长的母亲、妻子、两个儿子)不准出大门,只能在屋里待着。"这个甲长连连点头,唯唯听命。说完,我们就安排轮流值班,让一个战士"陪"着甲长进行监视(准备应付外来的敌人,如有风吹草动,就……),其余13人和甲长家的4口人统统到里屋休息。整整一个白天很安全地过去了。天黑下来后,我们在行动之前,又对甲长进行了一番教育,对他说:"这次你表现还可以,我们感到满意,希望以后你要为人民多做好事,人民是不会忘记你的。"随后,我们按伙食费每人1元钱交给他14元钱,才离去。

12天后,我们完成通信任务返回部队。正好,又是天要亮前赶到陈家大湾,仍然住在这个甲长家里。同上次一样,除一人监视甲长外,其余全部休息。天亮后,他家照常安排我们吃了早饭。可到中午过后,迟迟不煮饭,我们问甲长:"怎么不煮饭呢?"他答道:"中午没菜咽,不敢出去买。"我考虑战士们跑路确实辛苦,出去买一点菜也好,联想到上次没有走漏风声,再说他还有家小控制在我们手中,于是就放他出去了。

半个小时过去了,又半个小时过去了,眼看已接近做晚饭时分,还不见他的踪影。我心里就忐忑不安起来,预感情况不好,立即叫起全体战士,把情况简单地说了一下,又返身跑到临巷子那个小窗子口上看看有无异常动静。刚近窗口,就看见巷子口黑压压一片人头在攒动,我立即退到院子中召集全体战士说:"我们被包围了,做好战斗准备。"这时发现大门早已上了锁,我们将院子里的石条全部抬出,顶住大门。这时敌人也小心翼翼靠近了大门,并进行威胁性地喊话:"你们跑不了了,想活命赶快将枪扔出来,投降吧!"此时此刻,我们做了应急的准备,我又靠近那窗口,看见前面是伪军,中间有30多个日本兵,巷子口安有几挺机枪,就是不见甲长,可见他已隐蔽起来了。几分钟过去了,见里面没动静,这时前面的伪军走近门前,将门锁砸掉,门因我们用石条封死推不开。趁敌人用石条拼命撞门之际,我将3枚手榴弹捆在一起,拉开导火索,奋力向院外的敌群扔去。手榴弹正好落在日军中间，"轰"的一声响，20多个敌人应声倒下。肉末溅到墙上、屋子上，血一直流到巷子口。敌人吃亏不小，立即调动兵力，对我们发动猛烈攻击。枪炮齐鸣，炮弹呼啸地落在附近的房屋上，左右的房子全都被炸坏了、震松了，甲长屋的后墙也被炸歪了。我们的处境万分危急。我一方面安排部分战士用锄、铣向隔壁挖墙眼做突围准备，一方面在原地迎战攻击敌人，给敌人造成死拼的错觉。我们一鼓作气用锄头挖开了通往村头的几道墙，才悄悄地突围而去。退到村子的后边，才松了一口气。

村子的外面有一片柏树林，我利用柏树林作掩护，侦察了一下：这时敌人以为我们仍在那座房子里，或有伤亡或失去了战斗力，所以仍然在炮轰、射击，而大股敌人则在村外集结，准备将我们一网打尽。我召集战士们重新部署了作战计划，让战士们备好手榴弹，子弹推上膛，悄悄地运动到大股敌人集结的地方，突然大吼一声"打"，密集的火力在敌群中开花，敌人措手不及，仓促之间摸不清我们的底细，以为又来了援军，纷纷逃命。我们趁敌紧急后撤时冲上去，将敌人的一箱机枪子弹扛起来就跑。待敌人醒悟过来，我们已经跑出老远，光听见后面的子弹"嗖嗖"直叫，落在水里像下雨一般。到预定的集合地点一查看，14人无一伤亡，大家高兴极了，有的说："我们又捡了一条命。"有的说："把这次战斗叫'虎口余生'吧！"对此我至今记忆犹新。

（梁健 整理）

原载政协河南省新县委员会文史资料研究委员会编：《新县文史资料》（第四辑），内部资料，1990年，第73～78页。

两次难忘的保卫战

◎ 张保成 [1]

一

1944年2月，我新四军第五师师部驻扎在湖北省大悟县大悟山里头的白果树北湾。当时师主力部队均在外围作战，师部除警卫连、机关干部以及执行任务的小分队外，基本上没有什么兵力了。我所带的警卫连就驻在师部南边的白毛尖山（距离师部约5里）。白毛尖山是个制高点，架上机枪、小炮，可以向四方射击，它还是通往师部的必经之路。因此，我们连的主要任务是保卫师部安全。

2月底的一个午夜，家住白毛尖山上的房东老乡，去日寇据点夏店（在白毛尖山东南面约50里）串亲，连夜气喘吁吁地跑来向我报告说："张连长，鬼子……汉奸、维持会有好……好几百人要来打师部。"话刚说完，就累得昏了过去，连卫生员当即进行了抢救。

我立即将此情况向师部作了汇报。师作战处传达了李先念师长的命令："一定要坚守白毛尖山。"我接完电话，立即向全连传达，并向同志们说："这次鬼子连夜行动，很可能是汉奸告的密，他们企图乘我兵力空虚之机，前来偷袭我师部，

---

① 本文作者曾任新四军第五师警卫连连长。

同志们要不惜牺牲一切，誓死扼守白毛尖山。"战士们个个表示：为了首长和师部的安全，决心与阵地共存亡！

兵力刚刚布置完毕，鬼子就到了，此时已是五更时刻。当鬼子进至白毛尖山前面的一个庄子——李家湾（离白毛尖山约 2 里）时，我们的一个排已先敌占领了有利地形。敌人摸进湾时，没有见到一个新四军，领头的鬼子当即杀了一名汉奸，意思是汉奸情报不准，上了当。当时，几百名鬼子一枪不放，直奔白毛尖山。当敌人进到离我军 30 米左右时，我们的手榴弹、步枪和机枪同时向敌人开火。敌人顿时乱作一团，方知我军有了准备，但鬼子的机枪、小炮也不示弱，借着火光疯狂地向我军还击。正当战斗进行得十分激烈的时候，我军埋伏在李家湾的那个排，对敌人实施了侧后射击。鬼子没想到在后边会出现我军，搞不清我军究竟有多少兵力在夹击他们，只想逃命，无心恋战，便拼命往南撤。战斗近 1 个小时，天已明了，我们看见溃不成军的鬼子，于是来了个反冲锋，把敌人追赶了数里。

这一仗，打死打伤鬼子和汉奸百余人，缴获了一批枪弹。我把战斗情况向师部报告后，李先念师长当即电话传令嘉奖。

二

1944 年秋，我新四军第五师主力部队战斗在湖北省大悟县外边嘴、童子岩和大包子山以北一线。师参谋长刘少卿和陈少敏大姐亲临前线指挥作战，师指挥部设在恶风岗附近。恶风岗离我军最近的主力部队约 5 里，离后方师部白果树湾和东北边的部队尚有 30 里。师长李先念、副政委兼政治部主任任质斌等领导同志，都在那里指挥着各地的战斗。

当时，国民党白崇禧为了打内战，提出了"把五师师部赶到长江去喝水"的口号，妄图把我新四军从根据地赶跑或消灭。他派出了一支部队，从驻地北边的二郎畈西边迂回过来，连夜奔袭，企图对我军实施"掏心战术"，打掉我师指挥部。

这晚半夜过后，一名哨兵急速跑来向我报告说："西南方向过来了不少敌人，可能是来偷袭我们的。"于是，我和哨兵走到前面，借着不太明的月光一看，果然在前面不远的地方有黑压压的人群和时隐时现闪着寒光的刺刀。此时，离天明还有更把光景，看样子敌人可能趁天明时动手。我立即叫醒连队的同志，通知做好战斗准备，然后飞奔作战处，找到周参谋说了两句话。周参谋说："我们赶紧报告师长。"见到李师长后，他问我："你到前面看了没有？"我说："看了！敌人是来者不善，起码有一个营的兵力。咱们的大部队靠东北边，我想，敌人一打，估计我们会往东北方向靠拢主力部队，而敌在东北方向肯定布有重兵，想突出去可能性不大。而西南方向就是我们的根据地，敌即使有兵力，也肯定不多。我想给敌造成我会往东北方去的错觉，突破口选择在西南方向为好。"当时，我们警卫连是四四编制，即4个排，每排4个班，每班15人左右，全连200多号人。因刘少卿参谋长带走了1个排，师部机关留了1个排，在恶风岗的只剩2个排100多号人。我们的兵力布置是：5个班打开缺口，两个班在后掩护，1个班负责师首长安全。缺口打开后，从外围绕道向东北边靠拢大部队。李师长拍着我的肩头，当即赞同了我的想法。于是，我给8个班——明确了任务。此时，正是黎明前的黑暗，我们趴在地下能看见敌人，而敌人一点也没发觉我们。大家的手榴弹都揭开了盖，每个班的一挺机枪、子弹都上了膛。当我带着5个班慢慢靠近敌人，能用手榴弹杀伤敌人时，我高喊一声"打！"顿时一排排手榴弹在敌群中炸开了花，敌人全被炸蒙了，我们趁着火光，天亮前胜利进行突围，全连只有3人受了点轻伤。

（夏成新　整理）

原载中共河南省委党史资料征集编纂委员会编：《豫鄂边抗日根据地》，河南人民出版社，1986年，第376～379页。